经典战史回眸·二战系列

浴血绿色地狱

瓜岛之战

胡烨◎著

武汉大学出版社

图书在版编目(CIP)数据

浴血绿色地狱：瓜岛之战/胡烨著.—武汉：武汉大学出版社，2011.2
(2021.4 重印)
经典战史回眸·二战系列
ISBN 978-7-307-08321-9

Ⅰ.浴…　Ⅱ.胡…　Ⅲ.瓜达康纳尔岛战役—史料　Ⅳ.E195.2

中国版本图书馆 CIP 数据核字(2010)第 211524 号

责任编辑：王军风　　责任校对：黄添生　　版式设计：马　佳

出版发行：**武汉大学出版社**　(430072　武昌　珞珈山)
(电子邮箱：cbs22@ whu.edu.cn　网址：www.wdp. com.cn)
印刷：武汉中科兴业印务有限公司
开本：720×1000　1/16　印张：23　字数：434 千字
版次：2011 年 2 月第 1 版　2021 年 4 月第 2 次印刷
ISBN 978-7-307-08321-9/E·38　定价：62.00 元

目 录

引　言

瓜达尔卡纳尔岛(简称瓜岛)，位于东经160度，南纬09度35分，东西长约150公里，南北宽约40公里，面积约5000平方公里，是所罗门群岛中较大的岛屿。岛上终年酷热难耐，降水量充沛。海拔约2400米的深绿色火山像脊梁似地横贯全岛。沿着南岸全是连绵山脉，北岸山峦下丘陵起伏，沿海地带有些平原。岛上野生动植物种类繁多，有香蕉、酸橙、木瓜、鳄鱼、大蜥蜴、毒蜘蛛、蚂蟥、蝎子、毒蚊子、疟蚊、白蚁等。山谷里居住着约4000名土著居民，加上几名欧洲传教士。岛内没有什么产品，只有澳大利亚商社在岛屿西岸开设了几座椰子种植园。岛屿虽大，但当时却鲜为人知。然而，谁也没有想到这个名不见经传的小岛竟会在1942年8月到1943年2月间演绎出一场决定太平洋战争未来走势的生死大会战……

第一章 无名的瓜岛

战局变幻

1942年6月的中途岛海战中，日本海军的精锐——第1航空舰队的4艘舰队航空母舰被中太平洋的海水无情吞没。伴随着这次惨痛的失败，日本从太平洋战争开始后风卷残云的进攻势头被遏制了。不过，日本海陆军大本营的战争决策者们在检讨战役失败的同时，却依然对未来的战局抱着病态般的乐观。海军军令部和联合舰队司令部认为，虽然损失了4艘舰队航空母舰，但联合舰队仍然在战列舰、巡洋舰等主力舰的数量和质量上占有优势，日本海军舰载航空兵主力依然健在，美国人所赢得的中途岛战役不过是依靠侥幸，再次对决时，胜利女神必然倾向旭日旗。陆军方面，狂妄态度更是一如既往。以首相东条英机为首的大本营陆军首脑们乘着中途岛海战失败痛斥“海军无能”的同时，也不忘向天皇和全体国民大肆吹嘘日军的无敌神话。在这种气氛下，日本陆海军大本营于7月中旬召开会议，研究下一阶段的作战指导方针。经过讨论，大本营决定下一阶段仍以进攻为主，重点放在南太平洋。陆军的任务是陆路翻越欧文斯坦利山脉，攻占莫

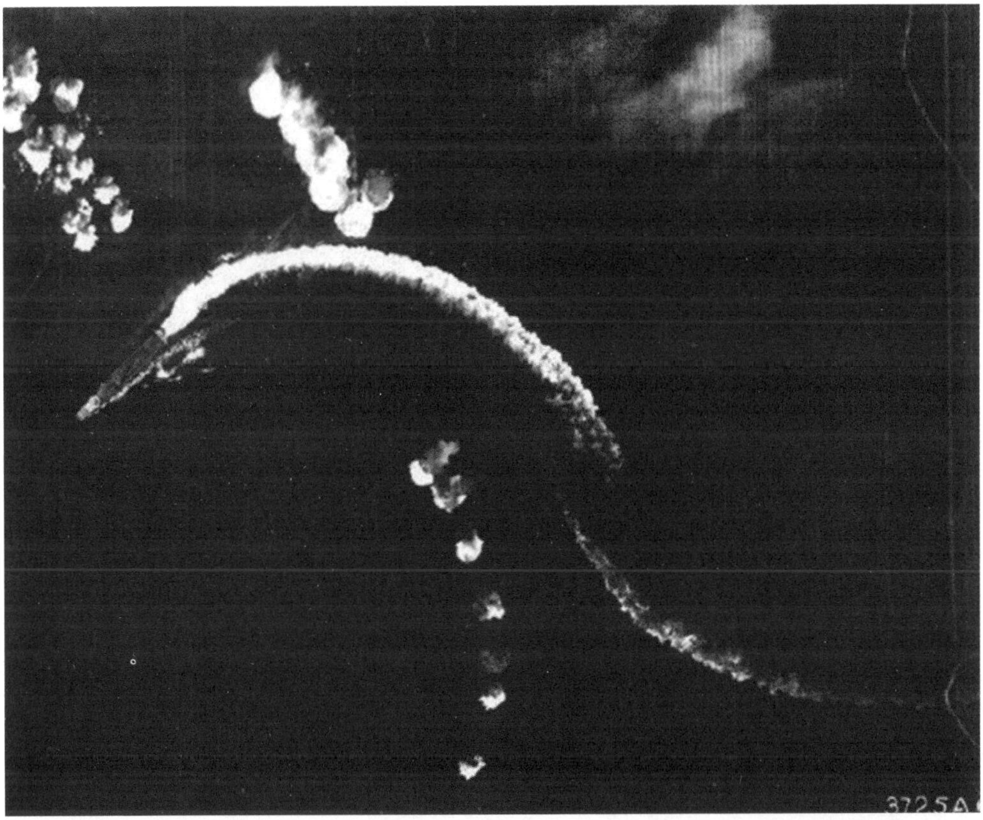

■ 中途岛海战意义非凡，不仅一举扭转了盟军在太平洋战争初期的颓势，而且丧失了4艘舰队航母是日本海军无法弥补的伤痛，图为B-17攻击下，进行规避机动的“飞龙”号航空母舰。

尔兹比港，彻底结束新几内亚岛争夺战。海军的任务除了确保马绍尔群岛和吉尔伯特群岛南方航线外，还要准备对斐济、新喀里多尼亚、萨摩亚发动进攻，切断美澳生命线，逼迫澳大利亚退出战争，打破南太平洋的均势。

美军方面，中途岛战役结束后，也对双方力量进行重新评估。由于先欧后亚的全球战略不可动摇，加上美国战时工业的超级潜能尚未完全发挥出来，因此未来几个月内太平洋战场所得到的物资依然非常有限，美国太平洋舰队除了航母和航空兵稍占优势外，整体实力依然略逊一筹。战略上，日军受到中途岛失利的打击，在相当一段时间内不会在中太平洋地区大动干戈。不过，南太平洋地区却逐渐成为热点。美军判断，日军接下来的作战重点将是南太平洋地区，他们的意图是彻底结束新几内亚争夺战，切断美澳生命线，逼迫澳大利亚退出战争，孤立美国，加大设想中的未来和美国谈判的筹码。因此，美军下一阶段作战目标也很明确，那就是抢在日军出击前，集中太平洋舰队机动兵

附图一　拉包尔周围地图

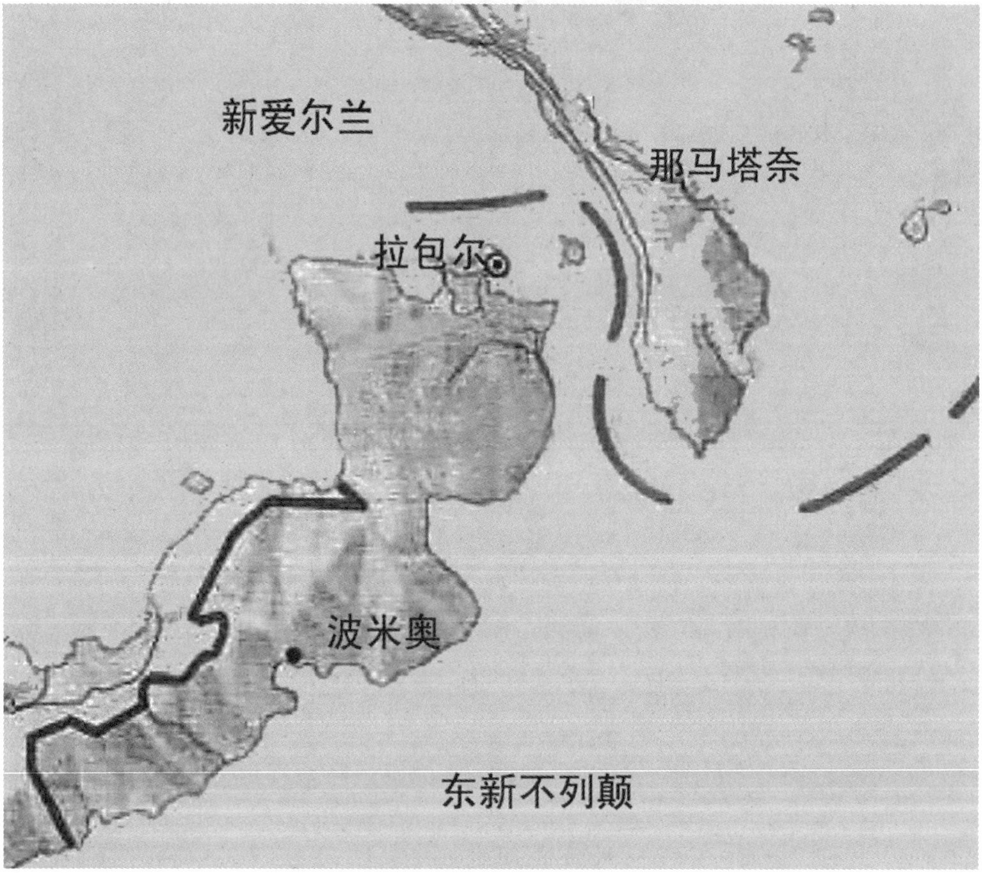

■ 1942年5月3日，日本海军对下所罗门群岛发动进攻，担负进攻任务的吴镇守府第3特别海军陆战队一部占领了图拉吉、塔纳姆伯戈和加沃图，图为第3特别海军陆战队的军官团。

力和麦克阿瑟将军指挥的西南太平洋战区之美澳联军地面部队发动有限攻势作战，在粉碎日军企图的同时，逐渐朝日军在南太平洋的海空要塞——拉包尔推进。于是，双方在1942年下半年作战的重点都不约而同地放在了南太平洋。

为什么选择瓜岛？

1942年5月初，日军发动MO作战。5月3日，吴镇守府第3特别海军陆战队在夺取了英属所罗门群岛首府图拉吉的同时，也拿下附近的2个卫星小岛——加沃图和塔纳姆伯戈。根据日方太平洋战争（日方称之为“大东亚战争”）以来第七次陆海军中央协定，陆海军对东南战区（所罗门群岛和新几内亚东部）的守备任务进行划分，所罗门群岛守备任务由海军负责，在紧急情况下，陆军负有支援的义务；新几内亚东部攻击和守备任务由陆军负责，海军相机提供支援。于是，图拉吉、塔纳姆伯戈和加沃图等下所罗门群岛地区统归东南方面海军陆战队作战部队负责（原先是第4舰队负责东南方面作战，6月底新成立第8舰队后，改由第8舰队负责东南方面作战）。

MO作战结束后不久，横滨航空队和第81警备队进驻图拉吉、加沃图和塔纳姆伯戈，并在岛上建立了水上机泊地。6月初，海军第84警备队和第81警备队换防，正式接过了上述三岛的守备任务。

5月中旬，海军为下一阶段攻打新喀里多尼亚、斐济和萨摩亚（代号FS作战）做准备，开始在下所罗门群岛地区寻找合适的岛屿，兴建机场。5月25日，负责东南方面海军航空作战任务的第25航空战队派出1架九七式水上飞机，搭载着第8根据地（根据地是日本海军在占领地设置的临时基地中负责防卫和管理的编制名称）队军官和工兵，以及第25航空战队司令部成员前往图拉吉，到对面的瓜达尔卡纳尔岛勘察地形。结果，他们在瓜岛西北发现在隆加河以东到海岸之间有一大块平原（即著名的隆加平原），非常适合建立大型机场。返回拉包尔后，勘察军官立即向第25航空战队司令官和第8根据地队司令官报告。

据此，第25航空战队司令官山田定义少将于6月1日致电基地航空部队（即第11航空舰队）司令长官塚原二四三中将，请求对隆加平原进行勘察，选定地点开始兴建机场，以下是他申请建造机场的电文：

卑职发现瓜达尔卡纳尔岛拥有适合建立机场之绝佳地形，拟请速派建设队进行修建工作。卑职认为，在瓜岛建立机场有两大优势：

1.在瓜岛建立航空基地，可使在所罗门群岛驻扎之我海军航空兵作战和哨戒半径延伸至珊瑚海。陆攻机和战斗机可随时进驻瓜岛，使该地成为我海军航空兵在所罗门群岛的相关航空基地，巩固图拉吉的空防。

2.航空机可从此基地起飞，对新喀里多尼亚发动攻势。此外，我们还可以利用瓜岛作为前沿机场，航空机从所罗门群岛后方基地起飞，经由瓜岛，空袭新赫布里底和新喀里多尼亚。

这个电报同时转发联合舰队参谋长宇垣缠少将和军令部第一部长福留繁中将。此时，正值海军准备在东南方面大兴土木，建立新的航空基地。山田少将的意见自然是一路绿灯，顺利地通过了海军首脑的审核。

6月19日，第4舰队、第25航空战队和第

■ 瓜岛隆加机场，如此良好而平坦的地形，难怪日本人会在这里建立机场。

8根据地队司令部参谋们再次对瓜岛隆加角地形进行考察，确定该地适合兴建大型机场。于是，当场拍板定案，派出建设队在此地兴建机场！6月底，新成立的第8舰队接替第4舰队，扛起东南方面作战重任。7月6日，联合舰队直辖的第11建设队（1221人，指挥官门前鼎中佐）和第8舰队所属的第13建设队（1650人，指挥官冈村德长少佐）乘坐吾妻山丸、北陆丸和吾妻丸在第6水雷战队和第18战队的护航下，从特鲁克起航，前往瓜岛。途中，没有遭到盟国海空军的袭扰，日军顺利上陆。

7月16日，瓜岛机场的修筑工作正式开始。尽管盟国空军不断空袭，但进展却十分顺利。施工第一阶段于8月5日完工。不过，大部分建设队成员都是纯粹的没有武装的劳工，两个建设队配属的警备队员（装备手枪和步枪）仅280人。

在图拉吉方面，第84警备队本队250人（司令铃木正明中佐）和第14建设队140人负责守卫图拉吉本岛。邻近的卫星岛加沃图岛由横滨航空队的病院班、舟艇班和工作班约100人负责警备。横滨航空队九七式水上机部（司令宫崎重敏大佐）350人、第14建设队一部（120人）、工作关系部队（50人）、吴镇守府第3特别海军陆战队一部（20人）驻扎在塔纳姆伯戈岛。另外，横滨航空队的二式水上战斗机队（60名空、地勤人员）把基地设在马卡莫博岛。

与此同时，驻扎图拉吉和塔纳姆伯戈的横滨航空队几乎天天出动水上机进行海上远程侦察，并和盟国空军侦察机进行反复交战。他们的存在进一步压缩了盟国海空军和航运在南太平洋海域的有效活动空间。如果继续任由日军在瓜岛扩建机场，加上图拉吉的骚扰作用，用不了多久，盟国海空军和海上航线就会后撤约1000公里，这对美澳生命线将是一个巨大的威胁。因此，盟军无论如何也得拔掉这些眼中钉。在这种情况下，反攻势在必行。于是，英美联合参谋长会议据此制订了新的作战计划，那就是“瞭望塔”行动。

“瞭望塔”行动

1942年1月23日，南太平洋要塞——拉包尔落入日军手中。盟国在南太平洋地区的形势骤然陷入危机，引起了美国海军高层的担忧。1月18日，拉包尔陷落前3天，美国海军舰队司令欧内斯特·金上将就南太平洋战区的形势给陆军参谋长马歇尔上将写信。在信中，金上将先是阐述了南太平洋战区日益恶化的战局，然后他又话锋一转，请求马歇尔能调出几个步兵师占领南太平洋和西南太平洋的战略要冲，阻止日军进一步扩张势头。

然而，马歇尔却以先欧后亚的战略为由，拒绝了金上将的请求。不过，金上将没有心灰意冷。没有陆军支援，我们还有陆战队！从3月起，金上将开始采取行动，增援南太平洋战区。3月12日，美海军陆战队进驻努美阿（新喀里多尼亚首府）；3月29日，陆战队第4守备营进驻新赫布里底群岛的埃菲特岛。5月初，陆战队第21航空大队和第4守备营一部进驻圣埃斯皮里图。

在金上将的不懈努力下，美军在南太平洋战区实力得到了增强，美澳生命线有了保障。除了向战略要地增兵固守外，金上将还准备实施有限反击，遏制日军的攻势狂潮。4月10日，金上将要求陆战1师从大西洋舰队所属的两栖部队序列中调出，经由巴拿马前往新西兰的威灵顿，准备发动有限反攻，将日军压制在中所罗门群岛和俾斯麦海一线。

在陆战队增兵的同时，美国海军太平洋

■ 美国海军舰队总司令欧内斯特·金上将，正是他的不遗余力，推动了“瞭望塔”行动的实施。在他的带领下，美国海军走向了历史的巅峰。

■ 盟军在南太平洋的终极作战目的——拉包尔，图为正在拉包尔拉库纳机场整备零式战斗机的日军地勤人员，背后是拉包尔著名的活火山——花吹山。

舰队也全力出击南太平洋。5月7－8日，日美爆发了人类历史上第一次航母会战——珊瑚岛海战，日军虽然取得战术胜利，但夺取莫尔兹比、结束新几内亚战役的企图破灭，南太平洋局势暂时转危为安。

6月4日到5日，美国海军太平洋舰队在中途岛海战中大获全胜，战争形势终于出现了转机。获胜后，美国海军在中太平洋的压力骤然减轻。于是，金上将决定在南太平洋展开有限攻势。就在这时，驻扎在瓜岛的澳大利亚皇家海军海岸瞭望员报告，日军开始在岛上的隆加平原建立机场，此举将使日本海军航空兵的作战半径又向前延伸了将近1000公里，对新喀里多尼亚岛和圣·埃斯皮里图构成巨大威胁。有鉴于此，金上将决定实施先前的遏制战略，动用陆战队在海军的配合下，进行有限反击，将日军阻击在中所罗门群岛一线，保障后方基地的安全。

经过多方考虑和分析，金上将于6月25日分别致电参谋长联席会议，西南太平洋战区司令麦克阿瑟上将和太平洋战区司令尼米兹上将，指出下一阶段美军在南太平洋的主要作战任务将是动用澳洲的美国陆军部队，在海军的支援下，攻占圣克鲁斯岛、英属所罗门群岛首府——图拉吉和周边岛屿（瓜岛、加沃图、塔纳姆伯戈），夺回太平洋战场的战略主动权，这次行动将由太平洋舰队司令尼米兹上将负责，进攻发起时刻为1942年8月1日。

同一天，金上将也以备忘录的形式转呈陆军参谋长马歇尔，请求批准。对于这个计划，马歇尔深表同意，唯一不满的就是战役指挥官人选。在他看来，这次作战行动位于西南太平洋战区，参加作战的海陆军部队理应由西南太平洋战区的陆军司令——麦克阿瑟上将，而非太平洋舰队司令尼米兹上将节制，否则此次作战陆军方面无法配合。

显然，金在制订计划时，已经考虑到了马歇尔的反应。因此，他在致函马歇尔的同时，也给刚刚进驻奥克兰的美国海军陆战队第1师师长范德格里夫特少将去电，要求陆战1师做好两栖登陆战准备，一旦接获命令，必须随时投入战斗。随后，金上将又给马歇尔发了一封冗长的电文，指出攻势作战宜早不宜迟，最初登陆作战行动完全由海军来执行，巩固这些岛屿后，再将其交给麦克阿瑟。金上将决心在没有陆军支援的情况下，依靠海军和陆战队独立进行这场分水岭之战。为了确保打好这一仗，并搞好陆海两军关系，金上将挑选了南太平洋战区司令戈姆利中将担任这次战役指挥官，参加瓜岛作战的全体部队统归他节制。在隶属关系上，戈姆利直接向太平洋舰队司令尼米兹负责。如此以来，麦克阿瑟和尼米兹都没有直接插手这次战役行动。事实证明，金上将的这次人事安排及时地化解了陆海两军关于指挥官人选的争执，保障了这次战役的顺利进行。

■ 拉包尔今貌，远离了战火的拉包尔安详而美丽，唯一不变的是依旧终年喷发的花吹山。

7月2日，美国参谋长联席会议分别向尼米兹上将和戈姆利中将下达作战指令：为了解除日本海陆军对美澳、美、新海上生命线的威胁，美国三军从近期开始必须在西南太平洋和南太平洋战区展开一系列攻势作战，终极目标是夺回新不列颠，新爱尔兰和新几内亚。整个攻势分成3步：首先，美军将攻占圣克鲁斯岛、图拉吉、瓜岛、塔纳姆伯戈和加沃图，进攻发起时刻为1942年8月1日；接着，美军再逐次占领所罗门群岛的其他战略要冲，比如莱城和萨拉莫阿等地；最后，再聚集力量，一举攻占南太平洋要塞——拉包尔和新爱尔兰的卡维恩港等终极目标。

接到命令后，尼米兹上将立即开始着手制订第一阶段作战的详细计划。7月10日，尼米兹向戈姆利中将下发了具体的作战命令，着令戈姆利统领南太平洋战区海陆空三军于8月1日对中所罗门群岛发动进攻，夺取瓜岛和图拉吉，行动代号为“瞭望塔”。在第一阶段，作战部队的遴选由太平洋舰队总司令尼米兹上将负责，现地最高战术指挥官由海军将领担任。第二和第三阶段，参战部队和现地最高指挥官的选择由麦克阿瑟将军负责。经尼米兹推荐，参谋长联合会议责成戈姆利中将指挥的南太平洋战区负责“瞭望塔”行动第一阶段任务，该战区和西南太平洋战区分界线为东经159度，在作战阶段麦克阿瑟应以陆航为其提供支援。

对于这个结果，麦克阿瑟和尼米兹表示满意，马歇尔和金也一致认为这是一个双赢策略，既充分照顾到了陆军，也突显了海军的地位。计划定案，接下来就看参战部队的准备了。

早在尼米兹向戈姆利下达“瞭望塔”行动的具体指令前，戈姆利就于6月25日接到通知，陆战1师将纳入他的麾下，先头部队已经抵达新西兰的威灵顿，后续部队也很快就会赶到。这下子，戈姆利才晓得，原来把陆战1师扔给自己，是让他拿这笔本钱来做买卖啊。可问题是，陆战1师已经有40多年未曾进行两栖登陆实战，真到出手的时候，能保证稳赚不亏吗？戈姆利心中不禁打了个大问号。

戈姆利的担心并不是没有道理的。陆战1师不仅毫无实战经验，甚至连编组也是乱七八糟的。这种情况连久经沙场的师长范德格里夫特少将也感到很郁闷。带领着这样一支“菜鸟”部队在情况都还没有摸清楚的情况下，就去打一场大规模的两栖登陆战，心里不免感到七上八下。

范德格里夫特少将预计，8月1日的进攻时间太过仓促。在他看来，陆战1师第二梯队抵达时间较迟，若是遇到恶劣天候加卸载问题，准备时间必然相当紧张，因此请求将进攻时间推迟1周。戈姆利应允，并迅速将范德格里夫特的意见以电报形式上报太平洋舰队总司令尼米兹上将。尼米兹不敢怠慢，又向金上将请示。经过一番考虑，金上将同意了请求，决定把进攻时间延迟到1942年8月7日。7月17日，戈姆利以1－42号命令向所部下达正式作战命令，宣布“瞭望塔”行动定于1942年8月7日实施。

由于这次行动是美国海军自1898年美西战争以来第一次进行的大规模两栖登陆作战，因此美军决心以“牛刀杀鸡”的态势，集中绝对优势的海陆空兵力实施作战，保证首战必胜。为此，美国海军太平洋舰队出动了庞大的舰艇力量，计有3艘航空母舰（“企业”号、“萨拉托加”号和“黄蜂”号）共搭载250多架飞机，大量轻巡洋舰、2艘新型战列舰（“北卡罗来纳”号和“南达科他”号)、大量护卫舰只和供应船。随行的商船和货船队也运载了供整个舰队和陆战队几个月生活和作战的粮秣弹药。

在空中力量方面，除了上面提到的250多架舰载机外，戈姆利还将得到166架海军和陆战队飞机、95架陆军飞机和30架来自新西兰皇家空军飞机的支援，负责统辖这支空中力量的是南太平洋航空部队司令麦凯恩少将。

■ 美国海军太平洋舰队为了确保瓜岛首战必胜，不惜血本，投入了宝贵的航母编队。分别为“企业”号（上)、“萨拉托加”号（中)和“黄蜂”号（下)。

在具体划分上，戈姆利把舰队和空中力量编组成3支特混舰队：

航母编队（第61特混舰队），由诺伊斯少将指挥，分别下辖以“萨拉托加”号航母、“企业”号航母和以“黄蜂”号航母为核心的3个航母编队，由“北卡罗来纳”号战列舰、5艘重巡洋舰、1艘防空巡洋舰和16艘驱逐舰护卫。

登陆部队（第62特混舰队），由雷蒙德·特纳少将指挥，运载陆战1师和补给品。由6艘重巡洋舰、2艘轻巡洋舰、15艘驱逐舰、13艘商船、6艘货船、4艘驱逐运输舰和5艘扫雷艇组成。

陆基航空兵（第63特混舰队）由麦凯恩少将指挥，负责指挥南太平洋战区内除舰载机外所有的飞机。

战地最高指挥官由弗莱彻中将担任。为了在战时能靠前指挥，8月1日，戈姆利把指挥部搬到了努美阿。

战前编制基本确定，接下来就是如何收集情报和制订作战计划。

知己知彼百战不殆

孙子曰：“知己知彼，百战不殆”，这句话的意思就是在了解己方实力的情况下，充分收集敌情，以制定适合自己的制敌方略。在这点上，美军下了很大的工夫。从知己来看，美军集中了绝对优势的海空兵力，以“雄狮缚鸡”之势准备对日军的4个前哨岛屿实施两栖登陆作战。兵力优势自然在美军这边。可敌情态势呢？在“瞭望塔”行动指令下达前，美军对目标区的了解程度却几乎为零。6月26日，在接到戈姆利指示，准备对瓜岛和图拉吉实施登陆作战的时候，陆战1师师长范德格里夫特少将手下和新西兰政府竟然没有一人熟知上述两岛的风土人情和敌情态势。当时，戈姆利暗示行动时间为7月22日。这样，仅有4个多星期的时间进行准备和收集情报。这可急坏了陆战1师的情报主管弗兰克·戈特上校。

为了理清头绪，他首先从资料中查找近10年来前往瓜岛或图拉吉生活过的旅行家、农场主、船长和少量密克罗尼西亚土著人。然而，令他感到烦恼的是，这些人现在大部分都在澳大利亚定居。为了收集这些一手资料，他必须得往澳大利亚跑一趟。7月2日，戈特起程前往澳大利亚。在澳大利亚期间，他不仅获得了许多一手口述资料，而且还在西南太平洋战区司令部内，根据对上述两岛的航拍照片绘制了较为准确的两岛地图和海图。带着这些资料，戈特于7月13日返回了新西兰。事后证明，戈特的情报收集工作做得很出色，他绘制的地图和资料为陆战1师，乃至随后进驻的陆战2师和陆军部队在瓜岛的顺利作战打下了坚实的情报基础，他的卓越贡献是瓜岛作战准备中的一个亮点，应该永远值得人们的尊敬（戈特上校于8月12日在瓜岛的一次侦察行动中阵亡，巴克利中校接替他担任陆战1师的情报主管）。

闲话少说，先让我们来检查一下戈特的成果。从地理来看，作战目标之一的图拉吉位于尼格拉群岛最大的岛屿——佛罗里达岛的东南梢，岛内密布热带雨林、地形崎岖，沿海地带则长满苔藓类的低地植物。相对而言，图拉吉港地势较为平坦，是个优良港口。在英国托管期，它曾是英属所罗门群岛首府所在地。

在图拉吉东南面，有两个地形陡峭的小岛——加沃图和塔纳姆伯戈。别看它们的面积很小，但却是图拉吉外围最重要的卫星岛，因此美军在发起战役时，必须拿下这两岛，才能确保图拉吉的安全。

作战目标之二的瓜达尔卡纳尔岛，位于图拉吉南面，全岛呈东南－西北走向，轴长90公里，岛上地形多样，平原、山脉、谷地等应有尽有，热带雨林和丛林随处可见，河流纵横，其中特瑙鲁河（日方称之为中河）、隆加河、巴勒索纳河和马坦尼考河最为著名。

在构筑机场的隆加平原四周到处都是覆盖着浓密森林的突兀高地，适合以机场为中心，建立环形防线，易守难攻。

在海岸方面，瓜岛大部分海滩因密布珊瑚礁不适合登陆。但是隆加平原西北沙滩却因地形平坦，适合大型登陆艇靠岸，是一个良好的登陆场。然而，完整而详细的瓜达尔卡纳尔和图拉吉地图即使在英国托管所罗门群岛时期也没有绘制过，这令美军计划人员感到很伤脑筋。

除了登陆场地的选择外，地形的勘测也使美军伤神，那就是机场的选择。虽然通过情报得知日军在隆加平原修筑机场，但这个机场是根据日本海军的标准，为其一式陆基轰炸机和零式战斗机修建的，是否适合美军战斗机、中型轰炸机和大

■ 战前，陆战1师参谋搭乘飞机对瓜岛地形进行多次空中侦察，并拍摄了大量照片供绘制地图，为登陆作战的顺利开展做好了充分准备。图为瓜岛北肩角地形的航拍照片。

型轰炸机进驻和起降却不得而知。而夺取岛屿后建立机场，是这次作战的头等重任，马虎不得。于是战前勘测瓜岛和图拉吉岛地形的任务就只能通过空中观测和航拍分析来解决。

负责这项任务的陆战1师作战主管梅里尔·图宁中校和第26商船队参谋威廉·麦克肯少校在登陆前就坐在1架调用来的B-17，以莫尔兹比为基地，成天围着瓜岛查看地形。

7月17日，两人坐着B-17从莫尔兹比出动，执行了一次勘测任务。飞机从埃斯佩兰斯角进入，然后朝图拉吉湾飞去。在图拉吉附近，他们发现了从卫星岛起飞，准备拦截他们的日军二式水上战斗机。于是便一个转弯，从奥拉湾西面，沿着瓜岛北岸朝预定登陆场飞去。其间，机上的照相机闪个不停，把沿途的地形、地貌都拍进一卷卷的胶片里。然而，当飞机抵达隆加机场上空时，二式水上战斗机从高空中猛然扑了下来，迫使B-17紧急中断任务，在图宁和麦克肯还没看清隆加机场是什么样时，就已经脱离了瓜岛上空，原本极为重要的任务变得毫无价值。

尽管第一次空中侦察没有得到隆加机场的任何情报，但确认隆加角附近海滩适合登陆，和战前的情报分析一致。

经过这次航拍照片，和从澳大利亚带回的资料和陆军第5航空军提供的比较完整的航拍海岸照片，陆战1师情报主管戈特上校绘制出了比较准确的瓜岛、图拉吉、加沃图和塔纳姆伯戈海岸地形图，不仅海岸线轮廓清晰，而且连地形和等高线也标注得十分清楚。这样，在陆战1师出发前，师部和参战各团、营已经对作战地区的地势有了一个比较清晰和详细的了解，戈特上校的努力没有白费。

在敌情判断方面，美军判断，日军在该地区的总部应设在原英属所罗门群岛首府——图拉吉。为了确保图拉吉安全，必然在加沃图岛和塔纳姆伯戈构筑阵地，派兵驻防。同时，重点对图拉吉隔希拉克海峡相望的瓜岛隆加平原修筑大型机场。此外，日军还应在佛罗里达岛、马莱塔岛和瓜岛部署海岸瞭望哨。

敌军兵力估计方面，美军最初判断敌兵力约为8400人。7月30日，特纳在科洛岛接到的A3-42作战计划书中指出，海军部估计在图拉吉、加沃图和塔纳姆伯戈驻有1850名日军，瓜岛为5275名。后来的作战显示，这个估计严重夸大了日军兵力，但这也不致使美军轻看对手，而能使自已战前做好更充分的准备。

情报有了，现在就看美军如何规划手中的资源。就像拍摄电视剧要有主副角色一样，作战也需要主力，然后其他部队都是围绕着主力进行，不然作战进程就会发生混乱。这点，美军做得十分出色。战前，美军就以命令形式，指定陆战1师是这次作战的主力，参战的海军和航空部队的所有行动必须与之协同。为什么选陆战1师做主力呢？首先，陆战1师肩负的不仅仅是夺取图拉吉和瓜岛，而且要是日军组织反击，那么防御上述两岛的重担同样得由陆战1师来挑。这不，既然是两栖登陆作战，攻防责任都由陆战1师来扛，那主力当然是陆战1师了，而陆战1师师长范德格里夫特少将，则是登陆作战实施的总导演。

为了打好登陆战这一仗，范德格里夫特在战前狠下了一番工夫来研究。作战目标是夺取图拉吉和瓜岛，而作战部队只有陆战1师一支部队，怎么办？好办啊，把部队分成两部，船队也分成两部，进攻图拉吉的船队代号为“约克船队”(或“Y船队”)，由陆战1师副师长威廉·H.鲁普图斯准将负责，下辖陆战队第1突击营 (营长爱迪生中校)、第1伞兵营(营长罗伯特·威廉姆斯少校) 和陆战5团2营 (营长哈罗德·罗塞克拉斯中校)；进攻瓜岛的船队代号为“X光”(或“X船队”)，由范德格里夫特任指挥官，下辖陆战1团、陆战5团 (欠2营)、特种火力支援部队和勤务部队。

具体作战方面，陆战队第1突击营和陆战5团2营负责攻取图拉吉，登陆后迅速右转，沿着佛罗里达岛长轴推进，逐个肃清日军抵抗，彻底夺取图拉吉。与此同时，第1伞兵营在加沃图和塔纳姆伯戈登陆。图拉吉战斗结束后，美军再以1个营 (欠1个连) 沿着佛罗里达岛海岸扫荡图拉吉湾的残敌。

负责瓜岛第一波登陆的是陆战5团1营和3营，陆战1团作为第二梯队跟进。登陆后，美军迅速向东推进，扫除在隆加三角区的日军抵抗，再朝这次作战的主要目标——隆加机场发起攻击并夺取之。然而，战前估计在瓜岛盘踞日军兵力5000多人，美军不占优势。为了加强瓜岛进攻方面兵力，范德格里夫特少将在战前就向海军部提出增派一个得到火炮加强的陆战团。6月27日，金上将指示陆战2团、陆战10团3营 (炮兵营、装备75毫米榴弹

■ 美军为了进行第一次反攻，准备了充足的物资。图为在新西兰集结的陆战1师的两栖登陆车(LVT)。

炮）和常规勤务分队准备从美国西海岸的圣迭戈出发，赶赴南太平洋，加入陆战1师行列。

作战计划定案，戈姆利中将把集结地定在了斐济群岛的科洛岛。这样做，一方面为了和从珍珠港朝南太平洋开来的第61特混舰队会合，另一方面组织一次战前演习，陆战1师演练两栖登陆，舰艇和运输船队之间进行合同演练。

于是，在新西兰威灵顿的陆战1师开始大搬家。7月22日清晨，全师官兵携带战斗装备、60日份口粮和10个基数的子弹和炮弹、5个基数的油料装上了20艘武装商船。范德格里夫特少将把陆战1师指挥部临时设在了“麦考利”号。9时，船队在特纳少将指挥的第62特混舰队的护卫下从威灵顿起航，目标——科洛岛。正当美军磨刀霍霍，准备砍向瓜岛和图拉吉的时候，先前连战皆捷的日军也没完全蒙在鼓里，他们也在努力侦察当面美军的集结情况，分析美军的作战企图，防范敌人的反攻。

日方的判断和估计

由于南方作战（即太平洋战争第一阶段，日本对马来亚、印尼和菲律宾展开的攻略作战，日军以微弱的代价，取得了全胜）的进展顺利，使日本人心理逐渐由谨慎向骄横转变。不仅陆军认为“美国佬”也不过如此，甚至连一向重视美军战力的日本海军，在对敌判断上也出现了重大失误。

负责中太平洋方面作战的日本海军第4舰队司令部乐观地认为，盟军可能在1943年夏秋之交展开反击。现阶段形势完全对日本有利。相反，负责东南方面（所罗门群岛和新几内亚东部战区）第8舰队却认为美军反击的时间会比预想来得更快，地点将是马绍尔群岛或所罗门群岛。根据现在敌我战线交错态势来看，在后者展开反攻的可能性更大。不过，第8舰队也不认为美军会立即展开反攻。

从地图上看，最令第8舰队司令部担心的莫过于图拉吉守备队和瓜岛机场，它们距后方根据地——拉包尔足足有560海里（来回就是1120海里！）那么远。一旦遭到美军反击，势必难以招架。因此，第8舰队希望机场一完工，战斗机队就立即进驻瓜岛机场。为此，第8舰队乘着第11航空舰队司令部派代表来拉包尔讨论和17军协同攻略莫尔兹比的机会，向第11航空舰队提出尽速派遣战斗机先遣队进驻瓜岛机场的请求。但第11航空舰队此时满脑子都是莫尔兹比攻略战，压根就对往瓜岛派遣战斗机先遣队的建议不感兴趣。他们认为第8舰队光盯着别人的部队，自己手上的第2航空队好好的却舍不得用，说是一定要担任驻莫尔兹比航空部队，可能是莫尔兹比相对于瓜岛更重要吧。不管怎样，第11航空舰队对这次建议的不上心，倒是给美军拣了个大便宜。

自第8舰队司令部进驻拉包尔开始，盟国空军开始逐渐加大对瓜岛和图拉吉的空袭力度。最初，美军先是以1－3架B-17每日对图拉吉和瓜岛进行侦察和零星轰炸。但从7月31日开始，美军加大空袭力度，由每日出动1－3架次增加至7－10架次。以下是第25航空战队战斗要报对美军空袭的记载：

7月29日，瓜岛和图拉吉上空昼间无敌机。23时，敌1架大型机轰炸图拉吉，除1架大型水上飞机被弹片击伤外，其他设施无恙。

7月30日，瓜岛和图拉吉上空整日无敌机。

7月31日，9时整，7架B-17空袭瓜岛，遭我方3架水上战斗机追击后逃逸。

8月1日，9时整，敌3架大型机空袭瓜岛，遭我方6架水上战斗机追击后逃逸。

10时30分，7架B-17轰炸图拉吉，遭我方6架水上战斗机拦截，3架敌机大破，但未坠落。2架水上战斗机被敌防御炮火击伤，2架大型水上飞机被炸伤，均可修复。

8月2日，8时20分至12时，10架B-17轰炸瓜岛，1架B-17空袭图拉吉。我方共起飞12架水战反击，击落2架B-17 (1架不确定)，2架大破。2架水上战斗机被敌防御炮火击伤，1架停泊的水上战斗机被炸伤，尚可修复。

8月3日，8时30分，2架B-17轰炸图拉吉，3架水上战斗机拦截，敌机逃逸。我方无损害。

8月4日，8时20分至10时20分，总计9架B-17轰炸瓜岛和图拉吉。6架水上战斗机反击，其中1架水上战斗机和1架B-17迎面相撞，同归于尽。1架停泊的水上战斗机被炸伤，尚

■ 日军在瓜岛的机场建设不断遭到B-17轰炸和侦察，虽然没有给日军造成太大损失，但日军建设队的工程进度却被B-17窥视得一清二楚。

可修复。

8月5日，8时10分到12时，5架B-17轰炸瓜岛和图拉吉，我方共有9架水上战斗机实施反击。2架B-17大破，但未坠落。1架停泊的水上战斗机被炸伤，尚可修复。

8月6日，瓜岛和图拉吉上空整日无敌机。

在新几内亚，日军于8月初在米尔恩湾的莱比，发现了盟军正在修建的机场。据侦察机回报，大量盟军飞机停放在机场上。据信，机场整备和防务得到了盟军强大护航运输船队的支援。这个机场的存在，使布纳运输作战变得困难重重。

第8舰队判断，盟军必将不惜一切代价将日军的注意力从莫尔兹比引开。因此，很可能对瓜岛采取有限攻势。

8月5日，瓜岛当地土著突然纷纷离开村庄，逃进深山。但此举不仅没有引起日军的警觉，反倒认为是一件很平常的事，没有1个人意识到这是美军进攻的先兆。

尽管如此，配属第8根据地队的第8通信队仍然从7月底监听美军的无线电通信中发现了异常，并判断美军很可能在准备一场规模未知的反攻。这个情报很快就经由第8根据地队之手，交到了第8舰队司令部。舰队参谋长对此事十分重视，亲自来到第8通信队，监听美军的通信。毫无疑问，这些通信异常显示出美军准备在近期动手，目标——瓜岛！虽然，参谋长做出了最准确的判断，但第8舰队司令长官三川军一中将却无动于衷，没有采取任何紧急措施，日本人压根就不认为美军会在这个时候展开反击。

除了当地部队外，大本营海军省也意识到当面之敌通信方面的异常状况。8月4日，军令部第一部长福留繁在给各舰队参谋长拍发的形势电报中对这种异动提出了警告：

根据无线电监听探明的下述情况，并结合美军飞机不仅在英属新几内亚和所罗门，而且连威克岛和马绍尔群岛也有积极活动的迹象，我们必须对此提高警惕。

1. 8月2日，夏威夷方面敌机数量剧增，据判断此乃一有力部队进驻。

2. 7月底以来，夏威夷方面的无线电通讯量突增。许多太平洋舰队司令部和西南太平洋舰队（应为南太平洋）司令长官之间的往来电报被我方截获。

3. 8月2日到3日，澳大利亚水域附近出现有力之英美舰队。

此外，军令部还收到情报，指出1支大船队（37艘运输船）于7月2日从圣迭戈起航。另一支更大规模的运输船队（45艘）从西海岸某地起航，2支船队预定于8月初抵达澳大利亚东海岸。

军令部在发布警报前，对局势判断为，自第8舰队进入东南方面以来，敌反攻方向以所罗门方面可能性最大。为此，迫切希望第8舰队增强作为所罗门群岛第一线的瓜岛和图拉吉守备兵力。

7月下旬以后，第8通信队报告，东南方面之敌通信量开始显著增加。在海军部发出警报后，第8舰队司令部也开始对莫尔兹比攻略作战的发动进行研究。据判断，美澳联军在莱城和萨拉莫阿方面有蠢动迹象。同时，莱比飞行场的暴露，也显示盟军在新几内亚方面的活跃。据此，第8舰队司令部对当前形势判断为，新几内亚方面，美澳联军正全力妨碍日军对莫尔兹比的进攻。所罗门方面，美军不断强化大型机对瓜岛和图拉吉方面的空袭，目的在于妨碍建设队的施工进度。然而，这正是美军反攻前的先兆。

尽管日军已经嗅出了一丝危险，但日本海军上到联合舰队山本司令长官，下至各个舰队司令都没有采取任何紧急措施予以防范。大祸临头的时候，海军只能抓瞎了。

侦察盟军态势

虽然日本人内心认为美军不会在年内实施对日反攻，但在一线的海军部队因不断和美军飞机接触和交战，对日益紧绷的形势却有着不同的看法和担忧。

在整个太平洋正面战场，美军不断向新赫布里底群岛、新喀里多尼亚和斐济集结兵力。为了弄清美军的意图和集结情况，第25航空战队奉基地航空部队司令长官塚原二四三中将之命，着令驻图拉吉的横滨航空队出动大型水上飞机进行侦察。

6月22日，横滨航空队开始第一次侦察。2架九七式水上飞机从图拉吉起飞，1架前往埃菲特；另1架负责侦察新赫布里底群岛和圣埃斯皮里图，机上还顺带捎了个大人物——

■ 面对B-17的不断轰炸和侦察，驻图拉吉的横滨航空队也出动二式水上战斗机进行拦截，但收效甚微，图为被美军缴获的日军二式水上战斗机。

■ 为了强化侦察，日军基地航空部队甚至从部署在中太平洋的第14航空队抽调2架二式水上飞机配属给第25航空战队。尽管九七式和二式双雄相互配合，但仍未发现美军护航舰队的动态。否则，8月7日的历史很可能改写……

大本营海军部调来收集东南方面情报的“Y少佐”。

为了加强侦察和情报收集，基地航空部队于7月17日特地将驻中部太平洋的第14航空队派遣队（2架二式水上飞机）加强给第25航空战队。他们的任务是空中侦察斐济、圣埃斯皮里图和埃菲特有无适合兴建机场的地点，供FS作战使用。然而，从此时开始，这项侦察任务却逐渐变质为对盟军战略调动的侦察。在完成对澳洲北部要地进行空中袭扰后，第25航空战队司令官山田定义少将于8月2日向第14航空派遣队下令：“2架二式水上飞机迅速前进至图拉吉，根据8月3日的口头指令展开侦察任务，然后返回拉包尔。”8月4日，2架二式水上飞机根据山田少将的命令，对斐济和新喀里多尼亚进行了战略侦察。

当时，美军第61特混舰队、第62特混舰队和陆战1师正在斐济的科洛岛演习，幸好没被发现。7月31日，陆战1师搭乘船队出发，在强大护航舰队的掩护下，朝瓜岛驶去。8月3日，舰队穿过新赫布里底群岛南部海域，然后转向西北，于次日进入新喀里多尼亚北方海域（东经159度6分，南纬16度36分）。这支庞大舰队共有82艘舰船。

但是，8月4日从图拉吉出动的2架二式水上飞机未能发现目标。最初，第25航空战队司令官山田定义少将向上级拍发的电报为：“2架大型水上飞机对斐济和新喀里多尼亚进行侦察后，成功地返回了图拉吉。情况报告待稍后详述。”

其实，在8月4日当天，图拉吉方面共出动了3架大型水上飞机（1号机和2号机为14航空队的二式水上飞机，3号机是横滨航空队的九七式水上飞机）侦察F区（即新喀里多尼亚方向），但恶劣的天候，迫使1号和2号大型水上飞机仅飞了120海里。3号大型水上飞机冒险侦察了740海里，但能见度仅有9公里。除了在距图拉吉170度，180海里和1架美军哨戒机遭遇外，没有任何情况。

8月5日，上述3架大型水上飞机再度出征，侦察F区。这次又是因为雷暴雨，使他们的行动半径仅有180公里，没有发现任何敌踪。8月6日，1号大型水上飞机活动半径690公里，2号和3号大型水上飞机的活动半径为740公里。结束任务后，第14航空队返回拉包尔，幸运地躲过了灭顶之灾。当天，运载陆战1师的美军运输船队进入了他们的侦察范围，但未被发现。当天傍晚，横滨航空队向第25航空战队汇报综合情报如下："碎云伴随阵雨，能见度20－40公里，未发现敌踪。"

但真正的情形却是美军正不知不觉地接近了瓜达尔卡纳尔岛和图拉吉，一场大难即将来临。

8月7日凌晨0时，第8舰队下属的第8通信队突然捕捉到在距图拉吉约400海里有一个极不明确的电波发射源。第8通信队立即把这个情报上报第8舰队司令部。起初，舰队司令长官三川军一中将不以为然，但参谋长大西新藏少将却意识到盟军可能要对图拉吉采取行动。于是，他马上和横滨航空队取得联络，要求立即准备3架九七式水上飞机，在日出后迅速起飞，进行半径700海里的搜索敌侦察飞行，查明敌情，但一切都来不及了……

演习

美海军陆战1师主力从新西兰起航的时候，参加战斗的其他大军也纷纷朝斐济集中。7月1日，全副武装的陆战2团乘坐"克雷森特城"号、"阿达曼斯总统"号、"海耶斯总统"号、"杰克逊总统"号和"奥赫纳"号，在第18特混舰队（指挥官诺伊斯少将，以"黄蜂"号航母为核心）从美国西海岸的圣迭戈起航。陆战队第1突击营乘坐第12商船队的4艘运输驱逐舰从努美阿起航。陆战队第3守备营也乘坐"贝特格劳斯"号和"泽林"号匆匆赶往斐济。最后，第61特混舰队（以"企业"号和"萨拉托加"号2艘航母为核心）在中途岛战役功臣弗莱彻中将的领衔下，浩浩荡荡地开赴南太平洋。

■ 横滨航空队侦察盟军态势的利器——川西九七式水上飞机。

7月26日14时，各路大军准时在斐济以南367海里地点会合。接着，各路大军统领纷纷前往萨拉托加号司令部，参加联合会议。南太平洋战区司令戈姆利中将因故没有参加，参谋长丹尼尔·卡拉汉少将和通信官利哈迪中校代表中将参加会议。

在会上，范德格里夫特少将第一次震惊地知道在登陆和船队卸载过程中只能得到约48小时的海空支援。原先他还希望在登陆和船队卸载过程中能得到全程的海空火力支援。现在好了，才48小时的支援，即使他们不眠不休地干活，也需要4天即96小时才能把兵员和物资全部卸载完毕。

负责海空支援的第61特混舰队司令弗莱彻中将从航母作战方式出发，认为航母编队的战斗力在于它的机动性、强大的飞机运载和起降能力，而它的主要敌人是对手的航母编队（日方称之为机动部队）。如果第61特混舰队长时间呆在某个固定的海域附近，势必陷入和拉包尔的日军陆基航空兵的纠缠并大量消耗自身搭载的飞机。若是敌机动部队赶到，则己方航母编队的胜算就会大为下降。因此，他的意见是从进攻发起时刻算起，航母编队只能在瓜岛附近逗留48小时，然后撤出战区，自由机动，随时准备和南下作战的日本海军机动部队展开航母会战。直到己方陆基航空兵进驻瓜岛，第61特混舰队才能返回瓜岛附近海域。这个意见，得到了航母派军官的拥护，但却引起了海军内部大炮巨舰主义者的严重不满。

■ 陆战1师师长范德格里夫特少将。

在这种情况下，范德格里夫特少将只得修改计划。命令配属给他的陆战2团于D日黄昏在图拉吉上陆，准备攻取圣克鲁斯群岛的恩代尼，对日占吉尔伯特群岛构成威胁。

返回司令部，参谋长卡拉汉少将向戈姆利中将汇报。弗莱彻的表态令戈姆利对作战前景忧心忡忡，但为了保持战前的无线电静默，又无法和弗莱彻沟通。于是，戈姆利索性把作战指挥权完全交给弗莱彻，自己留在努美阿观察。前来努美阿视察战况的美国海军作战部助理福莱斯特尔将军了解情况后，气愤地丢下一句话："如果美国人民知道我们的部队就这样去打仗的话，一定会起来造反的。"

各路大军会合后，庞大的舰队开到科洛

■ 装船的陆战11团75毫米榴弹炮。

岛。7月28日到30日，陆战1师在科洛岛举行大规模两栖登陆作战演习，情况十分糟糕，唯一的亮点就是岸轰支援舰队进行的炮轰比较壮观，无奈的范德格里夫特少将只好自嘲："好莱坞的惯例是糟糕的彩排往往预示着精彩的演出。"

7月31日夜，经过加强的陆战1师19000名官兵分乘19艘运输船和4艘运输驱逐舰在第62特混舰队和第61特混舰队的护卫下，浩浩荡荡地驶出科洛岛，朝所罗门群岛航行。途中，恶劣的天气有效地掩护了船队和舰队的航进。8月6日夜到7日凌晨，舰队和船队抵达瓜岛西端外海，随即编组成X船队和Y船队。

X船队由雷夫斯尼德尔上校指挥，下辖4个分队：

A运输分队："富勒"号、"美洲"号、"贝拉奇克斯"号

B运输分队："麦考利"号、"巴涅特"号、"埃里奥特"号和"利比亚"号

C运输分队："利格特猎人"号、"奥奇巴"号、"福马尔霍特"号和"贝特格劳斯"号

D运输分队："克雷森特城"号、"海耶斯总统"号、"阿达曼斯总统"号和"奥赫纳"号

Y船队由阿什上校负责，下辖2个分队：

E运输分队："内维尔"号、"泽林"号、"希伍德"号、"杰克逊总统"号

第12运输分队："利特"号、"格雷戈里"号、"麦克肯"号、"科尔霍恩"号

8月7日3时10分（当地时间），X船队和Y船队减速（12节）航行，并拉开6海里距离。其中，X船队分成2路纵队，纵队间隔900米，各船间隔675米，航向075度。同时，Y船队也以058度航向贴近萨沃岛。6时14分，随着舰队火炮朝瓜岛滩头发出的怒吼，太平洋战争掀开了新的一章。

第二章
第一滴血

首战图拉吉

2时40分，Y船队和X船队分手，沿着058度航向，缓缓朝目标图拉吉接近。6时37分，船队准时抵达预定地点。各船停稳后，船队指挥官乔治·阿什上校下令旗舰“内维尔”号通过微光灯向各船通报：“H时（登陆发起时刻）定在8点。”

在此以前，海军的“野猫”式战斗机和“无畏”式俯冲轰炸机各15架从“黄蜂”号出动，朝着图拉吉、加沃图和塔纳姆伯戈飞去。

6时10分，先前奉命紧急出发、侦察盟军态势的横滨航空队水上飞机队（3架九七式水上飞机）正准备起飞，突然遭到一群F4F“野猫”式战斗机偷袭。瞬间3架九七式水上飞机在滑跑飞行阶段就在美军战斗机的扫射下化为一团团火炬！接着，剩余的4架九七式水上飞机和6架二式水上战斗机也很快被美军战斗机摧毁。这个壮观的场景引来了盟国船员和陆战队员们的阵阵欢呼。不出10分钟，美军就顺利地全歼了横滨航空队的飞机，完全夺取了战区制空权。

1小时后，担负轰击滩头任务的火力支援舰队开始转动炮塔，以猛烈的炮火轰击预定目标。首先开火的是“蒙森”号驱逐舰，随着一枚枚5英寸炮弹出膛，陆战2团1营预定登陆场周围变成了一片火海。从7时27分到7时32分，“蒙森”号共向目标倾泻了60枚5英寸炮弹。同样担负对岸轰击任务的“布坎南”号驱逐舰和“圣·胡安”号轻型防空巡洋舰也各发射了100多枚炮弹，目标遍及哈雷塔、图拉吉和佛罗里达岛，炮火扫过之处，完全化为废墟。看样子，炮击效果良好，这次登陆应该不会遇到太大的抵抗。

首先出发的是担负左翼掩护的陆战2团B连（得到D连4排的加强）在埃德加·卡恩上尉的带领下，于7时06分从“杰克逊总统”号运输舰爬下，换乘登陆艇。7时40分在哈雷塔上岸。但第一次登陆却闹出了一个大洋相。B连、D连4排乘坐8艘登陆艇靠岸，在仅遇微弱抵抗的情况下，因经验不足，登陆时各部陷入混乱，浪费了很多时间去集结队伍，结果海滩到哈雷塔港不到5分钟的路程，竟然走了40分钟。其中，哈里·舒勒尔中士荣幸地成为瓜岛战役中美军第一名伤员。虽然这次小型登陆作战还存在着很多不足，但卡恩特遣队好歹也还是拿下哈雷塔，砸开了图拉吉的左大门。

7时17分，第1突击营B连（连长劳埃德·尼克尔逊少校）和D连（连长查贝尔斯少校）官兵分别从“内维尔”和“希伍德”号舷侧爬下，换乘登陆艇，集结待发。7时40分，“圣·胡安”号对图拉吉西南角208高地进行第二轮炮火准备，将560枚炮弹砸向了高地。7时50分，当登陆艇群离海岸还有2500米到1200米时，“蒙森”号和“布坎南”号又连续进行了5分钟的短促炮火急袭，用400发炮弹轰平了预定登陆区。同时，SBD俯冲轰炸机群也在7时50分到8时对图拉吉西南角的山

■ 陆战2团B连登陆哈雷塔，首先砸开了图拉吉的左大门。

麓地带进行轰炸。8时，B连和D连准时登上在图拉吉岛西北海岸的“蓝色海滩”。接着，陆战5团2营也准备在蓝色海滩上陆，作为第二梯队在第1突击营身后跟进打击，扩大战果。

说来也好笑，在图拉吉方面死亡的第1名美军，竟是从“利特”号爬下换乘登陆艇的时候不慎摔死的一名第1突击营情报分析员。作战结束后，随军牧师为他举行了葬礼。

和卡恩特遣队一样，陆战队第1突击营在登陆过程中也没有遭到什么像样的抵抗，伤亡微乎其微。除了前面提到的1名情报人员意外死亡外，仅有1名士兵被日军狙击火力打伤。不过，沿岸密布的珊瑚礁却使登陆艇无法靠岸，只得在近岸30到100米的水际跃出登陆艇，跳进齐及腰部的海水，艰难跋涉上岸。

美军的奇袭使驻扎在图拉吉的第84警备队和加沃图、塔纳姆伯戈的横滨航空队措手不及。早在美军进行航空和舰炮火力准备阶段，日军就感到末日将至。根据日方的记载，8月7日，图拉吉日出时间是6时40分（东京时间4时40分）。6时12分，横滨航空队就向拉包尔基地的海军第25航空战队拍发了第一封战情急电：“敌人正猛烈轰炸我阵地。”

6时25分，横滨航空队开始接连向拉包尔拍发急电：“发现敌机动部队。敌机动部队20艘来袭图拉吉，正实施轰炸，准备登陆，请速派援军！”“6时30分，敌人空袭依旧，水上飞机队全灭。”“敌人开始在图拉吉上陆，7时15分。”“我部遭受舰炮射击，7时30分。”

8时10分，当陆战队第1突击营成功登陆后，横滨航空队顿感末日降临，于是以横滨航空队和图拉吉守备队的名义，共同向第25

附图三 图拉吉一瓜达尔卡纳尔岛登陆战形势

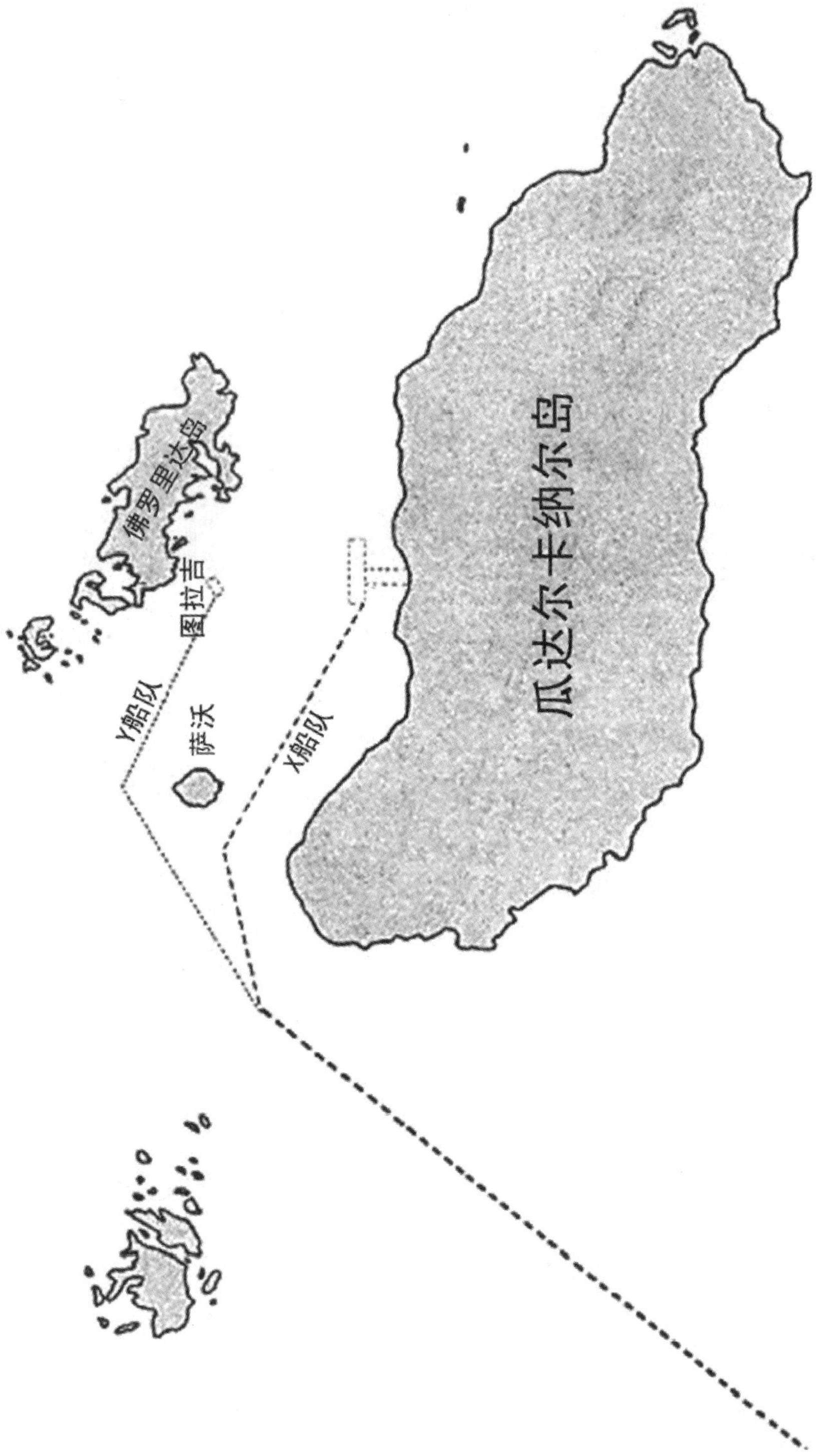

航空战队和第8舰队拍发了诀别电："敌军兵力强大，现正焚毁密码，我部准备战至最后一人，愿我军武运长久，国运昌盛。"

形势也确如日本人所言的绝望。陆战队第1突击营上陆后，以B连和D连为先锋，并肩向内陆突进，A连（连长L.W.沃尔特上尉）和C连（连长肯尼斯·贝利上尉）在陆战5团E连（配属第1伞兵营参加首波登陆作战）60毫米迫击炮火力的加强下，确保滩头阵地，接应陆战5团2营登陆。配属第1突击营的陆战2团B连奉命在图拉吉西南的佛罗里达岛哈雷塔登陆，防范日军从内陆对图拉吉的反击。

8时30分，陆战5团2营成功上岸。半小时后，2辆水陆两用坦克和医疗卫生队上陆，战斗开始向纵深发展。

突破海滩防线后，第1突击营B连和D连继续向内陆深入。在他们的前方是一座横亘图拉吉岛、密布灌木丛、海拔约110米的山脉。如果日本人在此驻兵哪怕一个小队，也可以用火力封锁陆战队的前进通道。但他们什么也没做，眼睁睁地看着B连和D连并肩翻越了山脉。接着，右翼B连穿过萨萨皮村，朝东南推进。左翼的D连以山脉为倚靠，继续向前推进。其间，两连没有遭遇什么像样抵抗，直到B连推进至东岸的堤道，才遭到第84警备队有组织的抵抗。D连连长查贝尔斯少校负伤，副官斯佩林上尉接替指挥。

这时，A连和C连开始动身，沿着东南向内陆推进。A连越过山脉后右旋，和C连保持齐头并进态势，紧紧跟在B连和D连身后，掩护纵深。其间，E连的60毫米迫击炮继续留在滩头，根据各连呼叫提供炮火支援。11时20分，A连和C连顺利抵达当天的第一目标线——A线，控制了半个图拉吉。不久，第

■ 陆战队第1突击营正在换乘登陆艇。

■ 突击营A连和C连向281高地进攻路线图。

1突击营营长爱迪生中校上岸，开始联络各部，准备集中兵力啃下东南角的日军据点群和前英属所罗门市政大厅。日军方面，除了堤道外，第84警备队也开始在西北山脉和东南山脊进行零星的抵抗，但没有给突击队员造成太大的威胁。美军的顺利进展连他们自己都感到惊讶不已。12时，当爱迪生向副师长鲁普图斯准将报告已经打到东南角时，鲁普图斯简直不敢相信自己的耳朵！不过，糟糕的通信状况，使他除了知道这点消息外，对具体战况一无所知。14时04，“黄蜂”号的飞行队长比克利少校结束图拉吉岛上空的空中管制任务，返回母舰，向第18特混舰队司令诺伊斯少将汇报战况时，简单地说了一句：“没什么抵抗，他们应该能很快拿下这个小岛。”

事实上，快到正午。美军遭到了激烈抵抗。越过A线后，C连正准备沿着海岸东南角的208高地推进时，遭到了日军的机枪和步枪火力阻击，一时陷入混乱。不过，突击队毕竟训练有素。他们很快结成小组，在机枪火力的掩护下，用手榴弹逐个摧毁日军火力点。经过1小时奋战，C连肃清了日军的抵抗，继续向前推进。其间，“圣·胡安”号、“蒙森”号和“布坎南”号继续遂行炮击任务，分别对图拉吉监狱、当地医院附近的日军高射炮阵地和无线电站猛轰。不过，“圣·胡安”号1号炮塔在11时35分实施炮击时突然炸膛，造成5名士兵死亡、13人受伤的重大事故，好在引发的火势很快得到了有效的控制，“圣·胡安”号才得以继续执行炮轰任务。

与此同时，第1突击营余部也在281高地附近遭到日军顽强抵抗。为了摧毁隐蔽的敌火力点，爱迪生不得不呼叫舰炮火力支援。“圣·胡安”号照准所请，从12时40分起，一连向281高地四周倾泻了280枚5英寸炮弹。尽管得到了强大的舰炮火力支援，但突击营还是没能前进一步。16时25分，沮丧的爱迪生少校只得向鲁普图斯少将泼冷水：“进攻失败，281高地守敌约500人，他们太顽强了。”甚至到了傍晚，美军也无法再取得进展，281高地一线暂时陷入僵局。

下午晚些时候，E连离开滩头阵地，向281高地前进。已经转到全营左翼的D连经过激战，粉碎了在堤道抵抗的日军后，沿着东部海岸前出至281高地当面，和C连会合。在战斗中恰巧绕到D连右翼的B连，却是未遇抵抗，顺利截断了环岛公路。情况最不妙的就是A连和C连，日军埋伏在281高地和208高地之间一条东西走向的深谷和高地反斜面，舰炮火力打不着（无法曲射）。同时，日军还借助设在281高地山顶的观察哨指引，用准确的火力封锁了美军的前进路线。没有强大直瞄炮火的支援，任何冲锋只是徒增伤亡。而且从缴获的地图来看，这一带是日军在图拉吉

附图四　图拉吉登陆作战

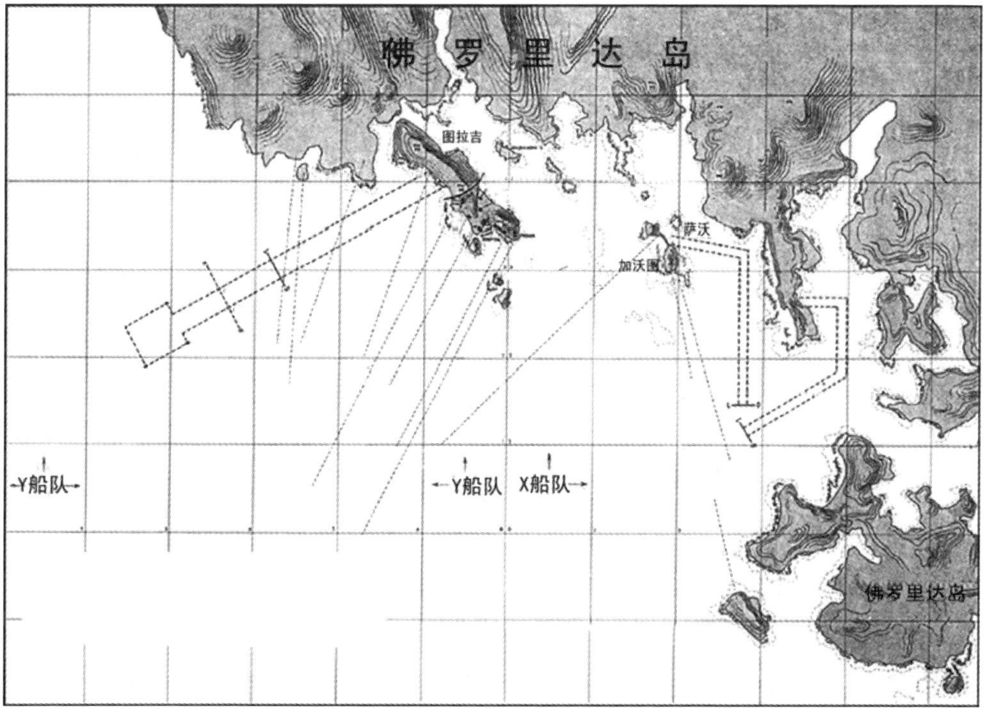

■ 陆战5团2营登上图拉吉。

最为坚固的预设阵地，无怪乎2个突击连都拿它没辙。

黄昏前，第1突击营暂停进攻，就地转入防御。B连和D连分别掩护全营侧翼。A连和C连在281高地前构筑阵地，防范日军夜袭、准备拂晓出击。担负炮火支援任务的陆战5团E连也赶到了281高地前，迅速架起迫击炮，为接下来的战斗做好准备。

在陆战队第1突击营迅猛进击全岛的同时，作为第二梯队的陆战5团2营（总计1085名官兵）在营长罗塞克拉斯中校的带领下，于9时16分登陆。上陆后，全营奉命扫荡图拉吉西北角，肃清残敌。罗塞克拉斯中校把这个任务交给了F连。在没有遇到像样的抵抗的情况下，F连顺利地完成了任务。10时，E连奉命前去支援陆战队第1突击营B连。1小时后，H连3排奉命支援第1突击营C连对208高地突击。13时，陆战5团G连奉命向爱迪生中校报到，支援陆战队第1突击营作战。陆战5团2营部起初设在“蓝色海滩”，次日转移到第1突击营营部附近。

黄昏时刻，停止进攻的陆战队第1突击营开始清点战果：图拉吉大部分地段已被落入美军之手，胜利只是个时间问题。敌军残部龟缩在281高地深谷和东南角附近顽抗，待次日进攻将其消灭。

在部署方面：C连的1个排沿着海岸向东南角推进过程中和连队失去联系，目前孤立于敌后，被迫停止前进，构筑环形防线过夜。已截断环岛公路的D连除了负责继续警戒公路外，还抽调一部分兵力协助蓝色滩头的卸货作业。在281高地西北坡前沿，美军以第1突击营A连居中，陆战5团E连和突击营C连为左右两翼，B连临时拆散建制，把各排加强给A、C、E连，增强次日的突击力量。突击营部设在前英属所罗门总督府，距E连阵地200码，便于靠前指挥。

陆战5团2营在第1突击营身后就位，随时准备增援一线。

随着夜幕的降临，正当美军官兵准备伸

一伸懒腰，想好好休息一下的时候，281高地当面的日军却逐渐向美军前沿移动，准备发动他们引以为傲的绝活——夜袭。

0时30分，日军发动了第一次夜袭。对此准备不足的美军措手不及。在日军迅猛反击下，A连和C连结合部很快就被撕开一个口子。在混乱中，C连一度和各连失去联系，被迫临时构筑环形防线，勉强顶住了日军的反击。接着，日军转移兵力，将矛头对准A连，试图以猛烈的冲击，把A连打退，并分割包围C连。不过，日军在A连阵地却遇到了比C连更为坚决的抵抗，美军甚至用刺刀和手榴弹和扑到阵前的日军进行肉搏战。经过15分钟激战，日军在A连阵前20码丢下26具尸体，仓惶撤退。

到5时30分，日军一共对A连和C连发动了4次夜袭，但都没有成功。警戒海滩和环岛公路的D连也遭到日军的偷袭，但没有造成大碍。

8月8日清晨，陆战5团2营E连和F连，前出至图拉吉西南部，清剿残敌。E连和F连越过突击营D连阵地后，进入281高地东北坡。接着，他们以迅雷不及掩耳之势突袭了281高地，出奇顺利地攻克了281高地山顶，然后沿着西南坡右旋，挺进至深谷的日军阵地前沿才暂停前进。

■ 图拉吉市政厅。

总攻前，陆战队进行了猛烈的炮火准备。来自陆战队第1突击营的60毫米迫击炮和陆战5团2营81毫米迫击炮对深谷的日军阵地进行猛轰。15时，炮火准备一结束，第1突击营就在陆战5团G连的协助下，从西北冲进了深谷。经过激战，突击营在黄昏前消灭了第84警备队，攻占了深谷。除了零星日军继续隐蔽全岛游击外，一切有组织的抵抗在8日黄昏前宣告结束。同一天晚上，陆战1师宣布占领了图拉吉。第1突击营为此付出的代价是伤亡90人，其中3名军官和33名士兵死亡（包括伤重而死）。

激战加沃图和塔纳姆伯戈

美军为了确保图拉吉的安全，在登陆图拉吉的同时，也对外围的2个卫星岛——加沃图和塔纳姆伯戈，展开了攻击。

加沃图和塔纳姆伯戈岛平均海拔较低，珊瑚礁密布，可供登陆的海滩地段仅宽450米。此外，加沃图和塔纳姆伯戈两岛的制高点——148高地（标高148英尺，约合44米）和121高地（标高121英尺，约36米）处于全岛中央，对日军俯瞰和封锁海滩提供了极大的便利，同时也给美军作战带来了很大的困难。正是因为这个原因，这两个看似弹丸之地的岛屿，却使美军蒙受了整个瓜达尔卡纳尔－图拉吉登陆作战中最为惨重的损失。

根据美军战前制订的计划，美军对两岛的主要作战是围绕制高点进行。从敌情态势判断，加沃图岛制高点比塔纳姆伯戈高，两岛相距仅900米。若是同时攻打两个岛屿，美军兵力不足。若是先打塔纳姆伯戈，又会直接暴露在加沃图居高临下的火力网中。不

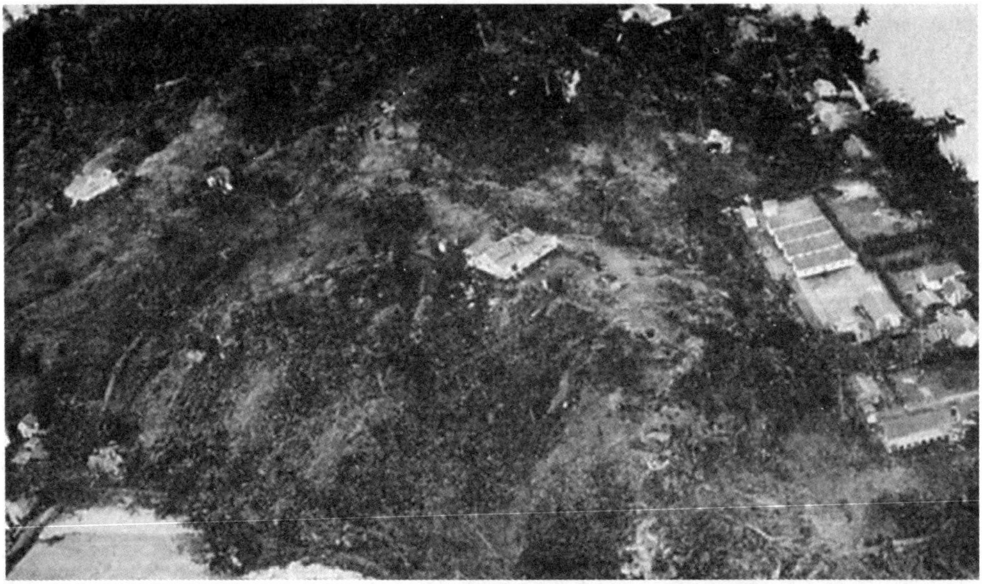

■ 加沃图岛全貌。

■ 从“黄蜂”号航母上起飞的战机轰炸塔纳姆伯戈岛。

过，加沃图的进攻也有不小的困难。部队在抢滩登陆时，很可能遭到正面和两翼等3个方向的火力拦阻。设在高地顶峰的日军观察哨可以利用对海滩俯瞰的良机，引导火力准确覆盖滩头。同时，塔纳姆伯戈的日军也会以侧射火力支援加沃图的防御。权衡再三，美军决定先打加沃图，再攻塔纳姆伯戈。这个艰巨的任务就交给了第1伞兵营。

接到任务，第1伞兵营不敢怠慢。立即对加沃图岛地形进行研究，全岛珊瑚礁环绕，只有东北海滩宽约500米的沙滩适合登陆。上陆后，登陆部队必须直面来自148高地的正面火力和塔纳姆伯戈的侧射火力。因此迅速拿下148高地才是此战中的关键。为此，第1伞兵营决定登陆后，迂回148高地两翼，对其实施两面夹击。同时，陆战5团2营抽调一部兵力在第1伞兵营出发前迅猛占领哈拉沃，然后以机枪火力压制加沃图岛，支援第1伞兵营的登陆行动。第1伞兵营具体的战术部署是：A连和B连于登陆后，迅速迂回148高地的北坡和东南坡，首先解除日军的侧翼威胁。担任第二梯队的C连（加强连）切入中央，打到加沃图堤道终点后，停止前进，以火力封锁塔纳姆伯戈岛，防止敌侧射火力支援加沃图岛，或是派兵渡海支援，保障A连和B连顺利攻克148高地。加沃图战斗结束后，C连再乘坐登陆艇出发，负责攻克塔纳姆伯戈。

进攻发起前，“黄蜂”号的SBD俯冲轰炸机和驱逐舰群分别进行轰炸和舰炮火力准备。猛烈的炮击和轰炸，几乎将整个小岛炸翻。登陆前，美军乐观地认为炮击应该消灭了一半左右的敌人。事实上，日军躲在坚硬的珊瑚洞穴里，把武器和补给藏在地下。美军的火力准备简直和作秀无异。除了浪费炮弹和炸弹外，对日军人员和物资没有造成什么损失。

首先发起攻击的是陆战2团A连，他们的目的是哈拉沃。从8时开始，负责火力支援的第2扫雷艇中队开始对哈拉沃进行猛烈的炮火准备。8时30分，A连乘坐登陆艇向海岸冲击。8时45分，A连在没有遇到任何抵抗的情况下，轻松攻占了哈拉沃。接着，A连以最快的速度在哈拉沃制高点架起机枪和配属的迫击炮，准备朝加沃图岛轰击，支援第1伞兵营的登陆作战。

10时26分，第1伞兵营开始整队，换乘登陆艇。然而，第一次进行登陆作战的他们显得毫无经验，登陆艇群队形混乱。11时41分，第1伞兵营才勉强完成登陆艇群的编组，朝加沃图进发。12时，第1伞兵营A、B、C连分成3个波次，乘坐登陆艇朝加沃图冲了过去。

与此同时，“圣·胡安”号利用登陆艇出发到靠岸之间的4分钟再次以8英寸火炮对加沃图进行4分钟的短促炮火突击，将280枚炮弹砸向148高地。“黄蜂”号的SBD俯冲轰炸机也赶来凑热闹，在登陆艇靠岸前的一刻，把携带的炸弹一股脑地扔在了日军的表面阵地。当伞兵乘坐的登陆艇快靠岸时，突然遭到正面和两翼密集的火力拦阻。驻加沃图的日军部队是横滨航空队（病院班、舟艇班和工作班）约100人，虽然他们没有受过严格的步兵战术训练，但他们肯动脑子，充分利用现有武器和地形，给美军带来了不小的麻烦。

尽管遭到密集的机枪火力拦阻，作为第一梯队的A连（连长本尼克上尉）却较顺利登陆。在未遇重大抵抗的情况下，继续向内陆的148高地右翼（北坡）挺进。但B连（连长布

■ 加沃图堤道。

陆战1师在第62特混舰队撤退时，留在瓜岛和图拉吉岛的登陆部队战斗序列

瓜岛：
陆战1师师部（含师属警卫连）
师属通信连
陆战5团（欠2营）
陆战1团
陆战11团（师属炮兵团，欠E连、1营和4营）
陆战队第1坦克营（欠分遣队）
陆战队第1工兵营
陆战队第1战斗工兵营
陆战队第1两栖牵引车营
陆战队第1特种武器营
陆战队第1勤务营
陆战队第1卫生营
陆战队第1宪兵连
陆战队第1侦察连2排
总兵力约10000人

图拉吉岛：
第1突击营
第1伞兵营
陆战5团2营
陆战2团（欠团部）
陆战10团3营的H连和I连
师属警卫连分遣队
师属通信连分遣队
陆战队第3守备营
陆战队第1卫生营A连
陆战队第2工兵营A连
陆战队第2坦克营C连
陆战队第2两栖牵引车营A连和第1牵引车营A连2排
陆战队第2卫生营D连
陆战队第2战斗工兵营C连
总兵力约7500人

朗中尉）却没有那么好的运气。当他们乘坐4艘登陆艇作为第二梯队接岸时，迎接他们的同样是猛烈的机枪火力和迫击炮火，3名涉水登陆的伞兵中弹负伤。随后，登陆艇撤退过程中，1名日军从山崖上扔下的1枚大型手榴弹准确地命中了其中1艘登陆艇，2名伞兵阵亡。尽管如此，B连仍迅速完成集结，在机枪火力掩护下，向148高地左翼迂回。

如果说B连的遭遇是不幸的话，那么作为第三波登陆的C连（连长埃里斯中尉）的遭遇完全可以用惨烈形容。在海流的冲击下，登陆艇在靠岸前飘到了预定地点偏北地带，结果日军的射界大为拓宽，阻击火力更为猛烈。伞兵们只得离开登陆艇，跳进深达1.3米的水际，顶着加沃图的正面火力和塔纳姆伯戈的侧射火力，朝海上前进，平均每10名伞兵就有1人伤亡。而且，日军的拦阻火力在此刻全面展开，不仅C连受阻，甚至A连面前也几乎是无中生有地竖起了一道火墙，不少伞兵中弹倒在地上，痛苦而无助地呻吟着。营长罗伯特·威廉也挂了彩，只得把指挥权移交给副营长查尔斯·米勒少校。一时间，伞1营步履维艰。14时，B连突破日军防线，以机枪和迫击炮火力对148高地实施反压制时，A连和C连才勉强摆脱困境，继续前进。

14时30分，第1伞兵营经过苦战，控制了半个加沃图岛，148高地山脚已完全落入美军之手。接着，伞兵从东面和东南两面向高地顶峰发起冲击。东南坡在登陆前就是美军舰炮重点轰击区，日军的表面工事大部分被摧毁。在伞兵登山的过程中，日军只能被动地从洞穴中钻出迎战，被伞兵轻松解决。但越过山棱线，向西南坡和西坡推进时，却遭到了来自塔纳姆伯戈岛狙击火力和机枪火力的侧击，攻击部队损失很大，战斗再次陷入僵局。看来不消除塔岛这个威胁，目前的进攻就无法取得进展！于是，米勒通过无线电和副师长鲁普图斯准将取得联系，请求增派援兵并对塔纳姆伯戈岛进行舰炮火力压制。

应米勒请求，“黄蜂”号的舰载机一连对塔岛进行了10分钟的轰炸和低空扫射，“布坎南”号和“蒙森”号也开到加沃图岛南部海域，集中炮火轰击塔岛的121高地。按照美国人的记载，猛烈的轰炸和炮击“使这个小岛连树木都完全消失”。

鲁普图斯准将手下尚有一支生力军——陆战2团1营B连（连长卡恩上尉）可以增援伞兵。此刻，B连刚刚结束攻占哈雷塔任务不久，前往图拉吉的蓝色海滩集结。接到命令，该连立即以最快速度搜集了6艘登陆艇，离开图拉吉。

18时，伞1营完全拿下了148高地，并在山顶升起了美国国旗。但在向堤道推进过程中，遭到来自塔岛猛烈的机枪火力拦阻，无法靠近目标。这时，负责增援伞1营的陆战2团B连登上加沃图，向米勒少校报到。喜出望外的米勒少校命令他们立即出发，攻占塔纳姆伯戈岛。关于塔岛的敌情，米勒少校告诉卡恩，岛上仅有零星的狙击手，他要求卡恩以最快速度肃清敌人，解除121高地侧射火力对伞兵威胁的同时，组织机枪火力压制148高地。事实上，塔纳姆伯戈岛的日军兵力甚至比图拉吉还要雄厚，岛上驻有横滨航空队大型水上飞机队（已失去飞机）350人、第14建设队一部约120人、工作关系部约50人和吴镇守府第3特别陆战队约20人，共540人，对B连形成了绝对的兵力优势！美军对敌情的严重低估，很快就会尝到苦果。

经过短暂准备，B连于18时20分（此刻正值日落）匆匆出发。他们乘坐带来的6艘登陆艇，在配属的航海引导员斯本森尔中尉（隶属于澳大利亚皇家空军）的指引下，摸黑接近了塔纳姆伯戈岛东北部海滩。其中，2排乘坐的登陆艇严重偏航，转了一圈，又回到了加沃图，错过了这次战斗。

尽管缺少2排，但B连仍决心展开攻击。卡恩上尉亲率第1艘登陆艇顺利靠岸，陆战队员跳下登陆艇，沿着海岸，悄悄地向121高地摸了过去。但当第2艘登陆艇准备靠岸时，“蒙森”号驱逐舰发射的1枚5英寸炮弹在附近爆炸，引爆日军储藏在附近的汽油库，通红的大火很快照亮了整个登陆场，B连就这样毫无遮掩地完全暴露在日军面前。顷刻间，剩余的4艘登陆艇就遭到了来自121高地密集的步枪和机枪火力的攻击，B连立即遭受重大伤亡，其中1艘登陆艇上搭载的官兵无一幸免，非死即伤。乘坐第2艘登陆艇的机枪排（D连4排，临时配属B连作战）立即架起2挺机枪，试图压制121高地的日军火力。无奈，对方居高临下，且敌暗我明，难以捕捉准确的位置。一阵对射，美军败下阵来，被迫撤退。

与此同时，埃德加·卡恩上尉带领的30名官兵在跳下第1艘登陆艇后，也在前进途中遭到密集的火力拦阻，阵亡18人，多人负伤。好在卡恩上尉临危不乱，巧妙地带领幸存的官兵撤出了塔纳姆伯戈岛。回到加沃图，卡恩上尉和2排长约翰·史密斯中尉前往伞兵营部，向米勒报告失败的噩耗。得知消息，米勒大为吃惊。这是美军在瓜岛－图拉吉登陆作战中第一次吃败仗！

不过，米勒也没有心情去责备卡恩，因为加沃图本身也遇到了不小的麻烦。虽然148高地已经拿下，但岛上的日军并没有完全剿灭，入夜后，战斗仍一刻不停地进行。不断有零星的日本兵从佛罗里达岛或是图拉吉逃出，游过海峡，登上加沃图岛，加入守军。黄昏后，横滨航空队特遣队（病院班、舟艇班和工作班）自知败局已定，于是从148高地南坡藏匿的洞穴蜂拥而出，向美军展开自杀式攻击，但他们很快就被密集的机枪火力全部扫倒。其他摸黑上岛的日军散兵，借着大雨的掩护，四处袭击美军，给伞兵营造成了不小的伤亡。虽然伞兵度过了一个惊心动魄的夜晚，但加沃图岛的日军主力已经伤亡殆尽，战斗只剩下扫尾阶段了。

22时，接到B连发来进攻塔纳姆伯戈失败的消息后，鲁普图斯顿时犹如五雷轰顶。预备队已经用光了，可塔纳姆伯戈这个钉子却依然健在，若拔不掉它，加沃图的伞兵就不会有好日子过。于是，鲁普图斯通过TBS (舰队内部通话系统)，向在“麦考利”号上统揽全局的范德格里夫特少将报告了B连失败的经过，并请求增援。范德格里夫特立即把特纳叫来，两人一起对这个新的情况进行研究，最后决定变更作战部署，原定攻打恩代尼的师属预备队——陆战2团2营和3营转而参加图拉吉方面的战斗。8月8日3时30分，装载陆战2团2营和3营的运输船“海耶斯总统”号和“阿达曼斯总统”号从瓜岛近海转移到图拉吉“蓝色海滩”，2营和3营迅速上岸，向鲁普图斯准将报到。

7时30分，陆战2团2营和3营登上蓝色海滩。鲁普图斯命令3营增援加沃图并攻下塔纳姆伯戈，2营担任预备队。

3营首先出发。虽然仅分得3艘登陆艇，但R.G.亨特中校却出色地以10分钟的登陆间隔，使全营 (I、K、L、M等4个连) 仅用1个半小时就全部登上了加沃图。午前，3营在亨特中校的指挥下，展开战斗队形，清剿残敌。战至夜间，清剿战斗结束，美军宣布完全控制加沃图。

12时25分，廷斯利上尉奉命带领I连，在陆战队第2坦克营C连3排的2辆水陆两栖坦克 (LVT) 的支援下，于16时20对塔纳姆伯戈岛发起攻击。进攻前，“布坎南”号将对塔岛进行10分钟的舰炮火力准备。不过，因加沃图需要，I连没有得到机枪排的加强，需要支援时，得向加沃图呼叫。

13时15分，斯维尼中尉带领2辆水陆两栖坦克刚刚开上加沃图，就接到鲁普图斯的命令，准备在16时15分开上塔纳姆伯戈。上陆

■ 遭到空袭和舰炮火力轰击，塔纳姆伯戈岛冒出滚滚浓烟，但日军依然在拼死抵抗，给陆战队造成了很大的损失。

后，分别在121高地东坡和南坡占领阵地，用炮火和车载机枪火力，掩护I连进攻121高地。

16时，“布坎南”号准时开炮，对着121高地轰了10分钟。20分钟后，I连和配属作战的2辆水陆两栖坦克杀上了塔岛海滩。日军照例组织起猛烈的火网款待美军。首先上岸的是2辆水陆两栖坦克，日军的机枪子弹在它们身上打得砰砰作响，却丝毫奈何不了它们。不过伴随水陆两栖坦克的陆战队士兵就没有那么幸运了。在日军密集的火力打击下，I连伤亡惨重：第1艘靠岸的登陆艇就遭到密集的机枪火力射击，负责操舵的陆战队中士刚一打开跳板，就被迎面而来的子弹打成了筛子。可是陆战队员却毫不畏惧，纷纷迎着弹雨冲了上去。担负支援任务的“蒙森”号和“圣·胡安”号也杀红了眼，不顾可能误击自己人的危险，在很近的距离上持续猛轰121高地，支援I连冲锋。

为了支援I连，坦克分队冲在了最前面，指挥官斯维尼中尉在试图操纵车载机枪朝日军射击时，身子还没露出半截，就被日军狙击手打死，但指挥坦克仍继续伴随步兵前进。另1辆坦克超越步兵，直接朝日军阵地冲了过去。结果在第一道防线前被铁丝网挡住了去路。随后，日军组织敢死队，用燃烧汽油瓶将坦克炸成了一团火炬，除1名车组成员侥幸逃生外，其他成员全部牺牲。不过，蜂拥而出攻击这辆坦克的日军敢死队也受到了加沃图岛、“蒙森”号舰炮火力和I连机枪火力的凶狠打击，共有42名日军倒在了坦克四周。

利用日军集中兵力对付坦克之机，I连兵分两路，迂回121高地东坡和南坡。结果刚到山脚，两路都遭到了日军密集的火力拦阻。尤其是迂回东坡部队，遭到来自高地山腰和附近高米岛（离塔岛仅几百米）两面火力夹击。于是，I连呼叫舰炮支援。“格雷德利”号匆忙赶来，于17时对着高米岛一阵猛轰，彻底压制了来自该岛的侧射火力。随后，“格雷德利”号转移火力，和“圣·胡安”号一起，集中炮火猛轰塔岛。在密集的炮火轰击下，全部在地面阵地作战的日军伤亡巨大，痛感形势绝望的横滨航空队司令宫崎重敏大佐在战壕内举枪自尽。但日军的抵抗仍在继续，121高地也依旧在他们手中。

为了支援I连的进攻，K连1排于17点登上塔纳姆伯戈，迅速占领堤道，保障物资供应。19时，M连向I连输送的第一批弹药和口粮补给顺利抵达堤道。

激战仍在继续。21时，I连经过5小时奋战，最终占领了121高地，控制了塔岛的三分之二。23时，M连的1个轻机枪排登上塔岛，配属I连作战，防范日军的夜袭，但当夜日军没有展开任何反击，守军已经没剩多少了。9日清晨，I连和K连通过清剿，彻底消灭了残余的日军，完全控制了塔纳姆伯戈。

在这里顺便提一下，除了作战人员以外，担负舰对岸救护、补给任务的第2两栖牵引车营A连3排（5辆两栖牵引车）在战斗中也同样表现出非凡的勇气，并做出了巨大的贡献。历时2天多的图拉吉－加沃图－塔纳姆伯戈作战中，他们冒着日军的枪林弹雨，把急需的饮水、口粮和弹药，及时地送到陆战队手中，并在返回时撤出伤员。9日，3排成功完成任务，返回“阿达曼斯”号。

塔纳姆伯戈岛失守后，图拉吉方面日军已无有组织抵抗。接着，陆战队开始了周围岛屿的扫荡行动。重点是马卡莫博、梅邦加、库库姆塔布和索尼安戈纳。为了防止美军攻岛时遭到高米岛的火力袭扰，陆战10团I连于8月9日清晨（装备75毫米榴弹炮）从加沃图岛向高米岛进行了密集的炮轰，把60枚炮弹砸在日军的阵地上，彻底打哑了日军的火力点。

9日清早，担负对上述4岛进攻任务的陆战2团2营以迅猛的态势展开了攻势。经过短促激战，E连和F连分别拿下了马卡莫博和梅邦加，G连攻下了库库姆塔布和索尼安戈纳，横滨航空队二式水上战斗机部队约60人在马卡莫博全部阵亡。至此，持续3天的图拉吉方面战斗宣告结束。除了少量逃到佛罗里达岛内陆森林的日军外，图拉吉方面日军部队已被消灭殆尽。少数投降的日军随后被押往新西兰的菲德斯多战俘营。

为了攻占图拉吉、加沃图和塔纳姆伯戈及周围小岛，陆战1师付出了248名官兵伤亡，其中8名军官和100名士兵阵亡的惨重代价，宣称击毙日军1500人，俘虏23人，情报部门估计大约70名日军逃往佛罗里达内陆。根据日军记载，在图拉吉方面（包括图拉吉、加沃图、塔纳姆伯戈和马卡莫博）阵亡约1000人、23人被俘、3人幸存。陆战1师在这次战斗的伤亡数字超过了日后和日本陆军围绕瓜岛进行的任何一场战斗！由此可见，日本海

■ 美军占领下的塔纳姆伯戈码头。

军第84警备队和横滨航空队抵抗之顽强，战斗之惨烈！若非陆战队拥有绝对优势的海空火力，伤亡数字肯定还会大增。

战斗结束后，美军调整部署，准备长期固守。8月9日17时，在加沃图战斗中蒙受巨大损失的第1伞兵营撤回图拉吉，在市政厅附近休整。陆战5团2营、陆战2团1营和2营担任图拉吉的守备任务。陆战2团3营则担任加沃图、塔纳姆伯戈和马卡莫博岛的守备任务。第1突击营担任图拉吉方面的总预备队。不过，图拉吉地区除了头3天的战斗外，日后除了偶尔遭到日军潜艇在夜间的上浮炮击和飞机零星投弹外，甚至连日军进攻瓜岛的部队都未曾“光临”过图拉吉。

图拉吉地区的战斗就此结束，接下来主角——瓜达尔卡纳尔登陆战闪亮登场。

兵不血刃

如果说图拉吉方面作战用跌宕起伏来形容的话，那么瓜达尔卡纳尔方面的登陆作战却是平淡无奇。

前面提到美军护航运输船队于8月7日拂晓前在瓜岛西北的埃斯佩兰斯角附近，分成X和Y两个船队。Y船队担负图拉吉方面作战，X船队担负瓜达尔卡纳尔方面作战。两船队分离后，X船队以12节航速，分成2路纵队，沿着萨沃海峡（即日后的铁底湾）朝预定登陆区——“红滩”（瓜岛隆加角）前进。

6时07分，陆战1师师长范德格里夫特少将和第62特混舰队司令特纳少将就瓜岛方面的H时（登陆时刻）定为9时10分。

根据陆战1师战前制订的计划，陆战5团（欠2营）以3营为左翼、1营为右翼担任第一梯队，于H时并肩登陆红滩。陆战1团担任第二梯队，以2营为先导，1营和3营在背后跟进。登陆后各部向左梯次展开，以陆战5团1营（营长诺尔中校）领头，各营依次跟进，沿260度方位，朝隆加机场奔袭。陆战11团（师属炮兵团，装备75毫米榴弹炮）等支援单位和师部作为第三梯队在红滩实施登陆。

8时59分，担负X船队护卫任务的美国重巡洋舰“阿斯托里亚”号放出1架“翠鸟”水上侦察机。9时，伴随X船队的瓜岛火力支援编队开始对目标进行炮火准备。根据美军的火力划分，“昆西”号和“阿斯托里亚”号两艘重巡洋舰负责轰击红滩西半部。驱逐舰“杜威”号和“霍尔”号负责轰击红滩东半部。驱逐舰“威尔逊”号和“埃列特”号负责轰击红滩中央。

9时，在密密麻麻的炮弹开始猛轰预定登陆场的同时，陆战5团1营和3营也完成了换乘和队形编组，开始朝红滩驶来。9时09分，各舰准时停止炮击。“阿斯托里亚”号和“昆西”号各将45发8英寸炮弹和200发5英寸炮弹砸在了红滩周围，4艘驱逐舰也不示弱，一共发射了800发炮弹，火力支援编队总计向目标区倾泻了1290发炮弹，将可能妨碍登陆作战的一切障碍物全部扫除。

其间，正准备前往机场继续工作的日本

海军第11建设队和第13建设队突然遭到了猛烈的炮轰，好在炮弹大部分是打在隆加平原前方的滩头阵地上，一顿炮击下来，没几个人受伤。资历最老的第13建设队长冈村德长少佐赶紧派人登上附近的奥斯汀高地眺望，看看到底是怎么回事。

■ 第13建设队长冈村德长少佐。

回来的哨兵慌张地报告，美国人打上门来了，数不清的军舰正在外海对着海滩狂轰呢！怎么办？快跑吧！撤退途中，正好碰上准备开工的第11建设队。冈村马上拦下门前大佐，告诉他大批美国人准备登陆，还是暂避一下风头为好。两人一合计，干脆拉着队伍撤到了马坦尼考河对岸的丛林中。于是在美军登陆前，隆加机场已是个空壳。

9时13分，1营和3营未遇任何抵抗，顺利登陆，按日本人的说法就是“无血上陆”。9时38分，陆战5团团部上岸，团长亨特上校指挥1营和3营组成A战斗群，暂时负责瓜岛方面的作战指挥，准备向内陆推进。不到一小时，陆战1师就在滩头成立卸货小组，并和在“麦考利”号上负责统领全局的特纳少将

■ 美军在瓜岛隆加角的登陆场景。

附图五　瓜达尔卡纳尔岛的登陆作战

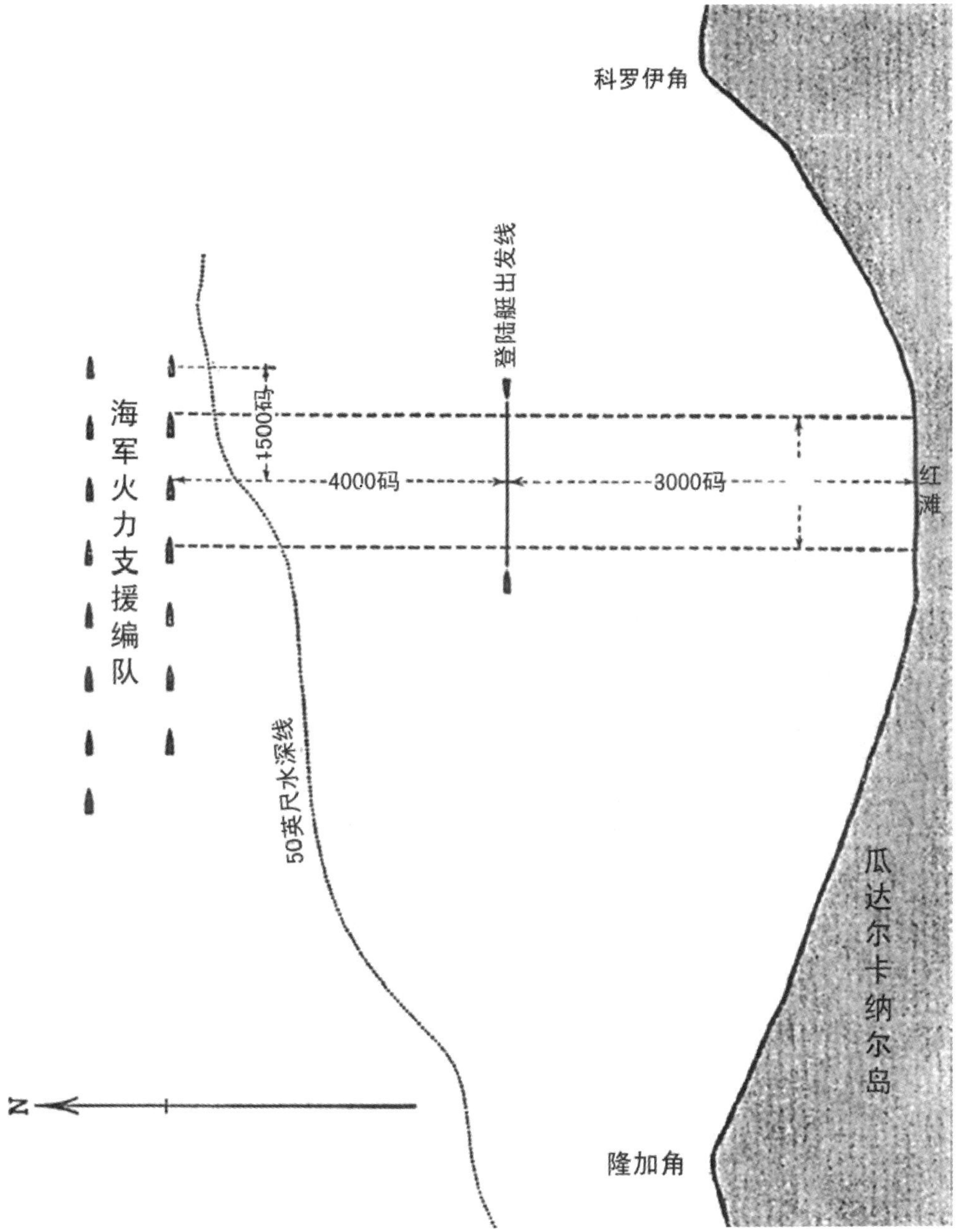

■ 美军正从运输船上卸下坦克，准备实施登陆。

取得联系，开始卸载物资。同时，陆战1师师长范德格里夫特少将从亨特手里收回指挥权，直接负责瓜岛方面作战。11时，陆战1团也登陆上红滩，但整个滩头阵地却是杂乱无章，卸载作业进展缓慢，堆积如山的物资根本无法及时转移，导致滩头阵地的容量急剧暴增，严重影响了卸载进度。到黄昏前，共有近100艘登陆艇卸下物资，但还有50艘以上的登陆艇运载着物资等待卸载！陆战1师对滩头卸载作业的组织不周，也是导致船队撤退时连一半物资都未能卸载完，迫使陆战1师在接下来的战斗中只能节衣缩食作战的一个重要原因。

12时，各部完成集结，开始向内陆推进。14时，陆战5团1营抵达特瑙鲁河一线，3营奉命就地扎营过夜，警戒滩头阵地东南翼。团部、1营和武器连继续在丛林中摸索前进。

与此同时，陆战1团试图向奥斯汀高地推进。结果发现四周到处都是浓密的原始森林。想到手下的官兵都还是“菜鸟”，万一进去了出不来，或是遭到日本鬼子的伏击，那可就不好玩了，于是陆战1团团长凯茨上校，打消了这个念头，老老实实地带着陆战1团由高地右侧推进，全军以搜索队形，小心翼翼地朝此战最主要的目标——隆加机场前进。15时15分，范德格里夫特少将电告特纳，师部将迁上岸。

45分钟后，陆战1师师部登陆，范德格里夫特随即把指挥部转移到岸上。至黄昏，各部都按计划抵达特瑙鲁河一线，做好了次日向隆加机场展开攻击的准备。入夜后，日军除了用火力袭扰红滩外，没有发动任何夜袭。总的来说，瓜岛首日的地面战事进展很顺利，伤亡微乎其微，但在登陆作战的物资供应和保障组织上还是暴露了很多问题，海岸控制组人手太少，不得不动用作战部队进行物资卸载；又如有的人在海滩上忙得喘不过气来，有的人却闲来无事可做，在海滩上晒日光浴或到丛林中打鸟。虽然有这样那样的不足，但陆战1师总算是完成了首日的预定任务。

当晚，陆战1师师长范德格里夫特少将对瓜岛当天战事进行总结，判断当面之敌战斗力比预想的弱得多，已参战的陆战1团和陆战5团足以完成任务。于是，决定把预备队——陆战2团全部投入到图拉吉方面，夺取塔纳姆伯戈岛。瓜岛方面8日的作战任务是夺取隆加机场，然后以机场为中心，沿着隆加河建立环形防线，固守待援。

8月8日9时30分，陆战5团1营在陆战队第1坦克营A连的支援下，越过特瑙鲁河河口，向隆加河推进。15时，1营越过隆加河大桥抵达了库库姆村，遭遇了日军第一次正式抵抗，但1营仅用了5分钟就粉碎了日军的抵抗，轻松占领库库姆村。

与此同时，陆战1团也开始向西朝隆加机场前进，掩护陆战5团侧翼。16时，陆战1团1营占领了隆加机场，跑道已经有80%完工（长800米 、宽60米），塔台、发电厂都已建成，还缴获了大批粮食、2辆推土机、建筑材料，

■ 在瓜岛红滩（隆加角）堆积如山的军用物资。

最受欢迎的战利品却是几百箱日本啤酒和1个完好的冷冻食品加工厂。其间美军仅遇微弱抵抗，轻松达成任务后，陆战1团抵达隆加河一线。

傍晚，陆战1师再次就当天作战进行总结。师长范德格里夫特少将对仅用2天时间就完成了“瞭望塔”行动全部任务，且瓜岛方面作战所付出的代价却是如此微弱感到十分满意。然而，地面作战顺利的同时，瓜岛海域在7、8两天却是漫天烽火，日本帝国海军为了挽回局势，展开了一连串的海空攻击，使掩护陆战1师作战的美国海军付出了远超地面部队的巨大伤亡。

帝国海军的反击

8月7日清晨，接到横滨航空队拍发的紧急电报后，负责所罗门方面作战的日本海军第8舰队司令长官三川军一中将立即召开紧急会议，判研美军的举动。在会上，先任参谋（首席参谋）神重德大佐认为根据大本营对美作战方针和对美战争潜力判断，在昭和18年（1943年）夏秋季以前，美军不可能也无力展开正面反攻。本次行动应为美军的强力侦察，目的是通过攻占图拉吉、瓜达尔卡纳尔等前哨基地和正在修建的隆加机场，解除对美澳生命线的潜在威胁。神大佐认为第8舰队应乘此机会和基地航空部队协同，对瓜岛和图拉吉近海停泊的美国护航船队实施一连串的海空打击，然后动用地面部队实施夺回作战。对此，三川表示赞同，参谋长大西新藏少将也无反对意见。接着，第8舰队和第25航空战队进行磋商，决定基地航空部队以美军航母编队、外南洋部队以敌舰队为攻击目标。同时，派出1个大队的特别陆战队增援瓜岛和图拉吉，实施反登陆，夺回上述岛屿。当时，整个舰队司令部内弥漫着乐观的气氛。

对此，时任第8舰队参谋长的大西新藏少将回忆道：“接到图拉吉方面的紧急电报，三川长官对所属舰艇下达了尽速完成出击准备的命令。7时30分，他又下令旗舰‘鸟海’号在‘夕风’号的接应下全速返回拉包尔，长官决心率领以‘鸟海’号为核心的主队出动，在基地航空部队的配合下，歼灭敌来犯兵力。”

10时30分，第8舰队司令长官三川军一中将向全舰队下达作战命令：

1.本官于7日15点亲自率领“鸟海”号从拉包尔出发，于布卡岛东方海域和第6战队会合。然后沿所罗门东方海域南下，进击瓜达尔卡纳尔岛。

2.今后行动虽根据本日基地航空部队侦察及作战结果而定，但争取夜间扑向敌运输船队泊地，将其歼灭。

出击舰艇为“鸟海”号巡洋舰和第6战队下辖的舰艇。与此同时，第18战队司令官也向三川请求出战。于是，出击的舰艇名单里又多了“天龙”号、“夕张”号和“夕风”号等3艘军舰。

16时30分，第8舰队司令长官三川军一中将乘坐“鸟海”号，带着“天龙”号、“夕张”号和“夕风”号从拉包尔起航。18时50分，在港外和第6战队会合。准备经由布甘维尔岛东方海域，向瓜岛海域出击。

另外，为了夺回瓜岛，驻拉包尔的佐世保镇守府第5特别海军陆战队1个中队（415人）、吴镇守府第3特别陆战队一部（41名）、吴镇守府第5特别陆战队一部（53人）、第81警备队（10人），计519人，编成增援队，搭乘“明阳丸”号、“宗谷”号以及“津轻”号等在1艘驱逐舰的护卫下，于7日23时从拉包尔出动，向瓜岛进击。

在三川急着调遣水面舰艇，准备去和美国舰队一较高下的同时，基地航空部队的反应也不慢。设在提尼安基地的基地航空部队司令部大清早也接到了第25航空战队司令官山田定义拍发的告急电。作为基地航空部队司令长官塚原中将，同时负有统领整个东南方面海军作战的责任。

在接到急电的第一时间，塚原中将就做出了和三川中将一致的判断。8时40分，塚原中将向第8舰队和第25航空战队下达了瓜岛战役爆发后的第一道命令：

基地航空部队第59号作战电令

1.第5空袭部队（第25航空战队）全力攻击敌攻略部队，争取歼灭对手。攻击目标优先顺序：先船队后航空母舰（明日改为先航空母舰后船队）。

2.外南洋部队（第8舰队）以所辖兵力，和第5空袭部队协同，歼灭敌攻略部队。

为了加强东南方面的航空力量，塚原中将又在12时命令在提尼安待命的第26航空战队司令部和三泽航空队向拉包尔转进，增援第25航空战队。

接到塚原长官的命令，原本预定在7日集中所有兵力空袭莱比机场的第25航空战队只得紧急变更作战部署。8时35分，第25航空战队司令官山田定义少将向所部下达了紧急出击瓜岛的作战命令：

第5空袭部队第196号作战电令

1.敌进攻部队（战列舰、航母各1艘，巡洋舰3艘，驱逐舰15艘，运输船若干）今早对图拉吉发动猛攻，地面部队正上陆中。

2.各航空队根据下列指示实施攻击：

（1）第2部队（第4航空队）轰炸机27架、

■ 日本海军第25航空战队司令官山田定义少将。

■ 第4航空队的一式轰炸机，由于出击匆忙，没有挂载鱼雷，劳师远征的结果却一无所获。

第1部队（台南航空队）零式战斗机18架，于7时30分发进，实施第一次攻击。

(2) 第3部队（第2航空队）舰载俯冲轰炸机9架准备出发，实施第2次攻击。

(3) 攻击目标

第2部队：敌航母、运输船

第3部队：运输船、上陆部队

3.“追风”号尽速前进至布卡岛，在该基地设营并承担救助，不时搭乘人员。

本来攻击船队和航母，最有效的利器应是鱼雷，但因准备时间不足，山田少将指示轰炸队依旧携带原定攻击莱比装载的陆用炸弹。此外，九九式舰载轰炸机续航力不足，无法往返1120海里，只能进行单程攻击，只能在返航途中于肖特兰附近海面迫降，由驱逐舰“追风”号和14航空队的1架二式大型水上飞机负责营救飞行人员。

7日当天因距离和集结因素，只有第25航空战队对瓜岛和图拉吉外海停泊的美军护航运输船队实施了断然攻击。

13时15分，第1攻击队突入图拉吉附近空域，因未发现美军航母编队，攻击队转而对停泊的美军运输船队进行攻击，但投下炸弹无一命中。其间，先后遭到18架“野猫”式战斗机的拦截，并和16架SBD俯冲轰炸机不期而遇。激战中，零式战斗机充分发挥机动优势，给美军战斗机造成了巨大的损失。根据台南航空队和第4航空队的报告，他们在当天和77架美军战斗机遭遇，共击落48架美军战斗机（8架不确定）、5架俯冲轰炸机、1架中型机，炸沉1艘驱逐舰和1艘商船，为此付出的代价是：4架一式轰炸机和2架零式战斗机没有返航，1架一式轰炸机和1架零式战斗机在布卡岛迫降，机组成员阵亡40人。根据美军的记录，在第一波空袭中，没有船只中弹，在空战中，9架F4F“野猫”式战斗机和1架SBD“无畏”式俯冲轰炸机没有返航，4名机组成员阵亡。

第2攻击队的9架九九式舰载轰炸机，也没有发现美军航母编队。15时，日军机群对瓜岛附近的驱逐舰群实施攻击，报告1艘驱逐舰严重受损1艘起火爆炸。激战中，2架九九式舰载轰炸机被击落，4架同型机没有返航。剩余的3架在肖特兰附近海面油尽迫降，随即被二式水上飞机和“追风”号驱逐舰救起。根据美军的记录，驱逐舰“穆·弗雷德”号被1枚60公斤的炸弹命中，伤亡21人，这是当天第25航空战队对舰攻击的唯一战果。第2航空队为此付出的代价却是丧失9架九九式舰载轰炸机和12名机组成员。

相对于帝国海军的积极，陆军的反应却很迟钝。

7日8时20分，第8舰队次席参谋大前敏一中佐向第17军参谋长二见秋三郎少将通报了一支强大的美国航母特混舰队护卫着23艘运输船进攻瓜岛和图拉吉，目前第25航空战队和第8舰队正全力进行反击准备，希望陆军能出兵，帮助夺回瓜岛和图拉吉。面对大前敏一的请求，二见少将的第一个反应就是自己的耳朵是不是听错了！什么？美国人居然动用了23艘运输船来打所罗门？对于图拉吉这个地名，二见还是晓得的。可瓜岛是什么地方？居然还建了机场？之前怎么不和陆军商量商量，出事了才说！而且现在17军兵力有限，任务繁重，帮不帮得了，还得看军司令官的意见呢。

于是，二见赶紧返回司令部和司令百武晴吉中将商量。

本来，第17军任务是确保攻略莫尔兹比的同时，适时对新几内亚东部其他地区进行试探攻击。因此，从战区责任来说，所罗门出事，根本就与17军无干（毕竟所罗门是海军防区），17军自可甩手不管。问题就是在作战前，陆海军拟定了一个关于新几内亚东部作战之陆海军中央协定。明文规定，陆军必须应海军的请求，为所罗门群岛要地防卫提供支援。更何况，新几内亚的作战无论如何也离不开帝国海军的航空支援和建设队的施工。碍于面子，17军只得静下心来思考对策。

经过分析，第17军司令部认为根据第8舰队的通报，美军此次行动规模仅是强制侦察，并非正面主反攻，反倒是在布纳，已经登陆的横山先遣队孤立在科科达，如果不派遣南海支队增援的话后果不堪设想。虽然，第41步兵联队准备已经从达沃起航，朝拉包尔开来，但翻越欧文斯坦利山脉作战的所需的巨大补给工程没有足够的劳工去实施，仅靠南海支队属下的后勤部队远远不够。怎么办？干脆把第41步兵联队也配给南海支队吧！至于瓜岛，海军不是已经在努力攻击了吗？等他们消灭美国的舰队，帕劳的川口支队也就到了拉包尔，到时候再用这支精锐实施夺回作战，把握不是更大吗？很快，第17军就把自己的决定向陆军部汇报，同时知会海军：

1.根据海军通报，7日8时敌运输船约20艘在航母1艘、战列舰1艘、巡洋舰4艘和驱逐舰15艘的护卫下，正在图拉吉上陆。萨马赖和莱比已被敌占领。

2.本军依据对海军的援助承诺，拟以第35

■ 虽然所罗门战事吃紧，但陆军第17军仍坚持莫尔兹比作战的优先权，毕竟横山先遣队已经打到了欧文斯坦利山脉隘口，要征服这道天险，需要陆军倾注全力，投入大量的兵力。图为让人望之生畏的欧文斯坦利山脉。

步兵旅团一部用于图拉吉反击，请见谅。

3.目前继续执行莫尔兹比攻略作战。

至此，7日的作战宣告结束。可东南方面告急，也让联合舰队司令部震惊不已，并迅速做出了全军向东南方面出击的决定。

联合舰队的作战指导

8月7日，联合舰队司令长官山本五十六大将乘坐旗舰“大和”号正在柱岛锚地停泊，预定率主队返回吴港。7时20分，“大和”通信队收到了第8舰队发来的东南方面急电。于是，山本长官决定推迟返回吴港日期，就地召开会议，商讨对策。

对于敌情的判断，联合舰队司令部的看法和第8舰队完全不同。根据第8舰队报告的美军护航运输船队的编成情况判断，美军参战部队含战列舰、航空母舰和大量的运输船，从船只数量来看，判断参战地面部队为1个师的兵力，不容小视，肯定是美军的正式反攻。而且，所罗门方面正是联合舰队先前判断的美军最有可能发起的主反攻线。本来，大家都判断美军正式反攻时间应该是在1943年中期。结果，当图拉吉遭到奇袭的消息传来，联合舰队司令部的第一反应是举座震惊，犹如晴天霹雳！不过，山本长官很快冷静下来。并认为美军的这次“冒进”，正好给了联合舰队一个捕捉歼灭美军太平洋战区海军主力的绝好战机。

接着，联合舰队和大本营海军部取得联络，双方在对敌判断和采取的对策上达成共识。立即取消准备实施印度洋攻略作战计划，把第2和第3舰队全部兵力集中到所罗门方面，进行图拉吉夺回作战的同时，捕捉歼灭敌机动部队。同时，联合舰队司令部进驻特鲁克，实施靠前指挥。

8月8日4时，联合舰队司令长官山本五十六大将下达关于瓜岛的作战命令，着令第6舰队主力和第3潜水战队向图拉吉方面集中：

■ 接到瓜岛方面的战事报告，联合舰队司令长官山本五十六大将在第一时间内就准确判断这是美军反攻的开始，决心乘此机会，集中联合舰队主力与美军决战。

联合舰队第198号作战电令

1.8月7日，敌攻略部队在机动部队的支援下，进犯图拉吉和瓜岛，基地航空部队、外南洋部队和先遣部队正在反复攻击中。

2.联合舰队将以最快速度歼灭来犯之敌，确保该方面要地。

3.各部依下令实施作战

（1）外南洋部队、内南洋部队和基地航空部队（东南方面部队称呼），在基地航空部队指挥官统一指挥下，反复攻击敌人的同时，确保布甘维尔方面航空基地的整备，第26航空战队迅速前进至拉包尔。

（2）前进部队（第2舰队）和机动部队（第3舰队，除开因修理等无法立即恢复战斗力的舰艇外）凡可动用兵力，在完成作战准备后，立即前进至内南洋地区。

（3）取消联合舰队第174号作战电令（即B号作战），第7战队、第3潜水战队、第2驱逐队、第15驱逐队、“旭东丸”号、“日本丸”号，在第7战队司令官指挥下，于8月17日返回达沃。

（4）本官亲率“大和”号、第7驱逐队、“春日丸”号预定于8月18日从内地出发，前往南洋地区。

其他方面，美军为了策应瓜岛方面作战，也在阿留申群岛方面展开佯动。7日当天，第1联合通信队突然发现阿拉斯加方面美军通信量暴增，于是联合舰队司令部向第5舰队司令长官发出警告。8月8日17时，美军5艘巡洋舰和3艘驱逐舰炮轰吉斯卡岛。对此，联合舰队司令部判断，目前美军主力正在所罗门方面行动，在阿留申方面除了实施舰炮射击外，暂不会有登陆行动。

当山本长官正准备全军进击所罗门群岛的时候，大本营陆海军部也在积极研究作战对策。

大本营的对策

7日早晨，第8舰队、基地航空部队和第25航空战队纷纷发来紧急电报，东南方面告急。为了处置东南方面的危机，大本营海军部立即和联合舰队取得联系。

根据各部的电报，大本营海军部判断图拉吉方面之敌为战列舰1艘、航母1艘、巡洋舰3艘、驱逐舰15艘、运输船若干。巡洋舰3艘、驱逐舰7艘、运输船27艘正进入瓜岛飞行场东面泊地，敌机动部队主力在图拉吉北方海域活动。

对于美军的企图，海军部和联合舰队一致认为这是一场正式反攻，目的就是要夺回瓜岛。

同时，海军部也向陆军部通报。陆军部对海军在瓜岛修建飞行场却没有通知一事，感到十分恼火，于是向海军部质问，为什么现在出了这么大的事情，才通知陆军，这到底是什么意思。实际上，海军之前曾就此进行过说明，但瓜岛修建机场不在中央协定条文内，参谋本部只有一部分参谋知道这件事，大部分仍蒙在鼓里。即使是知道的人，也只是当个笑话来听。现在出事了，大家才知道问题的严重性。发脾气不是办法，怎么应付东南方面的危局，那才是当务之急。

于是，大本营陆海军作战课立即开始着手研究。正午，海军方面研究出了点头绪，向陆军方面阐明了自己的对策：

1.三泽航空队27架陆攻机急速进入拉包尔。

2.基地航空部队司令长官进入拉包尔，一并指挥第8舰队。

3.第8舰队于13点从拉包尔出发，指挥第6战队等向现地出击。

4.驻关岛的横须贺镇守府第5特别海军陆战队编入第8舰队，东帝汶方面的横须贺镇守府第3特别陆战队(伞兵部队，约800人)，原定调回国内，现转调拉包尔。

5.现在国内编成的3个特别陆战大队，将于8月20日由国内出发，编入第8舰队。

6.联合舰队要求陆军派遣驻帕劳的陆军部队(川口支队)。

7.本日天气不佳，300－400海里以外无法巡逻。

8.8月1日似有敌军从夏威夷出动。

9.莱比机场约有敌战斗机40架、1500米跑道3条，码头正停泊着5000吨级船只。

经过陆海军作战课参谋协商，一致同意以下作战计划：

按原计划实施莫尔兹比攻略作战，并迅速夺回瓜岛和图拉吉。因此，需紧急派遣一木支队和分散在各地的第17军部队（第41步兵联队和川口支队）向拉包尔集中，并按7月28日发布的陆海军中央协定，支援所罗门方面的海军作战。

这里提到的一木支队是为了中途岛攻略作战而从关东军第7师团第28步兵联队抽调精锐组成的。

中途岛作战失败后，一木支队返回关岛继续训练。7月11日，接到取消中途岛作战通知。8月7日一木支队乘船从关岛出发，准备返回内地宇品。结果，途中接到陆军总参谋长杉山元大将给一木清直支队长发出指示："乘船返回关岛待机，计划将你部转用新几内亚东部。"于是，摸不着头脑的一木支队长就这样带队稀里糊涂地返回了关岛。不过，有仗可打总是好事，不然靠什么晋升？

与此同时，陆军总参谋长杉山元大将根据陆海军部达成的共识，向第17军下达如下指示：

1.根据生号作战陆海军中央协定相关条文，应所罗门方面形势，向海军提供必要援助。

但是生号作战依旧按计划执行。

2.根据上述情况，贵军应着令各部迅速向拉包尔集结，准备投入战斗。

对运输所需之船舶经研究后，立即上报。

这个指示正合17军之意。

7日夜，大本营海军部接到第25航空战队发来的当日作战简报，称来犯的美军舰队兵力如下：战列舰1艘、巡洋舰3艘、驱逐舰15艘、运输船约40艘。根据这个情报，海军部作出了新的敌情判断：

1.夏威夷出击之敌兵力，计航母1艘、辅助航母1到2艘、巡洋舰2到3艘、驱逐舰8艘、运输船45艘（包括7月14日从西海岸出击之敌）。

2.所罗门方面之敌兵力：战列舰1艘、巡洋舰3艘、驱逐舰7艘、运输船30艘。

3.其他方面对敌作战

（1）敌人在其他方面仍有充足战力编成类似所罗门方面规模的攻略部队。

（2）敌人试图由所罗门和新几内亚两面向拉包尔压迫，并企图夺回拉包尔。

（3）敌人可能在吉尔伯特群岛发起牵制攻击，策应所罗门方面作战。

随后，海军部向陆军部通报上述敌情判断，并告之联合舰队的作战方针：

尽管情况尚不明确，但联合舰队决心夺回所罗门，现已派出第2舰队和第3舰队，并将第7战队从印度洋召回，预定集结时间为本月下旬。

经过陆海军两部再次研究，得出结论：“根据本日情况判断，敌人的企图在于攻占并确保所罗门要地，因此出动了强大的海陆兵力。因此，我陆海军必须完成相当的兵力集结后，方可对该方面实施夺回作战。”对于出动的陆军兵力，海军希望一木支队、第41步兵联队和第35步兵旅团参加所罗门方面夺回作战。但陆军部坚持第41步兵联队必须加强给南海支队，遂行莫尔兹比攻略作战。经过一番讨价还价，两部就陆军参战部队达成一致，一木支队和川口支队迅速向拉包尔集结，海军出动横须贺第5特别海军陆战队，待集结完毕后，共同实施夺回作战。

虽然，大本营定下基调，准备派陆海大军前往所罗门，实施夺回作战，但毕竟远水解不了近渴。现阶段瓜岛方面的作战，还得完全依靠第8舰队和第25航空战队的奋战。

燃烧的铁底湾

7日黄昏前，第25航空战队向基地航空部队报告了当天的作战概况。基地航空部队司令长官塚原二四三中将从报告中得悉，敌舰载战斗机甚为活跃，毫无疑问，一支强大的美军航母特混舰队正在图拉吉外海150海里范围活动。塚原长官担心，美军航母特混舰队对第8舰队突入瓜岛海域作战构成巨大威胁，于是命令第25航空战队8日须将美军航母特混舰队视为首要目标，力争重创对手，策应第8舰队的作战。

当天下午，第26航空战队司令官山县正乡少将带领三泽航空队的9架一式轰炸机从提尼安进驻拉包尔，准备次日的作战。

虽然日军准备8日给美军致命一击，但8

■ 8月8日，挂载鱼雷的三泽航空队一式轰炸机群冒着猛烈的对空炮火，突入美军运输船队，进行超低空鱼雷攻击。

■ 被1架一式轰炸机撞击后起火爆炸的"埃里奥特"号运输船。

日的开头却不尽如人意。

8月8日凌晨，由519名特别陆战队员组成的增援队乘坐"明阳丸"号、"宗谷"号和"津轻"号向瓜岛航进途中，在圣乔治亚岛附近遭到美军潜艇S-38号（艇长芒森少校）伏击，"明阳丸"号（排水量5600吨）中雷沉没，342名官兵丧生。经此一击，增援队主力损失殆尽，只得灰溜溜地撤回拉包尔，日军的第一次夺回作战就这样无果而终。

8日清早，第25航空战队又出动26架一式轰炸机（第4航空队17架，三泽航空队9架），挂载鱼雷，在台南航空队15架零式战斗机掩护下，又一次出击瓜岛附近海域。途中，3架一式轰炸机提前返航。这一次，陆攻队还是没有找到美军航母特混舰队，只得再次对图拉吉近海停泊的美军护航运输船队实施低空雷击作战。当时，正值美军护航战斗机的换班，一时间美军护航运输船队上空完全敞开，对于实施雷击作战的轰炸机编队来说，这是个绝好的战机。出乎意料的是，从低空实施鱼雷攻击的轰炸机不仅没有发挥应有的威力，反而成了美军高射炮群的活靶子，14架一式轰炸机被船队的高炮火力击落，4架一式轰炸机和2架零式战斗机被匆匆赶来的3架美军战斗机结果掉，空勤人员阵亡125人，幸存的5架轰炸机也全部伤痕累累。返航的飞行员宣称确实击沉美军重巡洋舰1艘，轻巡洋舰2艘起火沉没、1艘倾斜，驱逐舰1艘沉没，击沉运输船9艘、2艘发生大火。可实际情况却相差甚远，美军仅有驱逐舰"加维斯"号右舷中雷受创，运输船"埃里奥特"号遭到1架轰炸机撞击，船上装载的弹药和油料被引爆，迫使美军放弃了这艘运输船。

在连续出击后，第25航空战队蒙受了巨大的损失，第4航空队损失了半数轰炸机，丧失了进攻能力。为了保持拉包尔的航空战力，拉包尔基地航空部队司令长官塚原中将于8日下午亲率三泽航空队剩余的27架一式轰炸机（由三泽航空队飞行队长中村友男大尉带领），从提尼安转移到拉包尔，统一指挥第8舰队和基地航空部队。

尽管如此，第25航空战队的巨大损失却并没有白费，美军第61特混舰队的3艘航空母舰在2天的作战中也损失了20%的战斗机。为了避免无谓的消耗，第61特混舰队司令弗莱彻中将决定按计划在8月8日下午暂时撤出瓜岛海域，前往圣克里斯托巴尔附近海域补充燃料，顺便休整一段时间。这个决定对航母特混舰队而言十分合理，但却为第8舰队的南下突袭大开了方便之门。

自7日16时30分从拉包尔出港和第6战队会合后，第8舰队司令长官三川军一中将就一直在考虑一个问题，即第8舰队各战队彼此从未在一起进行过合同训练，本次战斗是各战队之间第一次协同作战，为了最大限度发挥战斗力，只能采取日本海军最简单的一字纵队战术，打一个回合就跑。通过旗语，三川向各舰长传达了他的指示：

1.避免复杂机动，各舰以一字纵队实施突破，一击即退。

2.必须在次日清晨退出敌航母攻击圈。

8日10时20分，第8舰队经过布甘维尔岛附近海域时被1架美军侦察机发现，只得暂时转向，佯装北撤。接着，第8舰队各舰放出4架零式水上侦察机搜索瓜岛泊地之敌并向基地航空部队进行敌情通报。根据侦察机发回的报告，瓜岛泊地共停有美军战列舰1艘、巡洋舰4艘、驱逐舰9艘、运输船15艘，250海里以内没有发现美军航母特混舰队。

接到上述报告后，三川军一决心突入瓜岛泊地，坚决消灭美军舰队。13时，第8舰队重新南下，非常幸运地竟然没有和任何美机遭遇。

19时20分，第8舰队加速至26节，全军做好了向萨沃岛南方水道突进的准备。24时43分，第8舰队以一字纵队进入、逼近萨沃岛南方水道口。就在这时，旗舰“鸟海”号突然在方位200度、距离9000米发现前方停泊的大量美军舰艇。24时50分，低速朝澳大利亚撤退的负伤驱逐舰“加维斯”号迎面朝第8舰队驶来，为了避免暴露，第8舰队暂时转向回避。待“加维斯”号通过后，又掉转航向，冲进了萨沃岛南方水道。1时31分，三川向全舰队下令：“全军突击！”旗舰“鸟海”号首先开始发射鱼雷，接着各舰以“鸟海”号搭载的水上侦察机投下的照明弹为引导，一起朝澳大利亚皇家海军驱逐舰“堪培拉”号开火。同时，第6战队的“青叶”号和“古鹰”号也朝目标发射鱼雷。短短2分钟内，“堪培拉”号就吃了24发炮弹和2条鱼雷，结果舰体发生大爆炸并严重倾斜，最后只得由美军驱逐舰“埃利特”号击沉。接着，美军南方巡逻舰队旗舰“芝加哥”号也被1条鱼雷和1发炮弹命中，雷达哨舰“帕特森”号也受到不同程度的损伤。

在第8舰队迅猛的突击下，美军南方巡逻舰队不到6分钟就失去战斗力。第8舰队仅有“夕张”号轻巡洋舰挨了一炮。

接着，第8舰队队形出现混乱，分成了东西两部分：“鸟海”号带着第18战队转向东北，和第6战队保持平行。1时48分，第8舰队发现“阿斯托里亚”号、“文森斯”号和“昆西”号3艘重巡洋舰领衔的美军北方巡逻舰队。于是，“鸟海”号带第18战队从东面，第6战队从西面，对美军北方巡逻舰队进行两面夹击。“昆西”号、“文森斯”号和“阿斯托里亚”号先后被击沉。战斗中，“鸟海”号海图室中弹，里面的34名参谋全部阵亡，站在5米开外的三川、大西和首席参谋神中佐幸免。“青叶”号鱼雷管损伤，“衣笠”号1间储藏室中弹，1号轮机舱受损，左舵控制室全毁。

此刻，第8舰队司令长官三川军一中将认为战斗已

■ 萨沃海战冤魂1——沉没的澳大利亚轻巡洋舰“堪培拉”号。

■ 萨沃海战冤魂2——起火下沉的美国重巡洋舰“昆西”号。

■ 萨沃海战冤魂3——美国重巡洋舰“阿斯托里亚”号。

■ 萨沃海战冤魂4——美国重巡洋舰“文森斯”号。

经结束，全军集结后再突入泊地需要大约2小时，图拉吉方面日出时间为4时40分。届时，突入泊地的舰队就会遭到美军舰载机的空袭，因此全舰队应按原计划撤出战场。8月9日凌晨2时23分，三川向全舰队下令：“全军撤退！”接着，第8舰队转向300度，以航速30节全速向北撤退。这时，在“鸟海”号司令室爆发了一场激烈的论战。“鸟海”号舰长早川干夫大佐和舰队参谋长神中佐对三川长官的撤退决定极为不满。他认为盟军护航舰队已经被歼灭，此行的目的——歼灭美军运输船队却并未达成，因此强烈建议再度突入泊地，只消1个小时就可以把船队统统打翻，但被三川拒绝。这时，参谋长大西新藏少将支持三川军一的决定，驳回了早川大佐和神中佐的意见。全舰队继续高速北撤。不过，得胜的日本人没能全身而退，8月10日7时10分，“加古”号在卡维恩港入海口不远处被美军潜艇S-44号击沉。

■ 萨沃海峡，在第一次所罗门海峡之役的腥风血雨后，此地得名铁底湾。

对这次未竟全功的作战，联合舰队司令长官山本五十六大将也十分不满。战后，三川军一在回忆中，才道出了撤退的真实原因：“在本官被任命为第8舰队司令长官前往赴任之前，军令部总长永野修身大将给了这样的训示：‘(对你们) 可能是无理要求，但日本工业实力很弱，希望尽可能不要搞坏军舰。’”

日军难道只要一心猛打猛冲，就能达到这次作战的全部目的吗？事实并非如此，盟军虽然损失了4艘重巡洋舰，但仍有“芝加哥”号和“澳大利亚”号2艘重巡洋舰，而且还有许多驱逐舰和轻巡洋舰，万一美军真打算鱼死网破的话，仅有1艘驱逐舰护航的第8舰队是不可能突破重重美军护航舰队的拼死阻击，在天亮前靠近运输船队的。况且，天色放亮，第61特混舰队只要杀个回马枪，狭窄的萨沃海峡马上就会成为第8舰队的丧生之地。在笔者看来，三川的决定完全正确。至少在海战中，第8舰队是全胜而归。

这次海战，日方称为第一次所罗门海战，美方称为萨沃海战。盟军损失惨重，4艘重巡洋舰被击沉，1023人阵亡，709人负伤，这4艘重巡洋舰和“埃里奥特”号运输船是瓜岛战役爆发后第一批在萨沃海峡沉没的舰船，随后这个海峡因密布沉船而被盟军诙谐地称为“铁底湾”！相对而言，第8舰队的损失却小得多。“加古”号沉没，“青叶”号、“鸟海”号和“衣笠”号轻伤，121人阵亡（其中“加古”号沉没时67人随舰阵亡），53人负伤。

8月9日，为了打扫战场，第25航空战队再次出动攻击队前往瓜岛海域，但特纳这回却学乖了，聪明地将护航运输船队暂时撤出外海，结果攻击队只发现撤退的美国驱逐舰“加维斯”号，于是铁底湾又多了1艘沉舰，全舰233名官兵无一幸存，攻击队只赔上了2架一式轰炸机。

看来继续待在瓜岛海域附近，只能是不断增加铁底湾的沉船数量。美国工业潜力尚未充分展开，面对接踵而来的损失，美军又将如何抉择？

撤退

8月7日和8日两天为了掩护运输船队，第61特混舰队就损失了20%的战斗机，如此巨大的消耗又没有补充，令弗莱彻中将感到十分烦恼。为了早日摆脱这种困境，保留战斗力以备可能发生的航母会战，弗莱彻中将决定不等9日到来就撤出瓜岛海域。8月8日下午17时08分，弗莱彻中将分别给南太平洋战区司令戈姆利中将和第62特混舰队司令特纳少将去电，说明了战斗机消耗情况，并强调燃料“不足”，必须撤离瓜岛海域，到安全地带整补，除非航空兵进驻瓜岛。接着，弗莱彻不等上峰回电，就率领舰队撤离了。

得知情况，特纳少将又气又急。没有航空母舰的支援，那他不就等于“光着屁股”暴露在敌人的面前吗？已经连续挨了2天的轰炸，虽然只损失1条运输船，但没有舰载航空兵的掩护，这里还能呆吗？于是，特纳立刻打电话给岸上的范德格里夫特少将和护航舰队司令克拉利奇少将，叫他们火速赶往“麦考利”号，共同商讨对策。

■ 倒霉的“加维斯”号驱逐舰，它不幸成了美国海军在瓜岛登陆阶段损失的最后一艘也是唯一一艘人船俱失的军舰。上图为“加维斯”号试航情景，舷号393清晰可见。

■ 尽管运输船队带着将近一半的物资撤出了瓜岛和图拉吉附近海域，但两天的卸载行动中，还是有4个基数的弹药和37日份口粮被成功地运上岸，保证了陆战1师基本的作战需要。图为陆战1师在隆加角的大型仓库。

入夜后，范德格里夫特和克拉利奇前往“麦考利”号，参加会议。“澳大利亚”号在黑暗中探路前进，用了将近2个小时发现“麦考利”号。范德格里夫特乘坐汽艇在一大群实行灯火管制的舰只中穿行，好不容易才找到了“麦考利”号。

直到深夜1时，会议才开始。当时，天气很热，乌云密布，闷得让人透不过气来。

范德格里夫特和克拉利奇喝着咖啡，特纳把弗莱彻发来的电报给他们看。和特纳一样，范德格里夫特也对弗莱彻的做法感到很生气，说他“提前12个小时撤退，简直就是临阵脱逃”。

气归气，可这就是事实。大家都必须面对现实。接着，特纳就宣布了自己的决定：“由于航空母舰撤走，运输船队就处在日本飞机的直接空袭之下，因此我们明天就撤走！”

“什么！瓜岛的作战和补给物资都还远远不够。现在又要把还没卸完货的运输船撤走，你疯了！”范德格里夫特毫不退让，愤怒地咆哮道。双方就这样，争得面红耳赤。但最后特纳还是决定第二天把所有运输船全部撤离瓜岛海域。

面对这个决定，范德格里夫特无可奈何，但又很不甘心：“我们就像一群傻瓜似的被别人给出卖了！”

会议不欢而散。就在范德格里夫特赶回陆战1师指挥部时，爆发了萨沃海战。盟国护航舰队损失惨重，4艘重巡洋舰沉入了海底。这次惨败更坚定了特纳的撤退决心。

第8舰队撤退后，特纳判断日军昼间不会再来，就一面组织救助落水士兵，一面组织运输船队抓紧时间继续卸载。总共卸下了4个基数的弹药和37日份口粮，这完全归功于美军有“战斗装载”的标准，也就是运输船装载物资根据战斗需要按先后次序装载，最先使用的物资放在最上面，能够最先卸下来。这就保证了美军在瓜岛作战的基本物资需要，这是美军战争前就根据多次演习中所暴露出的问题而特别制定的，这时显示出威力了，如果没有这一标准，陆战1师根本无法凭借两天所卸载的物资来维持长时期的作战。另外，范德格里夫特很清楚，瓜岛之战的胜利取决于瓜岛的制海权，而制海权又取决于制空权，在美军航母仍处于劣势的情况下，瓜岛的机场就是成败的关键，因此他特别要求将修建机场所需的设备、机械优先卸下，以便能尽快建成机场，并极其明智地以机场为核心建立防御体系。这使陆战1师尽管没有获得充足的补给物资，但却始终处于有利的作战态势。

9日黄昏，第62特混舰队带着1390名未及登陆的陆战队员（主要是陆战2团团部、勤务连、武器连，陆战10团3营营部、G连和勤务连）撤离瓜岛和图拉吉附近海域。

随着运输船队的离去，留在瓜岛和图拉吉的陆战1师暂时成了“现代版的鲁滨逊”，范德格里夫特明白，一切只能靠自己了。

第62特混舰队的撤退，标志着瓜岛战役第一阶段结束。在第一回合的较量中，双方互有胜负，总的人员伤亡大致相当。但陆战1师控制了战役锁钥——瓜岛隆加机场，使美军获得了有利的战略态势。随着时间的推移和日军决心实施夺回作战，瓜岛战役进入了漫长而痛苦的相持阶段。

■ 随着第62特混舰队的撤退，陆战1师暂时成了“现代版的鲁滨逊”，一切只能靠自己了。图为第62特混舰队司令特纳少将的座舰“麦考利”号。

第三章
相持阶段（上）

第六次陆海军中央协定

前文提到，第62特混舰队因失去航母掩护和萨沃海战的打击，被迫撤出瓜岛，留下了陆战1师。不过，美国人并没有泄气。他们清楚地知道第一回合的较量并没有起到决定性作用。目前，瓜岛和图拉吉已经在手，只要守住机场，等待陆战队航空兵进驻，那么整个战略主动权就完全到手了。

相对于美国人的冷静思考，日本人却因为第一次所罗门海战的胜利有些忘乎所以了。

8月9日下午，第8舰队司令长官三川军一中将一回到拉包尔的司令部，就把第一次所罗门海空战（萨沃海战和基地航空部队7－9日的综合作战）的结果电告联合舰队司令部。在电报中，三川夸张地形容："来犯的美军舰队损失过半，已溃不成军。"面对如此"瞎掰"的报告，号称"美国通"的联合舰队司令长官山本五十六大将竟然照单全收！不过话说回来，不信也不行，西方媒体在萨沃海战失利后集体保持沉默，山本无法从美方新闻报导中获得美方的损失，只能相信三川的吹牛。

大捷，不折不扣的大捷！于是，整个联合舰队司令部洋溢着一派喜庆的气氛，甚至连一向冷静的参谋长宇垣少将也在日记中流露出了兴奋之情："8月9日，依据昨日索敌飞行的报告，我海军航空部队对停泊在瓜达尔卡纳尔附近之敌舰队实施攻击，总战绩如下：击沉轻巡洋舰2艘、运输船10艘、重巡洋舰1艘起火、轻巡洋舰1艘倾斜、驱逐舰2艘起火、运输船1艘起火、击落4架敌机。本日早晨，第8舰队报告当夜展开急袭作战，击沉敌重巡洋舰5艘。而且，对其他舰只也取得相当战果。两部战果合计，敌舰艇之全部和运输船半数已被击沉，使人有大局已定之感。"

8月10日，基地航空部队第四次出击瓜岛附近海域，结果发现海面除了几艘登陆艇外，美军护航运输船队已经消失得无影无踪。很快，第25航空战队司令官山田定义少将就把这个情况向东南方面舰队汇报：瓜岛泊地已无敌舰船踪迹。图拉吉东南10海里有1艘濒临沉没且正燃烧的大型商船，图拉吉和

■ 联合舰队参谋长宇垣少将。

■ 虽然美军攻占了瓜岛，但日本陆军并没有显得太过担心。南方作战的辉煌战绩使他们冲昏了头脑，误以为美军还是不堪一击。图为巴丹战役获胜后狂欢的日本陆军。

瓜岛沿岸各有20艘登陆艇。在图拉吉上空遭到高射炮射击，1架轰炸机中弹。3架零式战斗机对瓜岛进行低空侦察（100米高度），发现约300名不明人员在机场附近走动。在密林上空遭受7.62毫米机枪射击，1架零式中弹。

接到报告，东南方面舰队兼基地航空部队司令长官塚原二四三中将就得出了“敌攻略部队遭受重创，被迫撤退”的结论，并立即向联合舰队司令部报告。

接到塚原的报告，联合舰队司令部却显得很谨慎，没有立即做出结论性判断。虽然第一次所罗门海空战的“辉煌”成就让大家暂时忘却了中途岛之痛，但美军也不会这么不经打吧？中途岛海战前半段遭到了巨大的损失，美国海军还是坚持拼到最后的胜利。但这次，美国人的行为好像有些古怪，就这样撤退，似乎不符合他们的作风。

在山本大将的默许下，参谋长宇垣少将回电要求第8舰队派遣1名得力参谋，乘坐陆攻机前往瓜岛全面侦察，看看这些“美国鬼畜”究竟在搞什么名堂？

8月12日，第8根据地队（第8舰队下属部队）首席参谋松永敬介中佐乘坐轰炸机前往瓜岛侦察。返回后，松永中佐向联合舰队司令部进行了汇报：瓜达尔卡纳尔机场附近仅发现若干敌人在活动，行动不甚积极。海岸附近，舟艇频繁航行。敌主力已撤退，残存之敌“不足挂齿”。

这下子，联合舰队司令部松了口气，美国舰队果然被第一次所罗门海空战打得满头是包。

相对于联合舰队司令部的“谨慎”，大本营对战况却是乐观无比。早在10日接到基地航空部队发来的总结性电报后，海军部和陆军部就同时得出了美军攻略部队已百分之百撤退的判断。接下来，就是讨论如何“扫荡残敌”了！

当天，海军军令部总长永野修身大将和陆军总参谋长杉山元大将就瓜岛方面作战和莫尔兹比攻略作战进行协商。两人一致同意，乘美军总撤退之际，乘胜追击，一鼓作气，攻下上述两地。第二天，总参谋长杉山元大将下达了第1230号大陆令，对第17军就今后战局进行作战指导：

根据第657号大陆令，特作如下指示：

1.在所罗门群岛敌撤退的情况下，第17军司令官根据《关于新几内亚东部作战陆海军中央协定》第6款第2条，速以一部兵力派遣至所罗门要地，协助海军的防卫。

尔后的所罗门群岛要地之防卫责任，由陆海军协同后予以分工。

■ 当时的日本海军军令部总长永野修身大将。

2.若敌努力确保所罗门群岛要地，则根据另行命令予以处置。

接着，大本营陆军部发布命令，将在关岛待机的一木支队编入第17军。暂时配属第14军作战的青叶支队（以第4步兵联队为基干）、独立战车第1中队、野战重炮兵第21大队1中队也回归17军建制。

8月12日，为了适应即将展开莫尔兹比攻略和瓜岛夺回作战，大本营陆海军部召开联络会议，拟定了太平洋战争爆发以来的第6次陆海军中央协定，作为东南方面陆海军作战的指导纲领。

随后，陆军部和海军部分别对第17军和联合舰队发出指示，着令各部充分利用第一次所罗门海空战的“伟大战果”，协同歼灭来犯之敌，夺回瓜岛和图拉吉，同时按既定方案实施莫尔兹比攻略战。

接到命令，联合舰队司令长官山本五十六大将火速召集第2舰队和第3舰队参谋，到“大和”号上的司令室开会。会上，山本大将命令第2舰队（前进部队）和第3舰队（机动部队）组成支援部队，开赴所罗门群岛，支援第8舰队和基地航空队部的作战。

8月11日，前进部队首先从内地出发，17日抵达特鲁克。机动部队于16日、联合舰队本队于17日从柱岛泊地出击，20日抵达特鲁克。正在重建中的机动部队，因出战匆忙，仅有第1航空战队“翔鹤”号和“瑞鹤”号，以及第2航空战队的“龙骧”号完成战备。于

日本第六次陆海军中央协定要旨

1.作战方针

生号作战（莫尔兹比攻略战）按既定计划继续执行，同时利用第1次所罗门海战成果，陆海军协同，尽速夺回所罗门群岛要地。

2.指挥官使用兵力

海军：联合舰队司令长官

第8舰队、第11航空舰队大部为基干的东南方面部队

第2舰队和第3舰队大部为基干的支援部队

陆军：第17军司令官

第17军（约13个步兵大队）

3.作战要领

(1) 按既定方案尽速实施里号作战。

(2) 陆军应以一部兵力在海军协同下，迅速出发，歼灭瓜达尔卡纳尔盘踞之敌，并夺回该地，尤其是瓜岛飞行场。

(3) 上述作战实施前后，对新几内亚东部要地的攻略作战，按新几内亚东部作战之陆海军中央协定（简称A协定）第4款作战要领第4条予以实施勘定作战。

4.指挥关系

以A协定为准则。

5.防卫

有关防卫参照A协定为准，但所罗门群岛的防卫责任的具体分配则由现地陆海军指挥官协商决定。

6.陆海军指挥官之间协定

第17军司令官、第8舰队司令长官和第11航空舰队司令长官之间签订相关的作战协定。

7.补给

于所罗门方面作战之陆军部队的补给事宜参照A协定相关条文。

8.作战名称

所罗门群岛要地夺回作战，称为卡号作战。

是，第3舰队就带着这3艘完成整备的航母，火速开赴南太平洋，参加瓜岛夺回作战。

相对海军的积极准备，担负夺回作战之地面战斗任务的第17军又在干什么呢？

第17军的决策

瓜岛战事爆发后，第17军一直心情复杂。派兵救援吧，必然拖累即将展开的莫尔兹比攻略战，而且如果不能迅速夺回瓜岛和图拉吉的话，17军有限的兵力将陷入两线作战的泥沼中无法自拔。可是不救援呢，对全力支援莫尔兹比攻略作战的海军又说不过去。就在17军感到为难的时候，8月9日突然接到基地航空部队的通报，美军舰队被“打跑”了。这下子，笼罩在17军司令部的忧愁顿时烟消云散！既然美国人的舰队都跑了，那我们还愣着干什么，赶紧和海军联系一下，召开联络会议，协同扫荡残敌。不然，等美国人回过神来，再来大规模增援的话，那仗就难打了。

8月10日，东南方面现地陆海军部队——第11航空舰队、第8舰队和第17军，在大本营陆海军部达成新的中央协定之前，就今后东南方面作战达成了新的现地陆海军作战协定：

1.敌情（略）

2.今后东南方面作战实施，第11航空舰队、第8舰队和第17军之间达成如下协议：

里号作战（莫尔兹比攻略作战）推迟2日，仍按原计划实施。

瓜达尔卡纳尔夺回作战，拟以陆军川口支队、一木支队主力及横须贺第5特别陆战队

■ 在日本海军强烈要求下，陆军决定派兵瓜岛，但心里仍对莫尔兹比念念不舍。图为莫尔兹比港。

共同实施，努力促使将进攻发起时刻定在8月25日。

3.前两项作战必须迅速实施，因为随着时间推移，形势对我方则越加不利。一旦敌海上兵力获得休整，很可能卷土重来，为瓜岛提供增援补给。为此，希望第2舰队和第3舰队最迟在8月22日前进至特鲁克方面。

现地陆海军协定出炉后，第17军作战参谋也在会上提出了本军的作战草案：以一木支队为先遣队，在瓜岛上陆，和海军瓜岛守备队（第11建设队和第13建设队合并，改称瓜岛守备队）会合，侦察敌情动态，等川口支队抵达后，再一起发动总攻。

但是这个草案一提出，首先就遭到了军参谋长二见秋三郎少将的反对。二见少将认为既然美军护航运输船队已经实施了总退却，留在瓜岛和图拉吉的美军必定“兵力稀少，士气低落，全无斗志”，若不立即派精兵直取的话，一旦美国海军缓过气来，再派大军和粮弹增援，那夺回作战就困难了。因此，他建议先行登陆的一木支队在横须贺第5特别陆战队的支援下，不等川口支队的到达，直接对瓜岛实施夺回作战。二见少将的观点，得到了海军方面，尤其是第11航空舰队参谋长酒卷少将的支持。于是，17军改变方案，决心在海军的配合下，以一木支队和横须贺第5特别陆战队迅速出动，在最短时间内展开瓜岛夺回作战。

一木支队登陆瓜岛

作为第一支在瓜岛夺回作战中登台亮相的陆军部队和海军特别陆战队，有必要对一木支队和横须贺第5特别海军陆战队的情况作一个简单的介绍。

1942年5月，为了支援联合舰队进行中途岛攻略作战，大本营陆军部下令关东军所属的第7师团第28（旭川）步兵联队抽调2个大队的兵力和联队本部，在工兵、山炮兵等技术兵种的加强下，由联队长一木清直大佐指挥，组成旭字一木支队（简称一木支队），兵力2400人。支队组建完毕后，进驻塞班岛和

■ 一木支队指挥官一木清直大佐，他的双手沾满了中国军民的鲜血。

海军第2联合特别陆战队一起进行登陆作战训练。5月28日，搭乘船队，在第2水雷战队（司令官田中赖三少将）的护卫下，展开中途岛攻略作战。因第1航空队全军覆没，船队被迫返航。接着，一木支队留在关岛训练，直到瓜岛战役爆发。

海军横须贺镇守府第5特别陆战队，司令安田义达大佐。最初，横须贺第5特别陆战队也是为中途岛攻略战而组建。战前，横须贺第5特别陆战队和吴港第5特别陆战队临时合并，编成第2联合特别陆战队，配合陆军一木支队作战。中途岛作战失败后，第2联合特别陆战队。横须贺第5特别陆战队一部（200人）转用于阿留申群岛，本队编入马里亚纳防备部队，返回关岛继续训练。7月19日，为了配合陆军即将展开的莫尔兹比攻略战，联合舰队命令横须贺第5特别陆战队组织派遣队前往特鲁克待机。8月2日，横须贺第5特别陆战队抽调333名陆战队员乘坐“高荣丸”号抵达特鲁克。至瓜岛战役爆发，横须贺第5特别陆战队本队只剩616人留在关岛。

作战部队选定了，接下来就是解决怎么运输的问题。8月13日，第11航空队、第8队和第17军之间签定关于一木支队和横须贺第5特别陆战队前往瓜岛的运输协定：

至8月13日12时止，根据第11航空舰队第13号机密电及（略）判断瓜达尔卡纳尔和图拉吉方面敌军具体兵力数目、瓜岛友军警备队和建设队等情况尚不明确。不过，驻岛之敌兵并非有力部队。此刻，正是发动瓜达尔卡纳尔夺回作战的绝好良机。随着时间的推延，形势会对我方越加不利。因此，第11航空队、第8舰队和第17军之间达成协议，迅速夺回瓜岛。协定要旨通知如下：

1.作战方针，尽速歼灭瓜岛所在之敌兵，

一木支队运输队兵力编成

部队名称	指挥官	兵力
主队	第8舰队司令长官亲率	“鸟海”号巡洋舰
支援部队	第6战队司令官	第6战队
增援部队	第2水雷战队司令官	
护卫部队	第2水雷战队司令官	“神通”号巡洋舰、34号巡逻艇、35号巡逻艇、横须贺第5特别陆战队（欠一部）
挺进队	第4驱逐战队司令	第4驱逐战队（欠第2小队）、第17驱逐战队
潜水部队	第7潜艇战队司令官	第7潜艇战队、第3潜艇战队
水上机部队	第8根据地队司令官	“圣川丸”号水上机母舰所属的4架水上侦察飞机

一木支队的编成

支队本部：一木清直大佐以下163人

第1大队本部：藏本信夫少佐以下23人

1中队：樋口勇作中尉以下105人

2中队：泽田哲郎大尉以下105人

3中队：丸山孙藏中尉以下105人

4中队：千叶俊郎中尉以下105人

机枪中队：小松重直中尉以下110人

大队炮小队：和田格郎中尉以下50人

工兵中队：后藤英男中尉以下150人

通信中队：涉谷好美大尉

独立速射炮中队：中冈勋大尉

人均携带250发子弹和7日份口粮

确保瓜岛。

2.上陆作战兵力：一木支队和横须贺第5特别陆战队。

3.上陆日期（瓜达尔卡纳尔岛）：8月18日（W日）一木支队一部（搭乘驱逐舰6艘），W+3日运载余下兵力（运输船2艘）。

4.护卫队：直接护卫兵力："神通"及驱逐舰6艘，指挥官：第2水雷战队司令官；间接护卫兵力：第6战队，指挥官：第6战队司令官。

5.横须贺第5特别陆战队：登陆瓜岛后确保飞行场和附近地区，归一木支队长指挥。

6.若敌航母出现，则本次作战延期或取消，此场合由第17军司令官和第11航空队司令长官商议决定。

7.本次作战代号"卡"号作战。

根据这个协定，基地航空部队在运输船队整个航渡过程中负责对美军航母可能出现的海域进行密集的空中侦察，防范美军航母特混舰队的突袭。第8舰队的任务是掩护并输送一木支队。第17军的任务就是尽快集结部队，完成作战准备。

同一天，一木支队和横须贺第5特别陆战队本队乘坐运输船抵达特鲁克，做好了向瓜岛进击的准备。

8月14日，第8舰队司令长官三川军一中将向所部下达了支援一木支队前往瓜岛的作战命令。

另一方面，17军司令官百武晴吉中将也在前一天，也就是8月13日派遣作战参谋松本博中佐前往特鲁克向一木清直大佐下达前往瓜岛实施夺回作战的正式命令：

1.一木支队与海军协同，夺回并确保瓜

岛机场。

2.总攻前，应以一部兵力占领瓜岛一角，侦察敌情并等待后续部队到来。为此，编成先遣队 (960人)，分乘6艘驱逐舰前往瓜岛。

当时，第17军的意图是一木支队分2个梯队开进，先遣队先乘坐驱逐舰轻装登陆，侦察地形和敌情，待后续部队搭乘慢速船队抵达后，再对瓜岛机场发起总攻。但是军司令官百武晴吉中将在发出这道命令的同时，又特别指示一木支队长上岛后根据现地情况可自行决断，不必事事请示。然而，一木清直却曲解了百武的意思，把这道命令解读为若形势许可，先遣队可以不等后续部队抵达，直接向机场发起攻击。结果，这个错误的理解，让一木支队付出了巨大的代价，甚至连一木本人也为此丢了性命。

虽然日军方面对即将展开的夺回作战很有信心，也深信美国舰队已被英勇的帝国海军打跑。但是留在瓜岛和图拉古的美军“残兵”究竟有多少，却是个未知数。为了打探敌情，第8舰队自10日起不断派潜艇深入瓜岛附近海域，侦察留守美军动态的同时也尽力查明是否有己方人员幸存。

8月14日夜，吕33潜艇在图拉吉附近执行侦察和炮击任务时，突然发现瓜岛塔萨法隆加角附近好像有己方人员出没，派人上陆一看，发现原来是冈村德长少佐的第13建设队的1名参谋。更为欣喜的是，这名参谋告诉他们，2个建设队实力完整，美军只占领瓜岛一隅 (机场地段)，其他地方还是日本人的天下，只是粮食没有了，急需接济。直到这时，拉包尔方面才高兴地知道，原来瓜岛还有自己人。

很快，第8舰队就和第13建设队取得联系，得知2个建设队确实“健在”的确切消息。于是，三川中将下令在瓜岛所有海军部队编成海军瓜岛守备队，由门前鼎大佐统一指挥，守备队的任务是保持联络，侦察美军动态并掩护增援部队登陆。根据瓜岛守备队的报告，美军总兵力约5000人，其中战斗兵员约2000人，并配有高射炮、坦克若干。

接到情报，第8舰队不敢怠慢，立即向第17军司令部通报。不知为什么，第17军司令部在向一木支队长转述瓜岛敌情时，竟然声称瓜岛守敌仅2000多人，斗志全无，正准备向图拉吉方面撤退。接到这些情报，历来狂妄自大的一木清直顿时自信满满，根据后来同僚的记载，当时一木曾表示说：“鬼畜才这么点人何需整个支队？只消先遣队，就可以将这些鬼畜统统消灭。只是皇军如此神勇，千万不要把鬼畜吓跑了，否则之后就没乐子了”——仗还没打，自信心就已经无限膨胀到这种地步。更何况，一木本人连美国人长得什么样都没见过。没关系，事实上他很快就会见到自己嘴中所谓的“鬼畜”到底长啥样，不过到了那时候，他离死也不远了。

8月15日17时，负责运送一木支队和横须贺第5特别陆战队登陆瓜岛的第2水雷战队司令官田中赖三少将领着旗舰“神通”号轻

■ 乘风破浪的“阳炎”号驱逐舰。该舰参加了输送一木支队登陆的作战。

巡洋舰和“阳炎”号驱逐舰赶到了特鲁克。刚一进港，还没有休息，田中就接到了三川中将从拉包尔拍来的急电：“次日晨，贵队将运载一木支队先遣队向瓜岛进发。完成任务后，立即返回，掩护运载第2梯队和横须贺第5特别陆战队的船队于W+3日在瓜岛上陆。”

田中不敢怠慢，马上摊开海图来研究运输航线，结果却发现第一梯队运输可能会比较顺利，上陆地点定在泰保岬。但第二梯队却没有那么简单，因为整个护航船队航速仅为8.5节，W+3日上陆很不现实。于是，他赶紧和拉包尔方面取得联系，请求将第二梯队的登陆日延迟到W+4日（8月22日），三川中将照准所请。

8月16日7时，一木先遣队（一木支队长以下916人，乘坐6艘驱逐舰）和第二梯队（乘坐2艘慢速运输船，航速8.5节）从特鲁克起航，向瓜岛出击。不久，先遣队和第二梯队分离，然后以25节航速沿着因迪斯彭萨贝尔海峡高速南下。18日22时30分，6艘驱逐舰抵达泰保岬，接着一木先遣队成功上陆。

不过，最先第一批登上瓜岛的部队却不是他们。早在16日夜，高桥中队（113人）就携带着给瓜岛守备队的粮秣乘坐“追风”号驱逐舰在塔萨法隆加角上陆。17日黄昏，高桥中队和守备队会合，共同担负起警备和牵制美军任务，掩护一木先遣队登陆等任务。

8月17日，担任第2梯队护航任务的第24驱逐战队（“海风”号、“山风”号、“江风”号、“凉风”号驱逐舰）于17日从特鲁克出发，18日和慢速船队会合。同1天，横须贺第5特别陆战队本队（616人）乘坐“金龙丸”号在1号巡逻艇和2号巡逻艇的护卫下，和第2梯队会合，共同向瓜岛挺进。

面对日军出鞘的利剑，美国人又在干什么呢？

美军的准备

8月9日黄昏，第62特混舰队从瓜岛和图

拉吉附近海域撤退。望着远去的舰队，陆战1师师长范德格里夫特很生气，但没什么用。陆战1师赤裸裸地暴露在日军的面前已是铁板钉钉的事实。毫无疑问，日军会源源不断地从海路派遣大军，前来夺回对他们至关重要的隆加机场。战斗才刚刚开始，陆战1师能否渡过难关，关键还得看范德格里夫特是如何指挥的。为此，范德格里夫特一夜都没有合眼，仔细思考着对策。

第二天一大早，范德格里夫特少将就召集部下开会，并连续发布了几道命令：

1.把海滩上所有的物资都运入岛内隐蔽起来，防止被日军飞机或是舰炮摧毁。

2.在机场周围构筑环形防线，修好跑道，等待美军战斗机进驻。

3.为防止日军从海上登陆，对机场发起主攻，各部立即构筑工事并迅速部署防御。

4.将坦克纵队和炮兵群集结在防线中央，以便对防线周围任何一个既定目标实施粉碎性轰击。

5.90毫米高射炮阵地布置在机场西北，在机场正北部署半履带式的75毫米炮阵地。一旦需要，迅速开入海滩上的既设阵地。

这几道命令的核心内容，一是迅速修建机场，等待陆战队航空兵进驻；二是构筑环形防线准备迎击日军的进攻。

在师长的鼓舞下，陆战1师的官兵们并没有因为舰队的撤退而沮丧。小伙子在师长的带领下，很快就开始了防线的布置和机场的修筑作业。

为了纪念在中途岛战役中英勇牺牲的陆战队第241侦察轰炸机中队长洛夫顿·亨德森少校，隆加机场于8月10日被陆战1师更名为“亨德森”机场，进驻机场的陆战队第3守

■ 美军在隆加机场缴获的日军卡车。

■ 美军在机场缴获的日军压路机，利用这些设备，陆战1师工兵得以比较顺利地开展机场跑道的修筑工作。

备营E连（装备4门90毫米高射炮）担负防空重任。同时，陆战队第1工兵营和第1战斗工兵营也开始了忙碌的机场跑道扩建工作。尽管修筑跑道急需的设备仅卸载了15%，但靠着缴获遗弃在机场的日军卡车和2台推土机，陆战队工兵得以较为顺利地展开了修筑工作。当天，范德格里夫特向南太平洋战区司令戈姆利中将报告，亨德森机场跑道已经完工约800米，剩下的约400米将在一个星期内竣工，迎接陆战队航空兵的进驻。

相对于机场的扩建，如何把亨德森机场四周建成“金城汤池”似的防线，却是范德格里夫特最伤脑筋的。

根据师部情报主管戈特上校收集的各项情报判断，日军对亨德森机场的进攻已是迫在眉睫。然而，范德格里夫特少将却为如何应付敌军未来的攻势而大伤脑筋。唯一能够粉碎日军进攻的方式就是构筑隆加环形防线，以绵密的防御挡住日军进攻部队。但眼下这条防线还很不完善。尤其是机场右翼——沿着特瑙鲁河鳄鱼溪（其实是陆战1师在登陆时把地名搞混了，把真正的特瑙鲁河误称为伊鲁河，而鳄鱼溪又错误地标注为特瑙鲁河，隆加环礁湖标注为鳄鱼溪。为了叙述的方便，将错就错，下文的河流名依旧延续当初陆战1师的称谓），西岸地带是整条防线上最大的隐患。由于该地区丛林密布、水网如织，因此陆战1师只能构筑不连贯的战壕、散兵坑和机枪火力点来掩护整条防线的右翼。但是这些措施只是暂时的。对此，范德格里夫特洞若观火，他明白这个缺口若不及时封堵，一旦遭到日军猛攻必酿大祸。为此，范德格里夫特于8月15日下令以纵火焚烧和大刀砍伐的方式将该地区的丛林全部清除，并构筑大量相互联系的永备工事，形成一条连贯的防线。不过，因时间有限，这项工程直到特瑙鲁河之战结束后才彻底完成。

在对防线进行补缺补漏的同时，范德格里夫特少将也开始盘点手头兵力。除了图拉吉、塔纳姆伯戈、加沃图的驻军外，陆战1师在瓜岛的总兵力为5个陆战步兵营（陆战1团3个营和陆战5团1营和3营）。为了保障在防线被突破时能及时地投入预备队实施反击，范德格里夫特少将把陆战1团2营和3营以及陆战5团1营和3营沿着环形防线部署，保留了陆战1团1营作为预备队。此外，范德格里夫特少将还就未来行动提出了2个作战方案。第一，得到日军主力在瓜岛登陆的确切消息后，立即以陆战1团1营向东推进，接触并摧毁这股敌军。第二，在加固防线的同时，以少量兵力向敌军最有可能发动进攻的方向进行积极巡逻，寻找日军集结区，摸清日军的兵力规模并查明意图。对于第一个作战方案，师部参谋们认为在无法得知日军确切进攻计划的情况下，日军很可能以一部兵力正面吸引陆战1团1营，然后以主力对防线西面，或是由东、西两面实施钳形攻击，失去预备队的陆战1师万一防线被日军突破则后果不堪设想。结果，这个方案因过于冒险被立即否决。随后，参谋们又对第二个作战方案进行了讨论，大多数人认为在敌军意图未明的情况下，稳守反击才是上上之策，因此决定采纳第二个方案。

为了执行这个方案，当地土著民兵在前英属所罗门群岛警长克莱门斯上尉的指挥下，和陆战队日常的巡逻分队一道将武装巡逻范围扩大到纳利米布河一带。昼间，克莱门斯上尉的手下在特瑙鲁河附近建立观察哨，监视河岸附近的日军动态。入夜后，观察哨的人员回撤至隆加环形防线附近。

除了陆战1师的努力外，太平洋舰队也行动起来，决心为保卫瓜岛倾尽全力。除了第61特混舰队的3艘航母继续在南太平洋等着和

■ 克莱门斯上尉和他的瓜岛土著侦察兵，他们在漫长的瓜岛战役中发挥了巨大的作用。

日本海军机动部队决战外，太平洋舰队总司令尼米兹上将把手头上最后1艘航空母舰——“大黄蜂”号也投入到了瓜岛。8月17日，以“大黄蜂”号航母为核心的第17特混舰队在默里少将的率领下，从珍珠港起航，增援南太平洋。对于尼米兹的举动，美国舰队总司令欧内斯特·金上将感到十分不满，但尼米兹却顶住压力，坚持集中所有航母于南太平洋，粉碎日军反击，保住瓜岛。幸运的是，尼米兹决定十分正确，正是美国海军不惜代价的牺牲和陆战1师的英勇顽强，最终保住了瓜岛这个来之不易的胜利果实。

此外，另一个对瓜岛战局起决定性影响的事件也在悄然到来。为了充分利用瓜岛机场，控制周围制海权，并拿到战役的主动权，美军在战前就计划拿下瓜岛机场1周左右，派遣陆战队航空兵进驻瓜岛。8月12日，搭载着陆战队第23航空大队的“长岛”号护航航空母舰抵达了斐济附近海域。

为了保障陆战队航空兵能够顺利进驻瓜岛，南太平洋战区司令戈姆利中将给航空部队司令麦凯恩少将下了死命令，要求他不惜一切代价在陆战队航空兵进驻前做好保障准备工作。

接到命令，麦凯恩不敢怠慢。为了确认亨德森机场是否适合着陆，麦凯恩当天就坐着1架PBY“卡塔林娜”水上飞机在亨德森机场着陆，发现陆战队工兵已经把机场整平，着陆非常顺利。

8月13日，“长岛”号护航航空母舰搭载着陆战队第23航空大队的18架F4F战斗机（隶属于陆战队第223战斗机中队）和12架SBD俯冲轰炸机（隶属于陆战队第232侦察轰炸机中队）进入了斐济首府——苏瓦港。戈姆利中将和麦凯恩前往接风。

然而，当他们看到“长岛”号时，却发现情况很不对劲。

陆战队第23航空大队因为走得匆忙，机组成员和飞机来是来了，但装载汽油、润滑油、武器弹药和粮秣的运输船却还远在夏威夷没有起航！更糟糕的是，陆战队第223战斗机中队的飞行员中有不少人是刚从航校毕业的菜鸟，前海军飞行员、“长岛”号舰长巴尔纳中校认为，让这些人从飞行甲板起飞，完成最后一段前往瓜岛的航程，无异于让他们去送死。他的意见是，暂时留下飞行队在后

■ 8月12日，南太平洋航空部队司令麦凯恩少将乘坐的PBY“卡塔林娜”在亨德森机场着陆的情景。

■ 美国海军“长岛”号护航航母。

方训练个把月，等技术熟练了，再开赴前线不迟。戈姆利中将当场拒绝了他的意见：“陆战队第23航空大队无论如何也要在8月20日抵达瓜岛，这是死命令！”倒是麦凯恩想出了法子，提议让“长岛”号先进驻新赫布里底群岛的埃菲特港，陆战队第223战斗机中队把技术水平较差的飞行员留下，缺额由驻扎当地、作战经验丰富的陆战队第212战斗机中队补充，然后在第61特混舰队的掩护下，前往瓜岛。对这个折中方案，巴尔纳表示十分满意。

不过，陆战队第23航空大队的油弹和维修问题却令人头疼。幸好，麦凯恩当晚就想到了解决之道，驻圣埃斯皮里图的海军第251侦察中队可担此任。在麦凯恩的授意下，第251侦察中队副中队长查尔斯·海斯少校从队内挑选了机场管制员、通信兵和维修人员组成特遣队。此外，刚刚抵达圣埃斯皮里图的美国海军第1基建工兵连（5名军官和118名工兵）也被麦凯恩留下，和特遣队一起乘坐4艘运输驱逐舰赶往瓜岛。除了人员外，4艘驱逐舰上还装载了400桶航空汽油、32桶航空润滑油、282枚航空炸弹、几百条机枪子弹带以及各式各样的工具和飞机零部件。这下子，瓜岛航空作战急需的物资全有了。为了给这些物资腾出空，所有官兵仅仅携带了个人随行装具和轻武器，连一顶帐篷和一听罐头也没有带走。

8月15日晚，海军第1基建工兵连和251侦察中队特遣队抵达了瓜岛。16日，“长岛”号抵达埃菲特，和驻扎当地的陆战队第212中队交换了8名飞行员。18日，“长岛”号从埃菲特起航。19日和第61特混舰队会合。

8月20日，13时44分，“长岛”号及其护航舰只抵达圣克里斯托巴尔群岛南方海域，距瓜岛亨德森机场190海里。13时45分，“长岛”号转向东南，首先放出陆战队第232侦察轰炸机中队（中队长曼格鲁姆少校）的12架

SBD俯冲轰炸机，接着陆战队第223战斗机中队的19架F4F战斗机在中队长约翰·史密斯上校和陆战队第23航空大队副指挥官芬克少校的带领下，迅速起飞。

随后，完成渡运任务的“长岛”号护航航空母舰和第61特混舰队一起转向，朝东南高速撤退。

与此同时，机群在曼格鲁姆少校的引导下，经过190海里的长途飞行，全部安全抵达亨德森机场。当曼格鲁姆少校跳下飞机的一刻，在跑道附近恭候多时的陆战1师师长范德格里夫特少将迎了上去，两只大手紧紧地握在了一起。这一握不仅意味着陆战1师如虎添翼，有了稳定的空中支援保障，而且至关重要的是瓜岛周围制空权已完全落入美军之手，使美军在整个战役中尽管在战术上是被动的，但战略上却处在了一个极为有利、高高在上的态势。从这点来说，对陆战队航空兵进驻的意义怎么评价都不为过。

不过，在关键的8月20日到来前，双方地面部队的战斗已经悄然展开。

暴风雨来临之前

8月11日起，陆战1师巡逻队在机场的东、西两面发现日军频繁出没。当天，陆战队抓获1名第13建设队的朝鲜劳工，根据他的供词，第13建设队和第11建设队一起逃过了马坦尼考河，而且士气极为低落。12日白昼，位于前线的1个陆战队观察哨更是极为夸张地报告日军在马坦尼考河对岸似乎挂起了一面白旗。对这个情报深信不疑的陆战1师情报主管戈特上校立刻判断日军很可能因饥饿所迫，正等着美军前去收容。当晚，戈特上校匆匆组织一支25人的侦察队，渡过马坦尼考河，准备接受日军的“投降”。没想到，侦察队刚一靠岸就遭到了日军樱井小队的顽强抵抗。激烈的战斗持续了一个通宵，双方都伤亡惨重。美军侦察队除了3名士兵侥幸逃生外，戈特上校等22人当场阵亡，樱井小队虽

■ 随着陆战队第23航空大队的进驻，美军完全控制了瓜岛周围海域的制空权。图为陆战队第223战斗机中队的1架“野猫”式战斗机。

附图六　马坦尼考河清剿战斗

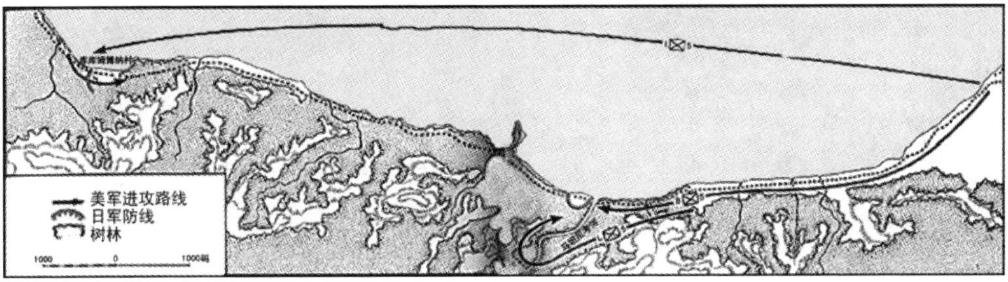

然获胜，但也阵亡了小队长樱井五郎兵曹长以下25人。经过这次打击后，陆战1师视日本兵为毫无诚信的死敌，务必除之而后快，双方血腥的残杀从此开始。

8月12－18日，双方都没有任何交火，休战一周。在此期间，横须贺第5特别陆战队高桥中队于17日和瓜岛守备队会合。然后派出半数兵力接替第11建设队，守卫前沿的马坦尼考村，隔河与美军对峙。另一方面，一木先遣队于18日在泰保岬上陆后，一路行军都没有碰到美军。19日，一木支队暂时转入休整，同时派出通信中队，在中队长涉谷大尉和馆中尉的带领下，侦察亨德森机场。

陆战1师经过6天的整备，亨德森机场的防御已经成型，防线虽称不上"金城汤池"，但已相当巩固。于是，陆战1师师长范德格里夫特少将决定在18日清晨派出重兵沿着马坦尼考河发动有限进攻，摧毁日军设在马坦尼考村和库库姆博纳村的前哨据点，同时也为死难的戈特上校复仇，这个任务交由陆战5团执行。

接到命令，陆战5团团长亨特上校立即制订了作战计划：以5团B连、I连和L连在师属炮兵团——陆战11团3营炮火掩护下强渡马坦尼考河，扫荡马坦尼考村和库库姆博纳村日军。进攻首先由L连发起，18日8点隐蔽渡过马坦尼考河，切断敌军沿着左岸向河口的撤退路线。19日清晨，B连乘坐大竹筏强渡马坦尼考河，上岸后，向库库姆博纳村两翼迂回，同时L连从日军后方发起攻击。两面夹击将日军消灭在马坦尼考村。另外，I连乘坐登陆艇沿着海岸机动到日军深远后方，攻占库库姆博纳，打击日军的士气。

最初，进攻异常顺利，18日清晨L连在穿过内陆雨林密布、溪流纵横的地形后，悄悄地潜入敌后，占领马坦尼考村，切断库库姆博纳和后方的联系。

19日清晨，B连和I连准时发起攻击。B连首先遇到了麻烦，当他们乘坐橡皮艇划到河中央时突然遭到日军（高桥中队半数兵力）猛烈的机枪火力拦阻。为了避开日军的火力区，B连迅速改变战术，以一部兵力正面进攻吸引日军火力，主力向右转移，在日军右翼的一个无人地带悄悄登陆并迂回日军侧后，协同正面攻击部队击溃了日军的抵抗。接着，B连和L连两面夹击，很快肃清了日军的

■ 乘坐大竹筏渡过马坦尼考河急流的陆战5团L连。

抵抗，拿下了马坦尼考村。

相比之下，深入敌后的I连却遇到了更大的麻烦。当I连靠近库库姆博纳海岸时，突然遭到3艘日军驱逐舰的炮火拦阻。虽然日舰的炮击没有造成任何伤亡，但却沉重打击了I连的士气，更糟糕的是，深入敌后行动没有办法获得炮兵支援，I连进退维谷。在这危难关头，1架来自圣埃斯皮里图的B-17恰巧飞过战场上空。看到下面正在排炮轰击陆上目标的日本驱逐舰，虽然B-17不明就里，但有敌舰在场岂有不炸的道理？随即将携带的炸弹一股脑地全扔了下来，1发近失弹恰好炸伤了“荻风”号驱逐舰。3艘驱逐舰惟恐再遭轰炸，只得赶紧灰溜溜地撤出了战场。

这时，一度陷入混乱的I连看到友机助阵，一时间竟然不顾纷飞的弹雨，忘情地朝友机欢呼！接着，I连重整旗鼓，顺利地靠岸。不久，I连就将库库姆博纳完全包围。但绝望的日军第11建设队仍在拼死抵抗，丝毫没有投降之意。于是，I连只得在自身携带的迫击炮火力支援下，强行冲进小村和日军展开肉搏。经过3个多小时激战，I连攻克了库库姆博纳村。接着，I连没有打扫战场就穿过库库姆博纳村，向东疾进。正午时刻，I连和B连、L连在马坦尼考村胜利会师。下午，陆战5团简单地打扫战场后就放弃了马坦尼考村，返回阵地。这次战斗，3个陆战步兵连以4人阵亡，11人负伤的代价击毙日军65人，给日本海军瓜岛守备队以沉重打击，确保了隆加环形防线西面的稳定。

与此同时，陆战1师师长范德格里夫特少将又出动1支巡逻队，对隆加环形防线东面的泰保岬进行威力搜索。

早在8月14日，前英属所罗门群岛警备长兼澳大利亚皇家海军海岸瞭望员克莱门斯上尉率领由瓜岛当地土著组成的自卫军在武扎的指引下来到了陆战1师师部。在那里，克莱门斯向范德格里夫特少将报告日军在泰保岬附近建立了1个无线电通讯站。同一天，范德格里夫特少将也收到了第62特混舰队司令特纳少将的电报，告知日军将于近期发动进攻。为了寻找敌军的主力集结地，范德格里夫特决定派出巡逻队侦察泰保岬。按计划，巡逻队将深入敌占区2天，探明日军具体集结状况后再返回防线。

8月19日清晨7时，陆战1团A连以1排为核心，组成巡逻队，在连长查尔斯·H.布拉什上尉的率领下，巡逻队沿着隆加角－科利岬－泰泰雷角海岸公路小心翼翼地向泰保岬推进。午后，当巡逻队经过一片丛林地带附近，布拉什突然发现一队日军正在公路到海岸间的丛林地带向西行进。他数了数，这股日军共由4名军官和30名士兵组成。事实上，这股日军是一木支队的涉谷大尉和馆中尉率领的32名通信中队的官兵，他们的任务是侦察美军在隆加机场的布防情况。不幸的是，他们正巧撞上了来势汹汹的美军巡逻队。

看样子，日军似乎毫无防备。于是，布拉什决定突袭敌军。他将巡逻队分成两部，一部由他亲自带领向日军发动正面进攻，另一部由1排排长亚希姆中尉率领，迂回日军右翼，两面夹击。经过45分钟激战，陆战队以3人阵亡，3人负伤的代价毙敌31人，只有3名日军侥幸逃生。

打扫战场时，陆战队照例将敌人尸体中所有值钱的东西和文件搜刮一空。A连1排排长约翰·亚希姆中尉从日军的尸体中搜出了许多地图和关于此次侦察巡逻的任务指示文件。这些尸体中军官的比例高得惊人，而且他们所穿的制服都是崭新的，完全不是先前击毙的那些海军建设队官兵的穿着所能比拟的。更令人感到吃惊的是，他们的钢盔上都印着醒目的日本陆军军徽！毫无疑问，增援的日本陆军部队已经登上了瓜岛。

布拉什上尉对战利品进行清点时，注意到了这么一个细节：阵亡的日军通讯兵除了照惯例背着电台外还带着准备架设的电话线。接下来，当他翻阅1本从涉谷大尉的尸体上搜出的笔记本和1份作战地图时，布拉什倒吸一口冷气。在作战地图上，日本人将陆战1师的阵地、工事和火力点甚至是防线薄弱处标得一清二楚。战后，布拉什接受记者采访时仍对这次经历记忆犹新：

尽管我对日文一无所知，但我依然看懂了这份地图并对日本人将我方阵地在图中详细标明感到十分震惊。他们甚至将我方防线的薄弱处都标得一清二楚。例如，陆战1团1营，其预设阵地在2营右翼，但他们在战前并没有进入这些阵地。而1营右翼则空空如也。这些实际状况都在我缴获的地图上标得清清楚楚。

搜查完毕，布拉什上尉认为事态严重，必须立即返回师部报告。因此，他下令巡逻队结束任务，轻装返回。正当队伍准备起程时，1排排长约翰·亚希姆中尉却报告3名陆战队伤兵无法徒步行进，需要担架抬回。为了防止走在队伍后面的担架队遭到日军余部的偷袭，他要求留出1个排的兵力断后。布拉什

■ 陆战1师军官团，前排左边第4位和第6位分别是师长范德格里夫特少将和陆战1团团长凯茨上校。

上尉照准所请。撤退前，巡逻队将3名阵亡的陆战队员埋在了一处较为隐蔽的丛林里并简单地立碑为记。接着，志愿担任担架员的官兵将3名伤患抬上由雨衣和断木制成的临时担架向己方防线缓缓撤退。

回撤期间，全体官兵轮流抬3副担架。在众人的努力下，巡逻队跨过溪流，穿过茂密的雨林和松软的沙滩。21时，在克服了重重困难后，巡逻队终于和1辆派出执行无线电联络的陆战队救护车相遇。尽管布拉什上尉很疲惫，但他返回营地后还是先向范德格里夫特少将简要地报告了午间的遭遇战并上交了缴获的日军文件和地图。

通过对这些缴获文件和作战地图的分析，陆战1师新任情报主管巴克利中校很快就辨认出了一木支队的番号。对于这支部队，陆战1师并不感到陌生。2个月前，受过严格抢滩登陆训练的一木支队就曾搭载田中赖三少将指挥的运输船队参加攻取中途岛的任务，只是南云中将指挥的机动部队在中途岛外海对决中蒙受惨败，一木支队才不得不中止原计划，返回关岛待命。现在他们出现在了瓜岛，这个意义不言而喻——日本人是绝对不会拱手让出瓜岛的！更令人感到不安的是，文件中显示一木支队是在8月18日夜登陆。虽然没有指出日军可能的攻击地段，但通过日军绘制的作战地图判断，一木支队很有可能对防线上最为薄弱的地段——特瑙鲁河口展开攻击。

经过讨论，范德格里夫特少将做出判断：日军将会在近两天内展开攻势行动，主攻方向将是特瑙鲁河口地带，但河口两翼也需加强防范。当晚，范德格里夫特向全师连续发出了两道紧急命令：1.瓜岛陆战1师各部立即进入最高战备状态。2.陆战1团立即占据防线右翼各个预设阵地。接到命令，陆战1团团长克里夫顿·凯茨上校也向所属各营下达了具体的作战指示：2营为左翼，在埃德温·波洛克少校的率领下于特瑙鲁河口和西岸掘壕固守，他们的任务是牢牢守住特瑙鲁河口的关键防御地带，顶住敌人的正面猛攻，为友军随后进行的敌后迂回行动创造战机；3营为右翼，占据从特瑙鲁河口到隆加角根部的滩头防御地带；1营作为师部直属预备队部署在2营右侧后。为了给己方步兵提供强大的火力支援，陆战11团3营的12门75毫米榴弹炮部署在陆战1团2营防线背后。1队来自陆战队第1特种武器营的37毫米反坦克炮也被派往沙嘴，击退日军可能实施的坦克突击。除了这些临战措施外，2营还在防线前沿约400码设置前哨警戒阵地。

8月20日天刚蒙蒙亮，陆战1团2营的900多名官兵就在沿着特瑙鲁河口和沙嘴以西的沙滩上挥动工兵铲，挖掘战壕、机枪掩体、炮位和散兵坑。为了防止日军坦克突击，陆战队第1工兵营还奉命抽调出1个连的兵力，在2营预设阵地前沿拉起带刺铁丝网、布设雷场和反坦克路障。与此同时，在隆加环形防线内其他各营官兵也进入最高战备状态。下午，紧张的气氛得到了部分缓解，陆战队第23航空大队进驻亨德森机场，使陆战1师的官兵着实地欢喜了一阵。

同一天，一木支队也完成了战前部署。8月20日17时，侦察队幸存的3名士兵好不容易才逃回了支队集结地。一木这才知道侦察队已经覆没，支队已经暴露的情况。他担心美军很可能已做好了迎战准备。面对困境，支队本部参谋向他提出了3个建议：1.立即发

■ 隆加环形防线只是粗具雏形，很多地段的防务还不甚完善。

动进攻，抢在美军布防完毕前达成突破。2.不断派出小股侦察队与美军保持接触，待查明美军兵力规模、防线纵深等虚实后再以主力出击。3.固守现有防线，等待第二梯队到达后再对美军发动总攻。对于第二条建议，一木清直当即以“帝国军人不应临战畏敌”当场驳回。对于第三条建议，一木认为美军兵力不过2000人，只要战术运用得当，自己900名部下就能大败2000名美军讨论结果，一木选择了第一条建议，立即发动进攻！对于支队长的选择，部分参谋无奈地摇了摇头。老上司一木清直大佐的个性，他们是太了解了，只要是这位战争狂人认定的事情就没有任何让步的余地。

接着，一木清直向先遣队下达进攻命令：

1.支队于20时从现地出发，利用黑夜的掩护，向原第11建设队本部附近发动进攻，然后再转移矛头，对机场方向实施攻击。

2.工兵队长带领下士官等组成一支侦察队先行出发，侦察伊鲁河口渡场。

3.行军序列如下：第2中队、第1大队本部、第1中队、第4中队、支队本部、机枪中队、大队炮大队、第3中队和工兵中队。

出发前，有人提醒一木将攻击计划向拉包尔的第17军司令官百武晴吉中将报告，争取海军的支援时，一木大佐却狂妄地回答道：“不必了，我们很快就会打到机场。到时发个捷报就行了。这个功劳怎么能让海军沾边呢！”

20日22时30分，一木先遣队逼近特瑙鲁河附近，大战一触即发。

特瑙鲁河之战

8月21日午夜前，在前哨阵地驻守的陆战1团2营警戒部队撤回了主要阵地。根据他们报告，特瑙鲁河岸附近看到火光并听到急促的行军脚步声，这可能是日军的集结迹象。

与此同时，土著侦察员武扎拖着重伤的身体，浑身是血地来到了陆战1团2营营部。18日，他在侦察敌情时被一木先遣队抓获。由于他拒绝透露情报，因此日本兵对他进行了严刑拷打，几乎将他折磨至死。然而，命大的武扎终究活了下来。在夜幕的掩护下，他逃出了日本人的魔掌并跌跌撞撞地摸到了设在特瑙鲁河口附近的陆战1团2营营部，向营长埃德温·波洛克少校报告了一木先遣队集

■ 瓜岛的土著侦察员武扎。

结的状况。

■ 一木先遣队的75毫米九二式步兵炮，该炮在战斗结束后被美军缴获。

尽管先后接到了警戒部队和武扎的敌情报告，但陆战1团团长凯茨上校却没有表现得太过担心。他甚至还有些期待这场大战早点到来。大约凌晨1时18分，位于特瑙鲁河西岸的监听哨所报告在对岸的远处丛林里传来了急促的脚步声。于是，在前线战壕内视察的凯茨上校大声喊话，询问口令，但对方却以沉默回应。于是，凯茨上校拔枪朝对方运动区域开火，特瑙鲁河之战的第一枪正式打响。

在凯茨上校开火的同时，1发绿色信号弹升空，接着一木先遣队以24具八九式50毫米掷弹筒向2营阵地齐射。炮击过后，第28步兵联队2中队在第1大队长藏本信夫少佐的指挥下呈战斗纵队穿过特瑙鲁河口的沙堤向2营阵地展开攻击。其间，陆战队的步、机枪以及37毫米反坦克炮对冲锋的日军纵队进行了集中火力的射击。虽然，日军的冲锋得到了少量的己方机枪火力的支援，但这些机枪火力点很快就被陆战队的37毫米反坦克炮和重机枪打掉。之后，失去火力掩护的日军步兵在陆战队占压倒优势的交叉火力打击下伤亡惨重。

在第2中队进攻的同时，一木先遣队主力却毫无动静。很明显，这次进攻是一次佯攻，一木大佐想借此把陆战队的注意力从主攻方向上引开。佯攻失败后，一木支队的掷弹筒和70毫米的步兵炮开始对美军防线实施炮火准备，试图削弱美军的防御阵地。3时10分，在几轮稀疏的炮击过后，先遣队主力在一木清直大佐的亲自率领下向美军阵地发动了猛烈的攻击。这一次，日军将进攻重心放在了2营的左翼，他们试图打到海边从而迂回2营的侧后。然而，2营防线前的铁丝网却成为他们无法逾越的雷池。在铁丝网跟前，日军遭到了2营37毫米反坦克炮和轻、重机枪群猛烈射击。再一次，没有火力掩护的日军如同镰刀割麦穗似地被成片撂倒，但日军仍然前赴后继地冲击美军防线，部分没有铁丝网掩护的阵地被敌军突破，双方展开了惨烈的肉搏战。激战中，美军涌现出了许多可歌可泣的英雄事迹。

乔治·图尔扎二等兵，陆战一团2营E连2排的一名新兵。当日军前锋逼近特瑙鲁河口以北约60米的美军监听站时，他正在河口西岸的1个深约1米的战壕内与默泽中士呼呼大睡。最初，日军逼近的脚步声并没有将他们惊醒。直到枪声充满了耳际，他们才意识到日军逼近了。突然间，无数发照明弹落下。整个天空被照得如同白昼一般。刹那间，图尔扎一等兵附近和前方的各个陆战队战壕中立即响起了哒哒哒哒的机枪射击声。当一发照明弹在图尔扎的战壕前落下时，资深的默泽中士立刻醒了过来。他在抓起步枪的同时，也猛地摇醒了图尔扎二等兵。此时，往来如织的曳光弹道充满了图尔扎的整个视线。而在战壕前落下的照明弹，明亮的闪光将他的战壕完全暴露在日军的视线内。于是，图尔扎二等兵将步枪装上刺刀并爬出了战壕，将照明弹扔进了前面的特瑙鲁河里。

接着，图尔扎看到许多进攻的日军在1名陆战队机枪手的扫射下纷纷中弹倒地。不过，6名幸存的日军却乘着那名机枪手换弹链的工夫穿过机枪阵地，朝着他冲了上来。虽然是第一次参战，但他却冷静地举起步枪，以半蹲姿态扣动扳机，用最快的速度将弹夹内的5发子弹全部射出。4名日军应声倒地，但仍有2人端着明晃晃的刺刀，毫无惧色地扑了过来。于是，他站了起来，用步枪及时地挡开了第1名日军的刺杀，然后与日军展开肉搏。图尔扎毕竟是一名新兵。渐渐地，他开始居于下风，左肩被刺刀捅伤。就在这个时候，第2名日军也扑了上来，然而这名日军却头脑发昏似地将自己的同伴当成了图尔扎并把他刺死。这下子，缓过劲来的图尔扎匆忙上子弹，抢在那名日军拔出刺刀前将子弹打进了他的太阳穴。

约翰·谢伊下士，2营D连的1名士官。激战正酣时，他的冲锋枪突然卡壳。于是，他握枪侧滚至一旁，猛拉枪栓，排除故障。不久，他感到有人正用刺刀捅他的左腿。回头一看，原来是1名冲入散兵坑的日军。于是，谢伊强忍巨痛，抬起负伤的左腿把日军踹倒在地，然后再举起身旁的斯普林菲尔德M1903步枪，把弹夹内的5发子弹统统打进了这名日军腹部。

乔·沃德斯沃斯二等兵，D连2排的一名普通士兵。战斗爆发时，他的战壕正处于日军的进攻轴线上。为了挡住潮水般冲锋的日军，他用手中的勃郎宁自动步枪朝日军连连开火，直至卡壳。慌乱中，他随手抓起旁边的一把斯普林菲尔德步枪继续射击。不过，斯普林菲尔德步枪的弹夹仅能容纳5发子弹。结果，他很快就把子弹全部打光。然而，端着刺刀的日军却仍然顽强地冲了上来。但沃德斯沃斯毫无惧色，端起刺刀勇敢地迎了上去，与日军展开了激烈的肉搏战。最终，沃德斯沃斯被数量占优势的日军压倒，英勇地倒在了自己的散兵坑内。

约翰尼·里夫斯二等兵，1名7.62毫米机枪的射手。当日军从特瑙鲁河口东岸向2营阵

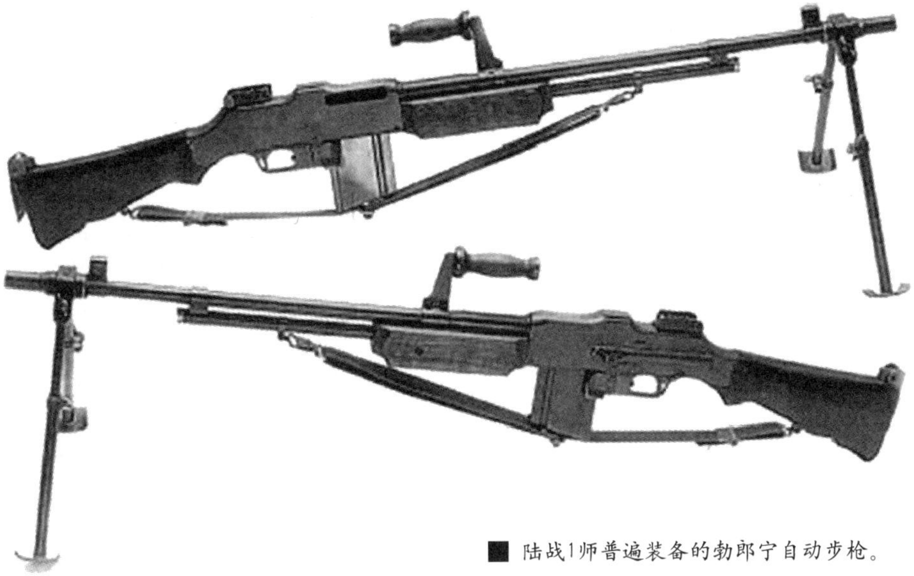

■ 陆战1师普遍装备的勃郎宁自动步枪。

地发动进攻的时候，他刚刚被附近的战友摇醒。作为一名前职业拳击手，里夫斯曾在美国西海岸的圣迭戈进行了长达一年的枪射击训练。面对如同潮水般涌来的日军，里夫斯架起机枪，瞄准逼近的日军，哒哒哒哒地猛烈开火。在密集的机枪火力扫射下，冲锋的日军如同镰刀割麦穗般地纷纷中弹倒地。其间，几名日军冲过了美军的火制地带并跳进了里夫斯的机枪阵地。他立即操起工兵铲与之肉搏，将日军一一打倒。很快，里夫斯的机枪又再度吐出了火舌。不久，日军的1发机枪子弹打穿了他的胸膛。尽管身负重伤，但里夫斯却回绝了装填手勒罗伊·戴蒙德下士的后撤劝告。他一边用左手捂住伤口，一边用右手扣动扳机，持续向逼近的日军倾泻着密集的弹雨。最后因流血过多而倒在了自己的岗位上。直到生命的最后一刻，他仍然死死地扣着扳机不放。在里夫斯二等兵阵亡后，戴蒙德下士接手继续射击，直到他被日军投出的1枚手榴弹炸伤。在战斗中，他三处挂彩。战斗结束后，戴蒙德下士由于作战英勇获得1枚紫心勋章和1枚银星勋章。

除了里夫斯二等兵之外，在他阵地旁边的另1名机枪手阿尔伯特·施密特也表现得异常出色。在他准确的射击下，所有进入他射程的日军官兵无一幸存。然而，这名勇敢的机枪手却被1枚突如其来的手榴弹炸瞎了双眼。这时，戴蒙德下士负伤，无法再操纵机枪。因此他爬到了施密特的身旁，贴着施密特的耳朵，将日军进攻的方向告诉他。尽管2人一瞎一瘸，但进攻日军仍然未能跨过他们的机枪阵地半步。

在战斗激烈进行的同时，陆战1师的医护兵们也冒着密集的弹雨在战场上往来穿梭，救助重伤员(尤其是机枪手,他们是日军狙击手和步兵攻击的首要目标)。其中,表现最为出色的要数惠特尼·雅可比二等兵。他冒着猛烈的炮火和机枪火力,在处于激战焦点的各个机枪阵地上来回巡视并不时地为重伤的机枪手处理伤势。

除了陆战队步兵外,负责为陆战1团2营提供炮火支援的陆战11团3营和陆战队第1特种武器营的官兵也表现出了顽强的战斗精神,为一线陆战步兵提供了卓越的炮火支援。

战斗爆发后,37毫米反坦克炮因巨大的威胁而成了日军狙击手“重点关照”的对象,但炮组成员们仍能坚守岗位,奋战不懈。吉姆·麦克拉纳汉少尉,37毫米反坦克炮排排长,他的双腿、胳膊和臀部接连被日军狙击手和机枪手击中,无法亲自操炮射击,但仍重伤不下火线,坚持在炮位上为炮手装填炮弹或是积极排除手下官兵自动武器遇到的射击故障。副排长巴尔·梅耶准尉,在端掉一个对37毫米反坦克炮阵地威胁甚大的日军机枪火力点时不幸中弹身亡。埃尔默·费尔柴尔德二等兵,是麦克拉纳汉少尉手下的一名12.7毫米机枪射手。在对射中,他的右手3根手指被打断,双腿也被狙击手击伤。但他仅仅对伤口进行了简单的包扎后,又继续投入了战斗。

罗伯特·勒基少校,陆战队第1特种武器营营长。战斗一打响,他就跑到陆战1团团部,时刻关注2营的战斗进展并协调榴弹炮、

■ 日本陆军普遍装备的97式手榴弹。一木先遣队在战斗中多次使用该型手榴弹,给美军造成了很大的杀伤。

无后坐力炮和迫击炮对2营的炮火支援。随着战斗日益激烈,前线不断报告己方的4门81毫米迫击炮和陆战11团3营的12门75毫米榴弹炮正朝己方阵地误击!面对这些报告,勒基少校感到左右为难。而站在他身边的陆战1团团长凯茨上校却冷静地说道:“这是日本人玩的鬼把戏!博布,该往哪打就打哪。”凯茨上校判断正确。原来为了削弱美军猛烈而有效的支援炮火,日军掷弹筒故意将炮弹打到正在进行肉搏的美军阵地上,给一线美军造成己方支援炮火打得过于靠近的假象。不过,这一招却被经验老到的凯茨上校看穿而没有起到任何作用。

在陆战1团2营极为顽强的抵抗下,一木

先遣队总攻以失败告终。在一木清直大佐的命令下，先遣队停止进攻，后撤重组。两次进攻中，一木先遣队伤亡约400人，率部冲锋的第1大队大队长藏本信夫少佐在美军阵地前被密集的机枪火力击毙。

看到日军的佯攻和总攻失败后，2营营长波洛克少校打算以G连剩余的兵力向撤退之敌实施反击，力争将其赶回东岸。然而，G连毕竟是2营所仅有的预备队，使用时必须小心谨慎。为了确认日军的进攻势头已经衰减，波洛克少校与手下各连连长、2营阵地上的前进炮兵观察员和团长凯茨上校进行了简短的磋商后，决心对日军实施反击。

在波洛克少校的命令下，G连2、3排从2营侧翼跃出，朝河东岸攻击前进。在G连的压迫下，日军逐渐向东岸撤退。尽管失败已成定局，但一木清直却并不死心。在他的命令下，先遣队突然停止撤退，掉过头来对G连进行反冲锋。面对日本人的回马枪，G连官兵操起身上所有可用的武器——手榴弹、步枪、刺刀、工兵铲甚至匕首——与日军进行惨烈的肉搏战。

这次，陆战队的炮兵又一次挽救了危局。在日军反扑的同时，在G连后方准备跟进的12门75毫米榴弹炮和半履带75毫米自行火炮就地展开射击，在G连战线前方编织了一道

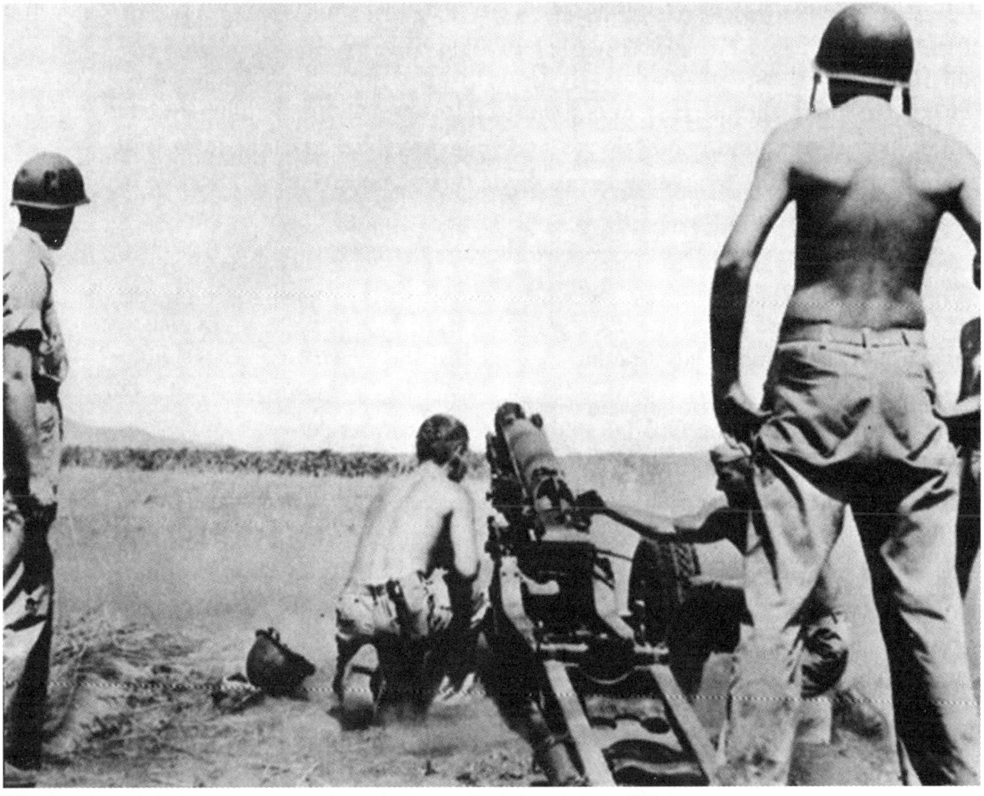

■ 特瑙鲁河战斗中为一线陆战队提供有力炮火支援的75毫米榴弹炮。

附图七　一木先遣队战斗经过要图
（1943年8月18－21日）

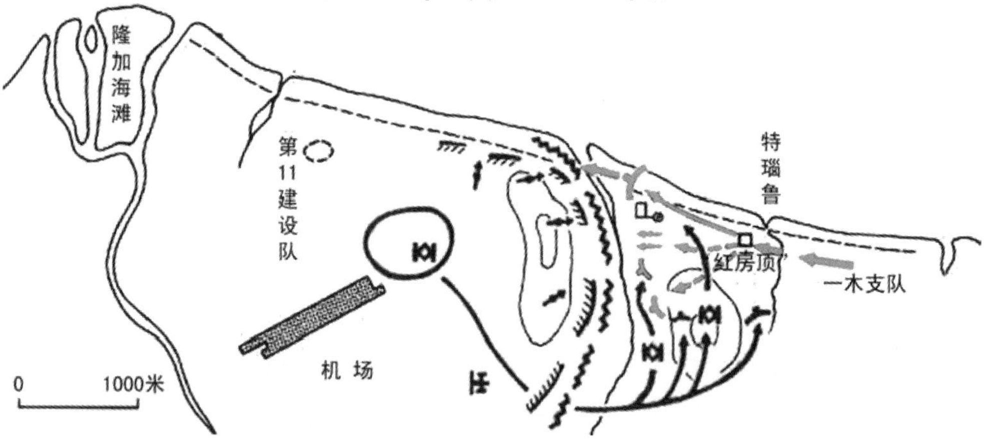

绵密的“火墙”，有效地支援了G连的奋战。在G连官兵的奋勇搏杀和炮兵的强力支援下，日军的反扑很快就被打退。幸存的日军惧于美军强大的炮火，纷纷与G连脱离接触，向东岸的椰树林撤退。

黎明前的对峙

连续两次进攻失败后，一木清直大佐暂停进攻，命令先遣队残部撤到特瑙鲁河口东岸固守。其间，一木先遣队不停地用掷弹筒轰击美军阵地。为了彻底压制一木先遣队，陆战11团3营的12门75毫米榴弹炮分别在4时03分、5时15分、7时22分和8时51分集中火力对日军阵地进行猛烈炮火压制和封锁，密集的弹群如同雨点般地砸向日军阵地。遭到美军炮火压制后，先前进攻失败的一木清直大佐几乎丧失了理智，他不顾己方炮兵阵地和机枪火力点暴露的危险，亲自指挥炮兵小队所有50毫米掷弹筒和2门70毫米步兵炮朝2营阵地疯狂地射击。接着，美军的37毫米反坦克炮也加入到陆战11团3营榴弹炮群的射击行列。在激烈的炮战中，日军炮兵小队因火力不足、弹药匮乏被完全压制。在美军占绝对优势的炮火压制和封锁下，一木先遣队被困于河东岸的狭长地带，陷入了进退维谷的境地。尽管如此，一木先遣队仍不服输。除了与美军进行不间断的火炮对射外，日军的机枪手也不断朝美军阵地扫射。而陆战队一线步兵除了部分机枪火力点予以还击外，其他官兵开始三三两两地返回战线后方，更换枪支和补充弹药，等待黎明的到来。

将日军击退至东岸后，G连的2排、3排停止进攻，就地转入防御。安迪·布罗德茨基二等兵在战斗结束时检查子弹时，发现身上携带的子弹仅剩10发。更糟糕的是，他的勃郎宁自动步枪因为射击过久，枪管有些弯曲。为了换一把枪并补充弹药，他返回了战线后方。当他向战线后方的战友们提出要求时，1名素昧平生的陆战队员竟然将一把崭新的汤姆森冲锋枪和整整10个装满子弹的弹夹递给了他。除了布罗德茨基之外，另一名返回后方领取弹药的G连战友也在要求获得满足的同时，怀里还被硬塞了一打手榴弹！带着充足的弹药和自信，布罗德茨基和他的战友返回了前线。

为了防止日军再次进攻，陆战队炮兵在战斗间隙还是不断向2营阵地前沿发射照明弹，照亮两军对峙的中间地带。借着前沿不断落下的照明弹，G连1排的哈里·霍尔斯曼二等兵注意到他散兵坑附近的37毫米反坦克炮的炮位上寂静无声。稍后，他和另1名陆战队员大胆地跳进四周满是沙包围护的炮位里查看。令他们感到惊讶的是，炮位里竟然空无一人。于是，霍尔斯曼向同伴提出由他俩来操纵火炮！虽然两人都没有经过任何的火炮射击训练，但他俩还是迅速达成了共识：霍尔斯曼担任炮手，负责射击、瞄准和修正方位偏差量，而另1名陆战队员则担任装填手，负责搬运和装填炮弹等苦差事。不久，班上1名下士也加入到了这个“临时炮组”的行列中。尽管3个人围着火炮不停地摆弄，但没有一个人弄得清各项射击的操作要领。最后，霍尔斯曼的顶头上司——班长詹姆斯·汉考克中士的到来才使得问题迎刃而解。汉考克中士在战前曾作为陆战队炮兵接受过极为严格的射击训练。在他的指挥下，3名陆战队员操炮射击。其间，霍尔斯曼这个“外行人”竟然打掉了1个日军的机枪火力点。但是，这门暴露在照明弹照耀下的反坦克火炮很快就遭到了日军70毫米山炮和50毫米掷弹筒的炮火反击。1发70毫米的炮弹直接命中炮位，汉考克中士身负重伤。失去了这名资深的老炮兵后，这个特殊的“临时炮组”只得停止了射击。

破晓时分，乔治·图尔扎从散兵坑里探出头来，将钢盔上的尘土抖落。这时，他看到1队日军正从特瑙鲁河口东岸的椰树丛中钻出来，猫着腰向2营防线走来。情急之下，图尔扎来不及通知附近战友，就举起他的斯普林菲尔德M1903步枪，一口气将5发子弹全部打光——5名日军摇摇晃晃地跌倒在地。当图尔扎准备换子弹的时候，1名端着刺刀的日军已经冲到了跟前。起初，图尔扎试图迎面直刺对手。但这一回，日本人的反应却快了半拍。他先是用步枪挡开了图尔扎的刺刀，然后反身用枪托狠狠地砸在了图尔扎的脖子上并开枪把他的大腿打伤。受此一击，图尔扎倒在了地上，在一名及时赶到的陆战队员掩护下撤离了战场并一瘸一拐地走向战线后方的陆战1团急救站。与此同时，2排的全体官兵也听到了枪声并迅速赶到了图尔扎的散兵坑附近与残余的日军进行激烈的白刃格斗，将其逐退。不过，图尔扎的烦恼才刚刚开始。来到急救站，图尔扎并没有马上得到护理。看到救护兵和军医正跑上跑下，对几十名陆战队伤兵 (主要是机枪手和37毫米反坦克火炮的炮组成员) 进行急救，而他们的伤势都比自己要严重得多。想到还要等上几个小时才能轮到自己，图尔扎轻轻地摇了摇头，就一屁股坐在了地上。

随着黎明的到来，一木先遣队的末日临近了。

反击

天明后，双方小规模交火仍在继续。虽然在夜间的激战中，双方都没能给对手致命一击。但失血过多的一木先遣队已经丧失了进攻能力。相反，陆战1团不仅在兵力和火力占据绝对的优势。更重要的是，作为全师预备队的陆战1团1营仍完好无损。

在日军攻势逐渐衰弱的同时，陆战1团团长克里夫顿·凯茨上校、陆战1师的作战主管杰拉德·托马斯中校和陆战1团1营营长雷纳德·克雷斯维尔中校一起聚集在1团团部，就未来的反击制订计划。综合各项战报，凯茨上校判断一木先遣队在进攻失败和美军炮火压制和封锁的情况下，很可能龟缩在特瑙鲁河东岸的狭窄地带准备做困兽之斗。因此，他要求1营随时准备根据团部的指示，迅速跃出夜间的集结阵地，渡过特瑙鲁河，沿着河右岸朝西北方向攻击前进，迂回日军左侧后，与2营一道对当面之敌构成合围态势。接着，凯茨上校向师长范德格里夫特少将报告了他的计划并要求作为师部直属预备队的陆战1团1营回归建制，准备实施反击。听了凯茨上校的汇报，范德格里夫特少将感到十分满意，完全同意了他的方案："凯茨，就这么干！把那帮狗娘养的统统杀光！"

此时的特瑙鲁河口两岸除了零星的狙击火力之外，已经恢复了往日的平静。但，这是另一场暴风雨前的平静。

1营的集结过程很顺利，不过先前在19日侦察行动立功的A连却发生了一桩意外事件。

接到集结命令时，A连1排的1名资深的陆战队中士找到排长亚希姆中尉，对他大发牢骚。他认为如果不是亚希姆中尉和布拉什上尉在19日擅自做主，突袭日军侦察队的话，他们也不会这么早就卷入激战旋涡。正当亚希姆中尉准备向他解释时，6名日军突然从附近丛林钻出，举起步枪朝1排开火，中士当场身中数弹而亡。虽然这股残敌很快就被1排消灭，但亚希姆中尉也不幸负伤，不得不将指挥权移交给了手下的1名少尉。

6时55分，陆战1团1营营长雷纳德·克雷斯维尔中校接到了凯茨上校下达的攻击令。于是，1营在克雷斯维尔中校的指挥下，如同豹子般敏捷地跃出阵地，朝河口推进，准备实施包围运动。

这次迂回取得了意想不到的成功。忙于添伤的一木先遣队根本顾不上自己的侧后安全，结果1营仅遭遇极其微弱的抵抗，轻松渡过特瑙鲁河。过河后，1营编成战斗纵队，A连和C连在D连（重火器连）各1个排的加强下，在营长克雷斯维尔中校的带领下，以15度方位，沿着椰树丛朝海滩齐头并进，包抄敌军侧后。与此同时，副营长亲自指挥B连

(得到D连的1个迫击炮排和1个机枪排的加强)在A连、C连的右侧后沿着河岸向滩头进击。抵达入海口时，B连下属各班展开队形，沿着沙洲设伏，截断一木先遣队退路。与此同时，D连(重火器连)剩余官兵暂时充当步兵，沿着特瑙鲁河右岸向北推进，营部连作为预备队在各个突击连身后跟进。

中午12时30分，A连、C连在抵达海滩后立即左转，朝着特瑙鲁河前进。抵达指定地点后，1营暂时进入一片原始森林，正要休整，突然发现对面椰树丛中有一队晃动的日军身影！于是，营长克雷斯维尔中校命令C连立即出动，向日军发起攻击！

在尼克·斯蒂文森上尉的带领下，C连呈战斗纵队穿出雨林，扑向敌人的集结地域。然而，大约1个小队的日军退到附近的一座木制简易小屋，架起机枪，以猛烈的火力封锁了C连的攻击路线。在密集的机枪火力打击下，冲在最前面的4名陆战队员不幸阵亡，剩余的陆战队员不得不停止前进，就地隐蔽。看到部队攻击受挫，克雷斯维尔中校经过观察，认为这股日军乃是一木先遣队的殿后部队，日军的主力应该还在更西面的树丛里，看来日军已经被堵在这个狭窄的地带，等到坦克和飞机上来，再消灭他们也不迟。于是，克雷斯维尔中校果断地下令C连停止攻击，暂时撤退。然而，C连刚一撤退，日军就在小队长的指挥下，一边喊着口号，一边端着明晃晃地刺刀朝C连冲了过来。看到日军离开了简易工事，刚刚还沮丧撤退的C连官兵顿时来劲了。仗着兵力优势，C连在肉搏战中将日军大部歼灭。少数幸存的日军也在C连的逼迫下，跳进了大海。接着，站在沙滩上的C连官兵举枪，以身为海军陆战队的射击水准和从容的姿态，向在水中浮动的人头挨个用子弹“点名”，直到最后一个人头没入水中他们才停止了射击。

14时，陆战1团1营完成了对一木先遣队的合围。

发现自己被围后，一木清直立即组织残部突围，但却遭到A连、C连的顽强阻击，猛烈的火力压迫日军逐渐向上游撤退。结果，他们又一头撞进了B连的伏击圈。尽管面对兵力占优势的日军攻击，但B连官兵却以高昂的斗志将接近阵地的日军大部歼灭。不多时，另一队突围的日军闯入了D连布设的机枪阵地。结果，在美军猛烈的机枪火力阻击下，突围再度失败。

与此同时，进驻瓜岛不久的陆战队第23航空大队也赶来助阵。SBD俯冲轰炸机、“无畏”式俯冲轰炸机不断往返战场，将炸弹砸在日军头上，“野猫”式战斗机则不断地俯冲向日军倾泻密集的弹雨。

这时，伤亡惨重的先遣队已不可能成建制突围，美军转入反击，开始扫荡滞留在椰树丛中的日军残部。尽管败局已定，但日军残兵却仍在做困兽之斗，给陆战队造成了很大的伤亡。面对日军的拼死抵抗，参战的陆战队员逐渐冷酷起来。

安迪·波利尼二等兵，A连的1名勃郎宁自

动步枪手。在丛林边缘，他发现2名重伤的日军倒在地上呻吟。怀着同情感，波利尼召唤附近的4名战友，和他一起为2名倒在地上的日军重伤员包扎。就在这时，1名军官跑了过来，用手枪制止了他们的行为，并命令他们立即用刺刀结果日军伤兵。其中2名陆战队员端着刺刀，极不情愿地走上去，准备执行这道冷酷无情命令时，1名日军伤员突然翻过身来，拔出腰间的手枪，用尽最后的力气扣动扳机，将1名陆战队员的眼睛打瞎！看到这一幕，先前的同情感完全消散，取而代之的是仇恨！这就是战争，不允许有任何的私情！波利尼立即以最快的速度将勃郎宁自动步枪的保险调到全自动射击，将2名伤兵全部击毙。接着，又有2名日军搀扶着1名负伤的战友钻出丛林，朝他们走来。这一次，波利尼想也没想就开枪，在日军还没反应过来之前将其击毙。

随后，波利尼跟随班里的其他弟兄一道冲进了椰树林。行进至一小块开阔地时，1挺日军机枪将他的班完全压制。为了躲避飕飕飞过的子弹，波利尼匍匐爬行至附近的一棵棕榈树后面隐蔽起来。然而，这名日军机枪手却不依不饶，持续地向波利尼隐蔽点四周扫射。直到其他的陆战队员将这挺机关枪打哑，波利尼才长舒了一口气并继续向前推进。

在陆战队迅猛的攻击下，日军的伤亡越来越大，抵抗的力度也大幅减弱。扫荡战接近尾声时，陆战1师还是出于人道主义，出动救护兵对战场上的日军重伤员进行救治。不料，某些伤员却在医护人员靠近时拉响手榴弹与之同归于尽，致使美军医护人员伤亡惨重！见此状况，范德格里夫特少将不禁怒火中烧，他下令立即停止日军伤员的救治工作，将伤员全部就地击毙！

■ 特瑙鲁河之战结束后，美军官兵正在打扫战场。沙滩上散乱的日军尸体无言地述说了激战的惨烈。

■ 同一个战场的不同视角，被打死的日本陆军第28（旭川）步兵联队1大队官兵。

15时，1营完全占领了特瑙鲁河东岸的椰树林，但一木先遣队并没有全军覆没，将近200号人还是分散逃出了重围，朝沙滩方向撤退。

为了将逃脱的日军残部全歼，范德格里夫特出动6辆M3“斯图亚特”轻型坦克配合1营，开始清剿残敌。由于轻、重机枪，掷弹筒和70毫米步兵炮在扫荡战中丢失殆尽，残存的小股日军在面对M3轻型坦克的攻击时显得束手无策。除了1辆M3被1名日军抱着磁性反坦克手雷炸毁和2辆坦克因能见度不良、陷入沼泽无法行进外，其他3辆坦克一边以车载机枪和37毫米主炮猛烈开火，一边撞倒椰树将日军狙击手压死。接着，坦克继续从日军死尸和伤员身上碾过。战斗到了这个地步，已经完全变成了美军对日本兵一边倒的屠杀！不到1个小时，3辆M3坦克的履带上就沾满了日军的鲜血和碎肉！与此同时，陆战队步兵也在坦克的掩护下寻找日军伤员，并逐个击毙。16时，3辆M3轻型坦克奉克雷斯维尔中校之命，在沙滩重新集结并继续侦察突围而出的日军残兵的动向。经过一个小时的清剿，美军再未发现日军成建制的抵抗。17时，1营结束了大规模清剿战斗，开始打扫战场。

黄昏时刻，打扫战场的美军突然发现了一木大佐的行踪，于是再度出动坦克追击，将一木等人团团包围在一片小树林中。在接下来的战斗中，美军坦克横冲直撞，日本兵就像蚂蚁般地被逐个碾死。尽管如此，部下们还是拼命掩护一木大佐，让他有充分时间烧掉第28步兵联队的军旗。最终，这个在七七事变中立下“汗马功劳”，双手沾满中国军民鲜血的一木清直大佐在美军坦克冲上来，将他碾成“肉饼”之前切腹自尽，结束了罪恶的一生。

至此，特瑙鲁河之战全部结束。美军宣称，日军871人死亡，15人被俘。其中1人主动投降，14人重伤被俘。缴获10挺重机枪、20挺轻机枪、20枚枪榴弹、700支步枪、20把手枪、3门70毫米步兵炮、12具喷火器，以及大量的步、机枪子弹和手榴弹。当然，陆战1师也付出了不小的代价：阵亡35人、负伤75人。根据日方的记录，在特瑙鲁河之战中，一木先遣队阵亡777人，仅128人幸免。

对于这次战斗，在拉包尔的第17军司令部因未能和一木先遣队取得联系，在整个战斗期间，没有进行作战指挥。仅从海军瓜岛守备队于21日当天拍来的电报，对攻击情况略知一二。

21日清晨，海军瓜岛守备队来电：“一木先遣队已展开攻击，形势于我有利，攻势可能获得进展。”接到电报后，第17军司令官喜忧并存。喜的是先遣队直接展开攻击，战况似乎进展顺利，忧的是兵力不足、粮弹有限，若拿下机场后遭到敌军反击，先遣队能否顶住。17时45分，瓜岛方面再次来电：“一木先遣队今早在机场附近遭到全歼。”由于电报没有署名发报者，17军一开始半信半疑，

■ 特瑙鲁河战斗中，美军缴获了大量的武器弹药。图为陆战队工兵正在试射缴获的日军喷火器。

认为这则电报很可能是美军的反间计。22日仍未接到攻击的确切报告，17军司令部又判断一木先遣队很可能正在苦战中，于是下令川口支队3个大队准备起航，投入瓜岛战斗，同时要求基地航空部队从空中为一木先遣队空投粮秣和弹药。

直到25日，逃出战场的一木先遣队电信员向17军拍发电报，百武军司令官才相信，一木先遣队已经全军覆灭。眼下，只有看一木支队第二梯队和横须贺第5特别陆战队的了。

特瑙鲁河之战的意义非凡，它是美军（更是美国海军陆战队）在太平洋战争反攻阶段和日本陆军进行的第一次正面战斗。美国海军陆战队以自己的顽强和勇猛证明了长期以来关于日本陆军所谓的无敌神话纯属无稽之谈。

不过，特瑙鲁河之战的胜利，并没有完全解除日军对瓜岛的威胁，在海上，一木支队第2梯队和横须贺第5特别陆战队本队正乘坐慢速船队朝瓜岛逼近。同时，联合舰队主力——机动部队（第3舰队）和前进部队（第2舰队）经过上千海里无线电静默航行后，隐蔽地抵达了所罗门群岛。如何粉碎日军的登陆行动，又成美军面临的另一大难题。围绕着日军运输船队，又一场海空大战在瓜岛附近海域爆发了。

第二次所罗门海战

前面提到，日本第17军和拉包尔基地航空部队、第8舰队达成的关于瓜岛夺回作战的运输协定中规定基地航空部队在运输船队整个航渡过程中负责对美军航母可能出现的海域进行密集的空中侦察，防范美军航母特混舰队的突袭。

根据这个条款，基地航空部队从8月18日开始，从拉包尔出动轰炸机、从肖特兰出动飞艇在下所罗门群岛拉开一张绵密的大网，搜索美军航母编队，确保船队的安全。

前两天的搜索行动平淡无奇，没有发现任何异常状况。第8舰队和基地航空部队乐观地认为，照此状况发展，船队定能按计划于22日在瓜岛靠岸。岂料第三天，风云突变。

8月20日11时40分，1架九七式水上飞机报告在瓜岛东南250海里两次发现1艘美军航母！

接到报告，东南方面舰队司令长官兼拉包尔基地航空部队司令长官塚原二四三中将立即命令船队反转北上，同时下令基地航空部队次日发起攻击。第8舰队水面舰艇急速前进，联合攻击美军的航母特混舰队。

一波未平，一波又起。16时20分，又一则令人窒息的报告传来，瓜岛守备队来电：“包括2架战斗机在内的敌20架舰载机在瓜岛机场着陆。”这样，原定一木支队抢在敌机进驻前攻占亨德森机场的企图完全破灭。不仅如此，第8舰队再也无法自由出入瓜岛附近海域。为了让船队能在24日安全抵达瓜岛，塚原二四三中将向联合舰队司令长官山本五十六大将请求获得支援部队（机动部队和前进部队的组合）配合，压制瓜岛机场和美军航母特混舰队，然后掩护船队靠岸。

积极求战的山本五十六爽快地答应了琢原的请求，并在第一时间向正在海上加油的支援部队下达了第224号作战电令：“支援部队完成补给后立即向瓜岛基地北方海域出动。”

得知支援部队将全力支援船队作战后，兴奋的塚原二四三中将马上命令北上退避中的船队再度南下，务必在24日登陆瓜岛。

8月21日，为了掩护田中船队，日本海军表现积极。相反，美军第61特混舰队仍在不断回避，只派遣驱逐舰运载物资前往瓜岛。正午时刻，基地航空部队对刚刚进驻瓜岛的陆战队第23航空大队进行了第一次攻击，重创了2架“野猫”式战斗机。晚上，“江风”号驱逐舰单独冲进隆加角，重创了美军驱逐舰“布鲁”号，随后“布鲁”号因伤势过重、无法拖带，被友军驱逐舰击沉。但这些战斗只是小打小闹，并没有伤到美军的筋骨。

8月22日正午，田中船队抵达瓜岛北方390海里，机动部队和前进部队也抵达各自的预定阵位。当天，基地航空部队因天气状况，没有对瓜岛机场进行攻击。在没有完全压制陆战队第23航空大队的情况下，田中船队和机动部队、前进部队都只能小心翼翼地前进，24日的预定登陆无法实现。

为了协同各部作战，联合舰队司令长官山本大将于当晚下达新的作战指导方针：“敌机动部队（美军特混舰队）位置尚不明确，我军必须隐匿（己方机动部队），防范敌人的突袭。同时，基地航空部队于23日继续对瓜岛机场进行攻击。若效果较差，则机动部队于24日再予以攻击。在这种情况下，运输船队定于24日的入泊需要再向后推迟。”

但基地航空部队在23日还是没能对瓜岛机场实施有效攻击，更糟糕的是，田中船队刚一进入瓜岛航空圈，就遭到了陆战队SBD俯冲轰炸机的攻击。好在美军的攻击水平还是很次，投下的炸弹无一命中。侥幸躲过一劫的船队在田中少将带领下，又一次反转航向。

■ 美国海军驱逐舰“布鲁”号，8月21日晚在瓜岛附近被日军“江风”号驱逐舰重创后，被迫自沉。

■ 继中途岛大显身手后，SBD俯冲轰炸机在瓜岛更是如鱼得水，异常活跃。

得知船队遭到攻击的消息，山本大将对各部的协同感到十分不满。而且，各种情况显示，美军航母特混舰队正隐蔽在所罗门群岛东南海域，准备伏击运输船队。加上基地航空部队连续2天都没有对瓜岛机场实施有效攻击，登陆时间一天天地延期，难不成等到美国援军抵达后再登陆吗？现在的胜算都很小了，再不抓紧时间登陆的话，夺回作战岂不是毫无希望！坐立不安的山本五十六大将当晚通过无线电向全舰队下达了24日的正式作战命令：

联合舰队第227号作战电令

24日依下列要领对瓜岛实施进攻作战：

1.基地航空部队集中主力对瓜岛机场所在之敌兵力和设施进行轰炸，同时实施绵密的索敌侦察飞行。

2.支援部队若在午前获得敌机动部队相关情报，立即备战。若否，则于午后相机以部分兵力攻击瓜岛。(略)

同样地，美军也嗅到了大战的气息。随着田中船队的暴露，美军的注意力完全集中到了瓜岛海域。为了配合陆战队第23航空大队作战，第61特混舰队司令弗莱彻甚至在23日就组织了一支攻击队（“萨拉托加”号航空队），试图摧毁田中船队，结果没能发现对手，被迫转飞到瓜岛过夜。

8月24日清晨，第61特混舰队因攻击队未能及时从瓜岛返回，暂时采取守势，同时出动侦察机，和南太平洋航空部队一道，进行常规搜索任务。机动部队方面，4时，第8战队司令官原忠一少将率支队（“龙骧”号轻型航母、“利根”号重巡洋舰、“时津风”号驱逐舰、“天津风”号驱逐舰）和机动部队本队分离，朝预定起飞点进发。

接着，机动部队本队转向150度，以航速20节开始南下。6时15分，机动部队旗舰“翔鹤”号航母放出第1次索敌队（舰载轰炸机19架），没有发现美军，11时17分全部返航。同时，基地航空部队和前进部队也没有任何接敌报告。

12时，支队抵达预定攻击海域。在未接到机动部队本队关于发现敌机动部队的消息后，原忠一少将遵照山本大将的指示，命令“龙骧”号放出攻击队（零式和九七式舰载轰炸机各6架，由村上敏一大尉带领）和游击队（零式9架，由纳富建次郎大尉率领），配合基地航空部队进击瓜岛，试图消灭陆战队第23航空大队。遗憾的是，基地航空部队当天再次因为天候恶劣，连续3天无法出击瓜岛！结果，势单力薄的攻击队和游击队在瓜岛上空遭到陆战队第223战斗机中队F4F战斗机机群的蹂躏，3架零式和3架九七式被击落。不过，攻击队仍虚报战果，吹牛说歼灭了驻瓜岛美军航空兵。福无双至，祸不单行。在日军搜索没有获得任何成效的情况下，支队的行踪却连续8次被美军侦察机发现。午后，从瓜岛返回的“萨拉托加”号舰载机再次出击，于15时40分发现支队。在美机的集中轰炸下，“龙骧”号于18时向海龙王报到。

就在美军集中攻击“龙骧”号的时候，机动部队终于发现了第61特混舰队。14时05分，前卫部队放出的1架水上侦察机报告发现美军大部队后即断绝联络。接到报告，机动部队司令长官南云忠一中将结合水上侦察机的航线和飞行时间，推断美军航母特混舰队距机动部队本队260海里，方位153度，于是下令攻击队出发。15时，在“翔鹤”号飞行队长关卫少佐带领下，第1次攻击队（27架九九式舰载轰炸机和10架零式战斗机）出发。16时，第2次攻击队（27架九九式轰炸机和9架零式）又在“瑞鹤”号飞行队长高桥定大尉带领下出动。

16时20分，第1次攻击队在斯图亚特岛141度16海里、167度27海里分别发现了美军第61特混舰队的“企业”号和“萨拉托加”号2艘航空母舰（“黄蜂”号航空母舰在8月18日南下加油，没能赶上这次海战）。于是，第1次攻击队冒着美军炽烈的防空拦阻火力和战斗机的拦截，对“企业”号航空母舰和“北卡罗来纳”号战列舰实施猛烈轰炸。海战中，第1次攻击队蒙受了巨大的损失，17架九九式和3架零式没有返航，1架九九式和3架零式重伤迫降。不过，日军巨大的损失也换来了可观的战果，“企业”号连中3弹，伤亡70人，操舵系统失灵达40分钟，只要第2次攻击队能及时跟进，“企业”号必沉无疑。可“企业”号的运气却出奇的好，在丧失操舵系统、整条军舰如同死鲸般静躺水面期间，第2次攻击队却因通信不良，没有接到第1次攻击队发出的敌情位置报告，搜索了半天也没有发现美军航母特混舰队，白白丧失了绝好的战机。

面对机动部队本队的猛烈攻击，美军航母特混舰队的反击显得零零星星。15时10分，“企业”号2架担任搜索任务的SBD俯冲轰炸机终于发现了机动部队本队，并对正在

■ “企业”号航空母舰中弹的瞬间。

放出第2次攻击队的“翔鹤”号实施俯冲轰炸，可惜未能命中。接着，SBD俯冲轰炸机机上的通信员向弗莱彻报告了这个重要的情况。但因通信网络受阻，直到海战结束，弗莱彻才收到这个敌情报告，遗憾错过了对敌机动部队本队的打击。

不过，这也不是美军唯一的反击。在第1次攻击队逼近前，“企业”号航母也放出了手头所有的轰炸机。其中2架SBD俯冲轰炸机发现并轰炸了前进部队，“千岁”号水上飞机航母挨了2枚靠近弹、受到中等程度损伤，被迫退出战斗。但美军的攻击昙花一现，大部分战机都没能找到目标。入夜后，除了第300小队（11架SBD俯冲轰炸机）在瓜岛降落外，其他战机全部返回了“企业”号。

临近黄昏，第61特混舰队为了掩护受伤的“企业”号，主动撤出战场。同时，机动部队也因第1次攻击队巨大的损失，取消了原定出动鱼雷机群实施的第3次攻击，也撤出了战斗。不过，日军并不死心。前进部队奉命全速前进，准备和美军进行夜间炮战。但美军的撤退速度实在太快，前进部队直到凌晨2点还是和第61特混舰队有将近100海里的距离。于是，日军放弃夜战，双方航母编队之间的战斗落下了帷幕。但整个海战还没有结束。在双方机动部队的交手结束后，田中船队又登场了。

24日晚，接到机动部队发来的第二次所罗门海战的捷报后，田中赖三少将认为美军航母损失惨重，已构不成威胁。而且，根据支队的报告，瓜岛美军航空兵已经被消灭。于是，田中放心地指挥船队加速南下。25日早上7时，船队离瓜岛只有150海里。离瓜岛越来越近，可整个天空却异常平静，田中心里不禁油然升起对机动部队支队的敬佩之情，只消一次攻击，就让瓜岛上美国人的航空兵残废，了不起啊，在抵达瓜岛前，应该没什么好担心了吧。

可历史却偏偏和他开了大玩笑。正当田中还在陶醉于机动部队战报的时候，陆战队第232侦察轰炸机中队和海军300小队却陆续从瓜岛亨德森机场起飞，朝着田中船队飞来！8时05分，瞭望哨突然发现大量SBD俯冲轰炸机从云中穿出，直扑船队。说时迟，那时快，第2水雷战队旗舰“神通”号首先被炸弹命中，发生大火灾。接着，运输船队也遭到轰炸，横须贺第5特别陆战队乘坐的“金龙丸”号受到重创，丧失动力。

直到这时，田中才醒悟过来，支队的战报简直就是忽悠人！瓜岛美军航空兵这不还活得好好的吗？倒是我们快被消灭了！于是，田中少将下令船队向西北退避，同时派遣“睦月”号救助“金龙丸”号的横须贺第5特别陆战队官兵。糟糕的是，“睦月”号刚开始救人，美军B-17轰炸机群正巧临空！结果，呈停航静止状态的“睦月”号来不及做出规避就被密集的炸弹轰进了海底！

看到这一幕，田中完全傻了。再这样下去，恐怕还没到瓜岛，整个船队就要向海龙王报到了。于是，他匆匆命令，护航舰队用鱼雷击沉“金龙丸”号，救起两舰幸存者。然后，带领着船队暂时向北撤退，一边跑路，一边给山本发报，请求中断作战，返航肖特兰。

第2水雷战队旗舰“神通”号轻巡洋舰。

■ 日本海军睦月级驱逐舰第一艘“睦月”号。8月25日，被美国陆军第11轰炸机大队的B-17炸沉于瓜岛外海，成为继“菊月”号第二艘沉没的睦月级驱逐舰。

接到电报，联合舰队司令长官山本五十六大将陷入了沉思。现实是残酷的，机动部队经过一番血拼，实力已经受到很大的削弱，基地航空部队也因距离太远，无法为船队前进提供空中支援。再不撤退，恐怕船队最后会全军覆灭。可一旦撤退，全舰队的努力就完全化为乌有，而且美军在战略上又继续赢得宝贵的时间，相反时间却是日本最耗不起的。怎么办？考虑再三，为了保存实力，避免无谓损失，山本大将还是忍痛，同意了田中的撤退请求，并下令“瑞鹤”号派遣战斗机队，为撤退船队提供掩护。

至此，海战画上了句号。这次海战，日军方面称为第2次所罗门海战，美军方面称为东所罗门群岛海战。且不管双方如何称谓，这次海战的意义却不容忽视。

在战术方面，日军“龙骧”号轻型航空母舰、“睦月”号驱逐舰和“金龙丸”号运输船沉没，人员伤亡超过500人，损失飞机（含被美军击落的搜索机）31架；美军仅有“企业”号受到重创，没有船只沉没，飞机损失5架，人员伤亡80人。对比双方损失，美军获得了战术胜利。从战略层面来看，美军阻止了一木支队第二梯队和横须贺第5特别陆战队的登陆，为陆战1师的巩固瓜岛防务和第2波海上增援赢得宝贵时间，完全达到了自己的战略目的。相反，日军虽然拼尽全力并付出了巨大的损失，但此战最主要的目的——掩护一木支队第二梯队和横须贺第5特别陆战队在瓜岛上陆却没有达成，速决战的设想化为泡影，所以日军在战略上也输给了美军。

伴随着第2次所罗门海战的结束，瓜岛之战完全演变成了一场长期消耗战。密布瓜岛的战云不仅没有消散，反而随着时间的推移，越聚越多……

第四章
相持阶段（下）

再下血本

一木先遣队进攻失败了，第二次所罗门海战也没有成功，但大本营陆海军部不仅没有反省，反而找出诸如联合舰队准备匆忙、兵力不足、一木先遣队盲目进攻等一大堆理由来解释这些失败是“正常现象”，却没有人意识到美军陆战1师强大的战斗力和海陆缺乏协同才是日军真正的败因。不过，大本营终究还是对太平洋东南方面的战事感到担心。为什么呢？因为东南方面战火已经全面燃烧，第17军快要陷入三线作战的境地，兵力不足急需增援。这是怎么回事呢？

原来，第二次所罗门海战一结束，日军南海支队就向欧文斯坦利山脉隘口——伊斯巴拉发起攻击，为了保障南海支队的补给，第17军把精锐的第41步兵联队派去给他们背粮。另一方面，海军又在新几内亚东南梢的莱比发动了进攻，结果还没站稳脚跟，就遭到澳大利亚人一顿痛打，赶紧又向17军求援。17军司令官百武晴吉中将一时昏了头，把手头仅有的预备队——青叶支队（以第4步兵联队和第2步兵团为基干）摆在前沿，做好增援的准备。等他回过神来清点兵力，才发现有些不对劲，17军已经陷入了两条半战线（莱比还没有增援，但已经摆出了增援态势，算半条战线），但手上已经没有了预备队！万一某个战线出现什么不测，那可真是呼天

■ 日本海军在莱比开辟第三战场，结果遭到澳军痛击。

■ 在莱比战场陷入泥泞的日军九五式轻型坦克，日军对莱比的攻势不仅没有取得成功，反而使日军有限的作战资源进一步分散，对瓜岛作战造成了一定的不利影响。

不应，叫地不灵了。怎么办，赶紧向大本营陆军部求援！一方面要求增兵；另一方面，这个摊子太大了，得立即加强指挥才行，该守就守，该攻就攻，不能两条半战线全面展开攻击，这样且不说17军指挥不过来，有限的运输船和驱逐舰也不够用啊！

大本营陆军部意识到这回的情况是真的十万火急了。于是，陆军总参谋长杉山元大将决心下大血本，投入瓜岛无底洞。这次的增援部队是日军中老牌精锐部队——第2（仙台）师团（欠第4步兵联队和第2步兵团）。不过，远水救不了近火。为了节约现有兵力，收缩战线，杉山大将指示百武立即停止莫尔兹比攻略作战，南海支队采取守势。对莱比的增援也要视情况而定，作战重点放在所罗门，出动一木支队第二梯队和川口支队进行瓜岛作战，必要时候以青叶支队增援。

为了统一意见，中央陆海军部再次召开会议，对8月13日拟定的中央协定部分内容进行修改。将新几内亚和所罗门同时作战的条款改为所罗门方面夺回作战为当前首要任务，使用的陆军兵力为一木支队第二梯队和川口支队，然后视情况将青叶支队一部投入战斗。待所罗门方面战事结束后，再集中陆海兵力进攻莫尔兹比。8月31日，大本营陆海军部又签订了第7次陆海军中央协定，对新几内亚和所罗门方面的战事做出了新的作战指导。

日本大本营陆海军部第7次中央协定要旨

1.作战方针

陆海军协同，尽速夺回所罗门群岛，然后迅速按既定方案实施“生”号作战。

2.指挥官并使用兵力

海军

指挥官：联合舰队司令长官

兵力：第8舰队、第11航空舰队大部为基干，担任攻略部队

第2舰队和第3舰队为基干，担任支援部队

陆军

指挥官：第17军司令官

兵力：第17军（约18个步兵大队）

3.作战要领

(1) 海军以其主力在所罗门方面展开，协同陆军尽速夺回瓜达尔卡纳尔岛，尤其是岛上机场，并击破驻岛敌军。然后，再努力夺回图拉吉。

(2) 在前项作战期间，尽速占领莱比机场。

(3) 所罗门群岛夺回作战完成后，海军兵力转用于新几内亚方面。航空部队击破新几内亚之敌航空兵力，地面部队沿着科科达小道南下，海陆军部队协同在莫尔兹比附近登陆，在海路攻略部队的协同下，一举夺取莫尔兹比附近机场。

(4) 前项作战期间及达成后，依照关于新几内亚东部之陆海军中央协定第4项作战要领第4条，实施勘定作战。

4. 指挥关系

参照关于新几内亚东部作战之陆海军中央协定

5.防卫

防卫依据关于新几内亚东部之陆海军中央协定执行。但所罗门群岛要地防卫应由海陆军统共同担当。具体情况，由海陆军现地指挥官协商后再予以定夺。

6.陆海军指挥官间的协定

第17军司令官与海军之联合舰队司令长官、第8舰队司令长官和第11航空舰队司令长官就具体作战细节进行协商，并拟出协定。

7.补给

对所罗门方面的陆军补给，可参照关于新几内亚东部之陆海军中央协定准则进行。

8.作战名称

所罗门群岛要地夺回作战，代号“K”号作战。

这下子，百武终于宽心了。更让他感到高兴的是，联合舰队因为第二次所罗门海战的教训，决心加强基地航空部队和舰载航空兵，对瓜岛发起航空歼灭战。

航空作战

自瓜岛战役爆发后，日海军基地航空部队就不断向拉包尔增兵，在拉包尔展开2个航空战队，但为了顾及三个战场 (莫尔兹比、瓜岛、莱比) 和掩护船队出发地——肖特兰，基地航空部队有限的兵力根本不敷所需。更要命的是，拉包尔到瓜岛长达560海里的距离上竟然没有任何一个中转基地，严重制约了基地航空部队对瓜岛的作战效率。

第二次所罗门海战结束后，联合舰队为了摧毁瓜岛航空兵，开始大力加强基地航空部队。首先，为了解决兵力不足的问题。联合舰队不仅从机动部队中抽调32架战机，派往布卡支援基地航空部队作战；而且还命令原属西南方面舰队的第21航空战队进驻卡维恩，随时支援第25航空战队和第26航空作战。与此同时，第23航空战队和第24航空战队各抽调一部兵力进驻拉包尔，在基地航空部队司令长官的指挥下，对瓜岛实施航空歼灭战。

在陆基航空兵活跃的同时，水上飞机部队也不甘落后。8月28日，第11航空战队 (“千岁”号、“神川丸”号、“山阳丸”号和“赞岐丸”号等4艘水上机母舰) 编成R方面航空部队 (司令官：城岛高次少将)，拥有二式水上战斗机11架、双座水上侦察机32架、三座水上侦察机9架。R方面航空部队以肖特兰为基地，为前往瓜岛的运输船或驱逐舰和进出肖特兰的船只提供空中掩护。

其次，海军在东南方面也在大力扩展基地建设。8月28日，布卡基地投入使用，“翔鹤”号战斗机队进驻。8月27日，第6战队报告，布因岛也适合兴建机场。于是，第26航空战队司令派人调查。9月6日，基地航空部

8月26日到9月20日日军拉包尔基地航空部队获得的增援

8月28日，“翔鹤”号飞行队所属的29架零式战斗机和3架九七式轰炸机飞抵布卡，对瓜岛展开航空歼灭战，9月4日返回“翔鹤”号，其间一共损失12架零式战斗机。

8月31日，第6航空队13架零式战斗机抵达拉包尔。

9月4日，千岁航空队 (隶属于第24航空战队) 零式战斗机、轰炸机各10架抵达拉包尔，东港航空队 (隶属于第23航空战队) 派遣队 (6架大艇) 抵达拉包尔。

9月16日，第6航空队12架零式战斗机抵达拉包尔，第21航空战队和第23航空战队一部 (23架零式战斗机) 抵达卡维恩和拉包尔。

8月27日到9月5日日军拉包尔基地航空部队对瓜岛攻击概况

8月27日和8月28日，因天候不良，基地航空部队没有实施攻击。

8月29日凌晨，3架一式岸基轰炸机夜袭瓜岛。昼间，基地航空部队出动18架一式轰炸机和22架零式战斗机，强袭瓜岛机场，宣称击落4架F4F战斗机、地上炸毁大中型轰炸机6架、小型机2架以上，损失轰炸机、战斗机各1架。

8月30日，驻布卡的“翔鹤”号飞行队出动18架零式战斗机，在飞行队长新乡英诚少佐带领下，突袭瓜岛机场，和20多架F4F战斗机交战，宣称击落12架（2架不确定击落），零式机有8架没有返航、1架迫降。

同时，基地航空部队也出动18架一式轰炸机在13架零式战斗机的掩护下，轰炸了隆加泊地，宣称炸沉1艘驱逐舰，自身无损失。

8月31日和9月1日，天候不良，基地航空部队没有实施攻击。

9月2日，基地航空部队出动18架一式轰炸机和20架零式战斗机，再度攻击瓜岛机场，宣称击落2架F4F战斗机，2架零式没有返航。

9月3日，天候不良，攻击暂停。

9月4日，瓜岛附近天气不良，攻击队中途返航。

9月5日，基地航空部队出动26架一式轰炸机和15架零式战斗机对瓜岛机场实施攻击，宣称击落6架F4F战斗机，损失1架轰炸机没有返航。

9月9日，第25航空战队和第26航空战队又对瓜岛进行空袭，在泰保岬附近，对向西航行的2艘大型运输船和5艘驱逐舰进行猛烈轰炸。护航的零式战斗机也和大约30架F4F战斗机交锋，宣称击落10架（3架不确定击落）。

队下达了在布因建立新基地的命令，由第26航空战队司令官负责督促。得到联合舰队的大力支持，基地航空部队士气陡然高涨。8月27日到9月11日，基地航空部队积极进行瓜岛航空歼灭战，给予美军沉重打击（根据美军记载，从8月21日到9月11日，陆战队第23航空大队共有15架F4F战斗机被击落，3架被炸毁），在一度程度上压制了瓜岛航空兵，为“老鼠运输”创造了有利的条件。

“老鼠运输”

在第二次所罗门海战失败后，联合舰队就意识到美军在瓜岛的航空兵只要还在一天，那慢吞吞的船队的运输作战就是自杀。既然东南方面现有运输船速度跟蜗牛一样，那干脆就用驱逐舰吧，反正联合舰队有一大批驱逐舰，够用了。

于是，联合舰队司令长官山本五十六大将在第二次所罗门海战结束的第二天就发布

■ 正在从事“老鼠运输”的日军驱逐舰队。

命令，宣布停止慢速船队的运输任务，改以巡逻艇(日方称为哨戒艇)和驱逐舰等快速舰艇向瓜岛运兵，美其名曰“舰艇运输”，后改称“老鼠运输”，美军则称之为“东京特快”。

由于“老鼠运输”耗废时日，山本大将在下达命令的同时，也指示支援部队主力暂时返回特鲁克。

8月23日，第3水雷战队司令官桥本信太郎少将领着旗舰“川内”号轻巡洋舰和第20驱逐战队赶到特鲁克。虽然错过了第二次所罗门海战，不过山本却不打算让他们再“踏空”。于是，在山本的命令下，第2水雷战队和第3水雷战队组成增援部队，由第2水雷战队司令官田中赖三少将统一指挥，全权负责“老鼠运输”。

8月27日5时30分，一木支队第二梯队乘坐第24驱逐战队的“海风”、“江风”和“矶风”号驱逐舰，开始了第一次“老鼠运输”。

与此同时，川口支队也开始行动。8月16日，川口支队乘坐“浅香丸”号和“佐渡丸”号抵达了特鲁克。8月24日，在第3水雷战队旗舰“川内”号和第20驱逐战队(“夕雾”号、“朝雾”号、“天雾”号和“白云”号)的护卫下，川口支队也乘坐慢速船队从特鲁克起航，朝瓜岛进发。途中，接到山本大将发来关于停止船队运输，换成“老鼠运输”的急电，于是船队停止前进，掉头返回拉包尔。不过，在桥本信太郎少将的坚持下，还是有大约600名支队官兵换乘第20驱逐战队，朝瓜岛前进。

8月27日早晨，第20驱逐战队首先被1架“卡塔林娜”水上飞机发现。下午，陆战队第232侦察轰炸机中队和海军第300小队出动8架SBD俯冲轰炸机，对20驱逐战队进行了第一次攻击，但没能给日军造成任何损伤。在一片天助神佑的呼声中，第20驱逐战队继续乘风破浪前进。日本人显然高兴得太早了。美军没有放弃，在28日下午16时30分，当第20驱逐战队离瓜岛只有80海里的时候，又一次遭到了美军的轰炸。这一次，陆战队第232侦察轰炸机中队和海军第300小队出动的11架SBD俯冲轰炸机终于向日本人显示了空中力量的威力。美军仅以1架SBD俯冲轰炸机的代价，就取得了击沉“朝雾”号，击伤“夕雾”、“白云”号的辉煌战果。在“朝雾”号沉没的同时，川口支队也阵亡了63人（全是第124步兵联队7中队的官兵）并损失2门大队炮。面对惨重的损失，桥本只得认输，下令“天雾”号拖带着“白云”号，在“夕雾”号的掩护下，返回了肖特兰。

在第20驱逐战队遭到美军战机猛烈攻击的时候，第24驱逐战队本该利用第20驱逐战队的牺牲，加速前进，必然可以毫发无损地运兵登陆。但第24驱逐战队司令官却放弃了这个大好时机。当晚21时25分，第24驱逐战队司令官断然下令：“放弃登陆，全队返航。”

这样，第一次“老鼠运输”完全失败。

消息传开，第17军司令部炸开了锅！前面慢速船队失败就算了，这回连快速的驱逐舰运输也不成功，那瓜岛还有什么夺回的必要？退一步说，即使轻装兵员能通过驱逐舰快速运输而上岛，但重武器、弹药和粮秣呢？没有这些，不要说打仗，就连活命都极为困难。早就对瓜岛作战感到不满的第17军司令部顿时抛出了瓜岛放弃论。最初，连第17军司令官百武晴吉中将都赞成这个言论，干脆放弃瓜岛，按原计划打莫尔兹比，反正瓜岛本来就不是陆军的防区，丢了反正不必陆军负责，倒是莫尔兹比打不好，陆军才是真正的丢脸呢！

不过，瓜岛放弃论只冒出了24小时不到就消散了。为什么呢？因为第二次“老鼠运输”成功了，总不能丢下上岛的部队不管吧。17军再无二话，瓜岛之战还得继续。

正当17军司令部准备甩手不干的时候，海军却依然按计划进行了第二次“老鼠运

■ 第一次“老鼠运输”过程中被SBD俯冲轰炸机炸沉的“朝雾”号驱逐舰。

■ 第124步兵联队2大队乘坐的大型机艇（大发）。

输”，第24驱逐战队的“海风”号、“江风”号和“矶风”号运载一木支队第2梯队一部(390人、速射炮4门和9100人一日份口粮)，第11驱逐战队的“白雪”号、“吹雪”号和“初雪”号运载川口支队一部 (1000人) 于29日晚在瓜岛泰保岬成功登陆。以下是8月30日到9月7日，川口支队进攻前，海军实施的“老鼠运输”概况：

8月30日，驱逐舰1艘、巡逻艇2艘，运送一木支队240名，在泰保岬登陆。

8月31日，驱逐舰8艘，运送川口支队1170名，在泰保岬登陆。

9月1日，驱逐舰4艘，运送川口支队465名，在泰保岬上陆，其间遭受美机攻击，损失部分兵员。

9月2日，驱逐舰1艘、巡逻艇2艘。运送川口支队150名、高射炮1门，粮食弹药若干，在泰保岬上陆。

9月4日，驱逐舰6艘，运送青叶支队1000名 (第4步兵联队2大队) 在泰保岬上陆。

9月5日，驱逐舰5艘，运送一木支队340名、弹药和粮食在泰保岬上陆。

9月7日，驱逐舰5艘，运送161名陆军官兵，海军通信队，野战炮、速射炮各2门。

从8月27日到9月7日，在10天的运输过程中，海军一共将4500名陆军送上瓜岛。

不过，川口支队也不全是“老鼠运输”的。

本来川口支队在太平洋战争之初就是乘坐大型机艇横渡大洋，攻下了英属婆罗洲。既然船队运输不行，那干脆就用机艇吧，反正机艇目标小，驱逐舰目标大。美军不炸大目标，难道纠缠小目标不成？听到川口支队要坐机艇冲锋，全权负责“老鼠运输”的田中赖三吓傻了！虽然机艇目标小，可航速太慢了，从肖特兰到瓜岛需要整整4－5天，只要被美军发现，整个支队只要有一半人还能作战，就是奇迹了。不行，作为整个“老鼠运输”项目的行动负责人，田中就是有一百个胆子，也不敢让川口这么做。于是，田中赶紧磨嘴皮子，根据自己的亲身经历，反复强调没有飞机掩护，运输船也好，机艇也罢，只要航速慢，都是白白送命。经过一个晚上的努力，田中终于做通了川口的思想工作。

可是，做通了川口的工作，并不代表万事顺利。当川口支队长返回指挥部下令全军乘坐驱逐舰向瓜岛挺进时，第124步兵联队长冈明之助大佐坚决不干！上次就是因为乘坐驱逐舰，害得63位兄弟跟着“朝雾”号送死。这次，我们再也不上海军的当，你们要去可以，但本联队长一定要带1个大队坐机艇，就算支队主力覆灭，起码还有个大队能够上岛！上次吃亏的2大队长鹰松少佐也跟着起哄，3个人争吵不休，最后，川口妥协，向17军司令部要了12艘大型机艇，由冈带联队本部和第2大队乘坐机艇在瓜岛库库姆博纳登陆，自己带主力坐驱逐舰在泰保岬上陆。

9月1日，冈联队长带着联队本部和第2大队近1100人乘坐12艘大型机艇从肖特兰出发，向瓜岛驶去。9月4日早晨，机艇群抵达布甘维尔岛南部海域时，突然遭到从瓜岛起飞的SBD俯冲轰炸机和F4F战斗机的攻击，4艘机艇被摧毁，剩下的8艘也全部受损。损伤的机艇经过紧急修理后又于9月4日18点出发。不幸的是，他们又遇到了狂风暴雨，机艇群四分五裂，不少官兵散落在沿途岛屿，只好饿着肚子，坐等救援。9月7日，经历艰难的冈明之助大佐带领着450多名官兵最终登上了瓜岛。根据日军记载，这次机艇航渡，死90人，失踪18人，第2大队大队长鹰松悦雄少佐也毙命了，只得由吉田邦吉中尉接任。

再续协定

通过“老鼠运输”和机艇航渡，川口支队和一木梯队第二梯队、第4步兵联队2大队(隶属于青叶支队) 在9月7日前后总算是登上了瓜岛。

■ 川口支队指挥官川口清健少将。

日军第124步兵联队编制

联队本部：联队长冈明之助大佐，下辖直辖中队、军旗中队、通信中队、联队炮中队、速射炮中队和机关枪中队

第1大队：大队长国生勇吉少佐，下辖第1、2、3、4等4个步兵中队、大队炮中队和重机枪中队

第2大队：大队长鹰松悦雄少佐，下辖第5、6、7、8等4个步兵中队、大队炮中队和重机枪中队

第3大队：大队长渡边久寿吉少佐，下辖第9、10、11和12等4个步兵中队、大队炮中队和重机枪中队

看到“老鼠运输”有了成果，兴奋的联合舰队司令部于9月2日派战务参谋渡边安次中佐前往拉包尔，代表海军和第17军拟定新的陆海军作战协定，加强陆海军协同，发起对瓜岛的第一次总攻。

签署协定之前，陆海军双方照例对当面敌情态势进行研究。在这点，海军方面的情报较为可靠。渡边参谋带来的海军方面情报显示，海军估计美军在瓜岛和图拉吉的总兵力达到2万，其中后勤部队和作战支援部队占半数以上，战斗兵员约为8000人，其中约5000名战斗兵员集中在瓜岛，并得到坦克20－30辆，155毫米榴弹炮数门的支援（这个情报除了低估美军的火炮数量并夸大了坦克数量外，兵力估计和美军实际兵力数目几乎一致）。

没想到美军竟然这么强大！不到5000人的川口支队能打赢吗？第17军司令部几乎瞬间就心理崩溃了。尤其是参谋长二见秋三郎少将，马上提出将青叶支队全部送上瓜岛，支援川口支队作战。可时间安排似乎有些来不及。为此，二见参谋长照会川口少将，提醒他现有兵力是否够用？并提出他准备再将青叶支队另一部及大本营紧急调拨的反坦克用穿甲弹于16日运往泰保岬。

对于参谋长的询问，暂时还不知天高地厚的川口支队长却自信满满地答复道：现有兵力确信可以完成任务，请放心，支队按预定计划发起攻击。

既然川口支队长都这么说了，作为军参谋长，当然只能信赖前线指挥官的信心。不过，为慎重起见，第17军仍决定命令预定在9月9日抵达拉包尔的青叶支队主力乘坐运输船，前进到肖特兰，采取随时可以增援瓜岛的作战态势。

接着，双方开始讨论协定内容，陆军方面的任务是对瓜岛的地面攻击，联合舰队的任务是：

1.阻止敌人通过海运增兵，并封锁瓜岛海

域，遏制敌舰队在附近海域的活动。

2.根据陆军的要求，在水上侦察机的协助下，用舰炮火力轰击瓜岛机场北部阵地之敌。

3.担负陆军部队和军需品的运输补给任务。

最后一个问题是确定川口支队的进攻发起时间。第17军从川口支队粮食保有量 (2个星期) 出发，提议在9月8日发起攻击。但，渡边参谋从海军航空部队完全集中角度出发，认为即使以最快速度集中，考虑到机场收容能力，最好在15日以后发动攻击，这样才能得到基地航空部队最大限度、且有力的支援。双方就这个问题发生了激烈的争执，互不相让，协定未能签署。3日黄昏，渡边参谋暂时返回特鲁克，向联合舰队司令长官山本五十六大将请示。山本大将经过综合考虑后，认为攻击发起时间应定在9月11日。

考虑到山本大将的威信，第17军遵照联合舰队司令部的意见，将总攻日定为9月11日。9月5日，双方签署协定，拟定11日为总攻日。

随后，军司令部向川口支队发报，告之协定内容，并要求川口支队长迅速制订作战计划。

此刻，在瓜岛的川口也在思考着如何进攻。支队主力在机场东面，隔着特瑙鲁河，面对美军隆加防线东面。这里曾经是一木先遣队全军覆灭的地方，不用想也知道美军对这个方向肯定是重点防范。冈部队的位置却在机场西面，隔着隆加河，正对美军隆加防线西面，这里同样是个不祥之地——海军第11建设队和高桥中队在这里曾遭到致命的打击。川口支队当然不能重蹈覆辙。既然东面和西面都是不祥之地，机场北面又正对大

■ 登陆后，正向内陆推进的川口支队所辖第4步兵联队2大队 (田村大队)。

海，南面是海拔600米左右的奥斯汀高地以及大片的热带雨林，有利于隐蔽和进攻，干脆就从南面进攻吧！于是，川口支队长连夜制订了作战计划。

9月6日，川口支队长向第17军司令部汇报了拟订的作战计划：

1.支队于9月9日夜向奥斯汀高地南方迂回，力争在12日正午完成攻击准备。16时开始攻击，17时全军夜袭，13日拂晓占领敌阵地。

主攻方向为从奥斯汀高地起，沿着南北走向，直指飞机场。

2.熊大队（一木支队第二梯队）迂回至机场以东中河（特瑙鲁河）左岸之敌阵地背后，并发起攻击。

3.主力向奥斯汀高地南方迂回，在机场南方2公里处做好进攻准备。进攻发起后，迅速夺取机场附近要地，然后向原第11建设队宿舍方向突进。

4.冈部队（冈明之助大佐指挥的124步兵联队第1大队）在机场西侧的海岸，向隆加河大桥发起攻击。

在报告中，川口少将把进攻发起时间推迟到了12日，并向海军提出了下列支援请求：

1.9月9日到12日昼间，组织对敌机场实施空袭。

2.12日夜在飞行场北岸实施佯动，造成敌前登陆的假象。

3.歼灭海上逃亡之敌。

4.实施舰炮射击，支援作战。

对于这些请求，联合舰队答应了前三项。对于海军舰炮支援的要求，因为舰炮无法曲射，若是以舰炮支援陆军作战，不仅无法压制美军，反倒会造成大量误伤，因此第4项请求被联合舰队委婉拒绝。

9月6日下午，川口支队起程，开始向预定集结区——奥斯汀高地前进。然而，瓜岛连降暴雨，河水泛滥，粮秣、弹药运转未能按原定计划进行。于是，川口支队长又在9月7日18时电告17军，请求把进攻发起时间推迟至13日。

但是17军不干。海军为了配合这次进攻，机动部队和前进部队早已经行动起来。大队军舰跑一趟是很耗油的，川口支队如果不能在12日发起攻击，海陆配合就会很成问题，严令川口支队按时发起攻击。川口少将没有别的选择，只能接受这道死命令。

就在川口支队准备穿越密林，向亨德森机场南方迂回时，美国人也开始行动起来。

塔辛姆波科之战

第二次所罗门海战后，美军利用难得的喘息时间继续向瓜岛增派航空部队，不断加强瓜岛航空兵的实力。

8月21日，“长岛”号又送来了美国陆航

第67战斗机中队的12架P-39“空中眼镜蛇”战斗机。8月30日，陆战队第231侦察轰炸机中队的12架“无畏”式俯冲轰炸机和陆战队第224战斗机中队的19架“野猫”式战斗机在威廉·华莱士少校的率领下成功地抵达了瓜岛“亨德森”机场。同一天，“奥赫纳”号运载陆战队第23航空大队地勤人员和补给品来到了瓜岛。这下子，陆战队第23航空大队获得了足够的作战物资，战斗力进一步得到了加强。由于在美军的电台呼叫中，瓜岛代号是“仙人掌”，因此瓜岛航空兵很快就以“仙人掌航空队”而闻名于世。

为了统一指挥“仙人掌航空队”，陆战队第1航空联队指挥官罗伊·盖勒准将、参谋长路易斯·伍兹上校和情报参谋约翰·穆恩中校于9月3日乘坐1架运输机抵达瓜岛，向范德格里夫特报到。

来到瓜岛，盖勒准将要做的第一件事就是以陆战队第23航空大队部为基础，组建联队指挥部，地址设在陆战1师师部附近，同时派遣资深飞行员肯尼斯·维尔上校进驻陆战1师师部，担任联络官。

在盖勒准将的统一指挥下，陆战队第1航空联队的作战效率不断提高，不仅有效粉碎了基地航空部队的空袭，而且还有力地支援了陆战1师，为瓜岛争夺战的最终获胜作出了巨大的贡献。

除了不断增派飞机外，美国海军还一再派遣驱逐运输舰向瓜岛运送补给，第61特混舰队也在第二次所罗门海战后继续在瓜岛东南附近海域大摇大摆地巡逻。不过，这种情况很快就会改变。

8月30日，运载补给品的“科尔霍恩”号运输舰在瓜岛近海刚卸完货，就遭到日军轰炸机的轰炸，2枚炸弹就让它带着51个冤魂成了盟军第8艘向铁底湾报到的舰只。

■ 进驻亨德森机场的美国陆航P-39“空中眼镜蛇”战斗机群。

■ “科尔霍恩”号运输舰。

第二天，第61特混舰队在圣克里斯托巴尔群岛附近巡逻时又碰上了老冤家——山崎重晖少将。1942年1月12日，时任第2潜水部队的山崎大佐乘坐“伊6”号潜艇向夏威夷出击时，就曾用1条鱼雷让“萨拉托加”在珍珠港的船坞里躺了将近5个月。这次山崎的职位变成了第1潜水部队司令，乘坐“伊26”号潜艇出航，结果又碰到作为第61特混舰队的“萨拉托加”号。冤家路窄，历史又一次重演。“萨拉托加”号又被1条鱼雷送回了珍珠港。不过，美国海军修船工的技术娴熟多了，“萨拉托加”号3个月后又重新回到了战场。

这下子可不得了了。“企业”号已经离开了战场，现在“萨拉托加”号又要住院了。太平洋舰队可用的航母一下子减少到2艘，连舰队司令弗莱彻都受伤回国。为了保住这些剩下的“稀有动物”，新任航母编队司令诺伊斯少将和南太平洋战区司令戈姆利中将一商量，除非掩护运输船队前往瓜岛，否则别在瓜岛附近海域搞什么巡逻了。再丢1艘航母的话，别说是瓜岛，整个南太平洋防务都有危险了。

对于这些情况，范德格里夫特当然是不知道的，当然他也暂时没有必要知道。因为特瑙鲁河之战的胜利，使陆战1师终于获得了喘息的机会。既然仗打赢了，接下来就应该扩大战果，主动寻找并打击日军。不过，陆战1师在瓜岛只有5个营，充其量只能防守。大规模海上增兵，一时间是不可能的。没事，图拉吉不是有众多的兵力吗？陆战2团3个营、陆战5团2营、第1伞兵营和第1突击营，不算不知道，一算才发现，居然比瓜岛的建制还多。日本人要的是亨德森机场，又不是图拉吉，在一个安全地方让那么多兵闲着干啥？还不如到瓜岛来，这里有的是仗打。于是，陆战5团2营就在特瑙鲁河战斗结束的当天乘坐1艘驱逐运输舰过海来到了瓜岛。

8月27日，范德格里夫特觉得兵力又增加了，开始想着先发制人。8月27日，陆战5团又一次对库库姆博纳进行突袭。这一次，陆战5团动用了3营全部兵力，准备彻底剿灭日本海军瓜岛守备队，结果3营脚刚踩上岸就遇到了第13建设队顽强的阻击。一时间，没有炮火支援的3营拿日本人也没辙。等到美军回过神来，组织突击的时候，上回已经吃了一次亏的海军瓜岛守备队已经撤进了内陆森林地带，美军完全扑空。无奈之下，3营只得放弃行动，带着2名伤员撤回隆加防线，战斗无果而终。

8月31日，第1突击营调到了瓜岛。第2天，第1伞兵营也来了。一上岸，范德格里夫特就命令他们开往防线西面的库库姆，准备三打库库姆博纳，这次可别再让日本人跑掉了。可命运却和范德格里夫特开了个大玩笑。9月2日，本来准备要打库库姆博纳的第1突击营突然接到一个命令，立即抽调2个连夺回萨沃岛！搞什么鬼啊，不是说要打库库姆博纳的吗？怎么又变卦，要我们去萨沃了。临行前，突击队员直犯嘀咕。

这是怎么回事呢？原来，范德格里夫特不知从哪接到情报，说一伙日军占领了萨沃岛。于是，想也没想，就直接给第1突击营营长爱迪生上校挂了一通电话，命令他派兵乘坐“利特”号和“格雷戈里”号驱逐运输舰。把萨沃岛夺回来。结果，这次行动，美国人又扑空了。上次扑空的后果就是2名陆战队员挂了彩，这次扑空的后果就没有那么简单了。

当“利特”号和“格雷戈里”号把突击营运回瓜岛的时候，天已经黑了下来。按惯例，“利特”号和“格雷戈里”号卸载完毕后，应该立即返回图拉吉。不过，当天夜间伸手不见五指，看不见陆标，迫使两舰只得在隆加角附近采取和海岸平行的航向，往返巡逻。就在这个时候，刚刚运载一木支队第二梯队一部登陆的3艘日军驱逐舰开进了铁底湾。一开始，双方擦肩而过，谁也没有发现对方。卸下部队后，日军驱逐舰掉头返航，顺道炮击隆加角。1架恰好飞临日军驱逐舰上空的“卡塔林娜”水上飞机看到了炮火闪光，以为是潜艇在进行骚扰炮击，于是投下了5枚照明弹。一开始，“利特”号和“格雷戈里”号也以为是日军潜艇进行骚扰性炮击，没有理睬。照明弹一落下，日舰首先吃了一惊，结果发现美舰相距不到半海里，马上打开探照灯，对准美舰猛烈开火。不到20分钟，“利特”号和“格雷戈里”号就开始起火下沉。接着，日军驱逐舰从他们中间高速穿过，并继续朝美舰射击，直到两舰完全沉没，才于9月5日1时35分撤出瓜岛海域。

这样，盟军在不到1个月的时间已经在铁

■ “利特”号驱逐运输舰。

■ “格雷戈里”号驱逐运输舰。

底湾损失了10艘舰船和近2000名官兵。

范德格里夫特的脑子里依旧是如何先发制人，很快机会又来了。

进入9月，陆战1师情报部门逐渐发现，派往防线东面的巡逻队不断和日军强力侦察队遭遇，无法进行纵深侦察。据此，情报主管巴克利中校判断日军主力很可能在防线东面集结，但兵力规模和具体集结地一无所知。英属所罗门警长克莱门斯上尉和他手下的土著侦察队报告，通过侦察发现大约300名装备精良的日军正在塔辛姆波科村西面挖壕固守，可能是在等待援军。接到这个情报，连续扑空的陆战1师还是决定主动出击，这项重任仍由第1突击营营长爱迪生上校负责。所谓事不过三，美国人经过不懈的努力，终究得到了回报。

接到命令，爱迪生上校立即开始制定作战方案：第1突击营分乘1艘驱逐舰和1艘运输舰，分成2个梯队，于拂晓前在塔辛姆波科东面登陆，然后向西扫荡。为了防止出现类似第二次马坦尼考河战斗那样因没有炮火支援，任务半途而废的情况，美军不仅动用驱逐舰和驱逐运输舰进行炮火支援，而且还计划出动陆战队第223航空大队进行空中支援。

计划成型了。正当突击营准备出发之际，土著侦察兵却突然传来了一个令人震惊的情报。根据克莱门斯上尉的翻译，爱迪生上校这才意识到，塔辛姆波科周围集结的日军兵力不是先前提到的300人，而是几千人规模的大部队。尽管如此，爱迪生还是决定按计划实施突袭。毕竟突击营是精锐部队，既然陆战1团能在特瑙鲁河战斗中获胜，突击营难道就不能与号称精锐的日本陆军交手？

9月7日18时，第1突击营乘坐“曼雷”号驱逐运输舰和“麦克肯”号驱逐舰，以及2艘巡逻艇从加利福尼亚海峡（位于隆加角，美国人自己的称呼）出发。接着，作为第二梯队的第1伞兵营奉命前往隆加角待命，随时准备在9月8日6时前出发。

这次行动一切按计划进行，第1突击营甚至还没到5点就抵达预定登陆区外海。5时20分，第一波突击队登陆成功。虽然登陆艇发

附图八　塔辛姆波科村之战

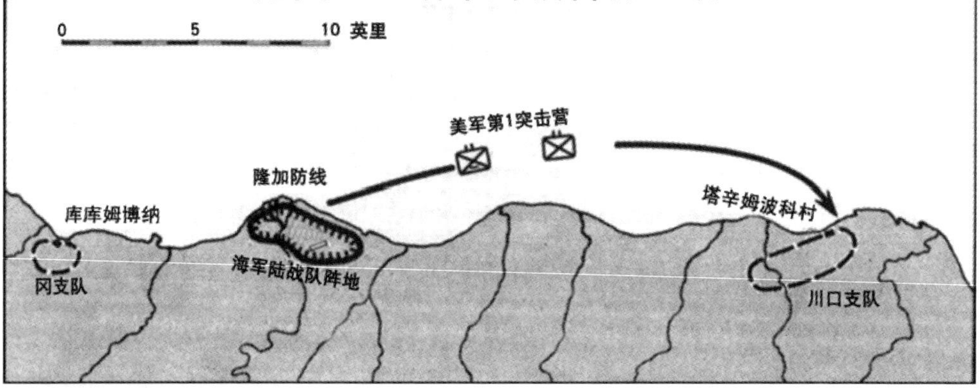

■ 塔辛姆波科村。

出了很大的声响，但突击营担心的日军火力拦阻却并没有发生。登陆行动异常顺利，未发一弹。

天明后，第1突击营全部上陆。接着，突击营以B连为右翼，固守滩头，A连为左翼，C连深入内陆，向南发起进攻。6时35分，2架SBD俯冲轰炸机在4架P-39的掩护下，从亨德森机场起飞，对塔辛姆波科西面的预定目标进行轰炸和扫射。与此同时，海军的“曼雷”号武装商船和“麦克肯”号驱逐舰也对目标区进行炮轰。

另外，美国的“富勒”号和“贝拉奇克斯”号等2艘武装商船也在2艘驱逐舰的掩护下，从东南驶向隆加角。

8时18分，第1伞兵营从隆加角出发。

8时55分，爱迪生通过无线电向范德格里夫特报告，突击队遭遇日军，摧毁了2门火炮。不过，从接触情况来看，日军的抵抗很微弱，具体兵力规模还不清楚，只知道敌人正向小村撤退。为了搜索并攻击日军，爱迪生请求获得空中支援，范德格里夫特应允，立即派遣10架战机前往支援，另1个中队在机场待命。

10时45分，爱迪生的报告依旧是日军仅有零星的抵抗，没有发现大部队迹象，请求增派兵力在小村西面登陆，查明情况。结果师部答复此举毫无必要，建议爱迪生率军撤出敌后，乘船返回隆加防线。45分钟后，爱迪生突然报告，突击营发现大量火炮，同时遭到日军极为顽强的抵抗，进展缓慢。日军兵力估计有1000人。

事实上，第1突击营攻击的是川口支队的后方兵站，把守兵站的是野炮兵第2联队第1中队。为了阻止突击营的推进，第1中队用火炮直瞄射击。就在这时，第1伞兵营和突击营E连在登陆，向爱迪生上校报到。为了打破僵局，爱迪生决定再次请求空中支援。进攻前，4架P-39从空中呼啸而下，对着日军阵地猛烈倾泻弹雨。接着，爱迪生以伞兵营把守侧翼和后方，突击营全力向南发起攻击。

在美军强大的进攻压力下，野炮兵第2联队第1中队放弃兵站，撤进丛林。于是，第1突击营最终占领了塔辛姆波科。通过清点战场上缴获的口粮、装备、弹药和其他物资，估计日军兵力规模约为4000人。这下子，陆战1师师部终于相信了土著侦察队的报告。

战斗结束，第1突击营伤亡微乎其微——2人阵亡、6人负伤，击毙日军27人。清点战果时，第1突击营发现了几门47毫米反坦克炮。幸好川口支队带不走它们，不然它们肯定会给陆战队造成不小的麻烦。随后，突击营拔掉了炮弹引信，把它们都扔进了大海，除了带走几门反坦克炮外，爱迪生一把火烧毁了所有的物资。

此时，正在科利角到巴雷斯马河之间集结的川口支队，因后方兵站失守，陷入腹背受敌的态势，最糟糕的是，支队的口粮不足，只够吃4天！为了防止美军再抄后路，川口赶紧抽调一部兵力，返回塔辛姆波科，主力继续向奥斯汀山前进。只要打下机场，还愁没有吃的吗！

接到美军夺取兵站的消息，17军司令部感到很紧张，担心川口支队在没有重武器和粮食不足的情况下，进攻很可能会遇到很大的困难。参谋长二见秋三郎少将主张支队立即停止前进，全军返回塔辛姆波科，等待新的补给运到，再发动进攻。但军司令官百武晴吉中将却尊重川口少将的决定，同时向海军航空部队提出了轰炸塔辛姆波科的请求。为了加强川口支队后方安全，百武中将最终下令将推进至肖特兰的第4步兵联队第3大队和第124步兵联队2大队滞留在各岛后被收容的官兵，乘坐驱逐舰前往瓜岛，但已经赶不上川口支队的总攻了。

9月8日，川口支队开始钻进森林，向预定目标——奥斯汀山方向前进。第一天情况顺利，看样子准时抵达目的地是不成问题了。于是，川口清健少将把进攻发起时刻定在9月12日，并向各部转达。

第二天，川口少将发现情况有些不对劲了。岛上很可能有铁矿，搞得日本人的指南针经常失灵，加上原始森林的密度远远超出川口少将的估计，迫使日本兵只能扛着工兵铲，一边开道，一边盲目前进。

福无双至，祸不单行。行军途中，川口支队携带的大型电台又被美军飞机炸毁，只能用小型电台和瓜岛海军守备队保持联络，然后通过瓜岛守备队向第17军司令部转报。9月12日海军守备队也和拉包尔暂时失去联络。这样，川口支队在进攻发起前和军司令部完全失去联系。

9月12日，川口支队根据各部情况，拟订了一个中央突破、两翼助攻的作战计划：即以第124步兵联队第1大队（国生大队）和第124步兵联队第3大队（渡边大队）组成中央队第1线进攻部队，从机场南面并肩发起攻击，第4步兵联队2大队（田村大队）为中央队2线进攻部队，负责在一线部队血战之际，从美军防线暴露的缺口攻进。回援塔辛姆波科的熊大队（一木支队第二梯队）担任右翼队，照着一木先遣队旧路，越过特瑙鲁河，对隆加防线东面发动牵制攻击。冈部队（第124步兵联队本部和第2大队）在联队长冈明之助大佐带领下，担任左翼队，越过马坦尼考河进攻，隆加防线西面地带，同时海军舞鹤镇守府第4特别陆战队也将视情况加入左翼队的战斗。接着，川口通过无线电向各部通报了作战计划，并下令进攻时间定在12日晚20时。

随着时间的逼近，陆战1师又将面临一场生死考验。

遗恨血岭

正当川口支队各部陆续逼近出发阵地——奥斯汀山的同时，陆战1师也开始对塔辛姆波科之战进行总结。通过缴获的日军物资数量和规模，陆战1师情报部门判断一支将近4000人的日军大部队已经在自己的眼皮底下、神不知鬼不觉地登上了瓜岛。现在，这伙日军又离开了基地，看样子又要准备来进攻了，目标当然是抢回亨德森机场，他们会从哪里进攻呢？

从巡逻报告来看，前往特瑙鲁河一线巡逻的陆战1团2营屡次碰到日军强力侦察队。这里曾是一木先遣队全军覆没之地，迷信的日本人起码不会在这个方向上发动他们的主

■ 从奥斯汀山俯瞰血岭。

要攻势。那他们会去哪呢？西面的马坦尼考河附近没什么动静。难道他们打算从南面进攻吗？可是，陆战队员丛林战经验不足，无法深入热带雨林侦察。这可怎么办呢？别急，美国兵不行，还有土著侦察兵呢！在克莱门斯上尉的命令下，土著侦察兵一溜烟就钻进了森林。不久，他们发来报告，日军大部队正向机场南面移动！陆战1师情报部门一开始有些怀疑，但还是派出飞机侦察。

9月10日，1架陆航的P-39在侦察任务中发现了穿越热带雨林、正向南移动的川口支队，他们离隆加防线最近的距离还不到5英里！这下子，陆战1师对土著侦察兵的信任度又提高了几个等级。

有了日军主力位置的准确情报，情报主管巴克利中校开始对日军作战企图进行分析：从敌情态势来看，日军很可能从南面或是东南面发起攻击。不过，这支日军的补给品和重武器已被突击营放火烧了。在没有补给的情况下，他们除了尽快发动进攻外，没有别的办法，也就是说，最多不过3天，隆加防线很快又要面临战火的考验（这点，巴克利中校判断得惊人的准确）。而且这次日军进攻部队的规模几倍于一木先遣队。为了守住隆加防线，巴克利少将建议范德格里夫特加强一线，尤其是机场南面的防务。

为了打好这场恶战，陆战1师又一次行动起来，动用支援部队和工兵部队加强整条隆加环形防线：第1两栖汽车营开到隆加防线西面，在一个重要的山头摆开两栖登陆车，构筑防线工事，和第1战斗工兵营并肩把守隆加河东岸上游地带。陆战1团和第1伞兵营防线间的缺口由第1工兵营填补。同时，范德格里夫特为了防止日军在进攻发起的同时，在北面直接对隆加角实施敌前登陆，把师部从机场西北的1个小山头搬到了机场南面丛林附近。

在防线东、西两面，分别由陆战1团和陆战5团负责，防线比较坚固，范德格里夫特并不担心。可机场南面却不同，那里是陆战1师防线的薄弱环节。在南面，覆盖着热带雨林的小山包星罗棋布，海拔600米左右的奥斯汀山是这一带的制高点。开战之初，陆战1师计划占领奥斯汀山，控制机场南面制高点，可陆战1师的这些“菜鸟”一钻进森林就迷了路。一看这个样子，范德格里夫特心都凉了。得，在羽翼未丰以前，还是老老实实地围绕隆加平原四周布防吧。虽然没敢碰奥斯汀山，但陆战1师很清楚，日军若要从南面进攻，必定是从奥斯汀山发起。既然占领不了奥斯汀山，那就只能守住机场南面的那几条向南延伸的山岭。

其中，1条山岭从西北起，一直向东南延伸，长约1000米，隔着不到1公里的原始森林和机场相望。南北两端各有2个小山包，南坡边缘还有一个深深的内湖，地形对守方有利。山岭和山包中间地带长满茂密的丛林、地形平坦，适合机动，对攻方有利。如果日军从南面进攻，要把日军挡住，这条山岭无疑是绝佳的天然防线。只要山岭还在陆战1师手里，起码能将日军大部队挡在机场南大门外(这里只是起码，毕竟日军擅长的迂回作战也会给陆战队带来不小的苦头，这点我们很快就会看到)。于是，第1突击营和第1伞兵营火速赶到山岭布防。

为了守住山岭，爱迪生上校把目光放在了山岭的3个要隘上：第一个是山岭南坡、3面环绕热带雨林的80高地(标高80英尺，约合24米)，第2个是山岭的主峰、80高地以北600码的123高地(标高123英尺，约合37米)，最后一个隘口是北坡的终点60高地(标高60英尺，约合18米)。在兵力部署方面，第1突击营把守山岭西侧，第1伞兵营坚守山岭东面，整个防线纵深仅550米。其中，在第1突击营前沿防线上，C连和B连分别把守右翼和左翼，E连(重武器连)各个机枪小组也加强给B连、C连，担负火力支援任务，第1伞兵营营部设在山岭主峰——123高地背后。

9月12日清晨，第1突击营侦察队发现了刚刚抵达奥斯汀山附近的川口支队。接到报告，爱迪生的第一个感觉就是日军的进攻迫在眉睫。于是，计划明天拂晓动用全营对敌实施突袭，打他们一个措手不及，然后再回阵地。

这天中午，日军拉包尔基地航空部队出动的轰炸机群和零式战斗机没有像往常那样轰炸机场，反而沿着山岭，对突击营防线对面2公里地带进行猛烈轰炸和机枪扫射，试图摧毁陆战队的工事。在F4F和高射炮的阻击下，6架轰炸机和1架零式战斗机没有返航，轰炸也没收到什么效果。

傍晚，爱迪生上校召集各连连长到营部开会，讨论次日的反击计划。

21时，正当各连连长集中在营部开会时，1架日军水上侦察机突然飞临机场上空，投下照明弹。21时30分，第3水雷战队司令官桥本信太郎少将领着旗舰“川内”号和第20驱逐战队抵达隆加角，借着照明弹，对隆加环形防线东面阵地进行为期20分钟的猛烈炮击，作为海军对川口支队的炮火支援。但在山岭这边却毫无动静。

■ 在血岭布防的第1突击营。

海军正打得火

热，正在隆加河上游地区集结的川口支队司令部却和各大队失去了联系，而且各大队都没能及时进入出发阵地。

在右翼，熊大队于傍晚18时开始出发，向预定进攻出发阵地行进。途中遭遇恶劣地形，加上粮食不足，行军缓慢，直到13日夜才抵达预定出发阵地，完全错过了12日的第一次进攻。

左翼方面，冈部大队行动迟缓。

中央队方面，国生大队（第124步兵联队第1大队）于下午16时完成攻击准备，开始向一线出发。黄昏时刻，穿过前方草原地带，向隆加河上游前进。途中，遭遇落差地形，大队炮小队和重机枪小队无法跟进。午夜前，正当国生大队准备展开攻击时，位于右翼的3大队一部却突然插到了他们的前方，并向当面的美军发动进攻。为了避免混乱，国生大队被迫暂停前进，后撤整理。13日凌晨4时左右，3大队一部的进攻终于停止。这时，国生大队好不容易完成了集结，但重武器依然没能跟上来。在这种情况下，大队长国生勇吉少佐只得放弃进攻，等待次日的到来。

预定担任二线部队的田村大队（第4步兵联队2大队）却是早早地进入了预定进攻阵地，但始终没能和一线进攻部队取得联系，在没有确认当面发生激战的情况下，田村大队整夜都在侦察正面敌情，没有贸然进攻。

相对中央队，只有担任右翼的渡边大队

■ 川口支队军官团，第1排正中央即为支队长川口清健少将。

附图九　9月12日的血岭之战

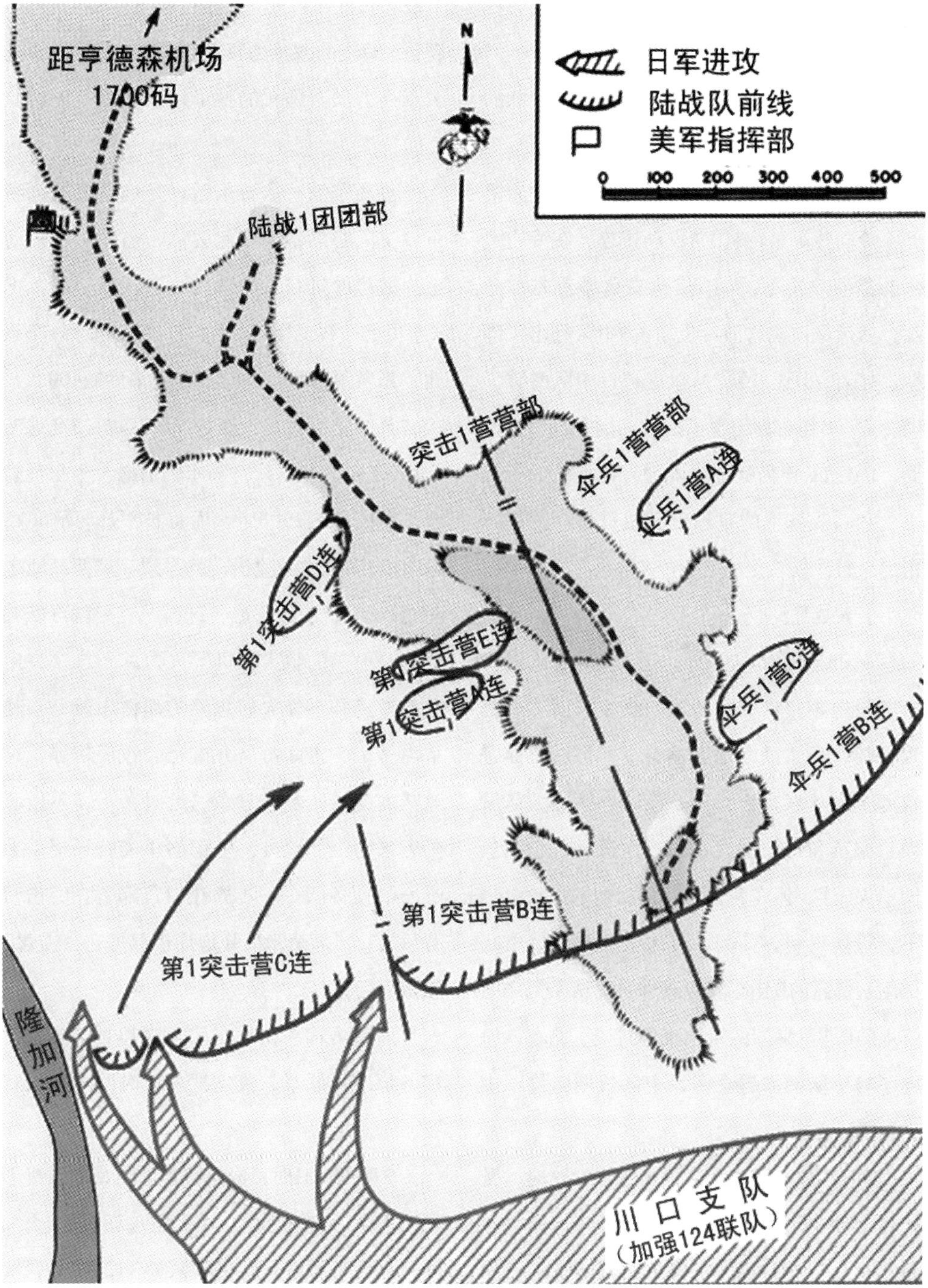

（第124步兵联队第3大队）在20时准时进入机场南面3公里的出发阵地，但重武器部队却没能跟进。尽管如此，大队长渡边久寿吉少佐仍下令全大队发动进攻。

这样，12日夜的总攻完全变成了3大队的独角戏。

22时，渡边大队的9中队和11中队并肩沿着山岭向美军第1突击营发动进攻。在渡边大队的猛烈攻击下，突击C连右翼排首先被分割，然后又被潮水般冲上来的9中队赶出了阵地。接着，B连右翼的1排也被11中队突破。顷刻间，B连右翼出现了很大的混乱。尽管如此，B连和C连仍死守主阵地，在连长的带领下，和攻入阵地的日军展开白刃格斗，将其击退。日军伤亡很大，9中队长儿岛高文中尉以下多人战死。

从0时整到0时45分，第3水雷战队进行第二轮炮轰，目标还是隆加防线东面和亨德森机场，虽然极大地震撼美军，但对正面进攻起不到什么支援作用。接着，渡边大队又以11中队和12中队发动第二次进攻，企图包围消灭C连，但在美军炮兵群猛烈的炮火打击下，进攻失利。其间，渡边中佐派出11中队试图从暴露的B连右翼渗透进去，结果据守主阵地的B连以猛烈的机枪火力封锁了侧翼，粉碎了11中队的渗透企图，中队长堀田耕三中尉当场阵亡。

5时50分，渡边大队停止进攻。这时，爱迪生上校决定实施反击，夺回失守地段。于是，第1突击营A连和D连迅速从隆加河右岸撤出，投入到山岭正面，对川口支队实施反击。然而，美军的反击也在日军的顽强抵抗下没有获得任何进展。这也难怪，A连兵力不满员，D连的战斗力仅及1个加强排，依靠这么点兵力反击强大的日军，当然没有成功的可能。

经历了第一次进攻后，爱迪生上校判断川口支队必然不会就此罢休，当晚必定发动更为猛烈的进攻。爱迪生决定调整部署：把A连顶上一线，接替C连防务，C连撤回123高地，充当预备队；同时下令全军后撤400米，从右翼的隆加河起，建立一条穿越123高地南方150米的完整防线。美军的后撤，不仅使防线正面缩短到1600米，而且日军若要从80高地向123高地发起攻击，就必须穿越两高地之间约370米长的开阔地。这样，美军就可以充分施展他们的炮火和机枪火力。不过，突击营的弹药却不像人们想象的那样丰厚，当晚平均每个突击队员只分得1到2枚手榴弹，这意味着突击队员在日军逼近时，不得不依靠刺刀来防卫。此外，范德格里夫特还把手上唯一的预备队——陆战5团2营部署在突击营背后，1个105毫米榴弹炮连也部署在突击营B连防线后。

日军方面，川口支队长在13日清晨再次和各部取得联系，决定把总攻时间定在13日夜。

9月13日21时，经过整理的川口支队终于发动了全面进攻。担负中央主攻任务的2个大队呈品字形排开：国生大队（第124步兵联队

附图十　9月13日的血岭之战

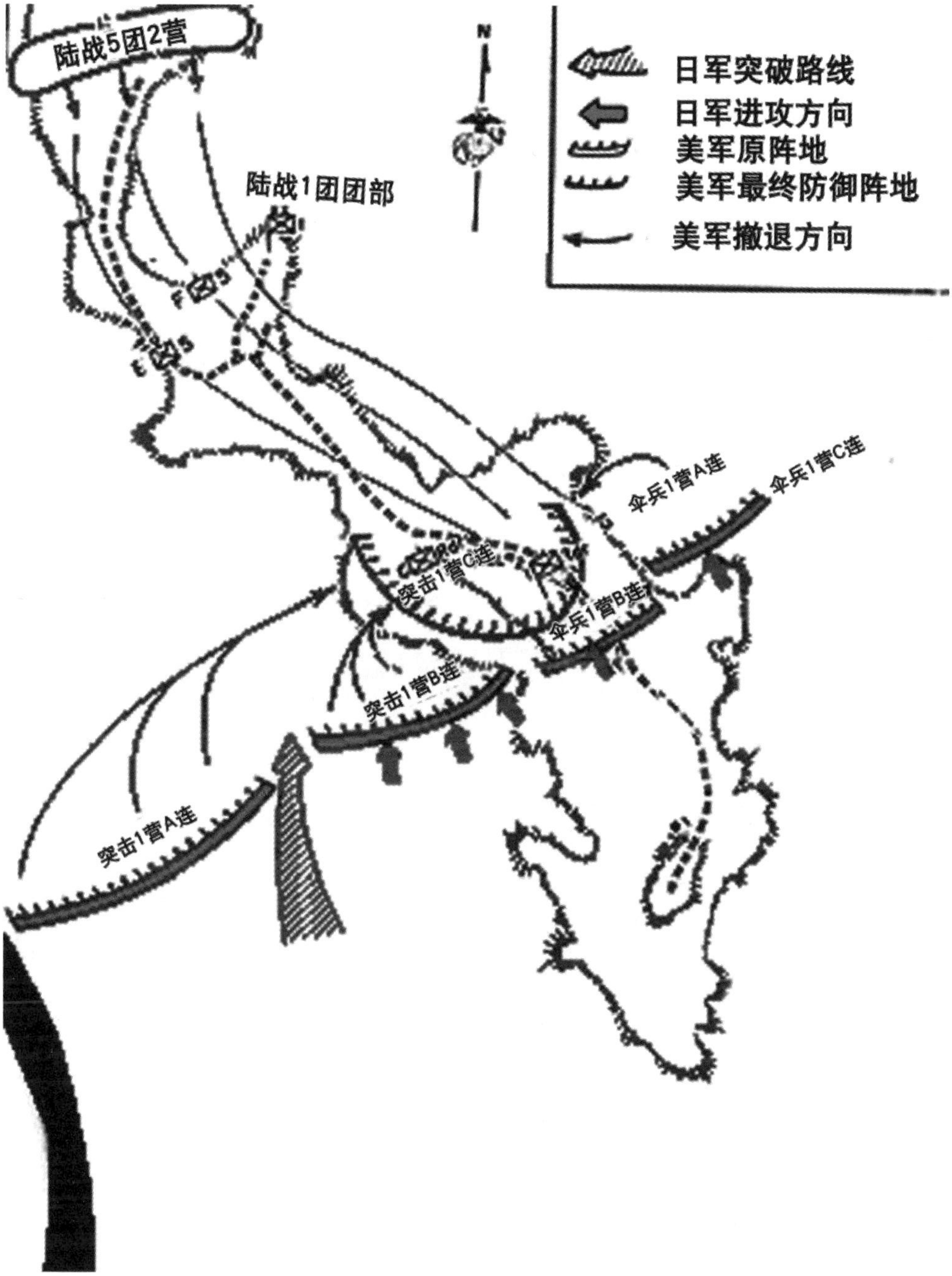

第1大队）为左翼，主攻第1突击营A连、B连阵地；渡边大队（第124步兵联队第3大队）为右翼，对第1伞兵营阵地发起攻击；田村大队（第4步兵联队第2大队）为2线突击部队，负责在1大队和3大队总攻的时候，寻机从美军防线结合部杀入。

首先遭殃的还是第1突击营。本来，第124步兵联队第1大队就是全联队中战斗力最强悍的部队。现在，又在堪称猛将的国生勇吉少佐的率领下，以1中队和3中队为先导，2中队和4中队为第2梯队，全军呈战斗纵队，越过80高地朝着第1突击营防线正面猛冲过来。遭到国生大队的猛攻，突击营防线中央和右翼顷刻间陷入激战。

不久，攻势如潮的国生大队就在B连和A连防线结合部达成突破。尤其是在2个连的结合部据守的1个突击排，当场被日军赶下阵地，结合部被硬生生地撕开一个宽达180米的口子！不过，在没有拿下123高地之前无法正面冲进机场。于是，国生大队达成突破后，掉转矛头，对B连阵地进行猛烈攻击，依靠兵力优势，国生大队突破了美军密集的机枪火力拦阻，冲上了高地，双方士兵立即爆发了肉搏战！

国生大队的猛攻，把突击营的注意力完全引开了，为第二梯队进攻部队——田村大队实施中央突破创造了良好的战机。

21时，田村大队在山岭南面丛林集结，准备对第1突击营B连和第1伞兵营B连阵地的结合部发起攻击。这时，在一线的美军炮兵

■ 油画：123高地的血战。

■ 123高地上的美军第1突击营阵地，日军的凶猛进攻使美军伤亡不断。

前进观察员发现了田村的举动，赶紧呼叫炮兵支援，对森林实施覆盖射击。22时，12门105毫米榴弹炮一齐怒吼，密集的弹群砸在了田村大队的头上。尽管如此，田村大队依旧在迫击炮火力和烟幕的掩护下，以第5中队（中队长小野寺义正中尉）为左翼，第7中队（中队长石桥哲治中尉）为右翼组成第一梯队向伞兵营B连和突击营B连阵地结合部发起攻击。第6中队（中队长黑木甚一郎中尉）、第2机枪中队（中队长佐藤周之助中尉）和大队本部组成第二梯队跟进。

此刻，突击营B连已经完全陷入和国生大队的死战，根本无暇顾及田村大队。唯一能挡住他们的，就只能依靠伞兵了。可是，伞兵营B连经过加沃图的血战以后没能补充，缺编严重。在这种情况下，B连就是有三头六臂也挡不住田村大队的突击。

在左翼，5中队长小野寺义实中尉带领第2、3小队轻松突破了伞兵营B连的一线阵地，接着利用高地间的起伏地形，匍匐前进，有效地避开了美军的炮火和机枪火力拦阻，冲进了伞兵营B连的主防线，双方展开殊死格斗，2小队长渡边忠中尉和3小队长桑岛明显中尉双双战死。尽管如此，小野寺中尉还是带领第2、3小队和预备队——第1小队将伞兵营B连赶下阵地。接着，又向第3道防线猛攻。这时，美军的炮火如雨而下，加上部分突击营和伞兵也掉过头来，向5中队发起猛烈反击，小野寺中队长阵亡，5中队再也无法前进一步。

在右翼，7中队在中队长石桥哲治中尉带领下，从机场东南方达成突破，一路穿过高射炮阵地，连续摧毁2门高射炮以后，占领了一处临时仓库。饥饿难耐的日军不顾战场上纷飞的弹雨，一头扎进仓库抢夺罐头和饼干，部分官兵甚至打到了机场南面的美军后方战壕！就在这时，美军突然掉转炮口，集中炮火轰击7中队突破地带。在美军猛烈的炮轰下，石桥中队伤亡惨重，阿部铁郎曹长以下多人阵亡，第1小队长早坂直喜少尉负伤。余部只能待在战壕中，躲避美军的持续炮击。尽管，5中队和7中队都被美军炮火拦去了去路，但第1突击营和第1伞兵营把守的一线阵地毫无疑问已经被田村大队突破，机场已经完全暴露在田村大队第二梯队的面前！

这一突破使爱迪生感到左右为难，如果派兵去堵截田村大队，那么B连很快就会被国生大队吃掉，更可怕的是这样做的后果很可能会让防线崩溃！现在，B连的防线只剩一些孤立据点，即使有炮火支援，也很难挡住国生大队最后的冲锋！况且，即使田村大队冲进了防线，机场附近还有陆战5团2营，工兵营也能在最紧要的时候投入反击。可一旦123高地失守，就一切都完了！于是，爱迪生决定把B连撤出阵地，集中兵力死守123高地，粉碎国生大队和田村大队的攻击，然后再配合内线部队，夹击田村大队。

于是，爱迪生上校一边率领预备队C连登上123高地，在南坡和西南坡建立最后的防线；一边命令斯维尼上尉率领剩下的60名官兵撤到123高地，和C连合兵一处。在强大的炮火掩护下，B连勉强和国生大队脱离了接触。接着，顶上前线的C连在爱迪生上校的亲自率领和猛烈的炮火支援下，再度和国生大队展开激战。不过，国生大队经过前一次的战斗，伤亡惨重，战斗力显著下降，虽然日军依旧勇猛，但美军的支援炮火已经确定了目标诸元，并和C连协同配合，完全封锁了C连阵地前沿，除了少量日军冲进美军阵地外，大部分冲锋的日军还没接近阵地就被密集的炮火炸死。

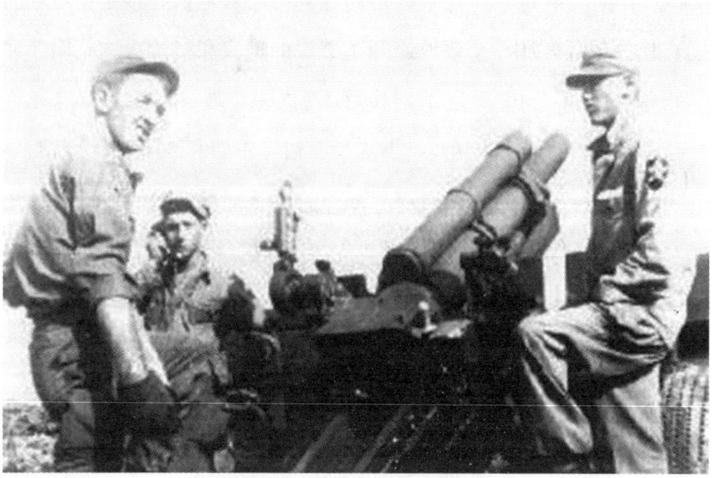

■ 血岭附近的美军炮兵阵地。

连续两次进攻的失利，国生大队1中队和3中队伤亡惨重，惟有2中队和4中队仍保持有相当战斗力。于是，国生勇吉少佐打算做最后

■ 阵亡在血岭的国生大队官兵。

一搏。在他的带领下，国生大队以大队本部为先导，于凌晨1时发动了最后一次、也是最绝望的一次冲锋。

在国生少佐、第2中队长松山明太郎中尉的带领下，2中队和4中队全体冲锋。顶着美军炽烈的炮火，日军最终攻破了C连阵地，甚至冲进了一处美军炮兵阵地。国生少佐手起刀落，砍翻了2名美军炮手。正当他们准备继续冲锋的时候，一排密集的子弹射来，身旁的卫兵中弹倒下。怒火中烧的国生少佐立即扔下武士刀，搬运炮弹，准备平射美军阵地。就在这时，1名美军炮手奋不顾身地扑上来和国生少佐肉搏，最终美军炮手拉响手榴弹，双方同归于尽。接着，松山中尉也在肉搏中阵亡，连续失去大队长和中队长的日军一时间陷入混乱，爱迪生不失时机地组织突击队员甚至收容溃退的伞兵向日军发起反击，经过殊死搏斗，123高地总算是保住了。此战日军2中队战死107人，仅余7人。4中队伤亡近百人，仅余3人，大队本部35人也阵亡了29人，国生大队锐气丧尽！

就在这时，当晚最严重的危机出现了！眼看5中队和7中队都已突入美军防御纵深，为了扩大战果，第4步兵联队2大队长田村昌雄少佐果断命令6中队在第2机枪中队支援下，从中央实施突破，向机场冲锋！

在黑木中尉的率领下，第6中队未遇重大抵抗，冲到1号战斗机跑道附近。1名军官带着2名士兵误打误撞，竟然冲到离陆战1师师部不到200米的距离！接着，黑木中队长下令

■ 血岭之战的英雄——第1突击营营长爱迪生上校。

各个小队分头出击，炸掉机场附近停放的机群并摧毁四周设施。刹那间，1号战斗机跑道附近陷入一片火海！

在这个危急的关头，包括范德格里夫特少将在内的所有师部人员都抽出手枪，准备最后的近战！

好在陆战1师最后的预备队——陆战5团2营迎了上来，将冲过机场跑道的黑木中队部分官兵一一剿灭：先前冲到师部附近的3名日军很快被机枪打倒，试图爬进飞机的日军士兵也被打死在飞机旁（当美军飞行员清晨爬进飞机，准备执行任务的时候，机舱边还留有斑斑的血迹）。在美军的猛烈反击下，6中队蒙受巨大的伤亡：中队长黑木甚一郎中尉负伤，带队去炸美军飞机的1小队长森田敏雄少尉、及川庄治郎兵曹长等54人战死，负伤者甚众，伴随支援的第2机枪中队也伤亡过半，6中队堪战者不足60人，但黑木中队长还在坚持，他在等待右翼3大队的突破！

不过，第3大队已经没了昨夜的威武。大队长渡边久寿吉少佐在中国东北作战时留下的脚伤复发，无法指挥大队作战。只有昨夜伤亡很大的9中队和机枪中队参加了战斗，他们利用第1伞兵营和第1工兵营防线的空隙达成突破，但很快被工兵顶了回去。更糟糕的是，负责统揽全局的支队长川口清健少将竟然在战斗爆发后迷路，无法协调各部战斗，加上国生大队经过几个回合的冲锋已经失去进攻能力。唯一能指望的只剩下田村大队5中队了。

4时，田村大队5中队发动了最后一次进攻，目标直指最关键的123高地。在连续战斗的重压下，第1突击营几乎就要崩溃了。好在陆战5团2营及时上阵，协助突击营打退了5中队的进攻，123高地始终牢牢掌握在美军的手中。而右翼的石桥中队也成了孤军，无法继续前进。

快天明了，连续进攻失败的田村昌雄少佐准备最后一搏，不惜一切代价拿下123高地，支援黑木中队！就在这时，川口支队长赶到了战场，眼看国生大队惨败，渡边大队混乱，天又快放亮了，突入美军防线的黑木中队和石桥中队已成了孤军。再不撤退，恐怕就要被美军包饺子了！无奈的川口只好命令田村大队撤退。冒死冲进美军防线的黑木和石桥两位中队长接到命令后悄悄地带领部队，穿过美军防线空隙，撤出了战斗。

战后，田村昌雄少佐接受采访时，记者问他对这次战斗的评价，他只说了一句话："要是还有1个步兵联队的话，我们肯定能夺回机场！"黑木甚一郎的评价更是尖刻："哪怕再有1个大队的支援，我早就拿下机场了！"

的确，这是整个瓜岛战役期间，日军离亨德森机场最近的一次。

天明，美军出动P-39沿着战线，进行贴地扫射。在美军炮、空火力的支援下，第1突击营终于恢复了所有失守地段。

当晚，除了主攻方向的血战外，冈部队（第124步兵联队残部）和熊大队（一木支队第二梯队）也分别在隆加防线西面的马坦尼考河沿线和防线东面的特瑙鲁河一带发动了牵制攻击。

担任右翼队的熊大队，第一个发起攻击，22时，熊大队在机场以东3公里徒涉特瑙鲁河，过河后不久马上和陆战1团3营遭遇。在水野少佐的率领下，大队断然向美军阵地冲击。然而，没前进多久，就遇到美军布设的铁丝网防线。激战半天，不仅没能突破美军防线，反而赔上了水野少佐。眼看突破无望，大队长阵亡，熊大队没有再像一木先遣队那样死拼，赶紧撤回特瑙鲁河。而美军呢，一看日军撤过河，马上就乐了。虽说上次特瑙鲁河胜利是属于陆战1团的，但那是1营和2营打的，和3营没什么关系。这次，日军的兵力规模和上次也差不多，人不满千。好，干脆就学1营，在坦克支援下，渡河吃掉它!

不过，这回却不一样了。虽然熊大队和一木先遣队的兵力相差无几，但相比一木先遣队却有一个优势，那就是他们带上了3门47毫米反坦克炮。拂晓时刻，3营在第1坦克营6辆M3“斯图亚特”坦克的掩护下，向熊大队反击。结果遭到猛烈的反坦克炮火拦阻，被炸掉了3辆坦克，吓得3营赶紧停止前进，就地和熊大队交火。双方就这样无关痛痒地隔着平原对射了2天。最后，熊大队觉得既无聊，又没进展，干脆在16日撤出了战斗。

同样，作为左翼队的冈部队进攻也没有获得任何进展。22时，冈部队450人在第124步兵联队长冈明之助大佐率领下，从马坦尼考河一线出发，分别沿山地和海岸道路向陆战5团3营阵地发起攻击。在隆加河以西3公里处遭美军猛烈的炮火拦阻，进攻受挫。随后，海军舞鹤镇守府第4特别陆战队约400人又冲上来，继续攻击，仍然被美军炮火挡住了去路。

9月14日11时05分，川口支队长决定暂时和敌人脱离接触，在隆加河西南集结，转入防御。至此，川口支队的总攻击 (同时也是日军对瓜岛的第一次总攻) 以完败告终。

附图十一　田村大队的突破

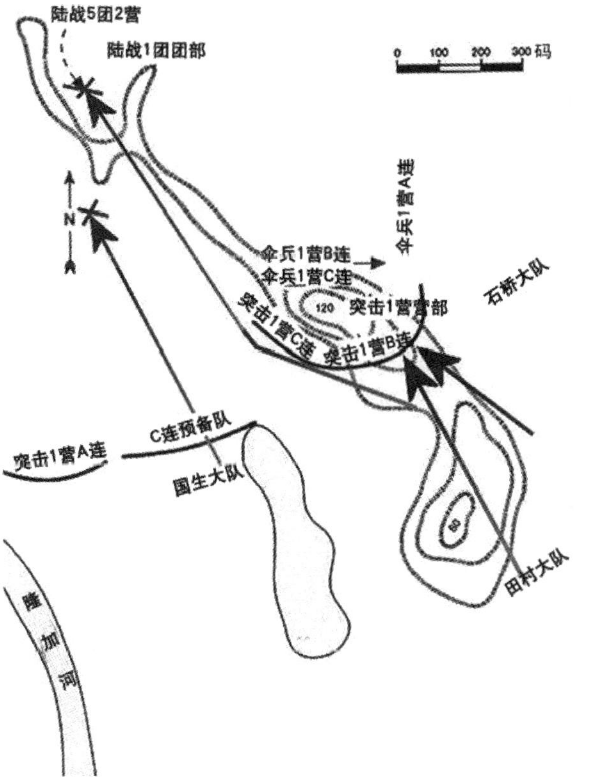

■ 战斗结束后，满地狼藉的血岭。

这次历时2天的战斗，可谓惊天地、泣鬼神。为了粉碎川口支队的攻击，陆战11团共发射1992发105毫米炮弹和878发75毫米炮弹，在支援突击营作战的同时，也给川口支队以巨大的杀伤。根据美军报告，杀伤日军1500多人，其中击毙600多人。根据日军的记录，川口支队在12日到14日的战斗中共阵亡487人、负伤396人，其中国生大队阵亡208人、负伤102人，田村大队阵亡96人、负伤81人。由于日军阵亡人员的尸体（尤其是第124步兵联队第1大队）铺满了山岭，美军将这个山岭称为“血岭”或是“爱迪生岭”。陆战1师自身的伤亡也不轻，阵亡、失踪达80人。伤亡最重的自然是处在激战中心的第1突击营，阵亡31人、失踪9人、负伤103人。

战斗结束后，伤亡惨重的第1突击营被陆战5团2营换下。同时，士气已经下降到冰点的第1伞兵营由于在战斗中表现不佳于9月22日撤出瓜岛，返回努美阿休整。

得知日军进攻再次受挫的消息，美国海军太平洋舰队司令尼米兹上将给范德格里夫特发来了嘉奖电：“收到你们的捷报，大家都感到欢欣鼓舞，请代我向在一线英勇作战的陆战队员和陆军部队表示诚挚的问候。”

相对美军的欢欣鼓舞，川口支队失败的消息却在第17军司令部引发了一场海啸。

颜面尽失

由于整个对美战线只有瓜岛和新几内亚两个方面还在燃烧着战火，况且新几内亚已转入守势，采取攻势的只有瓜岛方面，因此全军上下都对川口支队的总攻充满了希望。

陆军如此，海军更甚。9月10日，早在预定总攻前2天，联合舰队参谋长宇垣缠少将就带着渡边安次、三和义勇和室井等3人抵达拉包尔，名义上负责第17军和基地航空部队的联络，实际上是想第一时间得知川口支队的消息。

9月12日，川口支队预定总攻发起时刻，第17军司令部却和瓜岛方面暂时失去了联系。这下子，可急坏了彻夜守候在17军司令部的全体参谋人员和前来“联络”的联合舰队参谋长宇垣缠少将。甚至东京的参谋本部(陆军总参谋部）也在焦急等待消息，参谋次长田边盛武中将甚至通宵守在作战室，等候东南方面的“捷报”。

虽然没有川口报告传来，不过从第8通信

■ 陆战1师屡战屡胜，极大地提振了美国军民的士气。图为美国报界讽刺日军在图拉吉折戟的漫画。

■ 联合舰队参谋长宇垣缠少将。

队（隶属于第8舰队）敌信班（负责捕捉和监听美军电台）传来的报告显示，川口支队已经发起攻击，似乎进展良好。消息传来，宇垣缠少将兴奋地在日记中记载道：

9月12日，第8通信队敌信班于18点捕捉到10多架敌机从瓜岛机场起飞。22时，敌信班通过2架从瓜岛起飞的美机拍发的SOS信号准确地测定其无线电方位。陆军已如预期冲进了机场，大功告成，可安然入梦也。

不过，陆军却没有那么兴奋，尤其是军参谋长二见秋三郎少将认为，在没有核实情况以前，暂不向东京方面发报。为了谨慎起见，派遣航空参谋田中耕二少佐次日清早乘坐海军的九八式侦察机，前往瓜岛侦察。

9月13日早晨，田中参谋搭乘1架海军九八式侦察机（当天出动的一共有2架侦察机）和战斗机队一同前往瓜岛，侦察状况，发现机场上仍停放着20多架中小型飞机。但美军没有向侦察机开火，而且从地面不断涌出浓烟、发生火灾，美军地面武器在不断组织对机场南面山岭实施射击和舟艇移动频繁情况来看，可以判断川口支队已实施攻击，美军正在组织撤退。

接到报告，兴奋的第8舰队马上通过电波向全军发出瓜岛机场已被占领的错误通报。

■ 日本海军九八式侦察机。

但另1架对瓜岛进行侦察的侦察机于14时正返回拉包尔后却报告遭到美军战斗机凶狠的拦截。毫无疑问，川口支队没有占领机场。于是，海军赶紧补发电报，取消先前瓜岛机场已被占领的错误报告。幸好，联合舰队各部离瓜岛都相距较远，没有贸然进入瓜岛航空兵作战半径，因而虽出现局部混乱，但没有因此蒙受损失。

川口支队没有打下机场，这是怎么回事呢？17军司令部感到很不安。大家认为川口支队没有发动总攻，原因或许是地形困难被迫推迟一天，也可能是兵力不足。为了支援川口支队，17军命令当天下午抵达拉包尔的第4步兵联队第1大队和联队本部立即出发前往肖特兰，然后乘坐驱逐舰，在最短的时间内挺进瓜岛。

宇垣的心情也跌到了谷底。看样子，这次总攻凶多吉少。想到这些一贯喜欢把自己的感想记入日记的宇垣又提笔写道：

9月13日

2架侦察机在9架战斗机护卫下，飞临瓜岛进行空中侦察。在瓜岛上空，2机分离。陆军航空参谋田中少佐可能急于在瓜岛着陆，和一线部队取得联络。下降至400米时，却猛然发现机场上还停放着大约30架敌机。综合判断，认为敌机正从机场开始撤退，于是得出了机场已大体被占领的结论，并通报基地航空部队。

接到报告，我们在兴奋之余又认为应立即划定部队的作战安全区，防止海军航空部队误击。不过，另1架侦察机于14时返回后报告和敌机发生空战。毫无疑问，机场并没有被占领，于是我们赶紧取消先前占领电文，重新通报全军，机场仍在敌手。然而，第8舰队已于10时30分向全军通报了机场已被占领消息。如此前后矛盾电报，使全军一时间陷入混乱。

川口支队和总部最后一次联络还是发生在11日，因此陆军判断支队可能是在通过奥斯汀山时遇到困难，攻击发起日被迫推迟1天。虽陆海军共同认为明天的进攻将一决胜负，但我的内心却开始忐忑不安。

9月14日，川口支队的总攻完全失败。但17军司令部仍然没有和支队取得直接联系。午后，和第4步兵联队3大队同行的第17军高级参谋兼作战主任松本博中佐，通过海军瓜岛守备队电台，和军司令部取得联系。松本简要地报告了之前的情况，并表示攻击延期至当天20时进行。

一再地延期，使海军方面发现事态的严重性。不久，瓜岛守备队来电，报告冈部队进攻失利，川口支队情况不明。虽然报告中没有提到川口支队的情况，但宇垣从冈部队的战斗情况隐约感到川口支队的总攻已经失败：

9月14日

午前7点，参加基地航空部队会议。（山本）长官对川口支队的总攻情况进行了慎重研究后认为，攻击必然因敌情出现异常。青叶支队于昨日和冈部队会合，同时将攻击发起日延迟到本日夜。

黄昏时刻，第8舰队拍来急电

据松本参谋的来电，川口支队变更进攻发起时刻，将之推迟到本夜20时。

这个消息传来，长官似乎从报告中嗅出什么，感到些许不安。很快，瓜岛海军守备队发来电报："青叶支队昨与冈部队会合，并开始向西挺进，但却遭到敌之顽强抵抗，尤其是猛烈的迫击炮火力，使部队无法前进，冈部队长已命令部队向机场南方转进。"一时间，全场哑然。

这一次，海军没有把消息告诉陆军，他们就是想看看陆军的反应。果不其然，17军在接到松本参谋的电报后，开始傻傻地相信川口支队没有进攻，陆军不会失败。搞笑的是，当晚，17军司令部成员甚至集体为川口支队的成功祈祷。看到这个情景，宇垣哭笑不得。

9月15日，17军终于收到川口清健少将的电报：预定9月12日黄昏在炮兵队支援下，于东方阵地发起的总攻，因主力通过奥斯汀山时遇到极大困难予以推迟。9月13日晚发起的总攻又遭到敌军意料之外的大规模抵抗。大队长以下伤亡惨重。现已在大河（隆加河）左岸集结兵力，再图大举。

川口支队的失败，给原本预计这次进攻必胜的军司令部带来了海啸般的冲击。等也等了，祷也祷告了，怎么到最后还是败了？

接着，17军代表面色沉重地通知海军代表宇垣一行，召开现场陆海军研究会，总结这次总攻失败的经验教训。

17军方面的观点是：

1.在泰保岬登陆之美军，将川口支队囤积的补给摧毁，致使支队物资供应出现紧张，以及进攻准备时间不足。

2.敌军火力（尤其是炮兵火力）强大。

3.部队分散，联络困难。支队长下达突击令后，支队5个大队中只有第124步兵联队1大队（国生大队）和第4步兵联队2大队（田村大队）等2个大队进行了最坚决的突击，导致突击兵力严重不足。

4.支队基干——第124步兵联队第2大队和联队本部因搭乘机艇航渡，部队四分五裂，导致归支队长指挥的建制部队兵力稀少，难以发挥作用，而非建制部队（熊大队和青叶大队）却又暴露出掌握不确切，无法良好协同的弊端。

5.在密林中行军地图误差太大，维持方向极为困难。

相对于17军从战术方面的"温和"总结，海军方面代表宇垣参谋长却毫不客气，从战略上把这次进攻说得一无是处，而且矛头直指整个陆军：

1.严重低估了敌人倾尽全力投入作战，力保瓜岛的决心（因为今年秋季美国总统大选，对于这场首次反击作战，为了名誉，美军不

■ 除了强悍的战斗力外，充分发挥强大的炮兵火力，步炮协同良好，也是陆战1师连克强敌的一大法宝。图为血岭附近的一处美军炮兵阵地。

惜代价地源源投入兵力作战)。尤其对在第一阶段作战中屡屡获胜的法宝——精神战力过分自信，自认为在兵力相同情况下我军轻装步兵奇袭，定能获胜(参谋本部、17军和川口支队都对此抱有盲目的自信)。

2.尽管我航空兵竭尽全力支援，但在敌航空兵和天候妨碍下，海上运输异常困难。另一方面，敌人在作战中也蒙受不小损失，但却源源不断地予以补充，防御甚为坚固。

3.17军对除了奇袭外，甚少考虑使用炮火等因素，加上战线较多，顾此失彼。

4.主队出发阵地选择不当，致使进击困难，加上各大队左右两翼缺乏联系，使各部在作战中难以协同。

5.虽然出其不意的奇袭战术在开战之初获得极大成功，但这个战术使用也应讲求场合。在先头部队遭到敌人极为猛烈的枪炮火力拦阻并蒙受巨大伤亡时，对士气的打击不言而喻。

总之，通过这次战斗，我方应意识到敌之防御作战方式为重视对火器的灵活运用。因此，陆海军今后应从第一阶段战胜的陶醉中清醒，认真研究究竟该采取正攻还是奇袭方案甚为重要。

宇垣的意见句句切中要害，不说17军，就是换了参谋本部作战部长服部卓四郎大佐过来也无力反驳。帝国陆军的面子就这样在海军面前丢了个一干二净。想当初，中途岛海战的失败，陆军借机把海军骂了几次无能。这次川口支队的失败是整个太平洋战争以来，陆军第一次进攻失败，而且无力发动第二次进攻，被迫“转进”。海军没有拼命骂陆军无能，就已经算很给面子了。

不过，面子是小，接下来该怎么办？沉默良久，最后还是军司令官百武晴吉中将发话了：“仗是打败了，可瓜岛大部分地段还在我们的手中，只要继续增兵，而且是派大兵团，胜利一定属于我们。现在最要紧的是，让川口支队保住马坦尼考河西岸，尽可能靠近亨德森机场占领攻势据点，确保第2次总攻的出发阵地。”

和陆军经常接触的基地航空部队和第8舰队原本也对这次作战抱持着极大的信心，结果这次失败给他们也造成了巨大的打击，并开始反思对陆军的信心。

同一天，17军也向大本营去电，报告了川口支队失败的概况：

1.川口支队于9月13日进行了断然夜袭，冲进敌军阵地，但因敌军兵力强大，火力猛烈而难以奏效，且我方死伤惨重，现正集结兵力，详细情况不明。

2.冈部队于昨日在隆加河附近掌握青叶支队1个大队。准备于14日夜展开攻击，是否发起攻击，现尚不明确。

3.军司令官已着令川口支队长在马坦尼考河河谷占领靠近敌军的前进阵地，搜索侦察敌情和地形，并尽可能干扰敌航空兵活动。同时于加沃明湾附近占领据点，确保该据点和支队主力之间的交通。

4.根据派往现地的参谋于14日夜报告，支队主力和冈部队分别在机场南侧密林内和隆加河左岸地区集结，计划于14日20时发起攻击。其后情况不明，估计是攻击未能成功。

接到电报，原本对川口支队攻击成功抱持着比17军还大信心的陆军参谋次长田边盛武中将简直不敢相信自己的眼睛，大本营也对这次失败深感震惊。不过，海军随后传来的捷报却让失望情绪笼罩的大本营多少获得了一些安慰。

“黄蜂”号沉没

在陆上，陆战1师是屡战屡胜，官兵的战斗力没什么问题，可孤岛战斗最重要的不仅需要强大的战斗力，更需要及时和充足的补给。这不，日本人就在为这事犯愁呢。控制了瓜岛周围海域制空权的美军航空力量让日本人不得不在缺粮少弹的情况下作战，肚子都没填饱，何来战斗力？

先别笑日本人，陆战1师的情况也差不多。血岭之战前，陆战1师也出现粮荒了。由于粮食储备差不多告罄，每名官兵每天只能从三餐减为两餐。可这样下去，最多也只够全军吃7天啊，要是9月20日不能把粮秣运来，用不着日本人进攻，陆战1师自己也会崩溃！为了不让陆战1师就这样完蛋，范德格里夫特只好用电台向南太平洋战区司令部、太平洋舰队司令部一次又一次请求增援。

9月14日，应范德格里夫特的请求，戈姆利中将决定组织舰队护送运载着瓜岛急需的3823桶燃料、1012吨口粮、147部机动车辆和陆战7团（4262人）的6艘运输船从圣埃斯皮里图起航，浩浩荡荡朝瓜岛开来。

为了保证这次护航运输的安全，美国海军做了精心的策划和安排。舰队司令部特意挑选了一条避开日军舰队的航线。同时出动南太平洋、也是整个太平洋舰队现阶段所有的航母力量——“黄蜂”号和“大黄蜂”号为船队保驾护航。

与此同时，联合舰队为了全力配合川口支队的总攻击，机动部队（第3舰队）、前进部队（第2舰队）和先遣部队（第6舰队所属的潜艇群）也一起出动，准备和美军海军决战。

出航的第一天，“黄蜂”号航母起飞的侦察机就曾两度发现日军机动部队。为了避免美军的先发制人，南云中将只得命令机动部队反转北上，躲避风头。

9月15日，机动部队开始南下，同时出动大量侦察机搜索敌情。中午，1架水上侦察机发现了美军运输船队，并向附近活动的“伊19”和“伊15”号潜艇通报。接到报告，“伊19”和“伊15”号以最快速度，向预定海域航进，准备攻击运输船队。途中，2艘潜艇无意间碰上了美军航母编队。

其中，“伊19”号潜艇在艇长木梨鹰一中佐的指挥下，通过一系列巧妙而复杂的机动，穿透第17特混舰队的反潜警戒线。13时45分，“伊19”号潜艇乘着“黄蜂”号回收舰载机，转向朝潜艇驶来的千载良机，在距“黄蜂”号950米、方位角50度的情况下，向“黄蜂”号发射了6条九五式氧气鱼雷。

“黄蜂”号瞭望哨首先发现鱼雷，慌忙拉响战斗警报。此时，同样发现鱼雷扑来的舰长福雷斯特·谢尔曼上校立即下令右满舵规避。“黄蜂”号扭动着巨大的身躯，好不容易躲过了第1枚鱼雷。接着，又晃过了第2枚鱼雷。但好运到此为止，剩下第3、4、5枚鱼雷相继命中“黄蜂”号右舷，第6枚鱼雷脱靶，和第2枚鱼雷一起直扑第18特混舰队。

随即，“黄蜂”号响起一阵惊天动地的爆炸声，海水翻着波浪涌入舱内，舰身很快

■ 伊19号潜艇艇长木梨鹰一少佐。

大幅度倾斜。消防队员还没有来得及扑灭舰面上的大火，停泊在甲板上的轰炸机翅膀下的重磅炸弹就被引爆了。一连串的爆炸又引爆了弹药舱，“黄蜂”号上的飞机和设备飞上了半空，变成碎块，重重落在水里，击起一片白花花的水柱。

9月15日15时20分，谢尔曼上校无力自救，只得降下国旗弃舰，水兵们翻过舰舷栏杆跳向大海，驱逐舰靠拢过来实施救援，打捞落水人员。全舰2247名舰员中193人当场阵亡，负伤366人。全员离舰后，“兰斯多恩”号驱逐舰向它发射了5条鱼雷。最终，“黄蜂”号在圣埃斯皮里图西北250海里处沉没。

在“伊19”号发射鱼雷的时候，“伊15”号潜艇钻进“大黄蜂”号的护航舰群之中。万幸的是，正当这艘日军潜艇准备发射鱼雷时，美军1艘驱逐舰的声呐捕捉到了它，随即拉响反潜警报。驱逐舰“奥布赖恩”号全速冲来，迅速投下深水炸弹，完全压制了“伊15”号。

可就在这时，“伊19”号发射的第2枚鱼雷和第6枚鱼雷，竟然在穿越第17特混舰队以后，向第18特混舰队扑来！好在“大黄蜂”号航母及时发现了来袭的鱼雷，紧急转舵，避开了第6枚鱼雷。可在一旁护卫的战列舰“北卡罗来纳”号却被第6枚鱼雷命中，5人阵亡、20人负伤。英勇阻止“伊15”号进攻的“奥布赖恩”则被第2枚鱼雷命中。44天后，当“奥布赖恩”号回到萨摩亚时，突然以中雷部位和前方轮机室为中心裂成两半后沉没。

命中“黄蜂”号的战绩当场获得确认。“伊19”号潜艇艇长木梨鹰一少佐立即向第2潜水队司令部发报：“11时45分 (东京时间),

■ 被伊19号潜艇鱼雷击中后倾斜燃起大火的“黄蜂”号航空母舰。

■ 虽然损失了“黄蜂”号航空母舰，只剩下“大黄蜂”号1艘航空母舰还保有战斗力，但瓜岛运输的重任总算是完成，陆战1师的粮荒得到了根本性的缓解。图为1942年运载16架陆军B-25“米切尔”中型轰炸机空袭东京的功勋战舰——“大黄蜂”号航空母舰。

‘伊19’号于南纬12度18分、东经164度15分附近对‘黄蜂’级航母发射鱼雷6条，经声呐确认命中后的爆炸声4次。但因遭敌驱逐舰深水炸弹追击而不能确认最终战果。”不过，“伊15”号随后拍发的电报却证实了“伊19”号的战果：“遭到‘伊19’号攻击的敌航母受重创并向左倾斜。15时15分（东京时间）敌编队2艘巡洋舰、数艘驱逐舰向南撤退。晚上18时（东京时间）确认航母沉没。”

接着，兴奋的木梨鹰一少佐在作战日记中用一首打油诗形象地描述了此战的胜利：

哨戒重日遂会敌，
决然肉迫发鱼雷。
练武几年技入神，
南海深处巨舰没。

至此，南太平洋舰队只剩下“大黄蜂”号1艘航空母舰了。同时，航空母舰受损给美军向瓜岛增兵带来严重困难。

好在天公作美，连续两天海面乌云翻滚，大雨如注，机动部队无法下手，特纳少将指挥的运输船队才安然驶抵瓜岛，送来了陆战7团和大量补给品。这下子，陆战1师不仅恢复了活力，而且兵力进一步加强到10个营！

随着陆战1师兵力的增强，瓜岛防线更加巩固，日军对瓜岛夺回作战成功的希望也越来越渺茫。但日军并没有就此放弃，新一轮的大增兵行动马上就要拉开序幕，瓜岛之战的高潮临近了……

第五章 高潮线

再押赌码

连续两次失败，瓜岛战局开始越来越强地牵动日军高层的神经。受到震动最大的自然是一线部队。经历一番检讨，第17军和联合舰队又在一起碰头，商定下一阶段的作战方案。双方研究发现，面对美军坚固的防线和强大的炮兵，精兵奇袭瓜岛的方式，根本不奏效。要想拿下瓜岛机场，唯一可行的办法就是运载第2师团和重武器上岛，实施正面强攻。问题是“老鼠运输”运兵、运粮都可以，但重武器没有万吨级商船或是大型水上飞机母舰，是无论如何也运不了的。况且，最根本的问题、也是在整个瓜岛战役中的关键——压制瓜岛机场必须在运输阶段得到解决，否则派大军上岛纯属空谈。可怎样才能最有效地压制机场呢?

经过讨论，陆海军双方拿出了一个压制瓜岛机场的5点方案：(1) 基地航空部队继续强化对瓜岛机场的空袭。(2) 急速完成布因基地的建设，并派遣第6航空队进驻，为向瓜岛航行的大型船队提供空中掩护。(3) 陆军野战重炮推进至马坦尼考河口东岸，直接对瓜岛机场实施压制射击。(4) 主力舰 (战列舰和重巡洋舰) 在夜幕掩护下进入铁底湾，以大口径主炮轰击瓜岛机场，协同陆军重炮一起压制。(5) 海军应进一步强化对瓜岛敌海上补给线的遮断。

■ 战争打了2个月，日军始终无法掌握主动权，打来打去，最终还是得回到焦点——亨德森机场上。如何有效压制机场，成了10月总攻能否顺利进行的关键因素。

不过，这里又出现了一个新的问题，那就是如果第2师团上阵的话，第17军又会陷入没有预备队的窘境。怎么办？老办法，继续向大本营求援。这一次，17军不仅要第38师团的增援，还一口气提出了需要150毫米榴弹炮大队和100毫米加农炮大队、战车联队等一大批支援部队的请求，并声称没有这些增援，瓜岛就夺不回。海军方面更是卖力，联合舰队甚至提出了日美决战的口号，序幕就在瓜岛。瓜岛打不好的话，拉包尔就保不住。拉包尔保不住，整个南太平洋地区玩完，进而威胁到马里亚纳群岛、菲律宾，然后到本土。总之，瓜岛不夺回来，就一切都完了。

17军的告急和海军喊破嗓子的鼓捣，加上一木先遣队和川口支队的接连失败，使大本营陆海军部马上商量召开新的会议，商讨怎么处理东南方面战事。

9月17日，大本营陆海军部召开御前会议，双方首脑对东南方面战局发展的判断，交换了看法并共同进行研究。

海军方面询问："从瓜岛战斗经过来看，认为美军正式反攻的迹象已经明了。或将发展为决战。海军方面当然以此为绝好时机，准备对敌发起歼灭作战。不知道陆军对形势作何判断？"

陆军方面："同意对美形势判断。苏联情况即使今后出现若干变化，但至少今年秋冬之间日苏可维持现状。因而尽管放手在东南方面进行必要的作战，而不致有任何障碍。

陆军方面准备急速研究从关东军和其他地区向东南方面转用所需的兵力和兵器资材问题。"

接着，总参谋长杉山元大将代表参谋本部就17军今后作战指导和兵力增强情况，向天皇进行总结汇报：

1.川口支队攻击失败的原因，判断主要是因为我军将重点置于利用密林进行奇袭，致使联络不善，兵力分散，且未能发挥统一战斗力。同时，敌之防御组织。尤其是阵地火力的整备，超出预料。目前，瓜岛战斗，只能依靠力量进行较量。

2.第17军今后作战指导，现正进行研究。对于17军企图虽不清楚，但准备增派青叶支队残部，第2师团主力和战车中队、重炮兵中队以及由大本营调去自动炮10门、重型掷弹筒30具和火焰喷射器10具与其他各种兵器资材，统一发挥陆海军战斗力，一举夺回机场。时间拟于10月中旬实施。

3.敌向所罗门方面的增援，虽经海军的努力，但至今仍在继续。因此，我军也应考虑向该方面增派兵力。同时，为了尽早攻克莱比，并准备尔后的莫尔兹比攻略作战，应给17军增派第38师团和2个速射炮大队、1个战车联队、1个150毫米榴弹炮联队、1个100毫米加农炮中队、2个野战高射炮大队、1个300毫米臼炮大队、1个独立工兵（甲）联队、1个登陆团，以及必要的勤务部队。

4.如能增加上述部队，则负有新几内亚作

战任务的17军不仅能将现有兵力全部投入所罗门方面，且能迅速应付今后之敌情变化，对于尽早占领莱比机场，特别是今后攻取莫尔兹比，也为十分必要的措施。

最后，会议通过了向东南方面再次增兵的决议。随后，陆军部以第688号大陆令，着令关东军、中国派遣军和南方军分别抽调第38师团（隶属驻荷属东印度的第16军）、第8战车联队（隶属华北方面军，是八路军129师386旅陈赓所部的死对头）、第4野战重炮兵联队（隶属关东军）、独立第10山炮兵联队（隶属驻广东的第23军）、独立第19工兵联队（隶属第23军）、第3野战运输司令部（隶属驻菲律宾的第14军）增援第17军。

为了打开新一阶段的战局，陆海军中央又拟订了自瓜岛战役爆发后第三次，也是太平洋战争爆发以来第八次陆海军中央协定：

■ 日本陆海军大本营旧址。

关于新几内亚东部和所罗门方面作战之陆海军中央协定

大本营陆军部 大本营海军部

1.战略方针

增加陆军兵力资材，统合发挥陆海军综合战斗力，力争一举夺回瓜岛飞行场。

海军采取各种措施，阻止敌人向所罗门地区的增援行动。

2.在前项作战许可的情况下，陆海军应在“里”号作战重新开始前迅速攻占莱比机场。

3.海军应加强新几内亚东部和所罗门群岛的航空基地整备工作。

陆军应对上述地区的要冲提供守备支援。

4.达成“卡”号作战（即瓜岛夺回作战）和“生”号作战（新几内亚东部作战）后，必须确保之外围要冲如下：

所罗门群岛（包括圣克里斯托巴尔岛和鲁塞尔岛）

路易斯安德群岛

莱比和萨马莱地区

莫尔兹比地区

与此同时，大本营陆军部还决定加强17军司令部的领导，派遣那位谁见到都头大的大参谋辻政信中佐前往瓜岛，接替井本熊男，担任大本营驻17军联络参谋。当天，大本营陆海军部分别向17军和联合舰队通报了第8次陆海军中央协定的内容。现在，赌本又加码了，可如何往瓜岛运输这个大难题又摆在了一线部队的面前。

耗子走，蚂蚁爬

接到第八次陆海军中央协定的通报，第17军和联合舰队都感到很兴奋，这回一定要打好总攻！一时间，东南方面的陆海军完全围绕瓜岛决战展开了新一轮准备。

9月17日，联合舰队派代表和陆军第17军代表在第8舰队司令部召开联络会议，共同讨论瓜岛运输计划。根据第17军提出的方案，第2师团全部（其中第4步兵联队已经上岛）、第38师团1个联队（即东海林俊成大佐率领的第230步兵联队）、军直属支援部队等共17500人、176门火炮（包括迫击炮）以及2.5万人20日份口粮（攻击开始后更需准备2.5万人10日份口粮），0.8个会战基数弹药（按照日本陆军的标准，1个会战基数的弹药标准为1挺重机枪配弹2000发、1门野战炮或山炮配弹2000发、1门100毫米榴弹炮配弹1500发。）必须全部运往瓜岛。为了打赢10月攻势，联合舰队一口允诺了这个艰巨的运输方案。

可如何才能安全地往瓜岛运输如此庞大的兵员和重武器呢？要完成这个运输任务，首先得压制瓜岛机场。怎么压制法呢？除了基地航空部队再加把力，进行航空歼灭战继续削弱瓜岛航空兵外，驱逐舰也得努力把陆军火炮运到瓜岛，陆空火力联合打击，应该能压制机场。接着，动用增援部队继续进行“老鼠运输”，把第17军兵员和粮弹运上瓜岛。最后，再动用“日进”号和“千岁”号2艘水上飞机母舰将诸如坦克和重型火炮在内的大型重武器运往瓜岛。

当天，联合舰队司令长官山本五十六大将向所部下达了新的作战命令：

“卡”号作战部队依下令实施击破瓜岛航空兵力、捕捉歼灭敌机动部队和增援部队，和急速运送陆上兵力（含兵器、弹药和粮秣）

1.基地航空部队于Y-1日到Y+1日对瓜岛实施大规模航空攻击，歼灭瓜岛之航空兵力，并对Q、R、M、N区实施哨戒（Y日定为9月19日）。

2.支援部队和利用上述基地航空部队的战果，相机南下，捕捉歼灭敌舰队。

3.日方面航空部队于Y-1日至Y+1日对O区进行哨戒。

4.先遣部队负责在所罗门群岛东南海域活动，策应扫荡索敌。

5.其余各部依指挥官所定实施战斗。

从9月下旬开始，第2水雷战队和第3水雷战队换防，由第3水雷战队和第4水雷战队一部重新组成增援部队，在第8舰队节制下，继续执行“老鼠运输”，第3水雷战队司令官桥本信太郎少将担任增援部队指挥官。

很快，增援部队又展开了新一轮作战行动。

9月18日早晨，瓜岛守备队报告美军船队入泊。当夜，第3水雷战队在司令官桥本信太郎少将的带领下，突入隆加泊地，结果扑空。

9月15日，运载坦克和重型野炮的“日进”号抵达拉包尔。随后，第8舰队把瓜岛突入作战日——Y日定为9月19日。9月17日，依据莫尔兹比方面敌情和新到的第3航空队的整备关系，第8舰队申请将Y日延期1天，联合舰队照准所请，将Y日推迟到20日。

然而，预定在Y-1日展开的航空歼灭战因天候不良无法实施，东南方面部队司令长官、基地航空部队指挥官塚原二四三中将根据月明关系决定在将Y日推迟到9月30日，同时命令“日进”号返回卡维恩。

得知上述情况后，联合舰队下令取消和“日进”号运输协同作战的相关命令，把原定出击所罗门海域的第4水雷战队（第27驱逐战队2小队“夕立”号缺编）编入第8舰队，参加“老鼠运输”。

16日到18日的驱逐舰输送进展顺利。20

■ “日进”号水上飞机母舰。

日以后，美机利用月明对驱逐舰输送作业进行了攻击。22日增援部队指挥官申请在月明期间输送中止。其间输送情况如下：

9月16日，驱逐舰3艘在加明博湾上陆（运载弹药和粮食），另有3艘驱逐舰对隆加角进行炮击。

9月17日，驱逐舰2艘运载兵器、粮食和弹药上陆。

9月18日，驱逐舰4艘运载野战炮4门在加明博湾上陆。

9月20日，驱逐舰4艘（各拖1艘登陆艇），南下中2次受到空袭，“敷波”号损伤，运载粮食和弹药上陆成功。

9月21日，运载粮食的4艘驱逐舰，遭受敌机空袭，各舰损伤度达三分之一，“阳炎”号损伤，返回原队。

9月24日，青叶支队一部搭乘4艘驱逐舰，在加明博湾上陆后遭到敌机轰炸和低空扫射，“浦风”号和“海风”号损伤，放弃登陆。

虽然这一阶段“老鼠运输”比较成功，但“日进”号运输一再延期，却使17军与联合舰队都感到很恼火。于是，新一轮的运输方案应运出炉。9月23日，联合舰队首席参谋黑岛龟人大佐亲临拉包尔，和第8舰队首席参谋神重德大佐、第11航空舰队首席参谋高桥千隼大佐，以及17军参谋长二见秋三郎少将就运输方案进行讨论，拟订新的运输计划，决定舰艇输送（“老鼠运输”）和舟艇输送（“蚂蚁运输”）并用，力争在10月13日到14日完成运输计划，10月20日开始总攻击。为此，一线部队必须承担相应的责任：陆军务必在10月初开始炮击飞机场，海军必须在9月26日开始使用布因基地，并继续强化航空歼灭战。

与此同时，联合舰队作战参谋渡边安次中佐也乘飞机抵达肖特兰，亲临“老鼠运输”基地，视察情况，并和第3水雷战队司令官桥本信太郎少将一起修正了海军方面的运输方案：

1.由于月龄和敌机日益活跃关系，9月中计划执行每日执行运输任务的驱逐舰增加到8艘，以人员和兵器输送为主（运输增援部队由27艘驱逐舰担负，包括3艘拖曳登陆艇的驱逐舰）。

“日进”号计划在10月3日和6日，“千岁”号计划在10月10日和13日运送重武器。

10月14日，输送任务必须结束。

蚂蚁运输

第一天（9月26日）出动4艘、第二天以后，每日平均使用6艘，主要执行重武器输送。

然而，月明期间，瓜岛美军航空兵日益活跃，驱逐舰进行“老鼠运输”的风险太大，“蚂蚁运输”太慢，加上布因机场到26日都没能投入使用，双方对10月15日之前能否完成运输方案感到十分不安。

在这种情况下，渡边安次参谋再次出

马。10月26日，他亲临拉包尔，在第8舰队司令部再次召开陆海军联络会议，商讨解决方案。讨论结果，决定采取高速运输船队运送人员和兵器。不过，高速运输船队的运输保障却没能在会上得到有效解决。

9月28日，在渡边参谋的陪同下，担任大本营驻17军联络参谋的辻政信和林中佐搭乘海军轰炸机飞抵特鲁克，前往“大和”号司令室，向联合舰队司令长官山本五十六大将陈请支援。一见面，辻政信就滔滔不绝地讲了起来，他说光靠一个第8舰队无法保障将需要的陆军兵力送上瓜岛，而且现在平均每天有2艘的美国万吨级运输船（这是瞎扯）到达瓜岛卸下各种物资，每耽误一天就更加增加进攻的困难，因此请求联合舰队全军出动，支援这次运输。

■ 辻政信以他的三寸不烂之舌，说服了大名鼎鼎的联合舰队司令长官山本五十六全力支援陆军十月总攻的承诺，使得准备行动得以较为顺利的进行。

也许是被辻政信的真诚感动了，也许是看到了战局的急迫。山本五十六以1名海军大将的尊严答应了这位大本营参谋的请求。在场的联合舰队参谋长宇垣缠少将也深为感动。在日记里，他记载道：“9月28日，渡边参谋、大前参谋、参谋本部作战课员辻中佐和第17军参谋林中佐等乘坐水上飞机于3时半抵达特鲁克，并登上‘大和’号超级战列舰，和长官讨论作战之相关协定。鉴于陆军一木支队、川口支队攻击失败原因，兵力不充分实乃一大失策。因此，为了运送充足兵员，纵使有万般困难，非得派出6艘高速运输船不可。本次运输船突入不仅得靠我方的航空歼灭战，甚至支援部队的巡洋舰和战列舰对机场的炮击也对运输成功有着不可低估的作用。一旦输送延迟，则整个攻势必将向后推延，加上月龄关系，9月已经多日延迟输送，为了掩护运输船队，我舰队应有付出大牺牲的觉悟。”

接着，渡边参谋和辻参谋一行人再度前往拉包尔，签订陆海军新的协定，决心采取“老鼠运输”、“蚂蚁运输”和高速运输船队三者并用方式，全力进行运输作业，力争打好10月攻势，一举夺回瓜岛。为了保障大规模运输作业的顺利进行，基地航空部队照例对瓜岛展开了大规模航空歼灭战。

浴血长空

前文提到，第21航空战队向东南方面转进后，基地航空部队准备在东南方面展开3个航空战队。

川口支队攻击失败后，奉命增援的各个航空队依次到位：

9月16日，鹿屋航空队轰炸机队和零式战斗机队进驻卡维恩。

9月17日，第3航空队部分零式战斗机机群进驻拉包尔。

9月23日，高雄航空队派遣20架一式轰炸机抵达拉包尔。

在高雄航空队抵达拉包尔的同一天，基地航空部队计划整理属下各个航空队，着令第4航空队和横滨航空队撤回内地重建，千岁航空队派遣队回归原队，高雄航空队暂时归第26航空战队节制。第3航空队接替台南航空队，成为第25航空战队的主力战斗机队。

在兵力部署上，第25航空战队（司令官山田定义少将）和第26航空战队（司令官山县正乡少将）驻拉包尔，第21航空战队（司令官市丸利之助少将）在卡维恩展开，作为总预备队，准备随时增援在一线作战的第25航空战队和第26航空战队。

在使用基地方面，基地航空部队仍只能依靠拉包尔作为主基地，布卡机场只能用作临时机场。为了建立机场网络，布因基地于9月7日开始施工。本来定在9月下旬可以投入使用，但土质恶劣，使机场难以在短时间内投入使用。而且中所罗门地区天气转坏，连降暴雨，机场只能推迟到10月中旬使用。

尽管如此，基地航空部队仍然从9月27日开始对瓜岛进行了大规模航空歼灭战。当

日军在拉包尔展开的基地航空部队可使用飞机数

第25航空战队：

1号零式战斗机（零式战斗机21型）45架、2号零式战斗机（零式战斗机32型）28架、九九式舰载轰炸机5架、九八式侦察机1架、九七式大型水上飞机和二式大型水上飞机共6架。

第26航空战队：

34架一式岸基轰炸机。

天，基地航空部队出动18架一式轰炸机，在38架零式战斗机的支援下，对瓜岛机场进行了猛烈轰炸，遭到美国海军第5战斗机中队、陆战队第223和224战斗机中队的联合拦截，第3守备营E连的高射炮也全力应战。一场激战下来，双方都宣称获得了胜利。日军基地航空部队呈报击落14架“格鲁曼”式战斗机（不确定击落4架），机场3处起火，2架轰炸机和1架零式战斗机没有返航，2架轰炸机迫降，剩余的14架轰炸机全部轻伤。“仙人掌”航空队宣称击落10架敌机，6架F4F“野猫”式战斗机带伤着陆，2名飞行员轻伤。第3守备营E连消耗282发90毫米高射炮弹，宣称击落1架一式轰炸机。

28日，基地航空部队如法炮制，又出动27架一式轰炸机和42架零式战斗机发动更大规模的空袭，结果和“仙人掌”航空队爆发了更为激烈的空战，5架轰炸机被击落，2架在返航途中迫降或坠海，1架返回拉包尔的轰炸机因伤势过重而报废，剩余的19架轰炸机也全都带伤返航，部分需要大修。担任护航任务的零式战斗机队也有1架被击落，4架轻伤。相比之下，“仙人掌”航空队仅有陆战队第231侦察轰炸机中队的1架SBD被击落，5架F4F受创，损失轻微。

在连战连胜的同时，瓜岛也迎来了一批新援军——第71侦察机中队的6架SBD式俯冲轰炸机和第7鱼雷机中队的4架TBF“复仇者”鱼雷机在第71侦察机中队长外号“约翰大叔”的约翰·埃尔德里奇少校的带领下，飞临瓜岛，加入“仙人掌”航空队。

相对美军轻微的损失和不断的补充，连续蒙受巨大损失的日军基地航空部队却有些吃不消了。看来，常规护航轰炸战术对付瓜岛航空兵显然不奏效。于是，基地航空部队连夜组织对旧战术进行检讨，大家认为战斗机和轰炸机联合轰炸的战术容易使美军战斗机以逸待劳，从容迎战，因此决定改变战法。以轰炸机在前方实施佯动，诱引敌战斗机升空，接近瓜岛时虚晃一枪，掉头返航。然后由第一队战斗机冲入，歼灭在机场上空待机的美军战斗机。最后，再由轰炸机突入机场强行轰炸，第二队战斗机进行第二回扫荡。此战法称之为双波次打击。

不过，眼下战斗机和轰炸机数量都不足，只能利用1队轰炸机进行引诱，然后战斗

■ 描述零式战斗机和“野猫”式战斗机在瓜岛上空展开空中格斗的油画。

机队冲进机场上空歼敌的单回合诱敌进攻战法。

9月29日，基地航空部队采取新战法。9架担任诱敌任务的轰炸机接近瓜岛45海里时突然掉头返航，跟进的第3航空队和鹿屋航空队的27架零式战斗机当即冲进机场上空。然而，瓜岛机场上空的浓云却使19架零式战斗机没有发现目标。结果，发现敌机的8架零式战斗机却不幸冲进了F4F机群中央。美机仰仗数量优势，将零式战斗机杀得四散奔逃。最后有2架零式没有返航，2名飞行员阵亡，2架零式战斗机迫降后因伤势过重完全报废。美军付出的代价仅仅是1架F4F被击落，1名飞行员阵亡，新战术初战失利。

接下来，瓜岛地区连日暴雨，天候恶劣。基地航空部队只得停止作战。

10月2日，趁着天气放晴，海军基地航空部队再次对瓜岛实施诱敌进攻战术。这天，领衔出击的是第6航空队的飞行队长小福田租大尉带领基地航空部队的两大超级王牌部队——第6航空队和台南航空队共36架零式战斗机前去瓜岛。同时，三泽航空队也派出9架一式轰炸机飞在零式战斗机队前方，引诱美军战斗机上钩。这次行动因天气良好和轰炸机队的逼真引诱，让整个攻击队成功捕捉到瓜岛上空待机的30多架F4F式战斗机。在小福田大尉的带领下，第6航空队和台南航空队完全发挥了零式战斗机的优异性能，第一次将“仙人掌”航空队打得没了脾气。结果，“仙人掌”航空队共有6架F4F被击落，4名飞

■ 零式战斗机和“野猫”之间的激烈格斗。

行员阵亡。返航途中，第6航空队又撞上了刚完成外海侦察任务、正朝瓜岛返航的2架SBD(分别隶属于第71侦察机中队和第141侦察轰炸机中队)。于是，零式机再度突袭，将2架SBD击落，4名美军机组人员全部阵亡。除了损失8架飞机外，美军还有3架F4F受到重创，其中2架伤势过重不得不报废。相对美军的惨重损失，日军付出的代价却极为微弱：第6航空队只有1架零式战斗机被击落，1架零式战斗机返航后因伤势过重报废，1名飞行员阵亡。台南航空队1架零式战斗机迫降后重伤报废，无人伤亡。这次战斗是日军基地航空部队在整个战役中对瓜岛美军陆基航空兵获得的最大胜利。

10月3日，基地航空部队再接再厉，出动27架零式战斗机组成攻击队，15架一式轰炸机组成诱敌队。然而，瓜岛上空的云量高达9/10，鹿屋航空队伊藤俊隆大尉带着6架零式战斗机陷入浓云的包围，没有发现美机。而升空参战的“野猫”机群除了超级王牌马里昂·卡尔上尉带领的4机小队外，也都在云中瞎转，同样没有发现日机。战斗就在21架零式战斗机和4架“野猫”之间展开。卡尔小队利用浓云和以逸待劳的优势，接二连三地发动突袭，不断击落零式战斗机，自己却毫发无损。战至正午，没捞到任何便宜的伊藤大尉只得下令撤退。这次混战，基地航空部队一共有8架零式战斗机没有返航，2架返航的零式战斗机因伤势过重报废，飞行员阵亡失踪达6人之多。相比之下，卡尔小队安然无恙，美军以零伤亡的代价，畅快淋漓地报了昨天的一箭之仇。

福无双至，祸不单行。当天护卫“日进”号的行动，又使第2航空队损失了6架零式战斗机和6名飞行员，加上鹿屋航空队的损失。一天下来，基地航空部队总共丧失16架零式战斗机！这是瓜岛战役中，日军基地航空部队零式战斗机遭受的最大单日损失。

在不知不觉间，瓜岛的天空已经被双方飞行员的鲜血染红。同样，地面战斗也逐渐呈现白热化。

得不偿失

在血岭之战结束后，得胜的陆战1师并没有沉浸在胜利的喜悦中，而是迅速派出陆战1团1营2个连的兵力追击川口支队。在血岭以南约2700米附近的森林中，1营遭遇了刚刚从机场附近撤下的黑木中队和石桥中队。结果，被田村大队击退，阵亡1人、负伤2人。接着，田村大队又向1营两翼迂回，试图夹击美军。好汉不吃眼前亏，克雷斯维尔中校不敢恋战，立即下令1营迅速回撤，避免了无谓的损失。

9月17日，克雷斯维尔中校又领着1营营部、A连、B连和C连1个排组成特遣队，向南出发，浩浩荡荡再度找日本鬼子的茬。13时30分，两军狭路相逢。一开战，川口支队的表现和血岭之战判若两人。经受血岭打击的川口支队在青叶支队的增援下，不仅顶住了美军正面进攻，而且先前在血岭蒙受惨重损失的124步兵联队1大队反过来把B连1个排包了饺子。接着，战斗性质发生了变化，由原先的追击战变成了解围战。然而，无论美军怎么努力，就是没法打开突破口，救出被困的友军。看样子，日本人是拼了命也要吃掉这个排，为血岭阵亡的将士报仇。为了避免遭到进一步损失，范德格里夫特于16时命令克雷斯维尔中校放弃救援，撤出战场。黄昏时刻，1营回到防线。一点人才发现，整整18人失踪，克雷斯维尔的心马上凉了半截，全军士气也受到了很大的影响。1个星期后，马里昂·法维希克特少校带领第3支巡逻队搜索战场时，才发现失踪的18名官兵全部阵亡。

但是这个影响仅仅持续了1天就烟消云散。

9月18日，陆战1师的老部队——陆战7团(4262人)终于回到陆战1师的怀抱。这支装备精良、训练有素的部队是陆战1师自开战以来最精锐的部队(甚至比陆战1团还要出色)。

得到陆战7团的增援，范德格里夫特第一次感到羽翼丰满。他的兵力已增加到10个陆战步兵营(陆战2团1营也调到瓜岛驻防，接替第1伞兵营)，1个突击营和1个几乎满员的守备营。这些兵力还得到了4个炮兵营、1个坦克营的有力支援。现在，他可以按照自己的计划来行动了。

更令人兴奋的是，“仙人掌”航空队的常备兵力也达到了60架飞机，不仅可以有效打击空袭亨德森机场的基地航空部队，而且还能为陆战1师的进攻和防御提供卓有成效的空中支援。

9月19日，范德格里夫特下达11-42号作战命令，进一步完善了隆加环形防线：在隆加角面向大海一侧部署第3守备营海岸炮兵连。整条防线划分为10个防区，由7个陆战步兵营负责，并由空、炮火力支援，同时保留1个加强陆战团充当预备队，随时准备向最受威胁的地方增援。

在具体的防线部署上，赢得了特瑙鲁河口之战胜利的范德格里夫特看到了河流的天险作用，更是因为从这次战斗中尝到甜头，于是决定集中兵力向西发展，拿下马坦尼考河一线，把它作为防线西面的边界，同时向东，把防线扩展到伊鲁河沿线。对于陆战1师而言，向西发展更有意义，因为马坦尼考河一线制高点较多，不仅利于防守，而且远程重炮可以对亨德森机场进行覆盖射击，对机场威胁很大。要消除这个威胁，陆战1师必须抢先下手。

血岭之战结束1周后，陆战1师继续沿防线侦察，结果发现在防线东南面完全没有日军活动的迹象(事实也的确如此，川口支队自血岭战败后，奉17军之命向马坦尼考河一线转移，试图在马河西岸建立新的防线)。在西南和南面，日军的活动零零星星。在隆加河上游的丘陵地带，偶尔还会看到川口支队的散兵在防线附近徘徊不去，寻找他们的战友。不过，在西面和西北两面，陆战队巡逻队却发现了日军积极活动的迹象。接到这个报告，陆战1师情报主管巴克利中校很自然地回忆起了特瑙鲁河与血岭之战前的预兆。显然，日军在西北方向的积极活动，暗示了他们下一次的主攻方向！——这回，陆战1师猜得很对。

川口支队也没有闲着。9月18日，川口支队本部（国生大队、渡边大队和田村大队）历尽艰辛，终于来到马坦尼考河西岸地带，和冈部队会合。同一天，川口支队长下令第124步兵联队在冈明之助大佐的带领下，在马坦尼考河左岸集结。第4步兵联队以一部兵力确保塔萨法隆加角，主力在克鲁斯角集结，保障后方交通线的安全。不过，在支队最右翼的熊大队在缺粮少弹的情况下，撤退过程异常艰辛。9月23日，通过无线电联络，川口少将得知熊大队走到隆加河上游附近终于断粮，濒临饿死状态。于是，川口支队长赶紧派出124步兵联队5中队携带口粮接应。

另外，日军的增援部队的确在源源不断地到来。9月底，第4步兵联队第1大队和联队本部登上了瓜岛。此外，大约600名124步兵联队的补充兵也踏上了瓜岛，为失血过多的124步兵联队1大队及时补充了新鲜血液。

不过，这些增援并非一帆风顺，日军驱逐舰不断遭到“仙人掌”航空队的袭扰。9月21日夜，“阳炎”号驱逐舰在加明博湾卸下部队时，遭到多架从亨德森机场起飞的战斗轰炸机的轰炸和机枪扫射。3天后，“浦风”号和“海风”号2艘驱逐舰又在同一地点遭到美军飞机的轰炸和机枪扫射，双双受损。

尽管如此，日军还是隐蔽地逐渐集结起强大的兵力。

美军方面，虽然不断和日军小股部队取得接触，同时侦察队通过不断巡逻也获得了很多敌情资讯，但始终没法弄清完整的敌情态势。实际上，日军主力登陆点——加明博湾，离隆加防线很远，美军侦察队难以深入巡逻，因此未能发现对手。另外，瓜岛大部分地段都覆盖着浓密的热带雨林，空中侦察也难以发现在丛林中集结的日军。

在没有发现日军主力集结的情况下，陆战1师决定对威胁方向最大的马坦尼考河一线发起攻击，歼灭久踞此地的日军瓜岛守备队的同时，顺便将防线向前推进到马坦尼考河一线。

美军计划分两个阶段对马坦尼考河一线发动进攻：9月23日到26日，陆战7团1营对马姆布洛到库库姆博纳之间高地群发起攻击。接着，第1突击营乘坐登陆艇出发，海上机动到日军防线背后，攻占库库姆博纳，协同正面进攻的大军，前后夹击，彻底夺取马坦尼考河西岸狭长地带，整个计划完全是第1次马坦尼考河战斗的翻版。所不同的是，美军这次的对手不是预想中的海军瓜岛守备队，而是老对手——川口支队。

9月23日，陆战7团1营从防线越出，向西发起攻击，最初进展顺利。与此同时，日军第124步兵联队第5中队也和熊大队会合，第2大队负责掩护熊大队的后撤。因此在第一天内，双方没有接触。然而，2大队毕竟战斗力不强。在发现美军行动后，第124步兵联队长冈明之助大佐命令左岸的第3大队派兵渡过马坦尼考河，阻击东岸推进的美军。

9月24日正午，12中队刚一渡河就和7团1营先头部队迎面相遇，激战2小时，1营蒙受了很大的损失：13人阵亡、25人负伤。傍晚，1营营长里维斯·普勒尔中校见久攻不下，只得率部暂时和川口支队脱离接触。25日，1营一边准备向后转运伤员和阵亡人员的尸体，一边呼叫空中支援。在“仙人掌”航空队的轰炸和低空扫射下，12中队也巧妙地撤出了战场，向西岸转移。

■ 陆战7团1营营长普勒尔中校。

这个时候，范德格里夫特才发现原来日军的战斗力也是很强的。这一仗下来，不说负伤25人，就是转运这些人员到后方就需要75名担架兵和护卫兵。而且，当他们抵达后方时，也已筋疲力尽，无法在短时间内投入战斗，眼看着1营的兵力要被减少100人。范德格里夫特有点想打退堂鼓。不过，他还是相信普勒尔中校，毕竟他在太平洋战争爆发前，曾参加过尼加拉瓜战争，是陆战队中不可多得的丛林战老手。考虑再三，范德格里夫特还是决定把指挥权下放给普勒尔，由他决定撤还是攻。

22时30分，普勒尔中校向范德格里夫特提出了增派担架兵、水和空中支援的请求。至于撤与攻，他认为应视明早的攻击情况而定。

9月25日5时，范德格里夫特派出了第二批援军——陆战5团2营 (营长里维斯中校)。8时45分，陆战5团2营向普勒尔中校报到。得到援军，普勒尔决定继续进攻，不过在继续进攻前，普勒尔决定调整部署，命令A连、B连掩护伤患返回防线。C连和营部、陆战5团2营集合起来组成特遣队，继续向西推进。当夜，特遣队抵达马坦尼考河东岸，短暂休整，第一阶段战事结束。

9月26日清晨，特遣队前进至马坦尼考河口，向北朝着海岸公路前进。14时，当特遣队推进至河口以南几千码的河谷时，突然遭到撤至马坦尼考村附近的日军第3大队迫击炮群轰击。接着，美军又遭到9中队的顽强抵抗。虽然陆战5团G连一部在E连的机枪火力掩护下，巧妙接近至河口，但试图渡河时却依旧遭到猛烈的机枪火力拦阻，除了少量勇敢的战士冲上对岸外，大部分士兵仍被压制在东岸。战至16时，特遣队的伤亡竟然增加到25人之多！日军凭借着地利优势，顶住了特遣队的攻势。在没有进一步增援的情况下，特遣队无论如何也突破不了日军防线，于是普勒尔又向范德格里夫特求援。

接到求援报告，范德格里夫特别无选择，只能下令原本突击库库姆博纳的第1突击营，转向马坦尼考河方面，从距河口2000码的中游隐蔽渡河，包抄日军右侧翼，协助正面进攻的普勒尔打开僵局。

与此同时，普勒尔带领特遣队继续进行正面强攻，吸引日军主力，配合突击营行动。为了这次突破，"仙人掌"航空队奉命倾尽全力支援。同时，炮兵也向前推进到隆加河西岸，尽最大努力为陆战队提供炮火支援。

9月27日早晨，突击营先头部队悄悄接近了预定渡口。突然间，东岸附近高地出现异动，老对手——第12中队又来了！刹那间，突击营就遭到了猛烈的迫击炮和机枪火力拦阻。一时间暴露的第1突击营伤亡惨重，营长格里夫斯上校中弹负伤，副营长贝利少校更是当场阵亡！更为糟糕的是，河对岸也响起了机枪射击声，密集的火力完全封锁了所有前进的道路。突击营心有不甘，连续组织小群攻击，均被12中队粉碎。

一时间，渡河作战陷入了危局。令人不解的是，一线进攻全面受挫的同时，陆战1师师部却接到了突击营进展顺利，目前已过河朝马坦尼考村推进的战情报告！兴奋的范德格里夫特马上派出第三路大军——陆战7团1营A连、B连 (在副营长罗格斯少校指挥下) 乘坐登陆艇，机动到库库姆博纳，在驱逐舰"巴尔拉德"号的炮火支援下，抢滩登陆。接着，全军向东奔袭，协同突击营和特遣队，围歼盘踞在马坦尼考河左岸之敌！这完全是个不切实际的行动，但在情报混乱且未经证实的情况下，居然实施了！

A连、B连刚一出发，基地航空部队就对陆战1师师部周围地区进行了猛烈轰炸，导致无线电联络中断了好几个小时，而且预定为

■ 沿马坦尼考河上游推进的陆战7团官兵。

登陆行动提供炮火支援的“巴尔拉德”号驱逐舰却连个影子都没见！尽管如此，A连、B连在13时15分未遇任何抵抗，即在库库姆博纳登陆。接着向内陆推进约500码，接近山脊时，突然遭到猛烈的迫击炮火力轰击，冲在最前面的副营长罗格斯少校当场被炸死，B连连长考克斯上尉也被炸成重伤。与此同时，第124步兵联队长冈明之助大佐得知美军登陆的消息，异常震怒！立即命令协助熊大队后撤的8中队出动，奔袭库库姆博纳，要不惜一切代价，吃掉这支孤军，要报在血岭的一箭之仇！在中队长龟井正行中尉带领下，8中队迅速出发。

虽然如此，A连、B连还是抢在8中队赶到前，占领了山脊主峰84高地，组织环形防线，准备死战到底。不久，第8中队赶到战场，在大队炮小队的炮火支援和掷弹筒的疯狂射击下，美军防线硝烟滚滚。接着，8大队向84高地发起冲击，A连、B连仅携带了1门迫击炮和50发炮弹，无线电台也没带来。这是美军第一次在战斗中觉得自己是那么的无助。

与此同时，陆战5团2营也在马坦尼考河口连续发起攻击，除了损兵折将外，一无所获。突击营在中游的迂回行动也陷入了僵局。处境最糟的是穿插到敌后的A连、B连。本来他们是作为奇兵出动，结果却陷入了孤军奋战的境地。可能天无绝人之路，就在A连、B连陷入困境的时候，第231侦察轰炸机中队的戴尔·莱斯利中尉驾驶的SBD从山脊上空飞过，突然间看到了下面用白色布条标识

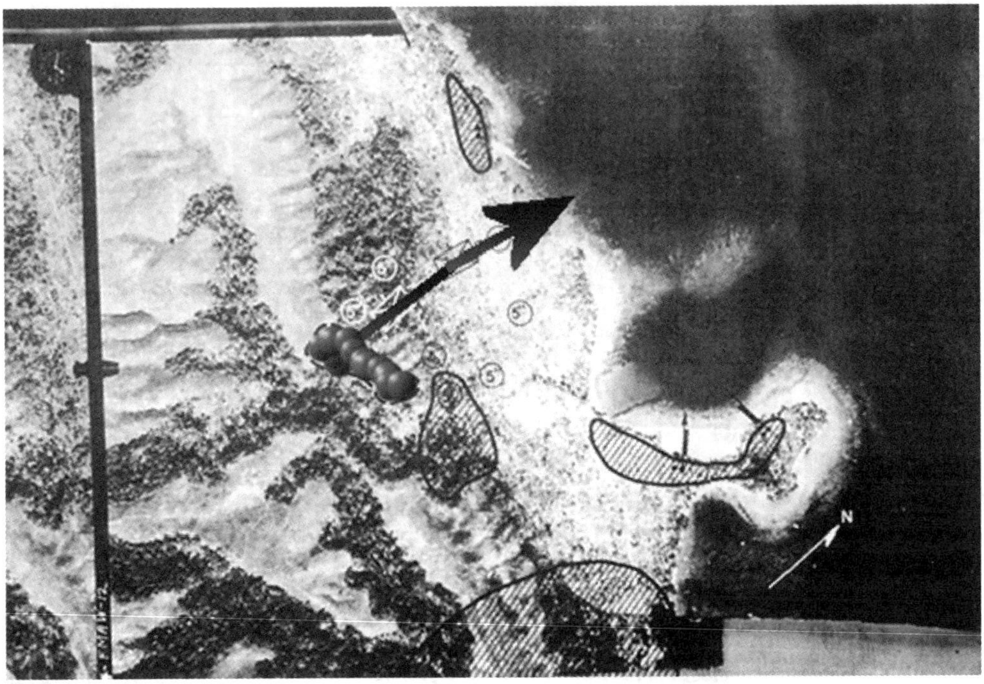

■ 在航拍照片上显示的被围美军的具体位置。

■ 描述美军A连、B连狼狈撤退到岸边的油画。

的对空识别信号：“求援!”（H－E－L－P）于是，他通过无线电和陆战5团取得联系，报告了这个情况。

事不宜迟，陆战7团1营营长普勒尔立即返回隆加防线，把真实的战场情况上报，并请求带人接应A连、B连的撤退，范德格里夫特照准所请。于是，普勒尔带着1个连的人马，乘坐驱逐舰“蒙森”号匆匆出发。

这时，A连、B连顽强抵抗，一次次粉碎日军的进攻，守住了84高地。可是，日军也不愚蠢，虽然吃不掉美军，但他们很聪明地切断了山脊和海岸线之间的联系，企图通过困守的方式，困死美军。要突围打到海岸就必须得到舰炮火力的密切协同，可没有联络，舰炮火力如何支援？在这个危难的时候，海军士官罗伯特·莱斯布洛克中士（事后被授予海军优异服役十字勋章）自愿出发，他携带着电台，隐蔽穿过日军防线，来到了山脊，和A连、B连顺利会合。接着，在“蒙森”号舰炮和陆战11团2营的炮火掩护下，A连、B连以B连在前，A连在后，实施突围。途中，遭到日军拼死抵抗，奋力突破日军防线后，日军又组织兵力继续追击。这时，A连的马林诺夫斯基上士自愿留下断后，他用勃郎宁自动步枪和手榴弹一次次地将冲上来的日军打倒，成功地掩护全军撤到海岸。可是，英勇的马林诺夫斯基上士却没能撤出，他在最后的战斗中被日军狙击手夺去了生命。事后，美国海军为了表彰他的功绩，追授他海军优异服役十字勋章。

虽然撤到了海岸，但并不意味着A连、B连的厄运就此结束。尽管马林诺夫斯基上士英勇阻击，日军仍有部分兵力打到了海岸。接着，他们朝撤到登陆艇上的陆战队猛烈开火，不少操纵登陆艇的美国海岸警卫队员和海军水手中弹。在这个危难的关头，陆战队第231侦察轰炸机中队的戴尔·莱斯利中尉再显英雄本色，他驾驶着SBD贴着海岸朝暴露的日军一遍又一遍地轰炸扫射。在SBD的掩护下，A连、B连以最快的速度乘坐登陆艇撤回了驱逐舰，终于结束了这次噩梦般的经历。本次战斗，2个连共付出了24人阵亡、23人负伤的惨重代价，却对整个作战毫无贡献，可以说这47名美军的鲜血都白流了。不过，日军第8中队为了这次胜利，也付出了中队长龟井正行中尉以下37人阵亡的代价。

A、B连撤退后，普勒尔特遣队和第1突击营也停止了进攻。持续4天的第三次马坦尼考河战斗，陆战1师阵亡60人，负伤100人，美军完败。

在84高地，胜利的第124步兵联队2大队官兵打扫战场，他们共清点到30具美军尸体，并缴获了15支步枪和3挺机枪。消息传到拉包尔，第17军司令部和联合舰队都感到很欣慰。长久以来的瓜岛战斗，帝国陆军终于赢了一次，暂时扫除了一木支队先遣队和川口支队惨败的阴影。

9月28日，第17军向川口支队通报嘉奖，同时要求川口支队立即夺回马坦尼考河口右岸地带，陆军准备于10月8日在右岸摆开炮兵，轰击亨德森机场。

然而，血岭大战和第3次马坦尼考河两仗打下来，川口支队共阵亡633人、负伤505人。除了战斗伤亡外，因饥饿和疟疾患病的官兵达1200多人，近三分之一死亡。总的来说，第4步兵联队战斗力被削弱了三分之一，第124步兵联队战斗力减半，熊大队完全丧失了战斗力。在这种情况下，向美军实施主动反击根本不现实。于是，川口支队长只得将实情向军司令部汇报，认为以现有兵力夺回右岸困难重重，压制射击更是痴人呓语，并告之支队已向左岸转进。

看到这封电报，上至参谋本部，下到17军立刻炸开了锅！川口打了胜仗，为什么不继续扩大战果？于是，参谋本部作战课长服部卓四郎大佐和17军参谋长二见秋三郎少将一致回电，严令川口支队务必于29日清晨夺回马坦尼考河右岸地区。

于是，川口支队长下令冈部队夺回右岸地区，中熊步兵第4联队于左岸反击美军登陆，冈部队于夺回右岸阵地后，采取准备随时增援的态势。接命后，冈部队于10月3日展开反击，经过激战，成功夺回一本桥东岸和马坦尼考河口右岸地带。

这样，双方又回到了血岭之战前的态势。

尼米兹来到瓜岛

随着瓜岛战役的全面展开和战役的长期化，不仅连续战败的日军感到胆寒，就连美军也有很深的畏难情绪。瓜岛能否守住，成了整个美国军方关注的焦点。

9月27日，美国陆军航空兵司令哈普·阿诺德上将作为参谋长联席会议代表飞赴太平洋舰队司令部，和太平洋舰队总司令尼米兹上将、南太平洋战区司令戈姆利中将会晤。结果，他发现前线指挥官对局势的看法分为两派。戈姆利对瓜岛战局的看法很悲观，认为仅凭1个师的陆战队，守住亨德森机场并非易事。为此，阿诺德又特别征询了西南太平洋战区总司令麦克阿瑟上将的看法。他大概是被南海支队在欧文斯坦利山脉的左冲右突给吓着了，堪称精锐的澳大利亚陆军都打不赢，难道陆战队就那么勇猛？因此，麦帅对瓜岛战役的进展更是不断地泼冷水。在他看来，虽然陆战1师连续打退了日军2次进攻，但都是规模不大的局部战斗。若17军全体上阵的话，瓜岛就岌岌可危了，还是见好就收为上。但太平洋舰队总司令尼米兹上将却不同意这种看法，他认为日军为了夺回瓜岛，已经消耗了大量的人力物力。更重要的是，日军的兵员、舰艇特别是飞机的损失速度远大于补充。相反，盟军实力雄厚，兵力和物力正源源不断地用于瓜岛方面。只要陆战1师能再坚持一阵，形势必然会得到扭转。

听取了两方面的报告，阿诺德更是忧心忡忡。他告诉尼米兹，欧洲战场连连告急，英国人已经筋疲力尽，英国首相丘吉尔多次给美国施压，不同意美军抽出兵力去争夺这个微不足道的小岛，而罗斯福总统也正处在左右为难的境地。因此，现在是关键时刻，回去以后，他会尽力说服参谋长联席会议支援瓜岛，但前提是陆战1师必须守住瓜岛，否则一切无从谈起。

尼米兹请阿诺德放心，他将亲自去一趟瓜岛，了解情况，鼓舞士气，相信陆战1师决不会辜负参谋长联席会议的期望。

9月30日正午时刻，尼米兹上将乘坐1架“卡塔林娜”水上飞机从珍珠港突然飞临南太平洋战区司令部所在地——努美阿。当他提出要前往瓜岛的时候，接替麦凯恩少将担任南太平洋航空部队司令的菲奇少将给他们提供了1架B-17“空中堡垒”轰炸机。

驾驶飞机的是1名年轻的上尉飞行员，由于这次行动是临时决定，因此他没带所罗门群岛航空图就起飞了。起飞前，他对负责尼米兹安全的拉马尔上尉说道：“别担心，这条航线我不知飞过多少次了，闭着眼睛都能摸到瓜岛。”

16时，B-17临近瓜岛时却偏偏碰上了雷暴雨。茫茫云海，完全遮住了飞行员的视线，飞机无法着陆，只能在云层上瞎耗。拉马尔十分烦躁，一个劲地指责飞行员粗心大意，盲目自信。

但是尼米兹制止了拉马尔，安慰地说道：“别着急，再想想办法。”

这时，有人想起随行人员中可能带有《国家地理》杂志，上面有南太平洋插图，大家马上分头去找，终于找到了。就这样，“空中堡垒”在倾盆大雨中找到了机场，几经波折，终于安全地在亨德森机场降落。

此刻，同行的参谋无不捏着一把汗，尼米兹上将却从容地披上雨衣，精神抖擞地走下舷梯。在跑道边上，范德格里夫特早已在雨中恭候多时，两双大手握在了一起。

接着，在范德格里夫特的陪同下，尼米兹冒雨视察飞行指挥部和一线阵地，慰问了一线苦战的陆战队员和陆战队第1航空联队的飞行员们。看到总司令亲临一线视察，陆战1师的士气陡然高涨！

傍晚，大暴雨仍然下个不停。范德格里夫特在师部举行了一个简单的酒会，欢迎尼米兹一行。随后，两人避开手下参谋，进入指挥帐篷，单独交换意见。

“范德格里夫特，我这趟没白跑”尼米兹说，“陆战1师固守机场的决心令我十分感动”。

“说实话，守住机场没什么问题。恕我冒昧，在努美阿，不愿拿自己船只冒险的长官实在太多了。而日本人却远比我们勇敢……我一忍再忍，也不宽恕南太平洋舰队司令部的悲观态度。陆战1师身陷重围，孤军奋战，且取得了一次又一次的胜利，海军为什么总是怕字当头，缩手缩脚？”

尼米兹无言以对，最后只好表态说他将尽快催促戈姆利派出舰队，支援瓜岛守军。

第二天早上，尼米兹冒着蒙蒙细雨，为陆战1师有功官兵授奖。授奖仪式结束后，按照预定计划，尼米兹就要离开瓜岛。2辆吉普车送尼米兹一行人赶往机场，谢天谢地，这

■ 尼米兹为第1突击营的有功之臣授勋。

时基地航空部队没有来轰炸机场。但连下2天暴雨后，没有铺盖带孔钢板的跑道都变成了沼泽。飞行员和乘客看到这样泥泞的机场，几乎没有一个不发愁的。为了保证起飞安全，范德格里夫特要求尼米兹及随行人员分乘2架B-17“空中堡垒”，这样可以减轻飞机起飞时的负荷，安全系数大一些。

尼米兹上将神情坦然地爬进飞机，坐在视野良好的飞机头部。拉马尔赶紧跟着爬了上去，请求将军坐在后机舱，尼米兹没有理睬自己的副官，他想看看一路上的岛屿和地形。

飞机很快发动引擎，加大油门向前滑行。跑道尽头是马坦尼考河支流陡峭的悬崖。如果不能顺利起飞，势必一头栽进湍急的河水里，机毁人亡。飞机轮子溅起一路泥浆，飞行员见快滑行到尽头还没有腾空，立刻关闭引擎紧急刹车。机上的人吓得闭上了眼睛，手心冰凉，刹车后的机身仍然沿着潮湿的跑道缓缓滑动。驾驶员满头大汗地操纵着不听话的飞机，终于横在陡峭的悬崖边上不动了，好险!

范德格里夫特瞠目结舌，心几乎跳出嗓子眼，老半天才醒悟过来，急忙派1辆卡车赶过去，把飞机小心翼翼地拖回跑道。尼米兹将军镇定地爬出飞机，说：“看样子是上帝留我们吃午饭，那就不客气了，吃了饭再走。”

牛毛细雨不再下了，太阳钻出云层，地面开始变干。飞行员催促大家抓紧时间登机，太平洋舰队司令部人员匆匆登上飞机。机场上刮起热烘烘的大风，飞机迎风发动引擎，顺利地起飞了。

10分钟后，第二架载着参谋人员的飞机也腾空而起，消失在云端。

9月就这样结束了。随着10月的到来，日军首先加快了作战准备和运输作业。烽火连天的时刻马上就要到来。

砸鼠窝

经历了连续10天的月明条件后，联合舰队于10月1日决定恢复了“老鼠运输”。为了抢回失去的时间，联合舰队计划从1日开始每天出动6艘次驱逐舰进行“老鼠运输”。“日进”号计划在10月3日和10月6日进行两次运输。高速运输船队计划在10月11日实施运输。

为了保障高速运输船队的安全和策应17军总攻，更为了实践对陆军许下的承诺，联合舰队司令长官山本五十六大将于10月4日下达了联合舰队第25号作战命令，着令全军出动，支援运输作业，并配合陆军全力打好10月攻势。

10月1日，第11驱逐战队（“初雪”号、“白雪”号、“吹雪”号、“丛云”号）运载着青叶支队司令部以下80人，以及粮秣、海军TM短移动电信器，在泰保岬登陆，揭开了10月大运输的序幕。同一大，布因基地好不容易投入了使用，第6航空队立即进驻，并开始活跃地出击。

第二天，借着基地航空部队取得的大胜，第9驱逐战队（“朝云”号、“夏云”号、“峰云”号）和第2驱逐战队（“春雨”号、“村雨”号）运载着250名陆军士兵成功登陆瓜岛。

10月3日，轮到“日进”号运输。基地航空部队当天再次集中兵力对瓜岛进行战斗机扫荡，虽然损失惨重，但也遏制了瓜岛美军航空兵的活跃。此外，驻布卡的第2航空队不顾航程大，滞空时间长的危险，共出动32架零式战斗机进行空中掩护。驻肖特兰的日方面航空部队（即第11航空战队）更是出动水上侦察机8架次、水上战斗机2架次全力护卫。为此，第2航空队付出了巨大的代价。执行最后一班护卫任务的6架零式战斗机一直在“日进”号上空逗留到夜幕降临，才撤出战场，结果在返航途中迷航，全体失踪！

在海军飞机的掩护下，在“野分”号、“舞风”号护卫下的“日进”号运载第2师团长以下231人，150毫米榴弹炮4门、野战炮2门、牵引车3辆、特大机艇2艘、大型机艇4艘等，在塔萨法隆加角成功登陆。此外，第19驱逐战队（“浦波”号、“敷波”号）和第15驱逐战队（“亲潮”号、“黑潮”号、“早潮”号）也在当天将472名陆军官兵和31吨粮秣运上了瓜岛。

当时，日军在瓜岛主要有3个登陆点，泰保岬、塔萨法隆加角和加明博湾。泰保岬是日军登陆机艇藏匿地，登陆点良好，但通往内陆的路况太差，加上距离较远，不利于集结和攻击。相反，塔萨法隆加是最适合集结兵力和囤积粮弹之地，但不利于隐匿登陆

■ 日军“老鼠运输”的出发地——肖特兰湾。

日本联合舰队第25号作战命令

1.瓜岛方面，我陆军兵力正逐步增加中。高速船队预定在X日（预定10月14日）突入瓜岛，并结束输送任务，Y日（X+6日）开始总攻击。X日和Y日待随后指示。

2.联合舰队按下述行动和陆军协同，夺回瓜岛基地，扫荡敌陆上兵力，并歼灭敌舰队。

（1）强化瓜岛基地空袭，陆军重炮和舰炮对瓜岛基地实施攻击，歼灭敌航空兵力，并破坏敌基地设施。

（2）强化轻快舰艇（“老鼠运输”）和舟艇机动（“蚂蚁运输”）的输送。

（3）压制瓜岛敌机，护送陆军运输船在瓜岛急速登陆。

（4）阻止敌增援。

（5）完成作战准备，陆海协同，夺回瓜岛。

（6）联合舰队海上兵力大部向所罗门群岛方面集中，准备捕捉歼灭敌舰队。

3.兵力部署：

	兵力	任务
主队：	“大和”号、“陆奥”号战列舰、第9战队、第7驱逐战队	在特鲁克待机
前进部队：	第2舰队、第2航空战队、第2驱逐战队	1.瓜岛方面作战协力 2.瓜岛基地的炮击 3.歼灭敌增援部队和舰队
机动部队：	第3舰队（第2航空战队）	1.歼灭敌增援部队和舰队 2.所罗门群岛东方海面哨戒
基地航空部队：	第11航空舰队（一部） 第21航空战队（一部） 第23航空战队（一部） “矢风”号	1.歼灭瓜岛敌航空兵力 2.索敌哨戒、上空警戒。 3.歼灭敌增援部队和敌舰队
外南洋部队：	第8舰队 第6战队 第3、4水雷战队 第4、6驱逐战队	1.对瓜岛输送，歼灭敌舰队 2.护卫运输船队登陆 3.夺回瓜岛基地 4.扫荡残敌

4.作战要领：

侦察

基地航空部队

基地	侦察范围
拉包尔	南到东南偏东，700海里
卡维恩	东南到东北偏东700海里
肖特兰	东南到南，600海里
马绍尔方面	西南到南方，700海里

R方面航空部队

因迪斯彭萨贝尔环礁配置潜艇，为往来水上飞机进行燃料补给。X－3日到X+1日之间，Y－2日到Y+3日之间，R方面航空部队对东方海面300海里范围实施哨戒。

东方哨戒队

“国川丸”和护航驱逐舰编入第3舰队，于X－1日到X+1日，Y－2日到Y+3日之间，在圣克鲁斯群岛东北海域之东方到东南哨戒。

先遣部队

潜艇2艘于X－2日和Y－2日到格拉锡澳萨湾侦察，X－1日和Y－1日对其实施炮击。潜艇1艘于X+1日于因迪斯彭萨贝尔环礁水上侦察机基地任务完成后，前往美军恩代尼水上侦察机基地进行侦察。

潜艇使用方法

担任警备补给的潜艇于9月30日返回特鲁克，抽调6艘编成甲支队，配备在瓜岛南方水域。同时，派遣1艘潜艇侦察格拉锡澳萨湾。

返回特鲁克和内地进出之潜艇，于第2师团总攻期间协同出击。先前编入外南洋部队之“伊1”、“伊2”、“伊3”号等3艘潜艇，回归先遣部队。Y日前，潜艇乙支队编成，计划在本次作战将潜艇全部投入。

5.支援部队的配备

支援部队于X－4日从特鲁克出击，担任前记任务。前进部队前往瓜岛北方，机动部队在东方占位，补给舰在赤道附近待机。

驱逐舰2艘于Y日奇袭格拉锡澳萨湾之敌水上飞机基地。

6.敌航空兵力压制

基地航空部队最大限度地集中兵力实施航空歼灭战，应尽速完成布因基地的整备工作，第2航空战队务必协力。

基地航空部队、外南洋部队实施夜间攻击。

X－2日第3战队、X－1日外南洋部队巡洋舰对瓜岛机场实施炮击。第11战队和其他巡洋舰视情况予以反复轰击。

希望陆军于9日起开始对瓜岛飞行场实施炮击。

7.增援输送

驱逐舰输送和舟艇输送连续进行，其间“日进”号输送重武器，X－1日高速船队果断进行输送作业。

敌增援阻止

除了上述采取基地航空部队和潜艇努力阻止敌增援外，外南洋部队也应果断突入隆加泊地，捕捉歼灭敌增援部队。

8.总攻击时的支援

(1) 东南方面部队在第2航空战队的协力下，夺取瓜岛制空权。外南洋部队主力对瓜岛机场实施炮击。敌飞行场夺取后，直接接近岛屿，协同陆军作战，捕捉歼灭敌残存舰艇。

(2) 支援部队于所罗门东方海域，攻击敌增援舰队和增援部队，在基地航空部队哨戒的协同下，全力支援地面战事。

(3) 敌飞行场夺取后的作战。

基地航空部队一部和外南洋部队一部直接进入瓜岛，索敌圈向南移动，外南洋部队水上兵力努力捕捉歼灭瓜岛及其周边南下之敌残存舰艇。支援部队直接南下，积极搜索并捕捉歼灭敌舰队。

艇。因此，日军采取的策略是在泰保岬登陆，于日没后用登陆艇将兵员和物资运往塔萨法隆加角，然后再将登陆艇藏回泰保岬。

4日驱逐舰5艘 (第27驱逐战队和11驱逐战队)、5日驱逐舰6艘 (第9驱逐战队和第2驱逐战队) 继续执行“老鼠输送”。尽管前进到布因基地的第6航空队出动多架零式战斗机在驱逐舰上空进行空中掩护，但仍遭到美机空袭。5日黄昏，瓜岛航空兵倾尽全力，狠狠地打击了执行“老鼠运输”的驱逐战队。“峰云”号受伤，“村雨”号轻伤，被迫掉头返航。尽管如此，两天下来，仍有977名陆军士兵、24吨粮秣和2门野战炮被运上了瓜岛。

眼看着日本人不断向瓜岛集结兵力，南太平洋战区司令部有些坐不住了。抓老鼠嘛，美国海军又不是夜猫子，至少现在胆子还不大。依靠“仙人掌”航空队吧，他们的夜战能力显然还不够。可眼下日本人实在太嚣张了，再不打击一下，恐怕以后就是肆无忌惮了。而且，美军也要组织1支运输船队，运载陆军第164步兵团去瓜岛。为了保障船队的安全，谨慎的南太平洋战区司令戈姆利中将终于冒一次险，出动手头仅有的1艘航空母舰“大黄蜂”号，去砸日军“老鼠运输”的基地——肖特兰岛！时间定在10月5日清晨。

不过，考虑到这次出击需要冒很大的风险。戈姆利中将只好四处求援。西南太平洋战区空军司令乔治·肯尼中将承诺，5日清晨出动大机群轰炸布因、雷卡塔和拉包尔，压制基地航空部队。不过，出动战斗机直接为“大黄蜂”号护航却办不到。着急的戈姆利又接着向南太平洋航空部队司令菲奇少将求援，要求动用第11轰炸机大队的B-17在空袭阶段充当战斗机，为“大黄蜂”号护航！这个可笑的建议当场被菲奇少将拒绝。不过，“仙人掌”航空队却承诺空袭当天尽力派出F4F“野猫”式战斗机和SBD“无畏”式俯冲轰炸机挂载大油箱出击，多少缓解了戈姆利心中的压力。

10月2日，以“大黄蜂”号航母为核心的第17特混舰队从努美阿起航。10月5日凌晨4时30分，“大黄蜂”号连续放出了2个攻击队。第1攻击队由18架SBD“无畏”式俯冲轰炸机和8架“野猫”组成，负责攻击布甘维尔南部的托诺雷。第2攻击队由15架TBF“复仇者”式鱼雷机和8架F4F“野猫”式战斗机组成，负责攻击肖特兰岛的法辛港。

当天，托诺雷附近天气较差。第1攻击队大部分机群没有发现目标，只有8架SBD和2架F4F发现了托诺雷和法辛港。伴随护航的战斗机第1小队长尚兹少校和僚机威廉·罗伯特中尉对停泊在法辛港附近的东港航空队九七式大型水上飞机和“日进”号水上飞机母舰进行了扫射，5架九七式大型水上飞机中弹，其中3架重伤。与此同时，5架SBD对托诺雷进行了轰炸，但没有造成明显的损失。另外3架SBD在第8侦察机中队长威德·海姆中校带领下，轰炸了吉列塔。

在第1攻击队的轰炸过程中，日军完全没有反应过来，一弹未发。

第2攻击队的遭遇和第1攻击队大同小异。TBF的轰炸并没有给日本人造成实质性的

■ 为了砸掉日军的鼠窝，南太平洋的美国海军不惜出动了宝贵的“大黄蜂”号航母。

■ 在所罗门地区奋战的航空部队所属的零式水上侦察机队。

损失。不过，日本人这时已经反应过来，出动了2架二式水上战斗机和2架水上侦察机起飞拦截，结果寡不敌众，水上侦察机被护航的“野猫”击落1架。

天亮后，第11轰炸机大队的B-17轰炸机群从圣埃斯皮里图起飞，又对肖特兰进行了第二次轰炸。与此同时，“仙人掌”航空队也出动11架SBD和5架TBF轰炸雷卡塔，带队的第71侦察机中队长埃尔德里奇少校被零式水上侦察机重创后在圣伊沙贝尔岛迫降，1天后被救走。

8时15分，“大黄蜂”号回收了全部参战飞机，然后高速向东南方撤退。直到此时，日本人才回过神来。在联合舰队司令部的严令下，基地航空部队组织兵力进行远程海上搜索，差点发现了第17特混舰队。正午时刻，先后逼近“大黄蜂”号的2架一式轰炸机(均来自三泽航空队) 都被美军的巡逻战斗机击落。眼看美军越跑越远，日军只得放弃搜索，自认倒霉。

虽然这次砸鼠窝行动并没有给日军，尤其是执行“老鼠运输”的驱逐舰群和“日进”号造成实质性的损失，但“大黄蜂”号出击的机群全部返航，人员无一损失，这本身就是一个了不起的奇迹。而且，受到“大黄蜂”号奇袭的震动，联合舰队司令部下令推迟“日进”号第2次输送日期，给第64特混舰队进入瓜岛海域埋伏赢得了宝贵的时间。

蚂蚁趴窝

“日进”号运输作业被迫推迟，但“老鼠运输”却一刻也没有停止。10月6日，第19驱逐战队（“浦波”号、“敷波”号、“卷云”号、“秋云”号、“野分”号、“舞风”号），又运载陆军550人、海军舞鹤镇守府第4特别陆战队150人、联队炮2门、速射炮2门和弹药粮秣等在瓜岛上陆。

另一方面，“蚂蚁运输”却遇到了很大的困难。9月下旬开始的“蚂蚁运输”因恶劣天候和水路等不良问题，一开始就步履维艰。10月3日，第5航空队更是发现了“蚂蚁运输”的第2中转基地，并进行猛烈轰炸，致使机艇群蒙受惨重损失。

接到报告，17军司令官百武晴吉中将坐不住了。由于“蚂蚁运输”输送的物件是极为重要的重武器、弹药和粮食，因此他向联合舰队强烈提议，希望“蚂蚁运输”尽快在10月6日恢复。

但才恢复了不到3天，“蚂蚁运输”的机艇不仅遭到第5航空队的痛打，更是被“仙人掌”航空队打得损失惨重！不得已，海军只得在10月9日彻底叫停“蚂蚁运输”。

当天，增援部队检讨从9月下旬到10月6日的运输作业，发现只完成了预定运输量的一半。而时间离10月15日已经越来越近了！负责整个运输任务的第3水雷战队司令官兼增援部队指挥官桥本信太郎少将当天急电联合舰队，把实情一股脑地全告诉了联合舰队司令长官山本五十六大将：

第3水雷战队司令官发

10月6日20时55分

尽管遇到各种困难，但各舰依旧努力执行瓜岛方面的输送任务。预定到10日止，向瓜岛运送人员约10000名，以及其他重要兵器物资。然而，扣除X日高速运输船队的输送量(4500名兵员和其他重武器)外，还有约6000名兵员、战车12辆、野炮10门、高射炮6门、高射机枪12挺未能运抵(目的地)。12日和14日，自“川内”号轻巡洋舰(第3水雷战队旗舰)以下全力将3000名兵员以及重兵器若干运往瓜岛。

眼看忙活了半天，才送了一半的物资，联合舰队也着急起来。为了加快运输，山本长官下令把第18战队的“龙田”号轻巡洋舰和“千岁”号水上飞机母舰拨给增援部队，并限令使用“日进”号、“千岁”号、“龙田”号、“川内”号、“由良”号和驱逐舰群加大运输力度，一定要在10月15日以前，完成人员5000名、高射炮6门、野战炮10门、高射机枪12挺、牵引车2辆、150毫米榴弹炮8门(陆军新要求)、粮秣130吨的运输计划。

10月7日，“日进”号在“秋月”号的掩护下，从肖特兰出发。第27驱逐战队（“时雨”号)、第11驱逐战队（“白雪”号、“吹雪”号和“丛云”号)和“绫波”号同行。为了掩护船队，日方面航空部队出动水上侦察机、第2航空队从布卡和布因出动零式战斗机全力护卫船队。其间，“日进”号因机械故障在“秋月”号的伴随下返航。其他5艘驱逐舰安全抵达瓜岛，为瓜岛送去了473名陆军官兵、大队炮4门、曲射炮2门、弹药、舞鹤镇守府第4特别陆战队司令部。

同一天，美国陆军第339战斗机中队的11架P-39战斗机和海军第8鱼雷机中队的4架TBF鱼雷机进驻瓜岛亨德森机场。实力又获得进一步增加的“仙人掌”航空队开始向外海活跃，使执行“老鼠运输”的驱逐舰群明显感受到了巨大的压力。

10月8日，“日进”在“秋月”号的护卫下，又和第9驱逐战队（“朝云”、“夏云”号）和第2驱逐战队（“夕立”和“村雨”号）一起出发，执行输送任务。8日黄昏，在瓜岛外海约100海里处，突然遭到“仙人掌”航空队大批SBD、TBF和F4F的突击，担任掩护任务的水上侦察机顽强迎击，以巨大牺牲，顶住了美军的攻击。经过连续几天损失惨重的作战，日方面航空部队能够使用的飞机数下降到5架。此外，担任船队掩护任务的第2航空队从9月28日到10月8日因护航行动损失了20架零式战斗机，这些损失都是日本海军无法弥补的。

在海军飞机巨大牺牲的掩护下，“日进”号和“秋月”号以及同行的4艘驱逐舰，将海军舞鹤镇守府第4特别陆战队、通信队、工作人员和陆军官兵共790人，海军高射炮4门、陆军高射炮2门、100毫米榴弹炮2门、18门迫击炮、牵引车2辆、弹药车2辆、特大发动机艇2艘、登陆机艇2艘和弹药粮秣运上了瓜岛。在撤退阶段，不甘心的“仙人掌”航空队又组织机群攻击，仍被日方面航空部队的水上侦察机和水上战斗机击退，1架SBD被击落，“日进”船队安全返回了肖特兰。

在此期间，基地航空部队也不断组织战斗机队前往瓜岛扫荡，但目标上空浓密的云层使双方战斗机都有力使不上，空战的焦点暂时从瓜岛转移到了外海。

受到“日进”船队第二次运输成功的鼓舞，第17军司令官百武晴吉中将领着辻政信一班参谋，以及陆军1025人、海军舞鹤镇守府第4特别陆战队400人、联队炮2门、粮秣弹药、高射机枪3挺、粮食弹药，乘坐第15驱逐战队（“亲潮”号、“黑潮”号和“早潮”号）、第19驱逐战队（“浦波”号、“敷波”号）、第27驱逐战队（“时雨”号、“白露”号）、“天雾”号、“卷云”号、“秋云”号、“龙田”号、“野分”号和“舞风”号浩浩荡荡地朝瓜岛驶来。一路上，竟然没有遇到任何空袭，全军在泰保岬和塔萨法隆加角登陆。返航期间，“仙人掌”航空队组织了迄今为止规模最大的攻击队——15架SBD、6架TBF、8架P-39和15架“野猫”一直飞到新乔治亚岛附近海域，才追上了返航的“鼠群”。然而，担任空中护航任务的2架零式水上侦察机和2架二式水上战斗机却以寡击众，阻止了大部分美机的突击。激战半天，美军虽然把4架水上飞机全部击落，但也只炸伤了“野分”号驱逐舰（伤亡9人），自己却赔上了1架SBD和1架P-39。

尽管日军增援部队和物资源源不断上岛，但日军在瓜岛的形势却在不断恶化。到底出了什么事呢?

四打马坦尼考河

前面提到第三次马坦尼考河战斗以陆战1师完败告终。不过，范德格里夫特并没有放弃，他心里很清楚，马坦尼考河狭长的左岸地带一天在日军之手，陆战1师就一天不得安宁。于是，他在第1次战斗失败后又立即开始策划下一次行动。很快，范德格里夫特就拟订了2-42号作战计划，准备动用陆战5团（欠1营），陆战2团3营（得到侦察狙击分队的加强）和陆战7团（欠3营）共同实施第四次马坦尼考河进攻战斗。为了确保战斗胜利，范德格里夫特还另行制订了缜密的陆炮火力和航空火力支援计划。整个进攻行动由师部直接指挥，同时保留陆战1团3营为总预备队。这次行动依旧保留了岸对岸机动，同时规定在必要时只消30分钟就能从库库姆机动到库库姆博纳实施打击，完全不给日军任何机会。

根据计划，陆战5团在河口上游1600米处进行佯攻。担负主攻任务的陆战2团3营和陆战7团2营、陆战7团1营在陆战5团左翼展开，于上次突击营渡河地段，强渡马坦尼考河，然后以马坦尼考村为目标发起攻击。在主攻的同时，侦察－狙击分队也在威廉·瓦林上校带领下，先行夺取马坦尼考河一本桥。接

■ 在马坦尼考河流域丛林地带和日军苦战的美国海军陆战队员。

着，陆战7团向左翼急速推进，夺取克鲁斯角西南高地群，切断敌退路。10月8日为本次行动的D日。

对面的日军也没闲着。第2师团长丸山政男中将登上瓜岛后，立即把师团战斗指挥所设在马马拉河上游。10月4日，丸山中将命令第2步兵团长那须弓雄少将率领第4步兵联队和川口支队换防，迅速占领马坦尼考河口右岸地带，掩护炮兵展开，准备轰击亨德森机场。10月6日夜，换防开始。然而，还没等日军完全进入阵位，就遭到了陆战1师的猛攻。

10月7日，参加进攻的陆战1师各路人马开始向预定出发阵地集结。清晨，先头部队——陆战5团3营首先向马坦尼考河东岸的沿海地带推进，结果和刚刚完成换防的第4步兵联队第3中队遭遇。美军很快展开队形，向3中队发起猛烈攻击。兵力弱势的日军抵抗不住，只得后退，撤进预设防线——有散兵坑、永备工事和战壕——这条防线纵深70米，宽约135米，在右岸形成一条坚固的预设桥头堡。3中队企图凭借桥头堡挡住美军的去路。

接到3中队的告急电报后，第4步兵联队长中熊直正大佐立即派出第2中队支援，但近期连降暴雨，河水暴涨，不少官兵在渡河时被淹死。尽管如此，2中队仍在中队长远藤大尉带领下，渡河试图增援。结果遭到美军围击，中队长远藤次郎大尉、第2小队小队长丸子一马中尉和第3小队小队长菊池文雄中尉阵亡，增援失败。与此同时，陆战7团1营和2营、陆战2团3营也抵达一本桥东面，做好了进攻西岸的准备。

10月7日正午，3营以K连为左翼，L连居中，I连为右翼，同时向河口桥头堡发起攻击，并很快对3中队形成合围。起初，日军拼命反击，试图杀出一条血路，均被I连粉碎。

为了迅速解决残敌，已晋升为陆战5团团长的爱迪生上校请求增援。范德格里夫特应允，命令第1突击营抽调精兵，向爱迪生报到。15时30分，A连奉命带着E连1个机枪班沿着海岸公路前往马坦尼考河口，向爱迪生上校报到。

入夜后，3中队再次展开突围行动，试图夺路过河，但仍遭I连顽强阻击。不过，在夜间炮火无法支援。日军利用夜战优势多次冲进I连阵地，和美军爆发肉搏战。其间，I连阵地几度告急，险些被日军突破。幸好M连及时赶来增援，协助I连奋勇作战，粉碎了日军的反扑。

5时，突击营A连进入一线，接替I连继续围困日军。同时，突击营C连也进入隆加防线西部边缘，随时准备增援。下午，整个突击营也行动起来，奉命前出，接受陆战5团团长的沃尔特少校节制。

面对美军的猛烈进攻，第4步兵联队决心全力应战。2中队的支援行动失败后，中熊联队长又派9中队渡河，在东岸建立新的防线。8日凌晨3时，在监听到美军即将展开新攻势以后，兴奋的中熊联队长更是决定1大队在9中队支援下，正面顶住美军进攻，2大队渡河迂回美军后方，前后夹击，消灭美国人！

8日清晨，美军又一次抢先出手。陆战7团2营和陆战2团3营一大清早就展开猛烈攻击，先后遭到1大队和9中队的坚决抵抗，加上大雨滂沱，打到黄昏也没有取得半点进展。同样，陆战5团2营和第1突击营对3中队的围攻也毫无成效。

与此同时，第4步兵联队却开始了迂回行动。2大队（田村大队）从集结地出发，一路疾进，准备过河包抄美军后路。眼看4个营的美军就要被日军装进口袋。就在这个微妙的关头，陆战7团1营突然杀了出来。在普勒尔中校的带领下，从一本桥以南出其不意地越过马坦尼考河，朝日军后方——库库姆博纳杀过来！2大队还没到位，第4联队就快被美军抄了家！这下子，原定在河口奋战，吸引美军正面进攻的1大队反倒成了美军的饺子馅！心急如焚的中熊联队长赶紧命令田村大队停止前进，急速回撤，掩护1大队后方！结果，跑到半路，一心准备为血岭之战出闷气的田村大队被迫停止冲击，在两军阵前转了一圈，又跑回到防线后方。美军面临的危机总算解除了。接下来，就是如何尽快割掉河口桥头堡这个毒瘤。

18时，突击A连和B连从右翼，陆战5团K连和L连从左翼，一起出动，扫荡包围圈。18时30分，绝望的日军进行了最后的突围，集中全部残存兵力对突击营防线进行猛烈反扑。为了支援突击营，M连再次出动。经过惨烈的白刃格斗，3中队除了10人侥幸逃生外，包括中队长伊藤绩中尉在内的大部分官兵阵亡。

次日清晨，美军打扫战场，发现日军遗尸59具。为了这次胜利，第1突击营付出了巨大的代价，共计12人阵亡、22人负伤。战斗结束，陆战队完全控制了马坦尼考河右岸。

10月9日，美军开始向马坦尼考河西岸发动进攻。陆战7团1营首先对库库姆博纳发动进攻，好在田村大队及时赶到，顶住了1营的猛攻，保障了1大队后方的安全。接着，陆战5团2营、陆战7团2营和陆战2团3营同时向1大队和9中队施压，试图两面夹击，全歼1大队。

不过，日本人也不是白痴。从普勒尔打出左钩拳第一刻起，第4步兵联队长中熊真正大佐和第2步兵团长那须弓雄少将就知道这仗已经没法打下去了。那须少将只得厚着脸皮向第2师团长丸山政男少将求援。丸山也没有怠慢，马上命令第29步兵联队增援。在第29步兵联队1大队的掩护下，第4步兵联队1大队和3大队交替撤出战场。随着第29步兵联队1大队的赶到，战线也稳定在一本桥一线，第4次马坦尼考河战斗至此结束。

美军以阵亡65人、负伤125人的代价，宣称击毙日军700多人，彻底巩固了马坦尼考河右岸地带，取得了第四次马坦尼考河之战的胜利。

日军方面不仅丢失了马坦尼考河右岸地带，而且第4步兵联队再次蒙受了巨大的打击，阵亡159人，负伤138人。加上不断增多的几百例疟疾病患，该联队的战斗力急剧下降，在即将到来的10月总攻只能担任辅助进攻任务。

在这次战斗中，美军缴获了许多很有价值的文件，从1名阵亡的日本军官尸体上缴获的日记本翻译的资料，证实了陆战1师师长范德格里夫特少将的猜测，即日军预定在马坦尼考河西岸集结，准备对隆加环形防线发动进攻。结果，这次行动被陆战7团1营果断的行动所粉碎。更重要的是，美军占领了日军预定对机场实施炮击的有利阵地，在很大程度上解除了日军对机场的威胁。

战斗结束后，美军只对战场进行简单的打扫后就撤回到马坦尼考河东岸。第四次马坦尼考河战斗结束后，瓜岛地面战事暂时趋于缓和，人们的注意力又转到了海上。

夜猫子捉鼠
——埃斯佩兰斯角海战

10月9日晚，第17军司令官百武晴吉登上瓜岛，准备亲自指挥第2师团的总攻。然而，军司令官刚一登陆，竟然遭遇一群半人半鬼的家伙抢劫！气急败坏的百武立即下令调查，结果发现这群家伙竟然是川口支队的属下！一打听，才知道川口支队已经断粮多天，再不当强盗的话，恐怕就要变成饿殍了！这时，百武也不再发火，就省下1天的饭给他们吃吧。

光是饿肚子就算了，更糟糕的是，百武率参谋们刚在克鲁斯角建立军战斗指挥所，第2师团长丸山政男又报来最近战况：“第2师团所部于10月7日正和友军换防时，突然遭到美军猛烈炮击，接着又发动强大的地面攻势，迫使我军向马坦尼考河西岸后退了2－3公里。”什么！马坦尼考河口右岸地带又丢了？这下倒好，炮还没拉上来，预定炮兵阵地就给美国人占了。然而，陆军不用炮火封锁机场，高速运输船队突入就会遇到很大的危险！于是，百武马上命令丸山出动兵力，夺回河口地带！“美军兵力太强了，啃不动！”丸山很干脆地拒绝了这道命令。

陆军不肯干，皮球又踢给海军，谁叫你当初不打招呼就在瓜岛修建机场，这还不算，出了事，还把陆军骗到这里“买单”。这篓子是你捅的，现在好了，机场根本压不住，陆军又无法炮击。高速船队来不了的话，岛上的陆军将士岂不是要去啃树皮？

于是，百武赶紧命令新到任的参谋长宫崎周一少将（原任参谋长二见秋三郎少将在百武前往瓜岛前劝告，第2次总攻一定要等第38师团和大本营加强的支援部队全部到达，在瓜岛展开2个师团和5个野战炮兵联队，总攻才有必胜的把握。结果，百武不仅没听劝告，反而解除了二见少将的职务，把他送回了东京。至于二见的判断是否正确，我们很快就能看到结果）立即和联合舰队交涉，要海军采取一切措施保障高速船队的安全抵达。为此，宫崎少将、第8舰队参谋长大西新藏少将和第11航空舰队参谋长大前敏一少将联合飞往特鲁克，一方面请求海军完全扛下高速运输船队的掩护和对瓜岛机场的压制任务，另一方面将瓜岛实情告之，要求山本尽快出动高速运输船队。

山本大将看到陆军一而再再而三的失利，心中的郁闷是不难想见，但又不好发作，谁让瓜岛这个篓子是咱海军捅的？现在陆军是帮他们收拾烂摊子，就是陆军再不济，人家帮你流血，总不至于你还不管吧。不过，此刻的联合舰队精锐已经全部集中到所罗门战区，虽然第2舰队和第3舰队早在8月底就赶到战场，可当时到位的航空母舰只有第1航空战队的“翔鹤”号、“瑞鹤”号和配属作战的第2航空战队所属的“龙骧”号等3艘。第2次所罗门海战时，“龙骧”号沉入大海，只剩下两只“鹤”在东南方面转悠。一时间，航母兵力不足的机动部队也不敢在东南海域折腾。现在不同了，第2航空战队带着“飞鹰”号、“隼鹰”号和第1航空战队的“瑞凤”号来了。这下子，机动部队在东南方面一共展开了5艘航空母舰。相对而言，美军只有“大黄蜂”号1艘航空母舰（“企业”号要10月16日才能赶来)，加上基地航空部队又在东南方面展开了3个航空战队。自认为底气十足的山本五十六大嘴一张，又扛下了压制机场和掩护高速船队的任务。

10月9日，山本下达联合舰队第334号作战命令，着令基地航空部队从X-4日起再度对瓜岛实施双波次打击，具体战术是首先由少量轰炸机诱敌，然后单由零式战斗机机群组成的第1攻击队冲进机场，捕捉歼灭在瓜岛机场上空待机的美军战斗机。歼灭美军战斗机后，第2攻击队（轰炸机和零式战斗机掩护队）再对瓜岛机场实施猛烈轰炸和低空扫射。为了达到这个目的，第2航空战队于10月10日调动30架零式战斗机上陆，归由基地航空部队指挥，协同进攻瓜岛。

除了航空歼灭战外，联合舰队还预定于X-2日动用第3战队、X-1日动用第8舰队的巡洋舰群对瓜岛机场进行炮击，第11战队和巡洋舰战队将视情况再反复轰击机场。然后，高速船队在X日实施瓜岛突入作战，X日定为10月15日。

另一方面，第8舰队也继续干着他们的耗子运输事业。10月9日，第8舰队决定在10月11日进行最后一次水上机母舰运输作业，动用“日进”号、“千岁”号实施运输，护卫任务由增援部队负责。第6战队担负支援任务，炮击瓜岛机场，掩护“日进”船队安全卸载。

可是，这次的威胁并不仅仅是瓜岛航空兵，蛰伏了将近2个月的美国海军也来了。一场夜猫捕鼠的好戏很快就要上演。

10月8日8时，“泽林”号和“麦考利”号运载着美国陆军第164步兵团，从努美阿起航。为了掩护这支船队安全抵达。南太平洋战区全体动员起来，诺曼·斯科特少将率领着重巡洋舰“旧金山”号和“盐湖城”号，轻巡洋舰“波伊斯”号和“海伦娜”号，以及5艘驱逐舰组成第64特混舰队，奉命冲进瓜岛海域附近，先行扫荡可能阻碍船队进入的日本舰队。

另外，以“大黄蜂”号航空母舰为首的第17.1特混大队和以“华盛顿”号为首的17.8特混大队分别在亨德森机场以西180海里和雷卡塔岛以东海域埋伏，随时准备为第64特混舰队提供支援。

这次支援作战的主角是斯科特少将领衔的第64特混舰队。斯科特将军参加过第一次世界大战，作战勇敢，经验丰富，深谋远虑。他仔细研究过日本人的夜战，着手对自己的舰队进行强化训练。功夫不负苦心人，美国水兵很快就掌握了夜战的要领。斯科特非常想捕捉到战机，与日本人在夜战中一试高下。与日本海军相比，他还有一个更为有利的条件，美国人的军舰装有雷达，能穿透夜色洞察敌人的动向。而日本人的军舰上没有雷达，只能用肉眼搜索海面。因此，戈姆利寄希望于斯科特，能给屡次夜战中受挫的美国海军争口气，他命令第64特混舰队：“搜索并击毁日舰和登陆艇，以进攻保护运输舰队安全卸载。”

接到命令，第64特混舰队高速航行，抢在日本人出发前，先行赶到了瓜岛海域附近，做好了战斗准备。

10月11日清晨6时，“日进”号和“千岁”号在“夏云”号和“秋月”号驱逐舰的护航下，和第9驱逐战队（“朝云”号）、第11驱逐战队（“白雪”号、“丛云”号）和“绫波”号一道从肖特兰出发，向瓜岛航行。正午，第6战队在五藤存知少将带领下，也从肖特兰出港，带着足够的高爆榴弹，准备轰击亨德森机场。

为了消除瓜岛航空兵对“日进”船队的威胁，基地航空部队开始对瓜岛实施双波次打击，但10月的瓜岛天气异常糟糕，第1攻击队（台南航空队18架零式战斗机）没有捕捉到在机场上空待机的美军战斗机主力，仅和8架

■ 美国海军“海伦娜”号轻巡洋舰。

F4F小打小闹了一番，超级王牌西泽广义一等飞曹击落了亚瑟·尼赫少尉的F4F，获得了全队当天唯一的战绩。接着，第2攻击队45架轰炸机和护航的27架零式战斗机又飞抵机场上空，但云层没有消散，轰炸机只能盲炸，无一命中。撤退时，遭到美军战斗机追击，重创了2架轰炸机（返航后报废）。但护航的第3航空队也不甘示弱，反过来击落1架P-39战斗机。

虽然战绩平平，但基地航空部队的新战术遏制了“仙人掌”航空队当天的活跃度，加上第6航空队开始从布因基地出发，全力提供空中掩护，使“日进”船队一路有惊无险。黄昏时刻，“日进”船队接近瓜岛，为了掩护船队，第6航空队当天共有9架护航的零式战斗机因天候恶劣在返航途中坠海，飞行员5死2伤。

20时30分，“日进”船队安全抵达塔萨法隆加角，开始卸载。与此同时，第6战队也临近埃斯佩兰斯角，准备直下铁底湾，炮轰瓜岛机场。

就在这个时候，第64特混舰队也在铁底湾附近做好了夜战准备，只等着第6战队自投罗网。

21时40分，第6战队排成一字纵队，直下铁底湾。3分钟后，“青叶”号的瞭望哨首先发现3个舰影在左舷15度10000米，朝他们驶来。战队司令官五藤存知少将只想着可能和“日进”船队相遇，压根没想到这是来捉老鼠的夜猫子。于是，五藤少将下令向对方

■ 日本海军第6战队司令官五藤存知少将。

打出识别信号：“我是青叶，日进队向西南转向。”在打出信号的同时，瞭望哨一边努力识别目标舰型。

当双方距离缩短到7000米时，瞭望哨突然意识到大事不好，来者不是“日进”船队，而是美军第64特混舰队！惊讶不已的五藤少将赶紧命令向战队打出“全员就位”和“面舵”（即左满舵）信号，但已经来不及了。

说时迟，那时快。第64特混舰队发射的照明弹顷刻间把战场照得通明，接着以“海伦娜”号为首的4艘巡洋舰群开炮射击，密集的弹群犹如雨点般砸向“青叶”号。在第一轮炮击中，“青叶”号舰桥就被击毁，整个第6战队司令部被一锅端。舰内、队内通信设施也遭到严重破坏，人员伤亡惨重，几无还

■ 日本海军重巡洋舰“古鹰”号。

手之力。

尽管遭受重创，“青叶”号舵手还是忠实执行了五藤少将的命令，驾驶重创军舰左转闪避，然而美军占据T字头阵，使日军只能被动挨打。“青叶”号转过去后，跟进的“古鹰”号很快就成为美军下一个集中火力打击的目标。很快，“古鹰”号便在美军舰炮火力的集中射击下，起火爆炸。然而，不明就里的斯科特却怀疑巡洋舰群射击的是自己的驱逐舰群，于是下令停止射击，打开探照灯识别。乘此机会，3号舰“衣笠”号和“初雪”号赶紧右转闪避，撤出了美军的炮火封锁区。接着，美军再度开火，但双方队形已经混乱。美军驱逐舰“邓肯”号首先冲上去，用鱼雷结果了“古鹰”号。但“邓肯”号冲得太前，结果遭到“衣笠”号有力反击，加上己方巡洋舰群也把它当成日舰，使“邓肯”号倒霉地被双方炮火夹击，最终也沉入大海。不久，担任战队侧翼警戒任务的“吹雪”号驱逐舰脱离编队，打开信号灯识别时，被第64特混舰队集中火力打沉。

这时，第6战队终于回过神来。“青叶”号和“衣笠”号先后集中火力打击“波伊斯”号，连续6次命中目标。这时，“盐湖城”号向右做了一个急转弯，插到“波伊斯”号与日舰之间，用炮火压制日舰，掩护“波伊斯”号撤出战斗。随后，“衣笠”号又集中火力打击“盐湖城”号。眼看日军逐渐处于优势，旗舰“旧金山”号赶紧出手支援。在火控雷达指引下，“旧金山”号猛烈开火，打退了“衣笠”号。0时28分，双方停止射击，撤出战场。这场日军称为萨沃岛冲海战，美方称为埃斯佩兰斯角海战的战斗宣告结束。

美国海军经过这次海战终于打破了日本海军夜战无敌的魔咒。虽然美军这次是靠奇袭得手，但不可否认的是，日本海军从此战后开始逐渐改变对美国海军的看法，其夜战无敌论受到了动摇。

不过，“日进”号、“千岁”号和驱逐

■ 受伤的“波伊斯”号巡洋舰。

舰群却成功地在塔萨法隆加角卸下了1175名陆军、4门150毫米榴弹炮、4辆牵引车、2门野战炮、14辆弹药车、1门高射炮、1门联队炮、2门大队炮、2门速射炮、1门迫击炮、1部固定无线电台、弹药粮秣。因此，美国人的胜利只是战术上的得分，日本人在战略上并没有失势。

在日舰返航途中，“仙人掌”航空队组织了两次大规模攻击，先后将“丛云”号和前来救援的“夏云”号送进了海底。这是“仙人掌”航空队自8月28日击沉“朝雾”号以来，首次给予“东京特快”以沉重打击。

萨沃海战的失败和“夏云”号、“丛云”号的沉没给联合舰队带来了巨大的震撼。虽然拉包尔基地航空部队连续进行航空歼灭战，但瓜岛航空兵的威胁始终无法消除。随着高速船队突入日期的临近，联合舰队司令长官山本五十六大将决心采取非常措施，动用宝贵的战列舰炮轰瓜岛机场，协同拉包尔基地航空部队彻底压制美军瓜岛航空兵，保障高速船队的安全突入。

机场烈火

虽然没有阻止日军的运输，但斯科特的胜利却鼓舞了美国海军。受到这一鼓舞，第17舰队时隔1个月后再次出现在瓜岛海域。不过，这个行动很快被日军1架轰炸机发现，并立即上报基地航空部队。听到美国航母特混舰队再次出没的消息，基地航空部队马上放弃了当天对瓜岛的攻击，转而出动41架轰炸机和21架零式战斗机前往攻击，途中遭遇恶劣天气，攻击队被迫提前返航。当晚，美军运输船队进入隆加泊地，卸下44辆吉普车、

37辆卡车、16辆布伦机枪车、12门37毫米反坦克炮、5个基数弹药、2.5万人70日份口粮、陆战1师和所属海军部队1000吨其他物资，总计卸载3200吨各种物资。第164步兵团 (2852人)、210名空、地勤人员也随同登上了瓜岛。同时，“萨德”号和“霍维”号也带来了第3鱼雷艇中队的4艘鱼雷艇。

至此，陆战1师的兵力又一次得到加强，在瓜岛总兵力达23088人，对比日军仍占优势，尤其是火力更是处于绝对优势。

山本长官对这一切并非毫不知情。眼下最重要的是高速船队的突入，然后就是第2师团的总攻。可是，美军的航母特混舰队竟然在瓜岛附近海域游弋。不仅如此，第6舰队的潜艇群也在隆加泊地和萨沃岛分别发现了“泽林”号、“麦考利”号和掩护船队的美军护航驱逐舰群。根据这些情报，联合舰队参谋长宇垣缠少将判断，盟军正继续增援瓜岛，其舰艇的活跃程度，对准备南下炮击瓜岛机场的第3战队威胁巨大！

为此，必须给第3战队提供空中支援。刚刚风尘仆仆赶到南太平洋的第2航空战队奉命全力掩护第3战队行动。

与此同时，高速船队的行动也正式拉开帷幕。10月12日18时50分，“佐渡丸”号、“九州丸”号、“吾妻山丸”号、“南海丸”号在第2驱逐战队的护航下，从拉包尔出港，沿着所罗门群岛南下。“笹子丸”号和“埼户丸”号也在第27驱逐战队 (欠“夕暮”号) 的护卫下，于10月13日17时从肖特兰出港。

为了进行10月总攻，和间接支援高速船队，联合舰队主力——第2舰队和第3舰队早在10月11日就威风凛凛地驶出特鲁克，向瓜岛海域出击。10月13日3时30分，担任瓜岛炮击任务的挺身攻击队——第3战队在第2水雷战队的贴身护卫和第2航空战队的空中掩护

■ “埼户丸”号。

■ “南海丸”号。

下，脱离第2舰队，全速朝瓜岛驶去。

清晨，为了鼓舞挺身攻击队的士气，联合舰队司令部特地以参谋长的名义致电第3战队司令官栗田健男少将：

■ 第3舰队主力舰“金刚”号战列舰。

1.鉴于当前险恶战局，第3战队应在今夜排除万难，断然对瓜岛飞行场实施炮击。

2.据报，所罗门附近有数艘敌巡洋舰和驱逐舰活动，可能会与该敌遭遇。因此，应以一部先行开路。

另外，日军基地航空部队当天继续对瓜岛进行双波次打击，炸毁1架B-17，炸伤12架SBD俯冲轰炸机和“野猫”式战斗机，5000加仑航空汽油也在空袭中付之一炬。下午，日军第4野战重炮兵联队从库库姆博纳西南的阵地，使用2门150毫米榴弹炮对瓜岛亨德森机场轰了45分钟。部分炮弹甚至打到了正在卸货的“麦考利”号和“泽林”号附近，对美军构成严重威胁。于是，3艘驱逐舰驶向克鲁斯角，进行炮火反击，压制了第4野战重炮兵联队。

虽然敌情严重，但挺身攻击队仍然以随时战斗姿态，急速南下。23时30分，第3战队和陆地观测所取得无线电联络。1时，第3战队沿着萨沃北水道进入隆加角。30分钟后，“金刚”号先用一式弹（穿甲弹）射击，然后用三式弹（对空、对陆用燃烧弹）对亨德森机场主跑道、飞机疏散区和北部椰树林逐次轰击。接着，“榛名”号也加入射击行列，用零式弹（通用弹，使用对空引信）猛轰。炮弹所到之处，一片火海！在此期间，第4野战重炮兵联队也以15分钟间隔不断轰击亨德森机场，增加了机场地区的混乱。14日凌晨2时13分，第3战队结束了第一轮炮击，然后掉过头来，使用一式弹进行第二轮炮轰。其间，美军第3鱼雷艇中队试图反击，但田中赖三少将指挥第2水雷战队果断出击，将美军鱼雷艇压制在图拉吉一侧，保障了第3战队的安全。2时56分，炮击结束，挺身攻击队在栗田少将带领下，圆满完成任务，撤出了瓜岛，挺身攻击队和前来接应的第2舰队顺利会师。

第3战队总计消耗三式弹104发、一式弹625发、零式弹189发。此次炮击获得巨大成功：亨德森机场80%的航空汽油被付之一炬。清晨，陆战队第1航空联队清点飞机时发现，39架SBD俯冲轰炸机只有7架能飞；TBF鱼雷机群非毁即伤，无一堪用；44架“野猫”还有24架能飞；13日飞临瓜岛过夜的第11轰炸机大队8架B-17轰炸机被击毁2架，陆战1师和陆战队第1航空联队共有41人被炸死！不过，“仙人掌”航空队并没有完蛋，亨德森机场虽无法使用，但1号战斗机跑道仍然堪用！

为了彻底压制瓜岛机场，拉包尔基地航空部队在14日又出动大机群继续双波次打击。第1攻击队飞临时，“仙人掌”航空队及时撤出机场，躲过了轰炸。接着，陆战队和海军的“野猫”式战斗机群集中兵力，痛击第2攻击队，击落3架轰炸机，重创2架，自己仅损失1架。

在夜间炮击和昼间轰炸的掩护下，日军两支高速船队于14日6时40分在瓜岛北方海域的A点会合，在第4水雷战队的护卫下，沿着120度航向南下。午前，第6航空队从布因、日方面航空部队从肖特兰分别派出零式战斗机和水上侦察机为船队提供空中掩护。下午，“仙人掌”航空队竭尽全力，连续两次对船队实施空袭，美军损失2架“野猫”和1架P-39，船队毫发无损。但激烈空战持续到傍晚，护航的6架零式战斗机再次因夜幕降临，天候恶劣，全部在海面迫降，飞行员被救起。

在零式战斗机和水上飞机巨大牺牲的掩护下，船队平安无事地撑过了这两次攻击，于22时在塔萨法隆加角开始靠岸卸载。

与此同时，第3水雷战队司令官桥本信太郎少将指挥“川内”号、“由良”号、“龙田”号、“朝云”号、“白雪”号、“晓”号、“雷”号于当晚在埃斯佩兰斯角靠岸，1129名陆军、4门野战炮、4门速射炮和粮食弹药成功上岛。

当晚，第8舰队再接再厉，又出动“鸟海”号和“衣笠”号，在“天雾”号和“望月”号的护航下，再次猛轰亨德森机场，除了炸死10名陆战队员外，并没有给“仙人掌”航空队造成什么实质损失。随着15日拂晓的到来，又一场厮杀开始了。

■ 第3水雷战队旗舰“川内”号轻巡洋舰。

不死的"仙人掌"

挺身攻击队的炮击虽然没有消灭"仙人掌"航空队，但却使美军的攻击力量——SBD和TBF受到极大削弱，以致当天对高速船队两次攻击都只能依靠F4F和P-39进行，成效甚微！为了使瓜岛恢复活力，南太平洋战区紧急行动起来。

在航空部队司令菲奇少将的命令下，莱·戴维斯少校先是领着第6轰炸机中队的6架SBD飞往瓜岛。接着，VMF-212中队的杰·包尔少校又率领手下20名战斗机飞行员将刚刚送到埃菲特不久、还没配备飞行员的20架SBD空渡到瓜岛，15日清晨又乘坐R4D运输机撤出。

为了补充航空汽油，菲奇少将还下令供应舰"麦克法兰"号装载200桶航空汽油和12条鱼雷，立即前往瓜岛。但远水救不了近火。于是，菲奇少将又命令驻圣埃斯皮里图的陆战队第253运输机中队的R4D和陆军第13运输机中队的C-47"达科塔"运输机装载着24桶航空汽油，冒着日军的炮火，强行在1号战斗机跑道着陆。"琥珀鱼"号潜艇也紧急向瓜岛运来9000加仑汽油和10吨炸弹。另外，驻图拉吉的美军巡逻艇也送来了200桶航空汽油。

在南太平洋战区不懈的努力下，"仙人掌"航空队在10月15日清晨部分恢复了战斗力。这时，高速船队的卸载作业也在有条不紊地进行。在日本人看来，经过连续不断炮击和空袭的高强度打击，"仙人掌"航空队的战斗力至少下降了三分之二。虽然如此，日军情报部门还是惊讶地发现，美军仍旧不断从后方基地向瓜岛补充飞机和汽油，"仙人掌"航空队的战斗力还在不断地恢复！

为了确保船队安全，基地航空部队和日方面航空部队，甚至机动部队还是轮番出动战斗机，进行密集的空中掩护。清晨，第一班掩护战斗机（第6航空队、第2航空战队和日方面航空部队）顺利完成任务，没有受到任何袭扰。10时，第二班9架零式战斗机刚一飞到，"仙人掌"航空队就来了！

10时15分，"仙人掌"航空队出动1架PBY（挂载鱼雷）、12架SBD、2架P-39、2架P-400和5架F4F，对船队展开第一波攻击。激战中，台南航空队的零式战斗机大显神威，以损失2架零式战斗机的代价，不仅击落3架SBD，而且完全封杀了其余9架SBD的攻击。然而，乘着零式战斗机全力拦截SBD，PBY却巧妙地钻进敌阵，用鱼雷击沉了"笹子丸"号。

11时45分，"南海丸"号首先完成卸载。正要出港，第11轰炸机大队9架B-17在门涅尔少校带领下，从圣埃斯皮里图赶来，对正在卸载的"九州丸"号和"吾妻山丸"号进行轰炸。虽然护航的台南航空队全力拦截，但却无法伤及B-17分毫。在B-17的猛烈轰炸下，"九州丸"号被炸瘫搁浅。随后，完成护航的台南航空队有4架飞机在返航途中因燃油耗尽坠海，但飞行员均被救起。

■ 正在卸载人员和物资的日军驱逐舰。采取“老鼠运输”和高速船队结合的方式，日军向瓜岛送去大量的兵员和物资，逐渐集结了庞大的进攻力量。

地结束了。

为了这次运输，联合舰队又是炮击，又是轰炸，还出动大量战斗机轮番进行密集护航，可运输成果如何呢？根据第17军的记录，第16步兵联队主力、第230步兵联队（欠1个大队）、100毫米加农炮和100毫米榴弹炮各1个中队、第1独立战车中队、1个高射炮大队和海军舞鹤镇守府第4特别陆战队824人登陆成功。人是到齐了，可物资呢？一开始，第17军报告物资有8成上岸。可参谋长宫崎周一少将亲自到肖特兰清点返航的“笹子丸”号和“埼户丸”号，才发现粮食带回一半左右，弹药带回7成左右。加上轰炸损失，送上岸的物资最多也就弹药2成、粮食5成！

这次失败，使日本海军逐渐意识到瓜岛之战最根本的问题并不仅仅是压制瓜岛机场和“仙人掌”航空队，更需要封锁瓜岛，彻底切断瓜岛和埃菲特、圣埃斯皮里图的联系。于是，山本大将决心展开更为积极作战，准备炸平瓜岛、困死瓜岛！

接到山本的命令，第2舰队和第3舰队马上开赴瓜岛东南海域，封锁美军的增援。10月15日，机动部队在圣克里斯托巴尔东南

12时45分，基地航空部队又出动23架一式轰炸机在8架零式战斗机的护航下，轰炸了亨德森机场，击落2架F4F，炸毁1架F4F，己方毫无损失。空袭刚一结束，“仙人掌”航空队就又发动了第三次攻击，强行突破了第3航空队的拦截，仅损失1架P-39，就炸毁了“吾妻山丸”号。这下子，负责整个船队安全的增援部队司令官桥本信太郎少将坐不住了。虽然剩下的“笹子丸”号和“埼户丸”号还没有卸载，但再等下去，全军覆没是唯一的结局。桥本少将当机立断，命令“南海丸”号先行返航，“笹子丸”号和“埼户丸”号暂时向外海退避，待日没后再入泊。但第17军却从陆上报告，瓜岛机场活力依旧，建议暂时撤出瓜岛，返回基地。于是，船队加速撤退，离开瓜岛。耗费了巨大人力和物力的高速船队突入作战就这样虎头蛇尾

发现准备向瓜岛运送补给的美军船队。“翔鹤”号和“瑞鹤”号立即放出攻击队，炸沉了“梅雷迪斯”号驱逐舰，炸伤“捕蝇鸟”号拖轮，迫使美军船队急速撤出。为了更进一步压制瓜岛机场，联合舰队司令长官山本五十六大将下令第2舰队和第2航空战队出动，再次对瓜岛实施炮击和强制轰炸。

10月16日凌晨，第5战队的“摩耶”号和“妙高”号在第2水雷战队的掩护下，再下铁底湾，于0时25分到1时25分第三次炮击亨德森机场，消耗1100多发高爆榴弹。除了炸死9名陆战队员外，还将许多在第一天炮击受损的飞机彻底摧毁。3天炮击下来，陆战1师和“仙人掌”航空队蒙受了巨大的损失——60人被炸死，6架F4F、13架SBD、5架TBF和4架P-39被彻底炸毁，3架F4F、13架SBD被炸伤，10架SBD和3架TBF严重受损、急需大修。到17日清晨，“仙人掌”航空队仅剩9架F4F、11架SBD、7架P-39和P-400堪用！

可是“麦克法兰”号很快就要靠岸。依靠这点兵力只能抵挡基地航空部队的空袭，掩护“麦克法兰”号的进驻却无能为力。关键时刻，“大黄蜂”号又出手了！在默里少将的率领下，第17特混舰队再次挺进敌后，对日方面航空部队前进基地——雷卡塔岛（位于圣伊沙贝尔群岛）进行猛烈轰炸，有效地压制了日军水上侦察机机群。受此打击，日方面航空部队失去战斗力达20天之久！

雷卡塔遭到攻击，再次震动了联合舰队司令部。山本大将亲自命令基地航空部队暂停空袭瓜岛一天，集中轰炸机搜索攻击美军航母编队。然而，当拉包尔方面派出轰炸机实施搜索攻击时，第17特混舰队早已撤到安全海域，基地航空部队完全扑空。

乘着轰炸机扑空的空隙，运载着瓜岛急需的40000加仑航空汽油和12条鱼雷的“麦克法兰”号供应舰突破日本海军的封锁，于正午时刻安全抵达瓜岛。它此行的任务除了运送物资外，还奉命在返航时接走完成任务的海军第5战斗机中队。不过，这次行动终究没有逃过日军的法眼。

15时，刚进驻布因基地的第31航空队出动9架九九式舰载轰炸机（各挂载2枚60公斤炸弹），前往瓜岛北部海域搜索美军航母特混舰队。飞了一圈也没发现任何目标。于是，攻击队转回瓜岛，准备碰碰运气。没想到这一碰，竟然抓到了一条大鱼！

17时30分，攻击队飞临隆加角上空，突然发现了正在卸载汽油的“麦克法兰”号！于是，九九式轰炸机1架接1架朝“麦克法兰”号俯冲。此时的“麦克法兰”号刚刚卸下一半的汽油，还没来得及反应，九九式轰炸机就已经临空。与此同时，“仙人掌”航空队也紧急出动11架F4F拦截。可F4F还没到位，九九式轰炸机就已经冲了下来。于是，“麦克法兰”号只得扭动巨大的身躯，不断迅急回旋，巧妙地躲过了前8架九九式轰炸机的轰炸。正当大伙都认为可以躲过一劫的时候，最后1架九九式轰炸机投下的1枚炸弹却鬼使神差般地击中了左舷，引爆了船上装载

■ 九九式舰载轰炸机。

的2枚深水炸弹和20000加仑宝贵的汽油，27名船员和飞行员被当场炸死，28人负伤。虽然受到重创，“麦克法兰”号还是坚持把剩下的鱼雷送上了岸。然后，在鱼雷艇和驱逐舰拖带下，好不容易才进入图拉吉港，在那里一直待到11月中旬才返回圣埃斯皮里图。入夜后，1架R4D抵达瓜岛，替“麦克法兰”号接走了第5战斗机中队。

在“麦克法兰”号中弹的同时，11架F4F也赶到了战场。虽然没有保住“麦克法兰”，但F4F也让第31航空队付出了巨大的代价。F4F咬住返航的日军轰炸机，一直打到埃斯佩兰斯角附近，一共击落4架九九式，重创1架。经过这次打击，第31航空队整整1个月都没有恢复元气。

面对屡屡受挫的战局，南太平洋战区司令戈姆利中将有些沉不住气了，失败言论弥漫整个战区。为了扭转局面，太平洋舰队司令尼米兹上将决定换将，撤消戈姆利中将的职务，由“蛮牛”哈尔西中将接替。除了更换领导人外，尼米兹还向南太平洋战区继续增派大量兵力，驻夏威夷的陆军第25步兵师、“企业”号航空母舰、战列舰“印第安纳”号、24艘潜艇和24架轰炸机。尼米兹的决定更是得到了总统罗斯福的坚定支持。

不过，这些援军的抵达尚需时日。现在，瓜岛唯一能依靠的仍旧是自己的力量。

10月17日，前进部队和机动部队都出现了燃料短缺的现象。在北上加油前，第2舰队司令长官近藤信竹中将决定再给瓜岛最后一击。为了执行这次任务，第2航空战队急速前进到瓜岛北部海域。17日5时15分，第2航空战队的“飞鹰”号和“隼鹰”号2艘航母各放出9架零式战斗机和9架九七式舰载轰炸机(挂载800公斤炸弹)，轰炸隆加泊地的船只。飞抵瓜岛上空时，机群发现了正在对库库姆博纳附近日军物资堆积所进行炮击的美军驱逐舰“阿伦·沃德”号和“拉德尼”号。“飞鹰”号的攻击队在飞行队长入来院良秋大尉的带领下首先轰炸，投下炸弹无一命中。不仅如此，反而遭到2艘驱逐舰的猛烈反击，1架九七式轰炸机被击落。“飞鹰”号攻击队刚刚撤出，几分钟后，“隼鹰”号攻击队(其中1架九七式轰炸机因机械故障提前返航)在伊藤大尉的带领下也赶到了战场，正当他们准备投弹的时候，VMF-121中队长戴维斯少校领着8架F4F突然杀了过来，一连击落了3

架九七式，还有2架被击伤，尽管如此，剩余的3架九七式仍然在伊藤大尉的带领下，不顾一切地轰炸了美军驱逐舰，可惜命中率还是零！这时，8架F4F又调过头来，进行第二次攻击，干净利落地将3架漏网之鱼全部击落！其间，护航的零式战斗机群也全力奋战，击落1架F4F，但自身也损失了1架零式战斗机。激战结果，“仙人掌”航空队以9：1再次完胜！第2航空战队不仅被打得灰头土脸，而且8架九七式轰炸机的损失，使他们在即将到来的南太平洋海战中丧失了三分之一的鱼雷机兵力，战斗力受到严重削弱。

战斗结束后，第2舰队和第3舰队暂时撤出了瓜岛海域。主角又变成了增援部队和基地航空部队。

最后的努力

前面提到联合舰队尽管做出最大限度的支援，但高速运输船队行动还是失败了。更为不幸的是，从16日起“仙人掌”航空队和美军驱逐舰驶近塔萨法隆加角，进行猛烈轰炸和炮击，近半数物资被付之一炬！这么一来，17军实际收到的物资量仅有口粮3成，弹药1成，而且预定的运输行动已经结束了！

17军不干了。才这点物资，叫陆军怎么打啊？海军到底干什么吃的，连6艘运输船都保护不好，难怪要把瓜岛这个烂摊子丢给陆军。一看17军大发怨言，海军基地航空部队也跟着起哄，拿不下瓜岛，帝国海军的精英航空兵就要不断消耗。再这么打下去，海军基地航空部队也快垮了。看到陆军和自己人都在强烈要求，联合舰队司令长官山本五十六大将只好忍痛下令再进行最后一次运输。

一开始，参谋长宇垣缠少将建议再次出动“日进”号、“千岁”号加上“千代田”号等3艘水上飞机母舰，在增援部队轻巡洋舰和驱逐舰群的护卫下，执行最后一次运输，日期定在10月17日，同时要求基地航空部队和日方面航空部队全力护卫。这个建议得到了山本的默许，并以参谋长名义下达命令。

接到命令，日军方面航空部队首先不干了。为什么呢？从10月开始，连续两次“日进”船队的运输和高速运输船队行动已经让日方面航空部队损失了50%的水上飞机，那可恶的“大黄蜂”号连续两次偷袭，日方航空部队已经是奄奄一息了，哪还可能派飞机支援啊？

接着，基地航空部队也开始闹意见了。为了支援“日进”船队和高速船队的运输，损失惨重，差不多40架零式战斗机在返航途中遇到恶劣天气，就这么白白损失掉了！再这么磨下去，别说搞什么双波次打击了，就连单次空袭能否进行下去都成问题。一句话，这次不奉陪了。

算了，没空中掩护，干脆取消这次行动吧。看着手下的抱怨，山本大将有些打退堂鼓了。这时，增援部队指挥官兼第3水雷战队司令官桥本信太郎少将自告奋勇：“既然大家都不肯去，岛上的陆军又实在困难，那我还是领着第3水雷战队再走一趟吧，只要打好这次总攻，再苦再累，也值了。”

10月17日，桥本信太郎少将果断出击，带着，“川内”号、“由良”号、“龙田”号、“秋月”号、第9驱逐战队（“朝云”号）、第11驱逐战队（“白雪”号）、第6驱逐战队（“晓”号、“雷”号）、第2驱逐战队（“村雨”号、“春雨”号、“夕立”号、“五月雨”号）、第19驱逐战队（“浦波”号、“敷波”号、“绫波”号）和第27驱逐战队（“时雨”号、“白露”号、“有明”号）冒着“仙人掌”航空队攻击的危险，浩浩荡荡地强行冲进瓜岛海域，在埃斯佩兰斯角和塔萨法隆加角卸下了2159名陆军、野战炮6门、速射炮12门和弹药粮秣。

这下子，陆军该满意了吧？不！17军马上又提出了另一项建议，把留守拉包尔的参谋运来，顺便再多带点粮食。联合舰队有些不高兴了。可17军说这是总攻前的最后一次，要不运的话，这仗没法打。

反正都是最后一次了，那就尽力而为吧。10月19日，第19驱逐战队（“浦波”号、“敷波”号、“绫波”号）进行了总攻前最后一次运输。这时候，“仙人掌”航空队已经恢复了活力。在间断攻击下，“浦波”号受伤，提前返航。“敷波”号、“绫波”号成功在塔萨法隆加角入泊。卸载过程再次遭到“仙人掌”航空队反复攻击，当17军参谋和部分物资上陆后，2舰就匆忙掉头返航。

至此，总运输任务全部完成。10月20日，增援部队指挥官兼第3水雷战队司令官桥本信太郎少将向联合舰队汇报情况时，对这次任务进行了总结：

增援部队战斗概报第4号

10月20日2时

1.10月1日对瓜岛重启运输后，到20日的运输状况如下：

“老鼠运输”量：陆军方面——第17军司令官以下9091人、100毫米榴弹炮2门、野战高射炮3门、野战炮7门、山炮5门、速射炮18门、联队炮14门、大队炮13门、迫击炮19门、牵引车12辆、粮秣160吨。海军方面——海军舞鹤镇守府第4特别陆战队560人，野战高射炮4门、弹药8吨、13毫米高射击枪3挺。

“蚂蚁运输”量：牵引车1辆、弹药车22辆、轻炮若干、弹药相当数量。

2.完成上述运输量，共出动巡洋舰7艘次，日进级4艘次。驱逐舰92艘次。

3.整个输送期间，敌航空机共出动273架次实施攻击，我方击落敌机10架，3艘驱逐舰（“朝雾”号、“夏云”号和“丛云”号）沉没，损伤（返回根据地或港口修理）7艘（含8月的2艘损伤舰）、巡洋舰小破1艘，舰炮潜水艇战一回，战果不明；“由良”号轻巡洋舰遭到一条未爆鱼雷命中，小破。

4.现有兵力为：“川内”号、“由良”号、“龙田”号等2艘巡洋舰，“日进”级水上机母舰3艘，驱逐舰16艘。

增援部队的任务结束了，可拉包尔基地航空部队的任务还没有结束。根据联合舰队司令长官山本五十六大将的指示，拉包尔基地航空部队必须将航空歼灭战进行到总攻前的最后一天！

随着运输任务的结束，拉包尔基地航空部队终于可以完全腾出手来，集中全部战斗力对瓜岛进行航空歼灭战。于是，总攻前1周成了“仙人掌”航空队在整个瓜岛战役中最忙碌的礼拜。

10月18日，基地航空部队开始掀起新一轮双波次打击狂潮。第751航空队和第3航空队共出动9架零式战斗机组成第1攻击队，先行出发。三泽航空队和木更津航空队出动15架一式轰炸机在7架零式战斗机掩护下，进击瓜岛。经过1个多星期的激战，“仙人掌”航空队也逐渐适应了日军的双波次打击战术。为了反制日军的招数，“仙人掌”航空队也决定将战斗机群分两批次起飞，全力拦截。

正午时刻，陆战队第121中队和日军第1攻击队迎面相遇。日本人首先发难，击落了格罗少尉。但美军战机在大王牌乔·福斯中尉的带领下全力反扑，先后击落3架零式战斗机，日军2名飞行员阵亡、1人被俘。

乘着第1攻击队和F4F机群的混战，第2攻击队穿过美军战斗机防御网强行轰炸，炸弹落在机场西面的第1战斗工兵营阵地，炸死7人，炸伤18人。随后，陆战队第212战斗机中队和海军第71战斗机中队杀到。尽管日军战斗机全力护卫，却难敌优势美机。一场激战下来，3架轰炸机和1架零式战斗机又成了F4F机群的枪下之鬼，美军仅损失1架F4F。

10月19日，拉包尔附近天气不佳，陆攻队暂停出击。不过，活跃在布因基地的第6航空队接过了战斗机扫荡的重任。当天，第6航空队先后两次出击瓜岛。第一次未能接敌，第2次出击仍然碰到恶劣天候，仅有少数几架零式战斗机和前来拦截的陆战队第212中队遭遇。激战中，宫崎大尉凭借着过硬的技术，先是击落费灵顿上士，然后又重创张伯伦中尉的座机。而美国人连零式战斗机的毛都没摸着！可惜的是，这种射击表演的日子随着经验丰富的零式战斗机飞行员接二连三的损失，已经屈指可数了。

10月20日，经过了一天的休整，基地航空部队加大攻击力度，一连实施了三次攻

■ 美军的“野猫”王牌乔·福斯。

■ 瓜岛上空除了零式战斗机和F4F“野猫”式战斗机之间的空中格斗外，“野猫”拦截一式轰炸机的战斗也异常激烈。图为大王牌福斯击落一式轰炸机的油画。

击。第一次攻击由超级王牌——第6航空队担当。这次迎击的对象换成了福斯中尉的陆战队第121中队。第6航空队依旧表现出良好的状态，击落了努维尔少尉（阵亡），损失1架零式战斗机。接着，9架轰炸机又在战斗机的掩护下，轰炸了亨德森机场。尽管“仙人掌”航空队全力拦截，却完全无法突破零式战斗机的防御网。不仅没有击落任何1架日机，反倒是约翰·金中尉被击落。

连续蒙受惨重的损失，让“仙人掌”航空队的信心受到了不小的冲击。不过，随着时间的推移，日军基地航空部队的损失也在加大。

鉴于零式战斗机连日获得不小的战果，基地航空部队判断“仙人掌”航空队的威胁已大为减弱。于是，决定恢复常规轰炸战术。10月21日，9架轰炸机在10架零式战斗机掩护下组成第1攻击队，先行出击。接着，12架零式战斗机组成第2攻击队，共同出击瓜岛。

为了迎击这次空袭，“仙人掌”航空队出动了17架F4F拦截。临近瓜岛，双方照例展开你死我活的捉对厮杀。日军首先发难，三号王牌——太田敏夫一等飞曹以准确的火力，打下了美军王牌、绰号“神枪手”的哈密尔顿少尉（隶属于VMF-212中队），为他们阵亡的中队长井醇一中尉报了一箭之仇。太田笑容未敛，弗兰克·杜罗里中尉突然从上空俯冲而下，咬住太田的零式战斗机打出一个长点射。在众目睽睽下，太田的座机拖着浓烟坠入丛林，人机俱毁！太田的阵亡，沉重地打击了日军航空队的士气，也预示着帝国海军零式战斗机部队由盛转衰。在零式战斗机的掩护下，轰炸机轰炸了1号战斗机跑道附近森林，炸死9人，炸伤44人。接着，第2攻击队杀到，掩护第1攻击队安全撤出了瓜岛。紧接着，第二场空战也随之爆发。但美国人依然没有占到半点便宜，埃默特·安德森中士被击落阵亡，第2攻击队却安然无恙地全机返航。

连续几天空战的失利不仅沉重打击了“仙人掌”航空队的士气，而且除了被击落的F4F外，还有不少F4F在空战中受到创伤暂时无法修复。一时间，“仙人掌”急需战斗机！为了补充损失，海军第5战斗机中队奉命再次出动，将12架F4F从埃菲特飞到瓜岛，然后乘坐R4D撤离。得到新飞机的增援后，“仙人掌”航空队的可用战斗机数量又恢复到30架F4F。

10月22日，拉包尔附近天气恶劣，陆攻队无法出击。不过，布因那边却是艳阳高照。于是，第31航空队和第2航空队共出动12架九九式舰载轰炸机，在第6航空队12架零式战斗机的掩护下，准备轰炸瓜岛近海停泊的美军舰船。然而，瓜岛上空浓云密布，护航的零式战斗机队和攻击队失散。当攻击队独立飞临隆加角上空，准备轰炸下方停泊的“尼古拉斯”驱逐舰时，突然遭到大批F4F突袭。等到零式战斗机赶来解围时，F4F早已撤离，2架九九式已经被击落，2架九九式受重伤。

10月23日，基地航空部队发动了总攻前最后一次空袭：第6航空队出动12架零式战斗机组成第1攻击队，三泽航空队和木更津航空队出动16架一式轰炸机在17架零式战斗机掩护下组成第2攻击队。“仙人掌”航空队出动了所有可用的战斗机——28架F4F和4架P-39拦截。双方在瓜岛苍穹展开了一周以来最大规模的厮杀。

日军好运不再。起飞拦截的美军战斗机群集中全部兵力，对第1攻击队发动了凶狠的进攻。依仗着数量优势，美军连续击落4架零式战斗机（4名飞行员全部阵亡），己方无一损失。蒙受惨重损失的第1攻击队刚一撤退，第2攻击队又进入了视线。于是，F4F机群掉转枪口，又对第2攻击队痛下杀手，击落2架零式战斗机和1架一式轰炸机，自己仅有1架F4F受到重创！

23日空战的结束，标志着“仙人掌”航空队完全撑过了最艰难的时光。很快，日军的10月海陆总攻开始了！

暴风雨前不平静

海空大战进行得如火如荼，瓜岛地面却一直静悄悄，17军在做着总攻前的准备，陆战1师也在做紧张的防御规划。

根据原先制定的方案，17军计划以第2师团、川口支队和第230步兵联队为主，在猛烈的炮火支援下，采取正面攻击战术，强行突破美军防线，夺取机场。然而，美军于10月7日展开的反击，使这个方案完全化为泡影。只能重新制订计划。

百武军司令官刚一上岸，就面对这个窘境，受到的冲击不难想见。

于是，17军司令部就作战计划的修改方案进行紧急讨论。在会上，大本营派驻17军代表辻政信中佐认为预定集结阵地的失守和双方炮火相差悬殊，沿着马坦尼考河口一线正面进攻的成功率不高。第2师团长丸山政男中将更是认为，既然川口支队在兵力远少于第2师团的情况下，机场南面发动的攻击都差点获胜，兵力雄厚的第2师团再次从同一方向进攻的话，胜利自然不在话下。不过，从现

■ 第2师团长丸山政男中将。

集结地库库姆博纳向奥斯汀山前进的话，必须穿越大片原始森林，这个迂回攻击方案能否行得通，还得仔细研究。

10月11日，17军司令部派遣参谋到一线高地观察地形，发现密林中各处都有间隙。于是，武断认为迂回作战行得通！

随后，小沼参谋代表军司令部参谋，向军司令官百武晴吉中将提议实施迂回作战，最终获得同意。这样，17军作战计划来了个180度的改变。接着，第17军司令部以军司令官百武晴吉中将的名义向全军下达总攻命令：

1.瓜岛之敌主力依旧在马坦尼考河右岸到隆加机场南侧之东北地带据守中，其战斗力和士气日益低落。

2.军主力预定对隆加飞行场南侧之敌侧背急袭，一举全歼瓜岛守敌。

3.第2师团于10月X日（Y日）日没后以主力急袭隆加机场南侧方面之敌侧背，一举全歼瓜岛守敌。冈部队在隆加河一线警戒。

4.第228步兵联队1大队、工兵第38联队1个中队、第38师团通信队1个小队由第228步兵联队1大队长指挥，组成科利支队，在海军舰艇协力下，于科利角附近强行登陆，攻占机场南侧阵地。

5.冈部队继续执行前述任务。

6.第38步兵团司令部及步兵第228联队（欠第1大队），于瓜岛上陆后，统一指挥在塔萨法隆加角集结部队，并以预备队占领科利角。

7.预定科利所沃纳为军司令部所在地。

计划于17日向903高地附近前进。

根据军司令部意图，第2师团也做出了如下攻击部署：

1.右翼队：川口少将指挥的第124步兵联队第3大队、第230步兵联队第2、3大队，独立第6大队和独立速射炮第9中队、第20独立山炮大队、第2工兵联队1个中队和卫生队三分之一。

2.左翼队：第2步兵团长指挥的第29步兵联队、迫击炮第3大队（欠第3中队）、独立速射炮第2大队1个中队、野炮兵第2联队第2大队、独立山炮兵第10联队、工兵第2联队1个中队、步兵第124步兵联队挺身作业队、卫生队三分之一。

3.两翼队作战分界线为隆加河东侧的南北走向草原和隆加河东侧河口连接一线。

4.预备队：第16步兵联队和第2工兵联队一部。

冈部队、第4步兵联队和军属炮兵部队编成住吉支队（由第17军炮兵指挥官住吉正少将指挥），沿海岸佯攻，吸引美军注意力，待主力达成突破后，再转向东方，协助突击。

10月12日，第2工兵联队出动1个中队的工兵开始进入丛林开辟通往机场南面预定出发阵地的通道，即“丸山小道”。这条小道长约15英里，沿途穿过众多河流、小溪、泥泞区、陡峭的山岭和茂密的原始森林。10月16日到18日，第2师团各部从903高地西侧开始沿着“丸山小道”向预定出发阵地开进，左翼队（那须部队）先行出发，然后是第16步兵联队，川口支队和第230步兵联队（东海林支队）最后行动。为了携带更多的弹药，每名士

■ 延绵起伏的瓜岛山脉，这种地形对双方的行军机动都构成了很大的障碍。

兵奉命除了携带自己的枪支弹药和补给外，还必须额外再背上1发炮弹。

在丸山道前进途中，为了防止敌机空袭，第2师团采取了行进部队人员间隔50－60厘米的疏散行军队形。进入密林后，部队才发现原先判断的林中空隙并不存在，险道和浓密的丛林使第2师团行军异常困难。不得已之下，第2师团只得一边砍伐树木，一边前进。更为不幸的是，速射炮等重武器无法通行，只好忍痛抛弃，未来进攻的火力支援只能依赖轻重机枪。

18日午后，丸山师团长以下第2师团幕僚前出至隆加河畔。当他们试图渡河，继续前进时，发现右岸地形和预想相差很大，高低落差较大，前进更为困难。

经过艰难跋涉，师团先头部队于19日日落、师团战斗司令所于20日清晨才前出至隆加河渡河点北方6公里（实际上，1天下来，仅仅前进了3公里！）由于地形困难，行军速度实在太慢。因此，师团长丸山政男中将决定将预定展开线暨兵力集结区定在现有地带后方2公里。20日9时，丸山中将向各部下达了集结令。

第2师团长下达的集结地位于飞行场南方6公里，在日军内部称为“清水谷”。实际上，第2师团再次对距离判断失误，“清水谷”距隆加机场的真实距离为13公里！尽管先头部队顺利抵达，但川口部队、第16步兵联队、那须部队、战车部队和炮兵部队仍在后面向前艰难跋涉，20日一整天都未能抵达预定集结地。

当第2师团主力在“丸山小道”艰难跋涉的同时，由第4步兵联队、冈部队和军属炮兵队、独立第1战车中队组成的住吉支队也开始向马坦尼考河西岸的克鲁斯角开进，准备协同第2师团发动牵制进攻，吸引美军注意力。

17军各部向预定集结区机动的同时，海军方面也在焦急地等候17军对总攻日的确定。

10月20日，17军司令部接到丸山中将报告抵达清水谷，距机场6公里的电报后，立即决定Y日定在22日。接着，17军向大本营和联合舰队拍发了电报，简要叙述了进攻方案：

1.军决定于Y日薄暮，以主力自机场南侧地区，急袭歼灭敌军。Y日预定为10月22日。

2.以第2师团长指挥的步兵约3个联队，自奥斯汀山南方迂回隆加河上游地区，于Y日日落后急袭机场附近之敌。然后，自南方攻击隆加河附近敌军，歼灭瓜岛之敌。

陆海军约定，总攻成功的暗号是“万岁”。

接着，第17军又开始“高瞻远瞩”地规划起瓜岛攻略后的作战指导及攻略后的宣传等事宜，并已经在规划下一步棋该怎么走。

歼灭战前日感慨万分。23日瓜岛攻略战结束后，军主力将转进图拉吉、鲁内尔、圣克里斯托巴尔，并实施占领。为此，必须

附图十二　日军第2师团总攻示意图

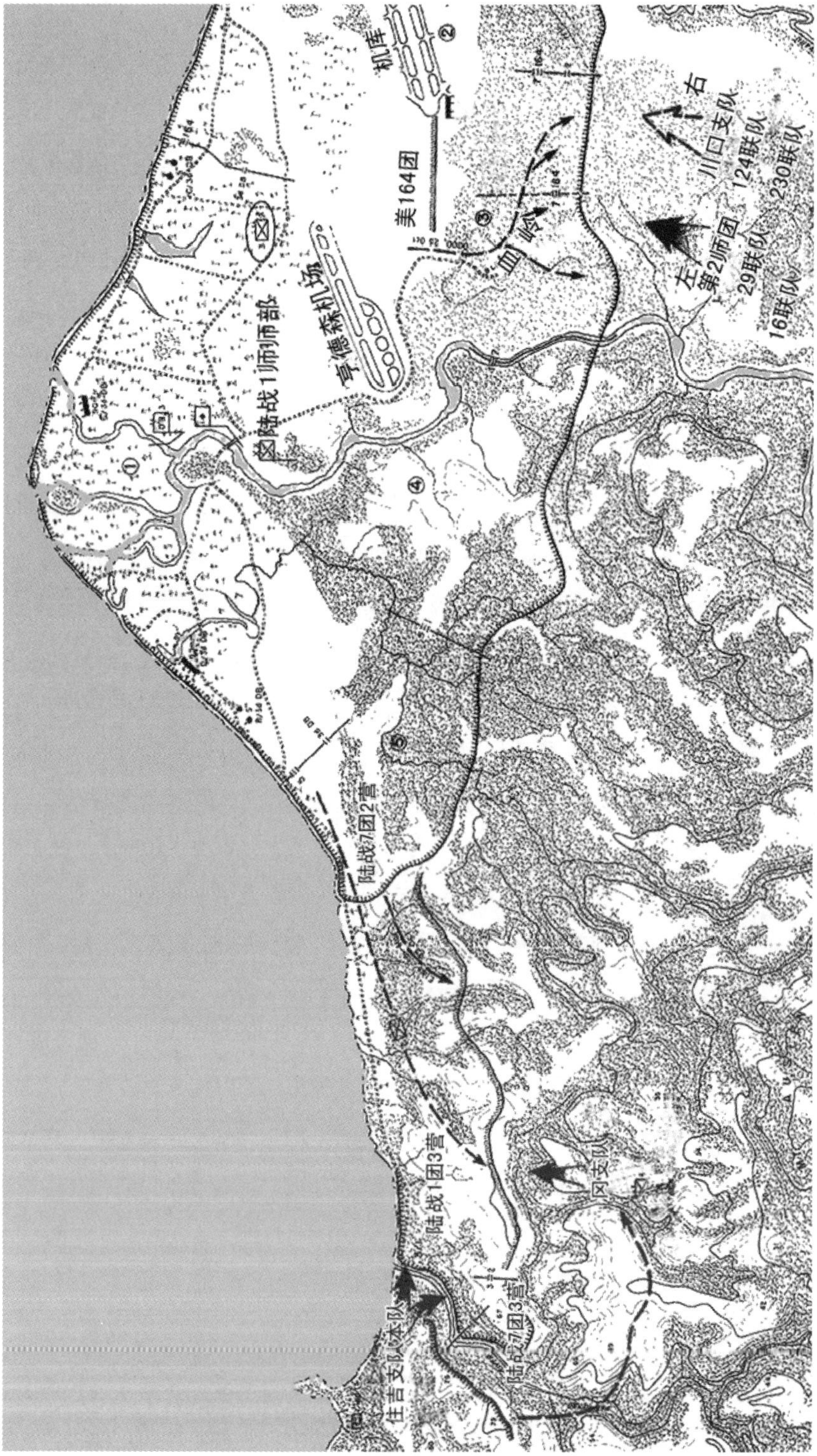

向瓜岛派遣装载粮秣、高射炮弹、燃料、医疗船，同时在瓜岛准备下一阶段的莱比攻略战，希望参谋长以下若干参谋能前进至瓜岛。

仗还没打，就开始盘算起以后干什么来着。甚至连让第2师团回国的念头都打消，准备继续在南洋干出一番宏伟的事业。至于现在，仅仅是等待胜利而已，不就是让这几个美军多活几天吗？没关系，反正最后一定会让他们见上帝！但是想灭美军的陆战1师，那还得看这边的范德格里夫特答不答应。

如果说川口支队奋战那会，日本人还有点胜算的话。那么现在，日本人连想象胜利的资格都被剥夺了(当然，百武和丸山很快就会明白这些)。陆战1师此时在瓜岛的战斗兵力达4个团，13个营！比起当初对抗一木支队和川口支队，范德格里夫特显然已经很有自信。10月中旬，第四次马坦尼考河战斗结束后，范德格里夫特对隆加环形防线进行了一次大调整，新近抵达的陆军第164步兵团接替陆战1团，把守比较安全的防线东面地带（即沿着特瑙鲁河一线）；机场南面从第164步兵团右翼开始，穿过血岭，延伸到隆加河上游之间地带由陆战7团负责。隆加河西面到海滩地带由陆战1团和陆战5团共同负责。马坦尼考河口地带由威廉·麦克利温中校指挥的陆战7团3营和陆战1团3营把守，麦克利温部队和隆加环形防线之间的缺口由巡逻队填补。同时，驻扎防线内的12个美军炮兵连建立了一个火控中心，由陆战11团长维莱准将统一指挥，这样可以在最需要的时候集中最大限度的炮火支援最危难的地段。这次防务的整合极大地提升了陆战1师的综合防御战斗力，为即将到来的大战打下了良好的基础。

为了摸清日军的动向，范德格里夫特开始在隆加河上游地区加强巡逻，但侦察了半天也没有发现任何有关敌情动态。除了击毙了不少小股残敌外，还没有发现日军主力活动的迹象。土著侦察兵的行动也同样没有发现任何迹象。但日本人终究是要来的，陆战队在高度紧张中迎来了日军的总攻。

总攻

10月22日中午，第17军向全军下达109号命令，着令第2师团发起总攻：

1.日美决战时机业已成熟。

2.军决定22日开始攻击，20日晨已发布命令。

3.全体官兵决心奋勇死战，一举歼敌，以报圣恩。

伴随着陆军的总攻命令，联合舰队也电告各部，Y日定为10月22日。

瓜岛方面，虽然17军已经下了当天发起总攻的命令，但第2师团一大早向展开线进发时，却发现地形比预想的要苦难和复杂得多，前进受阻，加上滂沱大雨，无法在当夜发起攻击。没办法，只能顺延1天。无奈之下，留守拉包尔的17军宫崎参谋长只得向东京和特鲁克发电，将实情告之。

在此期间，担负牵制任务的住吉支队却在10月21日对马坦尼考河口东岸地带发动了进攻，把守这一带的是陆战1团3营。

20日下午，住吉支队先是以1个中队的兵力在2辆九五式轻型坦克的支援下，越过马坦尼考河，向3营阵地实施火力侦察，结果被1门37毫米无后坐力炮击退，1辆坦克被毁。

21日黄昏，日军第2野战炮兵联队和第4野战重炮联队突然集中火力，猛轰暴露的陆战队3营阵地，尤其是控制渡口的制高点更是成了日军炮兵重点关照的对象，I连不少官兵被炸伤。炮击过后，第4步兵联队在独立第1战车中队的9辆九五式轻型坦克的伴随支援下，向河口发动进攻。3营依靠猛烈的炮火支援和37毫米无后坐力炮的集中射击，轻松粉碎了日军的进攻，1辆九五式轻型坦克被毁，陆战1团3营仅阵亡6人、负伤25人。

10月23日，住吉支队再次展开攻击。17点，野战重炮兵第2联队1大队和野战重炮兵第21大队2中队开始对3营阵地进行新一轮炮火准备。接着，第4步兵联队2大队（田村大队）在独立第1战车中队10辆坦克的伴随支援下，向3营发动新一轮攻势。

日军坦克沿着唯一一条能承载重型车辆的公路，隆隆地朝3营阵地开去，伴随支援的

■ 住吉支队进攻马坦尼考河口失败后，躺满沙滩的日军尸体。

■ 被遗弃在马坦尼考河口的日军独立第1战车中队九五式轻型坦克群。此役下来，独立第1战车中队全军覆灭。

步兵在坦克后面亦步亦趋。为了粉碎田村大队的进攻，美军进行火力区分。陆战11团4个炮兵营集中火力，和3营的81毫米迫击炮群协同对马坦尼考河到克鲁斯角之间地带进行猛烈的炮火拦阻，前后共发射炮弹达6000发，编织了多道密不透风的火墙，完全分割了步兵和坦克的协同。在猛烈的炮火打击下，田村大队伤亡惨重，除了新任6中队长森田彻雄大尉带领一部兵力强行占领美军阵地一角外，田村大队再也没有达成任何突破。

与此同时，3营的37毫米无后坐力炮群则集中火力打击突前的九五式轻型坦克，先后击毁5辆坦克，另外3辆坦克陷入泥泞，只有1辆坦克强行突破美军炮火拦阻，冲上了东岸，摧毁了1门37毫米无后坐力炮和几个散兵坑。危急关头，1名陆战队员勇敢地爬出散兵坑，用手榴弹炸断了坦克履带。接着，1辆赶来增援的75毫米半履带自行火炮对这辆瘫痪的九五式坦克进行猛烈射击，将其击毁。

陷入泥泞的3辆坦克仍不断对美军阵地开火，试图鼓舞第4步兵联队冲过炮火封锁线，但很快就被美军密集的炮火摧毁。

22时，第4步兵联队丢下9辆坦克，放弃进攻，掉头撤退。至此，第4步兵联队第2大队的进攻完全失败，伤亡150人，第1独立战车中队损失11辆九五式中型坦克，44名车组成员，包括队长前田大尉在内共有27人阵亡、7人负伤，几乎全军覆没。相比之下，陆战1团3营仅阵亡25人、负伤30人。

不过，住吉支队的佯攻并没有结束。

10月24日清晨，西面的激战焦点转移到一本桥，这一次轮到陆战7团3营接招。第4步兵联队第3大队越过一本桥，绕过3营坚固的防线正面，迂回3营深远后方的河谷地带，插进了马坦尼考河口地带和主防线之间的缺口。虽然3营及时呼叫炮火和航空火力打击，但这一带丛林密布，易于隐蔽，火力打击效果不大。

面对这个严重的危机，陆战7团团部和2营紧急出动，封闭了一本桥和主防线的缺口。可是，3大队已经穿插进来，何时发动进攻只有天才知晓。虽然住吉支队的佯攻没能获胜，但却成功地把美军注意力吸引到马坦尼考河一线，有力地掩护了第2师团主力在机场南面地带的展开。

10月23日，第2师团左翼队先头部队终于赶到了预定集结区。右翼队的第124步兵联队第1大队也赶到了预定阵地。当天，师团指挥部派人将基地航空部队航拍的隆加防线照片分发给左翼队和右翼队指挥官。一看照片，右翼队的川口少将就傻眼了，美国人的防御力量比1个月前又增强了数倍，由原来的1条防线变成了3条！而且，左翼队和右翼队攻击的地段正是美军陆战7团防御最坚固的地带，易于得到强大的炮火支援。对这些地段的进攻，无异送死。1个月前国生大队在血岭的教训还历历在目。通过分析照片，川口少将发现第164步兵团和陆战7团防线结合部工事比较稀疏，守备兵力薄弱。如果从这个地段发动进攻，很可能获得1个月前像田村大队那样的效果。而且，现在第230步兵联队还没到，干脆在改变进攻地段的同时再申请推迟进攻1天吧。于是，川口少将拿起电话摇通了第2师团司令部。在电话中，川口向丸山师团长提出了把进攻日期推迟1天，进攻方向往右挪动一下的建议。结果被大本营派往17军督战、当时正在第2师团前进指挥所里待命的辻政信中佐顶回，命令川口依照原计划进攻，但却遭到川口拒绝！于是，辻政信参谋当场解除了川口少将的指挥权，第230步兵联队长东海林俊成大佐奉命指挥右翼队。

可解除了川口的职务也解决不了问题。东海林支队没有到位，右翼队仅凭1个大队的兵力是无法协同左翼队作战的，Y日只能再顺延一日。

这下子，大本营恼火了！全军期待的总攻，怎么还没开始，这究竟是怎么回事？

看到大本营发火，在军战斗指挥所的大本营派遣参谋杉田一次中佐，马上发电报向大本营作出如下解释：

军推迟至24日总攻击原委如下：

1.军鉴于此次作战的特点，一直坚持使第一线在自信必胜方针下进行攻击准备。由于第2师团本日开始以后，偏逢极为复杂之地形，至15点仅前进2公里，已知师团本日傍晚实难掌握充分兵力，因此军鉴于川口支队的前例，为彻底使全部兵力指向敌阵以获必胜，决定延迟1日开始攻击。师团今后之前进地区，与本日之地形不同，起伏渐缓，较易接敌，敌仍未侦知我军企图，目测观察机场南侧，敌军正在打网球。

2.住吉支队方面，因处热带雨林，攻击未能按预期取得进展，但敌正被牵制于该方面，推迟1天开始攻击，从军全面来看，反倒有利。

3.我军推迟1天开始攻击，要在顺应现地实情，为使我军必胜更有把握所采取的措施，务请放心。

大本营这边是糊弄过去了。可联合舰队这边还在等着陆军的总攻呢？在海上多逗留1天，都要烧掉几万吨油啊！你17军不解释清楚，我海军跟你没完！留守拉包尔的宫崎周一参谋长自然不敢怠慢，赶紧发报向联合舰队解释：

第17军参谋长发　15时55分

1.遗憾地通知，23日的总攻击不得不延迟1天，于24日展开。

2.本日早晨，主力开始进行接敌运动，但因地形错综复杂，部队前进困难，到15时仅前进2公里。本日夜袭至为困难。

3.15时，主力已前进至飞行场南侧2到3公里。相对于本日的地形，今后前进地区地形起伏渐缓，较易接敌，决心于24日开始总攻。

4. 敌仍未侦知我军企图。

看到陆军还是比较有“诚意”的，联合舰队也就没过多计较。尽管各舰艇燃料所剩不多，但联合舰队司令部还是忍痛向各部通告Y日延迟到24日。随后，外南洋部队各水上部队返航肖特兰。支援部队反转、先遣部队一时停止南下。

10月24日是第2师团的总攻日。

相对马坦尼考河一线的激烈战斗，机场南面地带依旧是出奇的平静。在隆加河以东，穿过血岭到特瑙鲁河上游之间地带由陆战7团1营把守，防线正面长达约2300米。不过，陆战1师直到10月24日都没有意识到危机会在这一地带再次发生。中午，1名前沿哨兵突然发现1名日本军官潜入血岭前方，侦察美军阵地布防情况。另1支美军46人的巡逻队在隆加河上游附近发现对面河谷冒出许多烟，很可能是正在生火煮饭的日军。接着，他们发现了大股正向血岭进发的日军。惊讶之余，美军只得从背后绕过日军主力，最终安全返回了防线。

毫无疑问，美军巡逻队发现的日军主力正是向出发阵地开进的第2师团左翼队。14点，第2师团左右两翼队完成准备，并始向出发阵地开进。

16时到21时，瓜岛下起滂沱大雨，部队前进遇到很大的困难。尽管如此，第2师团长丸山政男中将仍决定冒死展开攻击。经过艰难跋涉，两翼队终于在19时抵达预定出发阵地。不过，师团预备队——第16步兵联队未能跟上主力行动，只能往前急速追赶。

当夜，从东京到特鲁克，陆海军要员都在电台旁等候东南方面的捷报传来。在东京，第2（作战）课部员竹田宫少佐、井本中佐、晴气少佐及第11（通信）课部员小山公利中佐等在第2课办公室，焦急地等待总攻的捷报。甚至连首相东条英机大将当夜也是坐卧不安，特意搬了张凳子，坐在参谋本部门口，想第一时间得知战况报告。在特鲁克，联合舰队司令长官山本五十六大将等一行人也坐在司令部等候消息。

这次总攻，是大本营所谓的“日美决战”构想的开篇，参谋本部和军令部都对这次总攻无比重视，只要一有陆军胜利消息，海军立即从海上封锁瓜岛，阻止美军们“外逃”，同时捕捉歼灭前来救援的美国舰队。根据约定，攻击成功的暗号是“万岁”。

23时总攻开始。右翼队首先展开攻击。根据东海林联队长的部署，3大队为左翼，1大队为右翼，联队本部随同1大队前进。途中，第230步兵联队第2大队因地形不熟，走错了方向，竟然沿着与美军防线平行的方向，插进两军中间地带，结果遭到美军单方面炮火打击，好在大队长大跟田安平少佐反应及时，带队迅速撤离，避免了损失。左翼，1大队在关谷容治少佐带领下，于24时穿过一片草原，闯进了1营的第一条防线前沿地带，跟随1大队行动的联队本部判断所部似乎进入机场，但又不敢肯定。于是，向军司令部拍发了一条模棱两可的电报：“看起来，一

■ 作为日美决战的第一步，第2师团总攻击牵动着日本陆军上下的心，为了得知最新战况，东条英机甚至搬凳子坐在参谋本部外等候。图为旧日本陆军参谋本部旧址。

部分部队是不是进入了机场？” 但通信中转站在转发时又把疑问的口气改为判断语气，再去掉“一部分部队”这几个字，转发到军司令部和师团司令部时，就变成了“右翼部队看起来已经进入了机场”。

这个突如其来的喜讯当然使军司令部为之一振，机场被占领了！这个时候，倒是军司令官百武晴吉中将头脑比较清醒，他的反应是：“立即确认一下事实，有多少部队进入机场？是单纯进入还是占领？占领了机场多大部分？是不是完全占领了？然后再向大本营报告。”但在这个上下癫狂的时候，手下参谋没一个去理会确认事实，军司令官未免太小心了吧。于是，“万岁”暗号就这样被发送出去了。

1时50分，东京方面收到17军的电报：“21时 (当地时间23时) 万岁！” 全体人员雀跃欢呼，随后又收到了岛田参谋的详细电报：“即右翼队占领机场，左翼队正与敌交战！”当作战室“万岁”呼声四起的时候，东条立即指示：“快，准备上奏稿子，明天一早进宫报告。”大本营机密作战日记这一天第一行就是：“日美决战，皇军初战告捷。”

井本中佐更是以激动的心情在日记上写下：“天下第一夜！”与此同时，第8舰队为了捕捉歼灭准备外逃之敌，也开始南下。

才高兴没多久，1大队就发现他们进入的仅仅是美军第一道防线的前沿阵地，而且地形复杂，难以前进。正当他们前进到距美军阵地前400米时，突然遭到美军猛烈炮击，联队副官中条宁富大尉和6名联队本部官兵当场阵亡。接着，1大队进行了一次试探冲锋，还没接近美军阵地就完全被美军火力压制。眼看地形困难，美军火力强大，东海林联队长没有冒险，决定撤出战斗，停止进攻。右翼队的总攻就这样稀里糊涂地结束了，第230步兵联队伤亡不大，仅有36人阵亡。

接着，东海林联队长给军司令部发报，称当面地形困难，无法发动进攻，同时撤消前面的疑似电报！刚才还处在兴奋中的军司令部参谋们这才回过神来，原来连进攻都没有开始，更不用说占领机场了！除了大骂中转站以外，他们只能补发电报，取消了先前的“万岁”报告。

4时30分，兴奋过度的大本营突然被泼了一盆冷水：“师团尚未占领机场。左翼队正与机场附近之敌激战中。”熟悉日本陆军军语潜台词的人都知道，“激战”这个词并不是一个客观描述战斗激烈程度的中性词，其真实意义是“我方进攻受阻，且处在失败边缘中”。这下子，东京马上安静下来了。不过，天真的海军却不懂“激战”这个词的含义，还天真地认为左翼队只是陷入激战，只要努力一把，天明前解决战斗应该不成问题。可实际情况远非如此。

左翼方面，在那须少将的指挥下，第29步兵联队计划以1大队和3大队为一线进攻部队，2大队为二线进攻部队，寻机捕捉美军防线缺口在激战中实施突破。24日午间，左翼队以1大队、工兵中队、联队本部、7中队、通信中队、3大队、速射炮中队、2大队（欠7中队）和联队炮中队（装备九二式步兵炮）的顺序冒雨向预定进攻出发阵地开进。途中，1大队遇到起伏且难以通行的丘陵地形，前进受阻，没能及时赶到参加战斗。当晚的战斗完全变成了3大队的独角戏。

0时30分，第29步兵联队11中队首先对陆战7团A连防线展开猛攻。结果在美军防线前沿的铁丝网遭到了陆战11团极为猛烈的拦截、7团1营迫击炮火力和机枪火力的拦阻。战至1点，11中队进攻失败，伤亡70%，中队长柴小屋一郎大尉阵亡，几乎全军覆没。

1时15分，西面的9中队也向7团C连发动进攻。结果，遭到了美军更为激烈的抵抗。激战中，C连依靠猛烈的炮火和机枪手约翰·巴斯隆中士的准确射击，将9中队死死顶在铁丝网前。激战2个小时，虽有部分官兵强行冲进美军阵地，但很快被纵深炮火消灭，中队长牧田幸夫中尉战死。

在猛烈的榴弹炮火、迫击炮火和机枪火力编织的死亡火力网下，左翼队的冲锋完全是徒劳。虽然极个别地段被日军散兵突破，但这小股日军很快就被美军炮火封锁，成了进退失据的孤军，左翼队没有达成哪怕一个关键性的突破。

为了防止日军突破7团1营防线，陆战1师师长范德格里夫特少将在战斗打响后，立即下令陆军第164步兵团3营（营长罗伯特·霍尔中校）增援。冒着大雨和黑夜，3营于3时30分急行军赶到了7团1营防线背后，随时准备反击突破防线之敌。

拂晓前，急红了眼的第29步兵联队长古

■ 第29步兵联队的第一次总攻击完全失败，伤亡惨重，阵亡日军的尸体几乎堆成了小山。

宫正次郎大佐、2大队长渡边胜利少佐和第3大队长吉井忠雄少佐亲自带领联队本部、军旗中队、6中队、10中队在第3机枪中队的支援下组成第一梯队，5中队跟进支援，发动了当晚最后一次进攻。日军顶着陆战队猛烈的炮火，在美军防线中央撕开了一道宽150码，纵深100码的缺口，但美军很快实施反击，除了渡边胜利少佐率部逃出重围外，以古宫大佐为首的约100名联队本部和军旗中队、6中队一部陷入重围，3大队长吉井忠雄少佐和10中队长堀敬喜中尉当场阵亡！

战至10月25日7时，美军最终控制住局面。第29步兵联队第3大队蒙受了巨大的损失，约300名日军被击毙在美军防线前沿的铁丝网前。接着，美军转入反击，将突破地段的日军孤立小股部队大部消灭。

第29步兵联队第3大队经过昨晚的激战已经被打残，9中队全军覆灭，10中队、11中队、大队本部、机枪中队和大队炮小队堪战官兵加起来仅40人，除了胜股治郎大尉一人幸存外，其余军官全部阵亡。

至此，左翼队的总攻完全失败。可17军却没有勇气承认失败，战报隐瞒不发，结果害惨了海军。

海军在看到左翼队正在激战的电报后武断地认为陆军一定能在天明前攻下机场——当务之急就是要堵住美军从海上逃跑的出路！于是，第8舰队司令长官三川军一命令突击队（3艘驱逐舰）立即向瓜岛海域急速突进。8时30分，突击队奋勇冲进隆加泊地。看到突击队都如此勇敢，原本暂时北撤的第2攻击队（由第4水雷战队司令官指挥，“由良”号和5艘驱逐舰）立即停止北撤，掉过头来，直冲瓜岛东部；同时，第1攻击队也不甘人后，在桥本信太郎少将率领下，“川内”号和3艘驱逐舰直扑瓜岛西部，企图东西夹击，加上突击队直捣黄龙，彻底截断海上的退路。冲进隆加泊地的3艘驱逐舰先是干掉了1艘拖船，然后又和美军驱逐扫雷舰“特维尔”号和“赞恩”号爆发炮战。正得意时，日舰突然遭到美军海岸炮台有力反击，被迫撤退。南下中的第2攻击队也遭受“仙人掌”航空队猛烈攻击，“由良”号沉没、“秋月”号损伤。无奈之下，第8舰队司令三川军一中将只得下令撤退。

天明后，基地航空部队和第2航空战队更是全力以赴地出动战机，对瓜岛进行6个波次的空袭，不仅没有压制住“仙人掌”航空队，反而先后损失了1架百式侦察机、11架零式战斗机和2架一式轰炸机。美军仅损失2架F4F。

为了防止日军再次进攻，陆战1师也在25日昼间抓紧时间，调整部署。陆战7团1营的防线缩短1300米，剩余的1000米防线由陆军第164步兵团3营把守。师属预备队——陆战2团3营奉命前往血岭背后，随时准备投入一线战斗。

日军方面，虽然第29步兵联队3大队进攻完全失败，但经过一个多月的总攻准备，决不能就这样善罢甘休。百武军司令官也好，丸山师团长也好，辻政信也好，当然还要来第二次。第29步兵联队1大队和2大队还可以用，预备队第16步兵联队也赶到了。东海林支队也没什么损失，如果川口支队那个混成大队（124步兵联队1大队和3大队）再加把劲的话，今晚成功还是没什么问题的吧。于是决定25日晚上再次展开总攻。

午后，美军突然抢先展开反击。迂回右翼队侧翼，在美军的压迫攻击下，东海林大佐干脆取消了当夜的攻击，全力应付美军的迂回。

21时，第2师团左翼队又一次发动总攻。主角还是第29步兵联队。这次2大队在渡边胜利少佐带领下，以昨晚古宫部队突入点为中心，2大队攻左侧，1大队和3大队残部（约40人）攻右侧。战斗依旧是昨晚的翻版，根据陆战1师战史的记载，配属该师作战的炮兵部队于当晚发射了大量的炮弹：75毫米榴弹6164发、105毫米榴弹2719发，29联队所遭受的炮火打击是一木支队的10倍、川口支队的3倍。

在猛烈的炮火拦阻和密集的机枪火力打击下，第29步兵联队完全没有取得任何进展，1大队和2大队也被打残。2大队长渡边胜利少佐和2中队长庄司功中尉阵亡。2天激战下来，第29步兵联队阵亡552人、负伤479人，古宫联队长失踪。

在29联队左翼攻击的第16步兵联队的结果也好不到哪去。第16步兵联队长广安寿郎

■ 在猛烈的炮火支援下，陆战1师粉碎了第2师团的总攻。图为美军炮兵在操纵75毫米榴弹炮。

大佐、副官秋山竹次郎大尉、2大队长小野口知少佐和3大队长诸角善一少佐阵亡，1大队长源紫郎少佐身负重伤。连带队冲锋的第2步兵团长那须弓雄少将也未能幸免，16步兵联队伤亡近1000人，继29联队后也丧失了进攻能力。

为了获得胜利，美军也付出了不小的代价，陆军第164步兵团3营在整个10月作战中共阵亡26人、失踪4人、负伤52人。其中大部分伤亡发生在25、26日。陆战7团1营在两天战斗中阵亡20人、负伤45人。

在此期间，住吉支队也进行最后一次助攻。10月26日3点，第4步兵联队3大队，向马坦尼考河口与隆加主防线之间的东西走向的马鞍形山岭发动进攻。把守这条防线的陆战7团2营进行了英勇抵抗。尽管如此，F连阵地还是被3大队突破，全连大部分机枪手阵亡。最后，3大队成功地将F连赶下主峰，并缴获了3挺机枪。危难关头，2营副营长坎尼尔少校亲自带领文书、炊事兵等17名勤杂人员，在G连和C连一部兵力支援下，向第3大队发起猛烈反击，连续打掉2个日军机枪火力点，将立足未稳的第3大队彻底赶下了主峰。这次战斗，陆战7团2营阵亡14人，负伤32人。

随着主攻和助攻的完败，百武终于认输了。10月26日8时，百武晴吉中将以17军司令官的名义下令丸山政男中将停止进攻，带着伤患撤出战场。接着，美军开始打扫战场，共埋葬了大约1500名第2师团的阵亡人员。10月27日，左翼队和美军脱离接触，带着伤患

■ 第29步兵联队和第16步兵联队两次总攻全部失败。图为美军缴获的日本军旗。

向马坦尼考河西岸的库库姆博纳撤退。撤退途中，不少伤患因伤势过重，经过“丸山小道”时自杀，路上躺满了日军的尸体，其残酷的景象丝毫不亚于血岭前的坟场。

同时，右翼队向科利角撤退，理由是要他们占领科利角附近的适合兴建第2个机场的平原，并等待第38师团主力到来，和第2师团东西对进，发动第三次总攻。

11月4日，第2师团残兵败将回到了库库姆博纳，向第17军司令部报到。同1天，东海林支队也抵达科利角扎营。经过这次战斗，第2师团完全丧失了进攻能力，只能进行消极防御。东海林支队更惨，在科利角逗留了多

日，机场没建成，人倒是饿死大半。最后好不容易返回库库姆博纳时，3000多人只剩下不到700人。

至此，全军期待的第2师团总攻击以完败告终，大本营受到了极大的震动。正当日军高层对瓜岛战局感到绝望之时，突然传来了海军的捷报，使大本营又部分恢复了信心。

南太平洋海战

在第2师团展开总攻的同时，日军支援部队也开始策应，在瓜岛300海里外攻击圈相机行动。另一方面，美军第17特混舰队和第16特混舰队，又组成第61特混舰队，在新任南太平洋战区司令哈尔西中将的命令下，开始冒险进入圣克鲁斯群岛水域进行战斗巡航，准备和机动部队硬碰硬。

10月25日，机动部队继续南下。2时20分接到了17军拍发的“万岁”误报，于是以前卫部队为先导，全军奋勇南下。7时，突然接到机场还未占领的消息，机动部队赶紧调头，撤出瓜岛美军航空兵的作战范围。

9时40分，没能及时撤出美军航空兵作战范围的前卫部队遭到从圣埃斯皮里图起飞的6架B-17的轰炸，没有损失。

当天下午，第63特混舰队的1架PBY发现了暂时转向北上的机动部队本队。急躁的第61特混舰队司令金凯德马上下令“企业”号出动29架实施攻击，不仅没有发现机动部队，反而因夜间返航，损失了7架。

黄昏时刻，为了分散美军注意力，策应陆军的第二次总攻，机动部队和前卫部队分离，前卫部队开始南下。当夜，美军水上飞机极为活跃，挂载着鱼雷和炸弹实施夜间搜索，对日舰队构成了巨大的威胁。26日凌晨0时33分，前卫部队所属“矶波”号驱逐舰被PBY投下的鱼雷击伤。与此同时，机动部队本队也频繁遭到PBY的攻击。26日0时50分，1架PBY突然临空，连续投弹4枚，全部在“瑞鹤”号右正横约30米处爆炸，6人被炸死。

遭受空袭后，机动部队本队开始掉头北上。前卫部队也在4时12分掉头。当天日出是5时45分。本队在北上途中，于4时45分放出13架九七式舰载轰炸机（50度到230度，距离300海里），前卫部队于4时15分7架零式水上侦察机（130度到230度，距离250海里）共同进行远程搜索。6时50分，“翔鹤”号起飞的侦察机首先发现了第61特混舰队，位置在本队相对方位125度，距离210海里。然而，侦察机发报时使用的是错误的飞机呼叫代号，使美军机动部队的位置确认发生混乱。接着，“瑞鹤”号侦察机也报告发现了第61特混舰队。

接到报告，南云果断下令待命中的第1攻击队出击！在“翔鹤”号飞行队长村田重治少佐带领下，21架零式战斗机、21架九九式舰载轰炸机、20架九七式舰载轰炸机组成第1攻击队，于7时25分出发。

与此同时，第61特混舰队接到凌晨轰炸

“瑞鹤”号的PBY发送的电报，金凯德决定再次出动机群，和机动部队正面决战！7时32分到8时10分，第61特混舰队出动3支攻击队，共75架战机以雷霆万钧之势扑向机动部队。

进击途中，日军第1攻击队首先和“大黄蜂”号的攻击队遭遇，两方队长——村田少佐和威德海姆同时打破无线电静默，向本舰队通报敌情。8时40分，第1攻击队又和“企业”号的攻击队相遇。这下子，日本人忍不住了。“瑞凤”号搭载的零式战斗机队（9架）在日高盛康大尉带领下急速脱队，实施攻击。南太平洋海战中的第一场空战随即爆发。零式战斗机队的第一次突袭就击落了1架TBF。很快回过神的护航F4F马上反击，同时TBF机群也收缩队形，以密集的编队火力奋起反击。一场激战下来，双方都蒙受了巨大的损失：美军2架TBF和3架F4F被击落，2架TBF和1架F4F受到重创，日军零式战斗机也有4架被击落、1架重伤报废！尽管付出了巨大的代价，但零式战斗机队的突袭，打乱了“企业”号攻击队的部署，使美机在空战中提前投下副油箱，极大地缩短了他们的航程，迫使他们不得不放弃轰炸机动部队本队。

8时55分，第1攻击队发现了第17特混舰队（以“大黄蜂”号航空母舰为核心）。于是，村田少佐命令电信员水木德信一等飞曹下达“全军突击”命令。随着一阵急促的“突突突”电令，南太平洋海战正式爆发！村田少佐一马当先，带着“翔鹤”号第40小队（3架九七式轰炸机），从“彭萨科拉”号上空低空冲进美军舰队上空，在距离1000米，高度30米发射鱼雷。接着村田和2号机准备转弯改出时被密集的对空炮火命中，人机俱毁！尽管如此，村田少佐和2号机发射的鱼雷依旧准确地命中目标！与此同时，从高空俯冲而下的九九式轰炸机投下的3枚炸弹也命中了“大黄蜂”号！为了获得这些战果，第1攻击队付出了巨大的代价，九九式轰炸机被击落11架、1架重伤坠海；九七式轰炸机被击落11架；零式战斗机被击落7架（包括日高队的损失）、1架重伤报废！总战损率超过50%，尤其是包括村田重治少佐在内的诸多开战以来实战经验丰富的机组成员一去不复返！这次攻击是日本海军在整个太平洋海战中最漂亮的一次鱼雷机和轰炸机协同进攻，但这批精英飞行员的战死，也标志着日本海军舰载航空兵巅峰时代的结束，日本海军航空兵走下坡路已不可避免。

随后，第1航空战队和第2航空战队接连进行了几次攻击：

第1航空战队第二次攻击：“翔鹤”号攻击队（5架战斗机、19架轰炸机），“瑞鹤”号攻击队（4架战斗机、16架轰炸机）于10时30分到11时之间对“企业”号航空母舰进行攻击，命中2弹。

第2航空战队第一次攻击：12架战斗机、17架轰炸机于9时14分出发，11时20分对“企业”号展开攻击，投下炸弹无一命中。第2航空战队于10时18分奉支援部队指挥官的命

■ 在“翔鹤”号飞行甲板上排队等待起飞的九九式轰炸机和零式战斗机。

令，纳入机动部队旗下。

第2航空战队第二次攻击：收容第1航空战队的可用机，组织8架战斗机、7架轰炸机于13时06分出发，15时10分攻击“大黄蜂”号。

第1航空战队第三次攻击：第一、二次攻击中残存的飞机和“瑞鹤”号收容的飞机，共5架战斗机、2架轰炸机、6架轰炸机编成，13时15分出发，15时45分攻击了“大黄蜂”号。

第2航空战队第三次攻击：6架战斗机、4架轰炸机于15时33分出发，17时10分轰炸了已经完全瘫痪的“大黄蜂”号。

当然，第61特混舰队也进行了猛烈的反击。7时40分，2架执行侦察任务的SBD突然飞临机动部队上空，对“瑞凤”号进行俯冲轰炸，1弹命中舰后部，致使“瑞凤”号暂时丧失起降机能，被迫暂时脱离战场，转向北上，返航特鲁克。

接着，9时18分“大黄蜂”号第1攻击队也飞抵机动部队上空。在机动部队上空掩护的32架零式战斗机一拥而上，朝着15架SBD扑了上去。尽管没有战斗机的掩护，但SBD依靠云层和编队火力，以损失2架SBD的代价，突破了零式战斗机机群的拦截（同时零式战斗机也被SBD自卫火力击落2架），强行轰炸了“翔鹤”号，6枚1000磅炸弹接连命中，使“翔鹤”号完全丧失了起降机能，并引发大火灾，直到14时30分才扑灭大火。为防止再次遭受轰炸，“翔鹤”号被迫向北方退避，带着机动部队向西北反转。12时30分，“瑞鹤”号带领本队和“翔鹤”、“瑞凤”号分离，南云转移到“岚”号驱逐舰。接着，“翔鹤”和“瑞凤”号在2艘驱逐舰护卫下，一瘸一拐地驶向特鲁克。

在此期间，“大黄蜂”号第2攻击队和“企业”号攻击队因燃油不足，没有飞到机动部队上空，只得全力攻击前卫部队。根据日方记录，前卫部队遭到美军2波机群攻击长达1小时之久：“筑摩”号被3枚1000磅炸弹命中，在2艘驱逐舰的护卫下，撤往特鲁克。

在机动部队猛烈攻击第61特混舰队的同时，前进部队也准备冲上去打夜战。13时接到机动部队连续攻击获得巨大战果的报告后，联合舰队司令长官命令全军做好夜战准备：

1.圣克鲁斯群岛北方之敌机动部队在激战中蒙受巨大损失，一部正向西南退却。

2.支援部队务必捕捉歼灭敌舰队。

在山本的督促下，前进部队和前卫部队朝着美军航母特混舰队的位置全速前进。鉴于日军的急速突击，第61特混舰队先是撤出了重伤的“企业”号，然后放弃对“大黄蜂”号的拖带，迅速撤出战场。22时14分，前卫部队报告发现了静止在海面、正熊熊燃烧的“大黄蜂”号航空母舰。接到报告，联合舰队司令部立即指示，尽一切可能把“大黄蜂”号拖回基地。然而，“大黄蜂”号左舷大倾斜、殉爆不断，且大火灾不止，无法拖带。无奈之下，在现场的第2舰队司令长官近藤信竹中将下令“卷云”号和“秋云”号实施攻击，将其击沉。

27日清晨，侦察机再未发现美军舰队。毫无疑问，美军舰队已经逃逸。于是，联合舰队司令部于6时55分下令：“今早索敌机未能发现敌舰队踪影，支援部队应相机返航特

■ 南太平洋海战中，遭到日机围攻的“企业”号航空母舰。

鲁克。”随后，支援部队也脱离战场，调头北返特鲁克。

至此，海战结束。日方称为南太平洋海战，美方称为圣克鲁斯群岛海战。这次海战是日本海军机动部队在整个太平洋战争中唯一一次完胜的航母对决。

从战术上来说，日军赢得了胜利，但却付出了损失145名经验极为丰富的舰载机空勤成员的惨重代价，机动部队飞行队彻底残废。美国方面，尽管损失了“大黄蜂”号，“企业”号受到重创，海军官兵阵亡达240人，但飞行员损失很少，有效地保住了飞行队的战斗力，而且迫使日军机动部队瘫痪近半年之久，为以后的决战打下了良好的基础。因此，美国获得了战略胜利。

综观整个10月总攻，日军在地面战斗中不仅没有打开局面，反而越陷越深。海军方面，虽然获得了南太平洋海战的胜利，但为了支援10月大运输和痛击美国海军第61特混舰队，海战主力——机动部队被打残，基地航空部队元气大伤。不过，日军却错误地判断美军经过南太平洋海战的打击，已经丧失在瓜岛海域的制海权。只要水面舰队全体出动，再来一次类似10月的大运输，瓜岛必唾手可得!

在这种思想的指导下，日本人又准备掀起第三轮、也是最后一轮对瓜岛的海、陆、空立体攻势。

■ 10月27日，南太平洋海战结束后，“企业”号全体官兵为阵亡的将士举行盛大的告别式。

第六章
决战决胜

红眼赌徒不服输

全军期待的第2师团总攻击以惨败告终，但南太平洋海战的胜利却仍给日军高层带来一丝幻想。根据联合舰队的判断，美军航母特混舰队经历南太平洋海战惨败后在今后一段时间内完全丧失了战斗力（这个判断大错特错），对联合舰队已构不成任何威胁。因此陆海军可以借助这个胜仗，再加把力，拿下瓜岛还是不成问题。

海军自信满满，已成了常败军的第17军自然也不会服输，手里不是还有个第38师团吗？好，就拿这个筹码继续赌，就不信没有翻盘的时候。于是，在第2师团总攻失败的第2天，即10月26日，第17军向大本营上报了新的作战构想：

本军于瓜岛增强兵力后，再为尔后攻略作战进行准备：

1.第2师团整理战线，以一部兵力（步兵第230联队2个大队和科利支队）前出到科利角附近，师团主力在隆加河上游河谷集结，尔后再做攻略准备。

2.住吉支队主力据守奥斯汀山，经由一

■ 虽然屡战屡败，但日军依旧维持着比较高昂的士气。

本桥到一本桥东南侧高地一带，构筑攻势据点，同时以一部兵力占据马坦尼考河左岸，然后进行攻略准备。

3.第38师团做好在科利角附近的上陆准备。

接到17军的电报，参谋本部的第一反应就是仗是败了，可士气还是高昂。有了士气，精神至上，还愁打不了胜仗吗？于是，总参谋长杉山元大将马上致电慰勉："综合各方情报，瓜岛之敌已被孤立包围，陷入极端困境。此正是连续攻击，一举歼灭敌之良机。军应至急投入所需战斗，发挥精神、物资全部力量，确信定能为坚持完成目标而迈进。祈再奋斗！"

不仅是祈再奋斗，参谋本部还马上命令独立第21混成旅团（旅团长山县栗花少将，以第170步兵联队为基干）和第51师团开赴东南。27日，参谋本部又新制定了东南方面用兵纲要：

1.瓜岛攻略：投入兵力为第2、第38和第51师团

2.莱比攻略：第55师团

3.莫尔兹比攻略：南海支队和第6师团

4.预备队：独立混成第21旅团

兵力是定了，战略也规划了。可再怎么打，也得把兵运到战区，陆军单干不行，还得依靠海军。28日，陆军部委托井本熊男

■ 大本营陆军部参谋井本熊男。

参谋和海军部的佐薙毅中佐对瓜岛形势进行研究，拿出一套切实可行的大战略方针。结果，瓜岛放弃论第二次被提了出来（大家应该还记得，第一次瓜岛放弃论是在8月30日，由第一次"老鼠运输"失败后17军司令部提出的，当时井本熊男参谋也是支持者之一）。

在讨论会上，井本参谋提出的意见是：大本营原先以野战观点来指导将瓜岛夺回作战是个极大的误区，现应改为对要塞的正攻法予以指导。在瓜岛之作战部队损失巨大，因此相当程度的兵力补充和投入极为必要。然而，重新制订计划到将必要兵力送往瓜岛，费时约2个月，因此再度展开攻击也只好

等待相当时日才能实施。

据推算，瓜达尔卡纳尔、莱比和莫尔兹比攻略战要顺利达成，所需的陆军兵力为7个师团。运送这些师团就得需要20万吨船舶，而凑足这些船舶至少要等到来年4月。

因此，对莫尔兹比海上机动攻略仍存在很大的未知数。加上陆路攻略莫尔兹比得一边前进一边修筑道路。如此一来，要对莫尔兹比发动攻略作战也只有等到来年夏季。

结论就是东南战事只有等到明年才可能有所起色，不过如果船舶不能及时返回本土的话，就会对海外资源的运输，甚至钢铁生产造成很大的影响。

井本参谋最后得出的结论是，只有海军密切协同陆军进行瓜岛攻略，方才有一丝希望。不过，瓜岛还是放弃为好，但莱比和莫尔兹比必须绝对确保，这是保障东南最大的海空要塞——拉包尔无虞的最低限度的条件。

对此，海军方面的佐薙毅中佐也表示赞同，甚至对他提出的“瓜岛放弃论”都感同身受。

但这个研究方案被陆军部和海军部当场否决，原因很简单，这么做等于宣告皇军战略失败！这是极要面子的陆军部和海军部所绝对不愿意承认的。29日，陆海军两部就东南战局进行检讨，一致认为应该利用南太平洋海战大捷的机会，在海军的全力支援下，再努力一把，必定能解决战斗，解除盟军对东南方面的威胁。

为了加强中央和前线部队之间的联络和指导，参谋本部特派第2课长（作战课）服部卓四郎大佐前往东南方面视察。

既然大本营喊打，前线部队自然不含糊。10月29日，17军参谋长宫崎周一少将乘坐驱逐舰登上瓜岛。30日早晨，在军司令部召开作战会议，讨论下一阶段的作战方案。在会上，宫崎参谋长和从一线紧急赶回的辻政信中佐认为第2师团经过惨败，已完全丧失进攻能力，只有局部防御能力，若第38师团在科利角登陆，美军全力向西反击的话，后果不堪设想。在宫崎参谋长的反复强调下，17军司令部取消了第38师团在科利角登陆方案，决定仅让第230步兵联队留守拉包尔余部登陆，和东海林支队会合。

11月4日，第2课长服部卓四郎大佐抵达瓜岛。在服部大佐的协助下，第17军制定了新的作战方案：

1.第38师团各部逐次抵达，克服当前危机，确保不败态势。

2.采取继续推进基地建设，增派陆军航空部队等措施强化航空作战，掩护运输船队航进。航空压制前，控制瓜岛兵力，减少因饥饿死亡人员等。

3.第38师团各部抵达后，逐次向奥斯汀山附近地域集结，向东扩张地盘，夺回马坦尼考河一线，强化对飞机场的压制。

4.利用前方飞机场完成、航空作战强化战果，以1个兵团在塔萨法隆加角上陆，完成必

■ 经过8到10月的大消耗，第25航空战队已失去战斗力，其头号精锐——台南航空队更是不复当年之勇，如图中一般的出击英姿已经越来越少了……

要准备后，对奥斯汀山和马坦尼考河一线展开攻击。主要兵力集中于血岭方向，统一发挥战斗力，展开总攻，然后再向东方扩大战果。

5.本次攻击开始时间根据船舶输送和航空基地的建设时间而定，大体为12月末。

此外，17军司令部和服部大佐还联名请求再增援1个精锐兵团（特指第6师团）或至少1个支队（以1个步兵联队为基干编成），获得参谋本部批准。于是，第6师团匆忙抽调第13步兵联队组成新的支队，但抵达东南战区已是1月中旬，完全错过了瓜岛之战，最后在蒙达战斗中全军覆灭。

陆军方面又做好了新一轮攻势的计划和准备，一切就看海军的了。

跛脚的联合舰队

虽然南太平洋海战取得了胜利，但联合舰队在10月大运输作战和南太平洋海战中却付出了巨大的代价。

机动部队方面，第1航空战队在经历第二次所罗门海战、瓜岛航空战和南太平洋海战后，70%的飞行员阵亡，飞机损失65%，完全丧失战斗力，被迫撤出一线，返回内地重建。第2航空战队所属的“飞鹰”飞行队（驻扎布因）和“隼鹰”飞行队也损失惨重，两部合计仅及一个飞行队的战斗力。可以这么说，南太平洋海战的结束也意味着机动部队陷入瘫痪状态。机动部队尚且如此，基地航空部队就更甚了。从8月7日到11月初，基地航空部队损失各式飞机（战斗机、轰炸机、大型水上飞机）达650架之多。除了飞机损失严重外，参加第一阶段作战、经验丰富的机组成员也损失了将近一半，不少王牌航空部队完全丧失了战斗力。第25航空战队司令部、台南航空队、第4航空队、横滨航空队依次撤出拉包尔，回国重建。第21航空战队和第26航空战队留在了第一线，第22航空战队和第24航空战队换防，进驻马绍尔群岛一线，做出随时增援东南的态势。

尽管如此，在一线的第21航空战队和第26航空战队旗下各个航空队也因经验丰富的机组成员损失惨重，不得不新近补充了许多刚从航校毕业的菜鸟飞行员，技术已大不如前。在这种情况下，新任基地航空部队司令长官草鹿任一中将不得不拟订训练计划，把主要精力由作战转入训练，结果对东南方面作战造成了很大的影响。另外，在10月大运输作业中活跃的日方面航空部队到11月初也仅剩下1架水上战斗机、2架零式侦察机和4架水上侦察机，完全陷入瘫痪状态。一旦船队运输再起，空中掩护堪忧。

相对地，联合舰队只有水面舰队还保持着强大的战斗力。虽然，17军不断急呼让38师团尽快进驻瓜岛，但大船队运输却不是那么容易展开。为了做好运输工作，第38师团和第8舰队、基地航空部队在拉包尔召开作战会议，讨论11月运输行动，联合舰队战务参谋渡边安次中佐与会。会上，第8舰队先任参谋神重德大佐代表海军首先提出了作战草案：

1.10月30日，4艘驱逐舰以弹药（飞行场压制射击使用的炮弹）运输为主，向瓜岛继续实施补给。

2.11月3日，运输船6艘（在完全压制机场的情况下，可出动10艘）运载人员3500名、山炮4门、臼炮2门及弹药和粮食在瓜岛实施登陆。

3.上述运输的目的是为了确保陆军火炮对飞行场的压制。接着，11月6日到12日，集中10艘运输船进行3个回合的运输，将第38师团6个大队、独立混成第21旅团及军直属，总兵力约15000名、火炮60门、车40辆，送往瓜岛。

4.11月末开始，动用20艘运输船，运送第51师团。

5.总攻击开始定在12月中旬。

12月上旬，输送结束后，陆海军应全力以赴地准备下一回总攻。希望陆军不要再让人失望。

经过反复讨论，陆军认为应从11月3日起，动用7艘运输船，连续实施4次大船队运输，将第38师团主力、弹药和粮秣全部送上瓜岛。

对此，第8舰队表示反对："运输船队实施登陆过程中需要数次往返，为了确保船队的安全，必须长时间压制飞行场，尽管如此敌仍然可能利用间隙出击，使我方成功几率

■ 经历了3个月的苦战后，日本海军航母机动部队残废、基地航空部队虚弱，也只有水面舰队还维持着强大的战斗力，11月决战的重担只能靠水面舰队去扛了。

下降。”更何况，要实施连续运输，就必须持续不断地压制瓜岛机场。但在机动部队和基地航空部队实力强盛的10月作战中都无法有效压制瓜岛机场。现在，在机动部队瘫痪、基地航空部队大为削弱的情况下，这种成功的可能性更是微乎其微。有鉴于此，第8舰队认为应在11月10日，一次性出动20－30艘运输船，在舰队全力掩护下，一举完成补给作业，当为目前最理想的选择。

不过，所要运载的兵力和物资，却不是一般的多。第38师团、独立混成第21旅团及第51师团，总兵力约3万人、火炮300门、军需品3万吨，若要一次性完成这些兵员和物资的输送就需要运输船50艘，或是驱逐舰800艘或日进级20艘。对于缺油少船的日本海军而言，去哪找这么多船来运。就算有，油也不够！

11月6日，海军方面对瓜岛输送困难状况总结道：维持现有瓜岛陆军一个月份的粮秣和弹药就达6000立方米（按3万人一日份口粮135立方米、弹药一日份65立方米计算）。运载这些物资，就需要驱逐舰合计120艘，换算成运输船也需要25艘。此外，还要考虑到运输船受到运输过程和登陆时间的限制，1艘可搭载的空间为240立方米。

鉴于陆海军观点差异较大，会议没有形成定案。会后，渡边安次中佐返回特鲁克，向联合舰队司令长官山本五十六大将汇报。

联合舰队司令部马上对作战方案进行研究，发现大船队进行几次来回运输无法实现，只能倾尽全力实施一次大规模运输，将主要的物资、装备一次性送上瓜岛。但兵员主要还是依靠“老鼠运输”实施。经过反复论证，最终山本大将确定实施一次运输方案。接着，参谋长宇垣缠少将向全军发布命令，要求联合舰队全军行动起来，以战列舰为核心，全力掩护11月的大船队运输。

10月底，第2水雷战队和第3水雷战队又忙活起来。第38步兵团（下辖第228步兵联队和第230步兵联队一部）、第38师团司令部先后以“老鼠运输”的方式登上了瓜岛：

10月29日，驱逐舰2艘，运载17军参谋长以下10多名参谋，携带弹药7吨在塔萨法隆加角上陆。途中，遭到敌鱼雷艇和敌机空袭妨害，受到部分损失，但无大碍。

11月2日，“天龙”号巡洋舰、驱逐舰11艘，运载陆军240人、粮秣、弹药和燃料一部，在塔萨法隆加角登陆。

驱逐舰5艘运载陆军300名、山炮2门、粮秣和弹药在科利角上陆。

11月5日，驱逐舰5艘在塔萨法隆加角卸货。“天龙”号和驱逐舰6艘运载第38步兵团长以下2400名陆军，弹药、粮秣56吨在埃斯佩兰斯角登陆。

11月7日，驱逐舰9艘在塔萨法隆加角卸货，2艘在埃斯佩兰斯角卸货。因敌机妨害，陆军、粮秣和弹药仅有8成上陆。

11月8日，驱逐舰9艘在塔萨法隆加角上陆。

11月10日，驱逐舰5艘运载第38师团长以下600名在塔萨法隆加角上陆。

正当海军准备进行大船队运输的时候，瓜岛之战的天平开始朝着对日军不利的方向倾斜。

五战马坦尼考河

粉碎了日军的10月总攻后，美军不仅在质量上，而且在数量上也逐渐获得了相对优势。战斗胜利后，美军凭借着强大的兵力和火力又一次向隆加环形防线东、西两面展开了积极的进攻行动。

在现阶段作战中，美军除了继续向东、西两面扩展势力范围外，另一个重要的任务就是在隆加环形防线东面再建立一个新机场。最初计划在距隆加角15英里修建1个机场。不过，这个计划却遭到了特纳少将的反对，转而计划在奥拉（位于泰保岬东面、距隆加角约50英里）建立机场。为了保证机场的顺利兴建，特纳要求范德格里夫特动用陆战1师沿海滩扫荡残敌。

为了执行这个任务，美军再次掀起向瓜岛增兵的狂潮。驻守汤加的陆军第147步兵团1营、海军工兵营和陆战队第5守备营计划在11月3日夜登上瓜岛。与此同时，陆战队第2突击营（营长埃文斯·卡尔逊中校）C连、E连于10月底来到圣埃斯皮里图，准备增援瓜岛。

10月22日，卡尔逊中校乘船从圣埃斯皮里图来到瓜岛，和范德格里夫特就未来的扫

■ 陆战队第2突击营营长卡尔逊中校。

荡作战拟订作战计划。根据计划，第2突击营(大约750人) 将在瓜岛西南的波弗特湾登陆，然后在当地土著和海岸瞭望哨的帮助下，进行扫荡。但波弗特湾一带缺乏当地土著武装，作战时无法得到有力支援，所以这个计划最终放弃。

在西面，范德格里夫特决定在粉碎第2师团的总攻后，乘胜向马坦尼考河沿岸展开攻击，夺取日军后方中心——克鲁斯角和库库姆博纳，彻底解除日军远程火炮对隆加环形防线和机场的威胁。

为了执行这个任务，陆战8团 (团长理查德·杰斯切克上校，隶属于陆战2师) 和陆战10团1营 (营长里克斯中校，装备75毫米榴弹炮) 从萨摩亚起航，抵达瓜岛，加强陆战1师。于是，范德格里夫特制订了13－42号作战计划，准备向马坦尼考河一线发动第5次进攻：

据信，第2师团在隆加河与马坦尼考河之间的战斗中已蒙受惨重损失，在克鲁斯角到塔萨法隆加角之间只有一个大队的兵力仍维持相当战斗力，其他各部已丧失有效战斗力。

这次行动将使用2个齐装满员的陆战步兵团，并在空中和舰炮火力支援下实施。

陆战11团炮兵将前推，准备支援对波哈河的攻击。

为了有效渡河，计划动用工兵在马坦尼考河口到一本河之间河段架起4座钢架桥。

根据计划，陆战1师将动用陆战5团 (得到第1特种武器营的加强)，以2营为左翼、1营为右翼，在宽约1500码的狭窄地段，向马坦尼考河口西岸的中央高地展开正面进攻。陆战2团1营和2营从图拉吉特地赶到瓜岛，在5团背后展开，准备跟进打击。

为了掩护5团的左翼，由陆战7团3营和侦察— 狙击分队组成的瓦林特遣队奉命在左翼向南发展进攻。

这次进攻计划在11月1日展开。按照范德

格里夫特的估计，这次打击对日军来说，将是决定性的！

日军方面，第2师团正沿着丸山小道向库库姆博纳撤退。在军司令部附近，只有住吉支队驻防。10月26日，住吉支队调整部署，以冈部队（第124步兵联队第1、2大队）负责确保奥斯汀山到一本桥之间的进攻出发阵地。第4步兵联队在克鲁斯角到马坦尼考河左岸之间地带展开。其中，1大队和3大队历经血战，损失很大，只得撤回到旧海军本部附近和联队部会合。克鲁斯角到马坦尼考河左岸的防务由2大队担当。

10月28日起，美军开始对奥斯汀山到马坦尼考河一线日军阵地实施炮击。当天，住吉少将患上疟疾。次日，美军猛烈的炮火甚至打到住吉支队司令部，迫使住吉少将将司令部继续西迁。

10月31日夜，陆战队第1工兵营A、C、D连沿着马坦尼考河连夜架起3座浮桥。11月1日凌晨2点，陆战5团E连1个排作为全军先锋，首先渡过马坦尼考河。接着，E连也渡河跟进。在此期间，西岸的日军第4步兵联队炮中队以41门山炮轰击了对岸的美军集结区，但未造成实质性的打击。

6时30分，美军动用9个炮兵连（36门火炮）、重巡洋舰“旧金山”号、轻巡洋舰“海伦娜”号和驱逐舰“斯特雷特”号，一起朝马坦尼考河西岸开火。与此同时，第11轰炸机大队也从圣埃斯皮里图出动19架B-17轰炸机对目标区进行轰炸。在猛烈的空、炮火力支援下，陆战5团1营从河口、2营和瓦林特遣队从内陆一起渡河。8时，3营作为第二梯队，跟进打击。

陆战5团2营和瓦林特遣队仅遇到轻微抵

■ 乘坐大型竹筏横渡马坦尼考河的陆战5团官兵。

■ 在克鲁斯角作战中阵亡的日军第4步兵联队2大队官兵。

抗就轻松占领了克鲁斯角南面的山脊地带。不过，沿着河口一带海岸线推进的1营却遭到了第4步兵联队第7中队（中队长石桥哲治中尉）和联队炮中队（中队长佐藤绑男大尉）的顽强抵抗。尤其是左翼推进的C连不仅在日军的顽强抵抗下无法前进一步，甚至遭到日军的猛烈反击被迫撤退。好在，B连和3营I连、K连及时赶来增援，才勉强顶住日军石桥中队的反击，稳住了阵脚。

得知美军乘坐登陆艇和两栖登陆车在马坦尼考河口登陆的消息后，第4步兵联队长中熊大佐立即命令1大队出动，增援2大队。14时，美军空炮协同，并在坦克支援下对克鲁斯角发动大规模进攻。5中队使用重机枪、迫击炮等拼死阻击，终于在薄暮时刻挡住了第一阵进攻。接着，美军又对7中队阵地再度发动进攻。激战2小时，日军打退了美军进攻，但联队炮中队长佐藤绑男大尉阵亡，全中队几乎尽灭。激战1天下来，5中队和7中队能战者仅有15人左右。美军也蒙受了很大的损失，仅B连就阵亡了3名军官。

鉴于日军准备在克鲁斯角进行顽抗，陆战1师改变战术，顺势决定以1营和3营维持正面压力，2营北转，围歼困守克鲁斯角的第4步兵联队2大队。除了克鲁斯角遭到猛烈攻击外，美军继续对防线正面所有地段实施猛烈炮击，甚至连17军司令部都遭到了炮火袭击。虽然没有造成人员伤亡，但整个司令部受到巨大震动！在百武军司令官的命令下，参谋杉田一次中佐带着第39野战道路队、一木先遣队余部（70人）和海军瓜岛守备队（约100人）增援第4步兵联队。根据中熊联队长的指示，第39野战道路队配属2大队，一木先遣队和海军守备队配属1大队作战。

11月2日清晨，在瓦林特遣队的掩护下，2营向北急速推进，抵达了克鲁斯角西部，完成了对克鲁斯角守敌的合围。与此同时，1营和3营也逐步粉碎第4联队的抵抗，步步压迫日军。为了彻底堵住日军的退路，陆战2团2个营也赶到战场。战至上午9点，2大队除了大队部（约40人，由大队长田村昌雄少佐指挥）外，大部分兵力都被美军团团围在了克鲁斯角。再打下去只是陡增伤亡，于是中熊联队长下令2大队全力突围，但命令未能传达。3日清晨，美军向包围圈发动最后的进攻。激战2小时，被围的2大队全军覆没。根据美军统计，共遗留239具（包括28名军官）尸体，缴获武器共计34挺机枪、12门37毫米战防炮和1门70毫米山炮。

拿下克鲁斯角后，美军攻势依旧凌厉！这时，第2师团还没撤下来。如果守不住小河（马坦尼考河往左第一条河流）一线的话，丸山小道就会完全暴露在美军面前，后果不堪设想！为了掩护第2师团撤退，第4步兵联队（1大队和2大队合并，兵力不足500人！）决心拼死而战。一时间，军司令部的气氛异常

■ 在克鲁斯角清剿残敌的美军士兵。

凝重。

2日深夜，第16步兵联队1中队（164人，中队长川胜正夫大尉）和228步兵联队3中队共计240人，携粮秣800捆、100毫米榴炮弹400发、150毫米榴炮弹560发、燃料480罐在塔萨法隆加角登陆。一上陆后，他们就奉命在田村大队长指挥下，投入一线，阻击美军。此外，配属冈部队的第4步兵联队3大队（大队长佐佐木盛卫大尉）也撤出奥斯汀山，向海岸方向急速前进。

与此同时，美军也开始了新一阶段的进攻，陆战5团后撤，陆战2团1营、2营和陆军第164步兵团1营继续追击，给日军造成了巨大的压力。尽管3大队和第16步兵联队1中队拼死苦战，仍无法挡住美军攻势。此外，美军继续对日军纵深实施猛烈的炮击和空袭。4日清晨8时10分，正当中熊联队长和3名大队长召开战地会议的时候，突然遭到美军空袭，中熊正直大佐被炸伤。次日，他带伤亲临一线视察，被炮火炸死，2大队长田村昌雄奉命担任代理联队长。

5日夜，第38步兵团长伊东武夫少将率领第228步兵联队主力在埃斯佩兰斯角登陆。一上陆，伊东步兵团长就接到百武中将命令，立即开赴前线，指挥第228步兵联队、第4步兵联队残部和第16步兵联队1中队组成伊东支队，顶住美军对库库姆博纳的进攻。

在伊东支队长的带领下，新锐第228步兵联队沿着海岸公路向进攻的美军实施猛烈反击。战至8日，伊东支队逐步稳住了战线，成功掩护第2师团主力撤到了库库姆博纳一带休整。

11月10日，伊东支队开始整理战线，原住吉支队取消，支队所部编入伊东支队。同时，堪战的第16步兵联队在新任联队长堺吉嗣大佐带领下，加入伊东支队。军司令部赋予支队的任务是确保奥斯汀山、990高地（即90高地）和993高地一线，准备向机场发动第4次进攻。当夜，第38师团司令部在瓜岛登陆。

11月11日起，美军再次对伊东支队展开正面进攻。在兵力不占优势的情况下，伊东支队轻松地粉碎了美军的进攻，并在追击中缴获2门迫击炮和6挺机枪。除了伊东支队的顽强抵抗外，美军也获得了关于日军计划在11月中旬发动强攻的情报。于是，范德格里夫特决定停止进攻，把部队撤回隆加环形防线，第5次马坦尼考河战斗最终结束。这次战斗，陆战1师照例发挥了强大的空、炮火力协同地面作战，以阵亡71人的代价，彻底打残了第4步兵联队并占领了克鲁斯角，完全消除了日军对机场的炮火威胁。另一方面，第4步兵联队和第228步兵联队在战斗中共阵亡317人，虽然勉强掩护第2师团的回撤，但却进一步丧失了进攻出发阵地，瓜岛地面战斗的战争天平已经完全向美方倾斜。

与此同时，美军增援部队也在源源不断地抵达。11月2日，“奥赫巴”号和“富勒”号运载大量粮秣弹药、1个陆军炮兵连和陆战队1个155毫米榴弹炮连抵达隆加角。12日，

■ 陆战1师胜利攻取克鲁斯角，日军第4步兵联队在美军接连不断打击下，已经丧失了战斗力。

陆军第182步兵团1营和2营、陆战队第1航空工兵营、陆战队第1航空联队的地勤人员、1300名陆战队补充兵、372名海军官兵、陆战11团L连（装备155毫米榴弹炮）、第245野战炮兵营（装备18门105毫米榴弹炮）等一共3358人在瓜岛上陆。

至此，美军不仅在质上早已胜过日军，在量上也对日军形成了绝对优势。瓜岛的胜利已现曙光。

在西面战斗展开的同时，东面也燃起了战火。

科利角之战

在实施库库姆博纳作战的同时，陆战1师师长范德格里夫特也从其他渠道收集到不少敌情资讯。驻布甘维尔和布因的澳大利亚皇家海军瞭望哨经常发来的报告显示，拉包尔方面正集结着庞大的船队，联合舰队也再一次大举集中。毫无疑问，日军又即将对瓜岛展开新一轮大规模攻势。11月1日，南太平洋战区司令哈尔西中将告诉范德格里夫特，科利角很可能是日军下次进攻的出发阵地，因此要求范德格里夫特出动重兵，先行扫荡。而且，工兵营计划在11月3日前往奥拉湾建立新机场，为了保障工兵部队的安全，陆战1师也必须出动兵力，对科利角实施进攻作战。

根据计划，范德格里夫特决定派遣陆战7团2营（营长汉内克中校）实施这次进攻作战，日期定在11月1日。14时31分，2营乘坐卡车全部抵达特瑙鲁河一线的出发阵地，并在西岸扎营过夜。次日清晨，2营以战斗纵队开始前进，黄昏抵达梅塔波纳河东面阵地。

营长将部队部署在距河口东面约2000码地带，既是为了次日的进攻，也是为了防范日军从河口正面的登陆。果不其然，日军在当夜出动了。10月总攻失败后，东海林支队奉命向科利角转移，修建新的机场。为了支援这一行动，日军决定出动1支运输船队，运载着第230步兵联队3大队1个中队（230人）、2门山炮、粮秣补给（2000人10日份）和弹药前往科利角，先行占领阵地。不幸，日军这次行动的无线电联络被美军截获，使美军误认为是日军即将在这个方向发动大规模进攻，因此范德格里夫特决定实施先制攻击。

11月2日22时30分，“浦波”号、“敷波”号、“绫波”号、“满潮”号和“望月”号运载着第230步兵联队2中队（中队长真野宝中尉）和第38山炮联队6中队（中队长永田彰中尉）、粮食530捆、弹药180捆在河口东面特特雷靠岸，登陆点距右翼的F连阵地不到1000码。尽管大雨倾盆和视线不良，日军依旧顺利登陆。3日2时登陆行动宣告结束。对此，一直监视日军行动的2营营长汉内克中校立即命令电信员向师部报告，但恶劣的天候却使电波直到11月3日中午才传到。

昼间，第6山炮中队铃木少尉和第2步兵中队的藤井组织巡逻队侦察前沿地带，结果和埋伏的2营遭遇。

枪声一响，汉内克中校就知道所部的位置已经暴露，于是决定对日军登陆区实施先制攻击。首先，2营以81毫米迫击炮轰击日军登陆区，接着汉内克扯破嗓子请求范德格里夫特提供空、炮火力支援，但电台那端却没有任何回应。

眼见日军没有动静，汉内克第一个反应就认为这股日军很可能只是小股部队。于是，当他接到数百日军正朝2营阵地推进的报告时，决定突袭敌军。顷刻间，密集的机枪火力和迫击炮火就如雨点般地落在了日军的头上。美军整整轰击了15分钟，没有遭到任何日军火力的反击。正当美军欢快地继续射击时，日军开始反击了。

第38山炮联队6中队本来就是一支训练有素的炮兵部队，日军一开火，美军就感受

■ 第230步兵联队长东海林俊成大佐。

到强大的压力。猛烈的火力开始落到F连的头上。接着，2营纵深地带也逐渐遭到炮火轰击。更要命的是，2中队组织兵力在山炮伴随支援下，向美军步步进逼。随着双方距离的缩短，日军的炮火打得越来越准。很快，掷弹筒也开始朝美军射击。在掷弹筒和山炮火力的联合轰击下，F连伤亡惨重。更糟糕的是，2营的迫击炮弹开始告急，和师部的联络又迟迟无法接通，甚至连和飞越头顶的飞机联系都很困难。

于是，汉内克中校决定撤出战斗，向梅塔波纳河西岸转移。撤退顺序为：F连（带着24名伤员和2门81毫米迫击炮）、G连（带着2门迫击炮）、营部和E连。

这次转移十分成功，途中没有增添任何伤亡。此刻，营部终于和师部取得联系。在电台中，2营请求立即出动登陆艇把伤患撤回，其他健全官兵将徒步撤退，继续向梅塔波纳河以西转移。在这次规模不大的战斗中，日军获得了小胜，第6山炮中队耗弹92发，阵亡4人、负伤1人。第2步兵中队伤亡12人。

收到汉内克电报时，范德格里夫特这才意识到东面形势不利。于是，立即派出陆战7团1营（营长普勒尔中校）乘坐登陆艇从隆加环形防线出发，前往梅塔波纳河口增援。19点，1营在普勒尔中校的带领下，从隆加河口乘坐登陆艇出发。

11月3日傍晚，汉内克终于和师部取得了稳定的无线电联络。通过截获的电报显示，第38师团所属的第228步兵联队1大队可能在科利角实施登陆（事实上日军最终放弃了这个方案），协同东海林支队一起在防线东面构成新的威胁。为了反制日军的行动，范德格里夫特决定出动强大的兵力实施先制攻击。15时10分，范德格里夫特向汉内克发出指示，着令2营尽一切可能摧毁科利角东面盘踞之敌。10分钟后，他又发出第2封电报指示，告诉汉内克，他已派出2个营前往增援。

在美军展开行动的同时，东海林支队也逼近了科利角。为了支援登陆部队，第230步兵联队1大队长关谷荣治少佐就从1大队各中队抽调精强官兵组成关谷部队（约400人）。渡过纳里姆比乌河，关谷部队和东海林支队本部分离。接着关谷部队朝海岸急行，东海林支队再越过梅塔波纳河，向中游丛林地带前进，准备在此等候关谷部队和新近登陆部队。

11月5日，关谷部队和科利角登陆部队顺利会合。接着，永野中队和真田中队把粮秣弹药往海岸丛林地带搬运，准备和东海林支队本部会合，然而恶劣的天气却使电台难以和本部取得联系。这时，美军又出动第164步兵团2营，集中3个营的兵力扑上来。为了摧毁科利角盘踞的日军，美军除了以陆炮火力和“仙人掌”航空队不断轰炸外，还出动“圣·胡安”号轻巡洋舰、“海伦娜”号轻巡洋舰和“斯特雷特”号驱逐舰对科利角登陆场实施连续炮击。在猛烈的炮火打击下，关谷部队伤亡约100人。

■ 科利角之战中，为陆战7团2营提供炮火支援的陆战11团75毫米榴弹炮群。

■ 为了支援地面作战，美国海军也积极提供舰炮火力支援。

尽管不断遭到炮火打击，关谷部队和新登陆部队还是逐次把粮弹向内陆转移。在此期间，美军5个步兵营却逐渐合围上来。11月8日，正当关谷部队搬运粮弹从第一预定地点向内陆的第2地点转移时，又遭到美军舰炮轰击，当场阵亡20人。接着，陆战7团1营和2营同时向关谷部队发起攻击。关谷部队被迫弃粮还击，激战8小时，关谷部队勉强顶住了美军的进攻。一天激战下来，双方都伤亡惨重，1营阵亡4人、失踪2人，包括营长普勒尔中校在内31人负伤。关谷部队方面，1天就阵亡了130人！

眼看关谷部队逐渐被合围，急红了眼的东海林联队长赶紧命令酒井曹长带领一支小部队前往增援。9日，正当酒井部队和关谷部队会合之际，突然又遭到陆战7团2营的攻击。在酒井部队的掩护下，关谷部队侥幸逃出包围，酒井部队几乎全部战死。但1营也付出了巨大的代价，阵亡18人，负伤30人，而且还没能抓住关谷部队。

同一天，东海林支队也接到了第17军司令部的命令："东海林支队各部立即从特瑙鲁河以东尽速向隆加机场以南的隆加河上游地带转移，以一部兵力占领奥斯汀山东方隆加河左岸高地进攻出发阵地，主力沿丸山道撤到马坦尼考河渡口附近集结。一经抵达目的地，即解散东海林支队，第230步兵联队回归第38师团编制。"

■ 在关谷部队和第230步兵联队2中队的顽强抵抗下，进攻的美陆战7团蒙受了不小的损失。

于是，东海林支队和关谷部队会合后，又沿着原路返回。11日，美军终于完成了合围，却发现关谷部队已经逃脱。最后，扑空的3个美军营——陆战7团1营和2营及第164步兵团2营，向西撤回了梅塔波纳河，科利角战斗就此结束。

这次战斗，陆战7团1营阵亡14人、失踪2人、负伤39人。陆战7团2营阵亡21人、负伤61人。东海林支队阵亡近400人。战斗结束后，东海林支队开始了漫长而艰难的西行。接着，陆战1师又出动卡尔逊的第2突击营进行长达1个月的追击战。在追击过程中，东海林支队饱受饥饿、疾病以及蚊虫的骚扰。激战一个月，东海林支队好不容易才回到903高地附近的军司令部，途中阵亡约500人，因饥饿和伤病却损失了1200人。剩下的1300人也是瘦骨嶙峋，不堪一战。可以这么说，经过这次无谓的消耗，原本在荷属东印度群岛逞威的东海林支队已完全丧失了有效战斗力，变成只能在局部地区担负守备任务的警备部队。

东面和西面战斗的连续失利，让原本就严重失血的第17军再次蒙受了巨大的损失。虽然第38师团司令部也已登陆，但扭转战局的唯一希望只有大船队运输了。

激战！所罗门之海！

地面战斗的连续失利，日军在兵力和物资上损耗巨大。如果不进行一次大规模运输，不要说进攻，就连维持17军进行全面防御都不可能。在这种情况下，联合舰队决心再次举全力向瓜岛实施大船队运输。

根据计划，这次运输将出动11艘运输船，装载着第229步兵联队本部、第229步兵联队1大队和第230步兵联队2大队、第38工兵联队、辎重兵第38联队、3万人20日份口粮、7000发山炮弹、4000发100毫米榴弹、1500发100毫米加农炮弹和15000发高射炮弹，以及各种步兵武器弹药。船队起航时间定为11月13日。

这次运输直接护航任务由第2水雷战队负责。前进部队全力出动，在第2航空战队（编有航母“隼鹰”号）护卫下，全力向瓜岛冲锋，动用第11战队连续对瓜岛实施两轮夜间炮火压制。其间，第8舰队本队也要进行一次，共计三次夜间炮击，完全压制瓜岛航空兵，保障运输船队航行安全。同时，基地航空部队也要展开先期航空歼灭战。尽管这次全军上下对这次运输寄予厚望，但机动部队和航空部队的残废，让这次运输蒙上了巨大的阴影。

11月9日，前进部队首先从特鲁克起航。10日，基地航空部队按计划开始对瓜岛实施航空歼灭战。当天，18架零式战斗机进攻瓜岛，遭到“仙人掌”航空队极为顽强的抵抗，没有获得任何战果。

11月11日，第62特混舰队掩护运输船队（运载第182步兵团和大量粮秣弹药）靠近瓜岛。当天，日军侦察机发现敌踪。于是，

■ 在F4F的英勇拦截和对空炮火的密集拦阻下，空袭瓜岛的日军一式轰炸机群不仅没有讨到半点便宜，反而再次落得个几乎全军覆灭的下场。图为1架坠海的轰炸机。

"飞鹰"号航母舰载飞行队所属的9架九九式轰炸机在18架零式战斗机掩护下，实施断然攻击。遭到美军对空炮火猛烈拦阻，4架九九式轰炸机被击落，"泽林"号轻伤。空战中，零式战斗机再次显威，以损失2架零式战斗机的代价，一举击落了4架F4F（隶属于陆战队第121战斗机中队，4名飞行员全部阵亡）！接着，基地航空部队又出动23架一式轰炸机在26架零式战斗机掩护下，轰炸了亨德森机场，但没有造成任何损失。空战中，4架轰炸机没有返航。美军无作战损失，但2架F4F在空中相撞，1名飞行员身亡。

12日，基地航空部队继续出击，这次的目标是攻击瓜岛近海停靠的美军运输船队。为此，17架挂载鱼雷的一式轰炸机在30架零式战斗机掩护下，对美军运输船队和护航舰队实施断然超低空雷击，结果和8月8日无异。在美军猛烈的对空炮火拦阻和战斗机的有效拦截下，9架轰炸机没有返航，5架重伤迫降后报废，仅2架完好。这次空袭结束后，基地航空部队几乎完全丧失了白昼低空雷击的信心。护航的零式战斗机虽然奋勇拦截，以损失1架的代价，击落3架F4F，依旧无法阻止美军对轰炸机的屠杀。经此打击，基地航空部队已无法对瓜岛近海美军舰队构成威胁，战斗力被进一步削弱。

在基地航空部队猛烈轰炸的同时，前进部队悄悄进入了攻击出发海域。12日4时30分，日军前进部队本队和挺身攻击队（第11战队）分离。接着，挺身攻击队在阿部弘毅中将指挥下，向瓜岛海域急速突击。下午15时30分，第2水雷战队司令官田中赖三少将领着第2水雷战队和11艘运输船从肖特兰起航，向瓜岛进发。

晚上23时09分，日军挺身攻击队抵达萨沃岛附近，遇到恶劣天候。预定0时40分实施炮击无法执行。阿部中将只得命令挺身攻击队反转，等待时机。反转完成后，陆上联络站报目标天候良好。于是，阿部中将于1时38分再次下令挺身攻击队突进隆加泊地，占据阵位，准备射击。就在这个时候，美军却扑了上来，而且双方竟然搅在了一块，完全形成了混乱状态。在这种情况下，海战爆发了。

此刻，“比睿”号和“雾岛”号战列舰的炮膛里装的都是三式弹，而非对舰炮战使用的穿甲弹。日军先行开火。在这么近的距离上，双方炮火几乎是弹无虚发。一场对轰下来，双方都蒙受了巨大的损失：日军方面，“比睿”号重伤，驱逐舰“晓”号和“夕立”号沉没。美军损失更惨，重巡洋舰“旧金山”号重伤、防空巡洋舰“亚特兰大”号重伤，重巡洋舰“波特兰”号重伤，轻巡洋舰“朱诺”号沉没。驱逐舰“卡辛”号、“拉菲”号、“巴顿”号和“蒙森”号沉没，只有“弗莱彻”号安全撤出。美军正副司令官斯特科和卡拉汉两位将军双双阵亡。虽然，美军付出了巨大的代价，但成功地阻止了日军轰击亨德森机场，获得了战略胜利。天明后，“比睿”号在“仙人掌”航空队的轮番攻击下，伤势越来越重，最终被迫放弃救援自沉。

鉴于美军在瓜岛近海还有强大的舰队掩护，田中带船队暂时撤回肖特兰。

■ 在第一次瓜岛海战中阵亡的美军副司令卡拉汉少将。

面对着“比睿”号的损失，日本海军部极为震怒！“阿部宏毅怎么搞的，竟然丢掉了1艘宝贵的战列舰！撤职，立即撤职！”在海军大臣岛田繁太郎的一纸命令下，阿部被丢官罢职，编入预备役。“比睿”号舰长西田正雄大佐虽然没有被勒令退役，但也被贬为闲职，从此与一线绝缘。战列舰沉没了，人也撤职了。但仗还要打，尤其是亨德森机场，必须继续攻击直至其瘫痪。

13日6点，第8舰队司令长官三川军一中将又带着“鸟海”号、“衣笠”号、“五十铃”号、“摩耶”号、“铃谷”号等舰前去炮击。三川不愧是一员福将，几乎每次都能出色地完成任务，这次也不例外。他选了一条迂回曲折的路线，一路躲过美军侦察，顺利抵达瓜岛外海。凌晨1时，第8舰队对瓜岛亨德森机场进行了成功的炮击，共发射1300多发燃烧弹，又一次将亨德森机场燃起大火，炸毁2架F4F，16架P-39和P-400、3架F4F和1架SBD被炸伤。

13日晚，田中赖三带领船队再次从肖特兰起航。

14日天明，美军开始了全军总动员。“仙人掌”航空队、第11轰炸机大队（B-17）和“企业”号航空队以亨德森机场为中心，连续对返航第8舰队和朝瓜岛航进的运输船队实施了11次空袭！在猛烈的空中打击下，“衣笠”号沉没，“鸟海”号、“摩耶”号和“五十铃”号受伤！运输船队也沉没了6艘，1艘重伤返航，剩余的4艘运输船（“广川丸”号、“山月丸”号、“山浦丸”号和“鬼怒川丸”号）在田中少将率领下，继续往瓜岛驶去。

这时，唯一能依靠的只有近藤了！当天，联合舰队司令长官山本五十六大将亲自向前进部队（第2舰队）司令长官近藤信竹中将下达了夜间炮轰瓜岛机场，彻底摧毁瓜岛航空兵的命令。

接到命令，近藤少将马上进行了战斗部署，以第4战队（“爱宕”号、“高雄”号）和“雾岛”号战列舰组成射击队，在近藤少将直接指挥下，轰击亨德森机场。第10战队奉命掩护第4战队，第4水雷战队担任“雾岛”号掩护任务。第3水雷战队负责前路扫荡，为

■ 日本海军在第二次世界大战中损失的第1艘战列舰——“比睿”号。

■ “比睿”号沉没以后，轰击亨德森机场的使命就落到了近藤部队的肩上。为了摧毁机场和“仙人掌”航空队，第2舰队司令长官近藤信竹亲自出马，带着“雾岛”号战列舰和第4战队又朝瓜岛冲了过来。

射击队开进扫清道路。

美军方面，经过12日的惨重损失后，南太平洋战区已经凑不出像样的舰队了。现在，哈尔西唯一能拿得出来的只有战列舰“华盛顿”号和“南达科他”号，但护航驱逐舰只有可怜的4艘！尽管如此，哈尔西仍然决定拿出全部家当，只要粉碎近藤对瓜岛机场的炮击，什么损失都值得了！瓜岛命运在此一战，美军抱着必死的决心在瓜岛海域展开了！

23时，冲在最前面的扫荡队首先发现了美军舰队。在第3水雷战队司令官桥本信太郎少将的指挥下，日本驱逐舰再次表演了高超的作战技能，只一个回合，就用鱼雷击沉了“沃克”号和“普利斯顿”号2艘驱逐舰，“本海姆”号重伤后沉没，“戈文”号残废！第3水雷战队的损失仅仅是冲在最前面的“绫波”号被美军炮火击沉。就在这个时候，最令人不可思议的事情发生了，第3水雷战队在完成扫荡任务后，没有继续前进，却和直卫队一道后撤了，把航道让给了第4战队和“雾岛”号。美军方面，“华盛顿”号和“南达科他”号全然不顾驱逐舰全部沉没，没有卫兵的风险，决定继续冲锋。为了绕过己方沉没的驱逐舰，两舰分道绕航，无意间在战术上对日本舰队形成了两面夹击！

走在右边的“南达科他”号首先撞上了第4战队与“雾岛”号战列舰狭路相逢。匆忙间，第4战队和“雾岛”号中断对瓜岛机场的射击准备，直接用三式弹轰击“南达科他”号。在不足8000米的炮击中，日舰队几乎不必刻意瞄准，只需要对准目标进行概略射击就可命中，先后命中“南达科他”号42弹，其中有“雾岛”号7枚主炮炮弹。在猛烈而准确的炮击下，“南达科他”号上层建筑严重受损，舰首起火，雷达损坏，轮机配电板发生故障，官兵阵亡40人，负伤60人。无奈之下，受重伤的“南达科他”号只能后退。正当第4战队和“雾岛”号意犹未尽，准备扑上去为“比睿”号报仇的时候，“华盛顿”号从岛屿的阴影里杀了出来！在日本人根本就没有料到的方向突然占据了有利的射击阵位。接着，在雷达的指引下，短短9分钟对“雾岛”号连续进行了75次齐射，发射炮弹225发，21发命中，其中有9枚是威力惊人的16英寸炮弹。在猛烈的轰击下，“雾岛”号于3时25分开始下沉，舰长岩渊三次中佐率全舰官兵弃舰。炮击任务完全失败，近藤和罗伯特·李同时撤出了战场。

接到前进部队炮击失利的消息后，田中感到极度绝望。炮击的失败加上“雾岛”号的沉没，使田中意识到运输船队返航已不可能。在这种情况下，只能选择鱼死网破，冲上海岸直接搁浅！

11月15日凌晨3时36分，“广川丸”号、“山月丸”号、“山浦丸”号和“鬼怒川丸”号在塔萨法隆加角附近抢滩搁浅。船队一靠岸，第17军立即组织兵力抢运物资。清

■ “华盛顿”号战列舰朝“雾岛”号齐射的英姿。这次海战决定了瓜岛的命运。

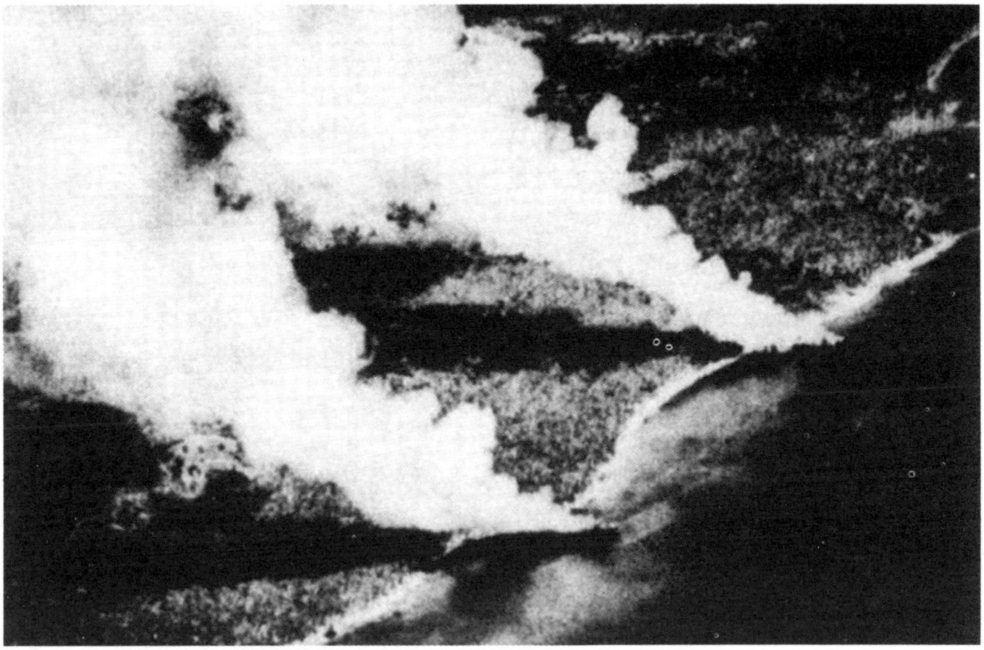

■ 瓜岛海岸搁浅的日军运输船，在美军战机的轰击下，船上的物资大部分被摧毁。

■ “鬼怒川丸”号残骸。这次运输的失败，决定了瓜岛日军的命运。

晨，“仙人掌”航空队、地面炮兵和1艘轻巡洋舰赶来，对4艘运输船进行轮番轰炸和炮击。猛烈的轰击一直持续到10时，4艘运输船全部燃起大火。第229步兵联队本部和1大队、第230步兵联队2大队、第38工兵联队主力和第38辎重兵联队主力等2000多人上岸。物资方面，仅有1500捆大米（合3万人4日份口粮）、炮弹360箱被运上岸。

至此，付出战列舰2艘、重巡洋舰1艘、驱逐舰3艘、运输船11艘被击沉的重大代价后，日军大船队运输仍然以完全失败告终。随着大船队输送失败，全军期待的第38师团主力和大量物资登陆瓜岛，挽回作战态势的希望完全化为了泡影。更为糟糕的是，这次运输作战的完全失败，使日军在东南方面的船泊运量陷入吃紧状态，不要说作战，就连维持内线补给都很困难。另外，随着月明期间的到来，“老鼠运输”又被迫停止10多天，夺回瓜岛已毫无希望。

从11月12日到14日之间双方一连串海战，日本方面称为第3次所罗门海战，美国方面称为瓜达尔卡纳尔海战。从战术来看，双方打成平手，损失大略相当。从战略上来看，毫无疑问，美国赢得了胜利，亨德森机场只遭到一次夜间炮击，但并不致命，“仙人掌”航空队能完整地投入战斗。海战结束后，联合舰队已无法在瓜岛海域组织起有效的舰队攻势。

海战结束后，一直对海军支援有颇多抱怨的陆战1师师长范德格里夫特少将在给南太平洋战区司令哈尔西中将的电报中第一次毫无保留地赞扬了海军：“我们认为，敌人已遭到毁灭性的失败。……我们感谢李将军昨晚的大力援助，感谢金凯德将军……他们无情打击了敌军，表现出色。对这些努力我们深为赞扬，尤其是斯科特、卡拉汉及他们的部下，在寡不敌众的情况下，仍然奋勇作战，英勇捐躯，他们的牺牲打开了胜利之门。……对他们，我本人以及瓜达尔卡纳尔岛上的全体官兵，谨高举弹痕累累的钢盔，致以最崇高的敬意！”

消息传到华盛顿，参谋长联席会议完全沸腾了！海军部长弗兰克·诺克斯上将在接受采访时说道：“尽管我们蒙受了惨重的损失，但瓜达尔卡纳尔海战是我们获得的决定性的胜利。从此，我们在所罗门群岛南部阵地的海空威胁彻底解除！”罗斯福总统在斯科特和卡拉汉两位将军的追悼会上也宣称：“战争的转折点终于到来了！”

相对美军的欢欣鼓舞，日军方面却沮丧至极。第17军高级参谋小沼治夫大佐在回忆录中写道：“11月14日的第二次运输船队的全部损失，颇有决定瓜岛命运之惑!”

对于第三次所罗门海战的意义，美国海军著名战史专家莫里斯博士评价道：这次海战的结束意味着瓜达尔卡纳尔争夺战已成定局。日军为夺回瓜岛所做出的努力全部付之东流。所罗门群岛南部制空和制海权，已经完全落入盟军之手！

第8方面军

在瓜岛四面楚歌的同时，新几内亚方面同样也断绝了补给。为了追击南海支队，盟军又在布纳实施登陆，一举截断了南海支队的退路。随着盟军的大举进逼，双方在巴萨布阿和布纳等地逐渐爆发了激烈战斗。

对于东南方面中枢基地拉包尔而言，布纳到拉包尔的距离为340海里，瓜岛到拉包尔的距离为560海里。一旦布纳失守，拉包尔就完全进入第5航空队的B-17和P-38等战斗机的作战半径之内，形势甚危！因此，从军事地理上分析，布纳的战略地位远比瓜岛重要。但东南方面现地陆军部队——第17军和第8舰队的注意力已经完全集中在瓜岛方面，谁也没有理会布纳的危局，只是一味地严令现地部队死守。新几内亚和所罗门两个战场，已成为盟军反攻的主战场，如不采取有力的紧急措施，东南方面战局将有崩溃之虞。

为了应付新几内亚和所罗门两方面危局，日本陆海军大本营决定在东南方面设立第8方面军，所罗门方面由第17军负责，新几内亚方面由新成立的第18军负责，2个军统由驻拉包尔的第8方面军司令部节制。

11月9日，大本营下达特别命令，着令在兰印攻略战（即荷属东印度群岛攻略战）中曾担任第16军司令官的今村均中将担任新组建的第8方面军司令官，指挥东南方面的地面战事。素有“儒将”之名的今村均中将，是当时日本陆军有名的“良识派”将领，和当时充斥日军上下的战争狂人有本质区别。在中国战场的桂南会战中，他指挥的第5师团之三木联队曾在南宁以北40公里的昆仑关陷入中国军队精锐的第5军重围，在战事极为不利，日军高层心慌如麻的情况下，今村均表现出了极强的指挥能力，先是稳定了战线，然后向宾阳展开反击，使中国军队的反攻企图落空，打赢了桂南会战，从而声名大噪。在进攻荷属印尼的战斗中，他指挥的16军更是横扫千军，以最快的速度和极小的代价拿下了爪哇岛，迫使荷兰总督和驻东印度群岛的盟军投降。委任这位名将，无疑说明了东南方面战局确实到了危急存亡的关头。

■ 有“儒将”美称的日本陆军大将今村均，在中国和荷属印尼战场上均有“出色表现”的他，受命前往东南战区力挽狂澜。

今村没想到突然指挥2个军，但他研究了瓜岛的战局后，才知道自己接手的是一个烂摊子。他怎么力挽败局？无奈这是命令，只得硬着头皮飞往东京，觐见天皇。

11月16日，今村均中将奉诏进宫，在首相兼陆相东条英机大将和莲沼侍从武官陪同下，晋见裕仁天皇。

“今村，朕知道你在爪哇干得不错。”裕仁天皇不动声色地说。

“天皇陛下过奖了，卑职尽职而已。”

“你知道朕为什么紧急召你吗？”裕仁话题一转。

“我对瓜达尔卡纳尔岛战事了解甚少，恐怕难以胜任……”

“一想到我第17军官兵正在受苦，朕日夜不安，所以请你分忧！”

“请陛下放心，我当竭尽全力。”

“你什么时候去？”

今村没想到天皇对东南战局如此忧心，一时间不知怎么回答。

“朕希望你日夜兼程，走马上任，不负重托，解救第17军的官兵。今村，努力干，东南方面全靠你了！”

“是。”今村均诚惶诚恐地鞠躬告退，他看见天皇不再掩饰自己的忧虑，眼角闪着泪光。

11月22日，今村中将一行人抵达拉包尔，第8方面军司令部正式开始运作。可第3次所罗门海战惨败的消息却让他感到很郁闷。看来，海军一时半会是指望不上的了。对17军日复一日的求援电报，只得违心地不断说些空洞的精神鼓舞，要求17军依靠自己的力量继续打下去，顶住美军的反攻，固守现有阵地，为下一次“总攻”做准备！

与此同时，原派驻17军的大本营作战班长辻政信离开瓜岛，返回东京的参谋本部述职。11月24日，在东京日本陆军参谋本部，辻政信向总参谋长杉山元大将声泪俱下地报告了瓜岛战场的真实详情：

第2师团战斗力下降到原来的四分之一，田村大队（第4步兵联队2大队）堪战者不足40人。11月3日和4日之间，第4步兵联队有效战斗力下降到不足1个中队，8门火炮只有25发炮弹，海军瓜岛守备队的1500人中未受伤的也不满百人。

11月5日，第38师团1个联队（即第228步兵联队）登陆后，战线才得以勉强维持。

粮食只有定量的三分之一，每人每日1合（一合等于0.18升）5勺，有时仅5勺，而且只能维持到22日，23日即告断粮。官兵们已经2个月没有见到过太阳，希望尽速向瓜岛运去大米。

150艘登陆艇只有2艘完好，其他非毁即损。为了3万官兵的吃饭问题，现地部队（即17军），已尽到最大努力。

今后，如若不投入第51师团，仅以第38师团、第2师团展开攻击，即使不战斗，2个月内兵力也会因非战斗原因减少三分之一。疟疾和痢疾患者甚多，一木和川口两支队的士兵大部得了夜盲症和脚气病。

军司令官的心情是，不管付出多大的牺牲也要夺回两面军旗（即第28步兵联队和第29步兵联队损失的2面军旗，其实，这两面军旗也随着联队长“玉碎”，并未落入美军手中）和数千官兵的尸骨……

从瓜岛战况来看，当年诺门坎与之相比简直是小巫见大巫。

这份报告对参谋本部而言，无疑是一场海啸！连那个一向自信满满的战争疯子辻政信都说不行，那仗恐怕真的没法再打下去了。大本营陆军部碍于面子，不肯承认失败，反而一再违心摆出把夺回作战继续下去的样子。现地陆军部队第17军更是不肯认输，铁了心地要夺回瓜岛。可是，17军连维持生计都难以做到，还拿什么去继续进攻呢？就在日本人还在死要面子强撑的时候，美国人又杀了过来。

小河之战

随着海战的胜利和第182步兵团（团长丹尼尔·霍冈上校）的抵达，陆战1师士气大振。负责统揽瓜岛战役全局的陆战1师师长范德格里夫特少将决定一鼓作气，向西继续进攻，除了巩固马坦尼考河西岸的克鲁斯角外，还应越过小河（马坦尼考河左起第一条河流）、冲河（马坦尼考河左起第二条河流），向波哈河流域发起攻击！为此，新任西部战区司令

■ 马坦尼考河－波哈河一线高地群（66高地－84高地）。

塞伯尔准将全权指挥这次作战，参战兵力为陆战8团、陆军第164步兵团和第182步兵团2个营。4个炮兵团将提供炮火支援。

接到命令，塞伯尔准将马上开始拟订作战计划，要剿灭第17军，美军必须先占领马坦尼考河西岸足够深远的地带，使各团能充分展开，接着再发动全面进攻。从地理上看，马坦尼考河口左岸到小河之间是一块平坦的沙洲，海岸南部有不少岩石山脊，其间灌木丛和草丛星罗棋布。从海岸起，一条起伏的山脊向内陆延伸，山脊沿线制高点分别是66高地（日军方面称为见晴台）、80高地和81高地。

因此，塞伯尔计划首先拿下66高地－81高地－80高地一线，尤其是马坦尼考河西岸制高点——66高地，然后再为全面进攻做准备。

日军方面，第2师团经过失败的10月总攻后伤亡惨重，不堪再战。除了将第16步兵联队和第4步兵联队一部安排在波哈河到克鲁斯角一线高地群防守外，大部分兵力撤到军司令部所在的903高地（即93高地）附近集结，仅以第2野炮兵联队突前，为第38师团提供炮火支援。相对完整的第38师团（兵力仅相当于1个旅团）承担防御重任。根据师团长佐野中将的命令，师团司令部、通信队主力、第38工兵联队主力、第229步兵联队大队主力、第38辎重兵联队主力和第230步兵联队在勇河（从马坦尼考河往左第3条河流）西岸的90高地到93高地之间集结。新近登陆的第230步兵联队2大队奉命接替第4步兵联队，把守克鲁斯角附近高地群。师团下辖唯一一个建制完整、

■ 为了扫荡马坦尼考河－波哈河一线的日军，美军在瓜岛海战获胜后又发动了波哈河战役。图为穿过浮桥，向对岸展开攻击的美军部队。

战斗力强悍的部队——第228步兵联队奉命把守从岐阜高地到小河上游之间要害地带。

联队部署状况如下：联队本部、1大队部、2中队（室田富雄中尉）、第1机枪中队主力集结在冲河谷（76高地－77高地之间）一带。军旗中队（第9中队）和通信队（佐佐木宪一大尉）在河谷附近地带驻扎。

1大队主力在炮兵台南侧小河河谷附近依次呈扇形展开，从右往左依次为第1据点、中据点、第2据点之间呈敞开布阵。第1据点（66高地到76高地之间），右翼为4中队（加藤长生中尉）、左翼为第3中队（小崎正一大尉）、第12中队3小队把守，第1机枪中队3小队（坂部创二见习士官）奉命支援。第2据点（76高地到83高地之间），右翼为1中队（大舛松市中尉），左翼为第1机枪中队2小队（北村盛重中尉）和第12中队（小林辰男中尉），第1中队长任第1据点长。第2中队担任预备队，配置于大队本部的小河河谷附近，负责当面粮秣的搬运任务。第3据点为83高地到海岸之间地带、78、80、81高地为前沿阵地，由第16步兵联队把守。

为了构筑良好的防御阵地，在缺衣少粮的情况下，土工作业异常艰难。以下是第228步兵联队史的记载：

11月16日，1大队各中队奉命强化驻防据点，全力进行战壕挖掘作业，大队本部挖掘预设阵地，使敌炮轰造成的伤亡最小。各队从马坦尼考河谷用槟榔树和其他树木等建立了大量的交通壕、掩体和掩蔽部，准备以必死决心守住阵地。遭敌舰炮射击后，向后退避。

18日，今日继续挖掘战壕，但地质坚硬，只得多以树木盖顶，防范炮击。加上十字镐挖掘困难和体力不足，工事构筑极为困难。

19日，粮食越来越少，空腹构筑阵地作业很辛苦。各队粮食不足，致使体力消耗很大，疟疾发热，患者极多，一旦发热，体力更是耗损极大，副症状为痢疾。体力消耗极大。同时遭受敌炮击，死伤者甚众。

20日，敌机依旧不断出现在奥斯汀山上空。每次几十分钟的炮击，一日之内连续实施多次，除了精神折磨外，也造成了我军不小的损失。

奥斯汀山一线集结的是第124步兵联队和第228步兵联队2大队。第228步兵联队2大队在27高地（日军称为丸山高地）东北角集结，8中队（藤田严中尉）、7中队（堀实中尉）和6中队（鹤田末春中尉）呈扇形配置，各中队间隙由第2机枪中队负责建立火力点予以掩护，左翼草原和第124步兵联队2大队防线衔接。

第3大队（西山辽少佐）于11月5日在埃斯佩兰斯角上陆，冒着大雨，一大早起程，越过大小河川和泥泞，沿着海岸线东进。沿着勇河口附近的丸山道前进一周后，抵达百武台西南侧的密林地带。20日，才抵达见晴台（飞马高地群）。接着，以第11中队（深田敬三大尉）配置在第1阵地、第10中队（若林东一中尉）配置在第2和第3阵地（57高地和53高地之间。第9中队（春日井由太郎大尉）和军旗中队，作为联队预备队，在冲河河谷附近集结。当前任务为粮食搬运，1日两次，约动用15名强壮的战斗兵员实施。

第11中队阵地在弯曲的马坦尼考河上游分流渡口西方位置，前方高地顶上是观测哨，横井良助少尉以下几名进驻。1个小队（竹岛利一少尉）在右前方的马坦尼考河支流分歧点占领，建立竹岛小哨，监视当面敌情。

第10中队，右前方高地（希蒙斯山岭）配置1个小队（中野政敬中尉）。左前方的57高地由第3机枪中队1个小队（竹内广一中尉）驻防。

不过，在3大队赶到前，美军就提前发动了进攻，日军被打了个措手不及。

11月18日，第182步兵团2营（营长图姆波利中校指挥）在陆战8团掩护下，在马坦尼考河口600米处渡河，向66高地发动进攻。该营首先爬上第一条山脊线的制高点——75高地，然后向西南推进，迂回66高地（距75高地约1800米）侧翼。虽然没有遇到日军的抵抗，但该营毫无战斗经验，推进极为缓慢。他们背着满负荷的弹药、粮秣和饮水爬山，直到中午都没能爬到山顶。抵达山顶后，步兵们开始在66高地西面和南面挖掘散兵坑和机枪火力点。兵力部署为G连是左翼，F连是右翼，E连为预备队，H连在营部背后建立迫击炮阵地。

下午，G连的2名军官和30名士兵进入南部河谷地带寻找水源。在57高地的水洞附近和第228步兵联队6中队相遇，1名军官和1名士兵被日军打死。随后，2营出兵救回了抢水队。

第182步兵团1营，在弗朗西斯·麦克格洛温中校带领下，于11月19日拂晓渡过马坦尼考河。该营沿着北部山地和海岸之间平原推进。其中，陆战8团B连根据塞伯尔的命令，向78高地推进，掩护1营左翼。在河西岸约400码，1营遭到日军猛烈火力拦阻，但没发生大规模战斗。接着，全营小心翼翼地向克鲁斯角推进。

进入克鲁斯角时，陆战B连遭到第16步兵联队10中队猛烈抵抗，后撤。接着，B连再次出击，但依旧被日军猛烈火力钉死。战至中午，麦克格洛温的1营在克鲁斯角以东停住了脚步，被迫就地掘壕固守，陆战8团B连归建。第182步兵团1营和2营防线之间仍存在着宽约900米的缺口。接到美军进攻的消息后，第16步兵联队长吉嗣大佐决心以建制完整的1中队为先导，3大队跟进，向美军实施反击，保住小河河口一线高地群。11月19日夜到20日凌晨，1中队经过急行军从后方突然抵达河口，在1营正面占领了阵地。接着，第2野炮兵联队和第38山炮联队一部以猛烈炮火轰击美军阵地。20日拂晓，1中队向1营左翼实施反击，一举将美军击退了350米之多！美国师师长塞伯尔将军、作战官加文中校、情报官戴尔少校得知消息后感到极为震惊，严令1营立即在飞机和火炮支援下展开反击。

在飞机和火炮支援下，1营于次日9时夺回阵地。接着，A连和C连继续向西推进，抵达克鲁斯角以西海岸，结果遭到1中队坚决抵抗！进攻失败，只得撤回出发线，日军重新夺回了克鲁斯角。

到11月20日下午，3大队全部赶到战场，并预先占据了前沿的80高地和81高地。为了防止日军的反击，塞伯尔命令第164步兵团前出，封闭第182步兵团2个营之间防线缺口。第164步兵团在夜幕的掩护下进入阵地，准备次日清晨发动进攻。第164步兵团1营进入第182步兵团1营左翼，3营插在第182步兵团2营防线中央，各营负责500米防线。

除了日军抵抗外，后勤补给的运输也极为困难。前3天的战斗中，补给全靠人力搬运。尽管工兵成功在河口架设浮桥，但重型车辆无法通行，直到21日才解决。补给瓶颈也严重限制了美军的作战。

11月21日，第182步兵团1营试图向西进攻，依旧被1中队死死顶回。

同时，第164步兵团各营也发起攻击。3大队依靠反斜面构筑的阵地，有效地规避了美军的炮击。接着，第3机枪中队和独立第2速射炮大队在阵地前沿编织起一道密不透风的拦阻火力网，美军伤亡惨重。80高地和81高地牢牢掌握在日军手中。次日，陆战8团顶上，和第164步兵团一起发动进攻，仍无进展。

连续进攻失败让美军恼羞成怒。11月23日，美军步兵后撤300米。第245野战炮兵营和陆战11团1营、2营集中火力，对80高地和81高地实施了30分钟的炮火急袭！接着，陆

■ 虽然炮兵全力以赴地支援，但美国陆军在瓜岛的第一次进攻作战仍以失败告终。

战8团穿越第164步兵团阵地，再次向日军发动猛烈进攻。这一天，美军炮兵全力支援，耗弹2628发。尽管损失很大，但3大队奋勇死战，将陆战8团死死地阻击在阵前，美军始终无法前进一步。不仅如此，配属第16步兵联队作战的独立速射炮第2大队和第6大队也进行炮火反击，密集的弹群甚至打到第164步兵团3营部，营医疗官、4名少尉和1名中士被当场炸死！在日军凶狠的火力打击下，伤亡惨重的美军只得叫停了进攻，沿66高地－80高地－81高地－克鲁斯角一线掘壕固守。

在这次失败的进攻战斗中，美军付出了惨重的代价，其中第164步兵团，从11月19日到25日间共有117人战死，208人负伤。虽然美军在战术上完败，但却粉碎了百武最后一次总攻企图，而且66高地的夺取，使第228步兵联队1大队在小河河谷一带的所有阵地的一举一动难逃美军炮兵观察哨的眼睛。于是，从12月开始，当面日军阵地不断遭到美军炮兵精准而猛烈的轰击，而日军仅能控制前方的河谷和高地反斜面来规避美军的炮击。

“恐怖袭击”

美军一再进攻，日军除了人员伤亡逐渐增大外，物资消耗速度也飞快增加。尽管小河之战以美军的失败告终，但66高地的失陷，让17军感到很郁闷。日军判断，随着美军夺取66高地，下一步必定向奥斯汀山和见晴台周围（美军称为飞马高地群）开刀。为了反制美军，17军有必要实施反击，显示自己的“威武”。

11月25日，就在美军停止进攻的当天，第38步兵团长伊东武夫少将决心对美军实施月夜反击，压制美军的气势。当晚，伊东少将向第38师团长佐野中将提出了反击方案：

夜袭部队：第228步兵联队8中队

搜索据点前进部队：第124步兵联队1个中队

火力急袭部队：伊东部队炮兵队和第228步兵联队步兵炮队（各2门），军和师团炮兵队协力。

经过慎重考虑，佐野师团长同意了伊东少将的方案。29日，佐野师团长命令8中队于30日18时30分对当面美军实施反击，全军炮兵予以协助。30日黄昏前，第17军全体炮兵部队对27高地当面的美军阵地实施猛烈炮击。在炮火掩护下，第8中队（60人）在中队长藤田严中尉带领下冒着大雨反击。激战中，藤田中队剪开美军铁丝网，强行冲进了美军前沿阵地，但很快就遭到两翼侧射火力拦阻，包括藤田中尉在内的24人阵亡，进攻受挫。好在指挥班长皿井义辉准尉临危不惧，停止射击，在暗夜的掩护下，带领残存的36人悄悄撤出，安全地返回了阵地。

强攻不行，那就搞恐怖袭击吧。在第8中队组织反击的同时，第38师团作战参谋黑崎贞明又策划了另一个方案，以4－5人为一组，组成挺进队（即敢死队），携带干粮、炸药、手榴弹和步枪，潜入美军阵地，破坏炮兵阵地和机场等后方设施，对美军实施持续骚扰以疲其精力。佐野中将十分欣赏该方案。上报军司令部，百武中将也表示可行。

于是，佐野师团长于11月28日向第38工兵联队长岩渊经夫中佐下令实施该计划。岩渊中佐、第2中队的中泽勋少尉和第3中队的寺泽孔一少尉当场报名参加。但佐野只批准了中泽和寺泽的请求，否决了岩渊的请求。

12月6日，中泽和寺泽各率4名部下，从27高地出发，潜入对面的美军第2战斗机跑道（西机场）和代号为“克拉”的炮兵阵地。在美军防线内，两队共执行了10天的恐怖袭击，15日安全返回。事后，中泽队报告炸毁2架飞机和2辆加油车。寺泽队报告炸掉1个炮兵阵地和2间宿舍。根据美军记录，12月12日在2号战斗机跑道被炸毁了1架P-39和1辆加油车。

接着，师团司令部的大野广志中尉又收容4名人员组成挺进队，执行深入敌后，搅乱敌指挥中枢的任务。15日，大野队出发。深入美军防线时，行踪暴露，遭到围剿，只有1人逃回。

同时，各大队也不断组织挺进队对当面之敌实施不断袭击。以下是第228步兵联队史记录的一次夜袭：

1中队的神谷曹长根据1大队命令，对第2据点前方的敌机枪阵地实施断然夜袭。神谷曹长于1日前奉命单独在第2据点和中据点之间进出，侦察敌情，拟订夜袭计划。12月3日13时，1中队屈指可数的强兵三田、牛田伍长、森山、石田、渡边兵长、加藤上等兵等6人出击，战友在背后默默祈祷。

15时，经由中据点。傍晚时分进出昨日侦察地点，发现敌人站在山顶上。距草原斜面约300米，阵前无障碍，队长神谷曹长为先头，分两列纵队，沿着草原斜面攀登。当天系满月，皎洁的月光把他们的身影清晰地影印出来。20时，匍匐前进至敌阵前约50米，敌阵内部通话清晰可闻。

■ 日军支援步兵冲锋的掷弹筒。

于是，队长决定实施对两翼实施强攻。顷刻间，突击队就冲进敌阵，爆发肉搏！仅几分钟的工夫，8名美军就被击倒在地，突击队抓起机枪、带上重要的物资开始撤退。刚撤出300米，进入一片密林。敌阵就开始猛烈射击，接着后方炮兵也开始猛轰。景象至为凄惨。

面对夜袭部队的偷袭，美军对日军一线全阵地实施报复性射击，但毫无效果。4日早晨，神谷队安全返回阵地。

夜袭行动在12月中旬达到了高潮。但大部分行动的原因只因为粮食短缺，为抢夺美军口粮填腹而做出的举动。

12月初，见晴台到奥斯汀山一线的粮食补给完全陷入了断绝状态。12月8日前后，各大队奉命编组粮秣运输队，奉命前往塔萨法隆加角背负粮食回一线。不过，许多背粮官兵因患疟疾和热带疾病，在途中不断倒下，加上美军远程炮兵对山道的不间断轰击，使得粮食能最终送到前线部队手里的少之又少。

驻防内地的伊东支队状况不佳，驻防海岸地带的第16步兵联队也好不到哪去。虽然获得粮食较为顺利，但波哈河进攻战斗失败的美军却不断对日军阵地实施猛烈炮击，迫使日军不得不把阵地设在反斜面和阴暗潮湿的山谷间森林地带。结果，因疟疾病亡和饥饿致死的日军比阵亡人数还多。更糟糕的是，东南方面整体战局和海上补给形势完全陷入了绝望。

艰难的海上运输

新几内亚和所罗门两个战场同时吃紧，担负海上运输重任的第2水雷战队不得不两头玩命，使舰只的使用程度骤然吃紧。虽然日本海军尽了很大的努力，但新几内亚和所罗门两个战场的陆军部队获得的物资却依旧入不敷出。面对这个状况，联合舰队决心动用进攻利器——潜艇来解决第17军的补给问题，即浮筒运输。

11月24日，“伊19”号潜艇实施了第一次浮筒运输，但没有和陆上取得联系，只得放弃任务，掉头返航。25日，“伊17”号又从肖特兰出发，搭载量半数上陆后，成功返航。接着，潜艇开始反复运输，每艘运载20吨物资，成功率为50%左右。12月9日，“伊3”号潜艇遭到美军鱼雷艇拦截沉没。成为第1艘损失的潜艇，鉴于美国海军活动日益频繁，联合舰队司令部决定中止潜艇运输。从11月24日到12月9日，共有13艘次潜艇参加，共运送人员137人、粮弹194吨，损失潜艇1艘（“伊3”号）。

尽管潜艇部队竭尽全力，但有限的运量对17军庞大的物资补给需求而言无异于杯水车薪。不得已之下，第2水雷战队只得接着走耗子，但11月下旬到12月中旬期间正值月明天候。在制空权完全被“仙人掌”航空队掌握，且图拉吉水上基地已粗具规模的情况下，靠岸十分困难。为此，联合舰队先任参谋黑岛龟人大佐又发明了另一个方法："铁桶运输"，把补给物资装入铁桶，不要装满，使其能在水中浮起，加以密封，以绳索连接起来，固定在舰艇的甲板上，载到指定水域后投入海中，由岛上部队派出大型机艇，钩住绳索将其拖到岸边即可。这个方法在特鲁克进行实验，获得成功。

11月21日，第8舰队司令长官三川军一中将命令第2水雷战队对瓜岛实施"铁桶运输"。23日，第31驱逐战队的"高波"号、"卷波"号和"长波"号，第15驱逐战队的"黑潮"号、"亲潮"号、"满潮"号和"阳炎"号，第24驱逐战队的"海风"号、"凉风"号和"江风"号组成第1次运输队，在第2水雷战队司令官田中赖三少将的带领下，向肖特兰岛集结。各舰在肖特兰装上200－240个铁桶。出发前，田中赖三司令官召开作战会议，他认为这次运输遭遇美军舰队封锁的可能性极大。为此，田中确定的作战方针是：如未遇敌，任务第一。遇敌拦阻，战斗为上！一旦遇敌，不准随便开火，必须以对方炮火闪光为瞄准点实施鱼雷攻击，一击即退。忍了这么久，终于可以打仗了，第2水雷战队士气高昂地投入到了这次行动。

11月30日凌晨0时，第2水雷战队以一字纵队，陆续从肖特兰起航，朝瓜岛驶去。为了避开美军侦察机，田中先是向北绕过布甘维尔岛，然后再向东穿过隆卡多尔环礁，最后才向南急转，驶入印迪斯彭萨贝尔海峡。其间，第5航空队的1架B-25发现了田中舰队的行踪，但未发出报告。倒是潜伏在布因的澳大利亚皇家海军海岸瞭望哨向瓜岛报告了田中的行踪，但瓜岛方面没有采信。

此刻，美军的运输船队已经抵达隆加角，为了掩护船队安全。第67特混舰队司令赖特少将领着"明尼波利斯"号、"新奥尔

■ "明尼波利斯"号重巡洋舰。

良”号、“彭萨科拉”号、“北安普顿”号和“檀香山”号等5艘巡洋舰在6艘驱逐舰的护航下，于塔萨法隆加角到隆加角之间巡航。

23时12分，当第2水雷战队以“高波”号为先导，从萨沃岛朝塔萨法隆加角逼近时，“高波”号突然发出信号：“100度方向发现敌舰!”接到信号，田中少将有些犯愁了。打还是不打？正当田中犯愁的时候，旗舰“长波”号也发出报告：“发现7艘敌驱逐舰，方位90，距离1万码!”田中当机立断，下令抛弃铁桶，准备实施鱼雷攻击!

1分钟后，美军第67特混舰队先导舰“弗莱彻”号驱逐舰终于发现了对手，距离6300米，立即向赖特请求开火。但赖特少将十分犹豫，并通过TBS和“弗莱彻”号舰长交谈了4分钟，确认无误后，终于在23时20分下令开火！于是乎，整个战场马上被美军发射的照明弹照得通亮。前面的6艘美军驱逐舰也发射了20条鱼雷，但无一命中！与此同时，田中少将也向全战队挂出旗语：“全军突击!”接到信号，“高波”号像匹脱缰野马，全速(37节)冲向美军，发射鱼雷后急速转弯。但距离相距太近。虽然美军发射的鱼雷全部落空，但巡洋舰群接着却在雷达引导下，朝“高波”号猛烈开火。很快，“高波”号中弹70多发，1、2号鱼雷发射管、油库和轮机舱全部击毁，舰长被迫下令弃舰。

■ 被日军鱼雷炸掉舰艏的“明尼波利斯”号的惨状。

乘着美军集中火力攻击“高波”号时，“长波”号、“卷波”号、“黑潮”号、“亲潮”号、“凉风”号和“江风”号依次发射鱼雷，然后急转弯。看到日军没有炮火还击，美军很是高兴，还以为逮到了一支运输队。

正当美国舰队猛轰“高波”号的时候，第2水雷战队发射的鱼雷却悄无声息地扑了过来！23时27分，“明尼波利斯”号首先中雷，2条鱼雷斩断了“明尼波利斯”号舰艏并燃起大火。接着，“新奥尔良”号和“彭萨科拉”号各中1雷，全部重伤。最倒霉的是“北安普顿”号，被接连命中

■ “新奥尔良”号也被鱼雷炸掉了“脑袋”。

的2条鱼雷直接击沉！一次雷击，就获得重创3艘巡洋舰，击沉1艘重巡洋舰的巨大战果。

乘着第67特混舰队的混乱，第2水雷战队投下铁桶，救起“高波”号幸存者，然后沿着原路高速撤出战场。战斗结束后，在隆加海峡巡逻的美军巡逻艇和鱼雷艇发现了向海岸漂流的铁桶。经过一番猛烈扫射，大部分铁桶沉没，只有不到100个铁桶被17军打捞上岸。

这次海战，美军称为塔萨法隆加角海战，日军方面称为隆加海战。虽然日军获得了战术胜利，但运输铁桶的任务却没有达成，17军饥饿依旧，战略得分仍被美军抢到。

12月3日，第31驱逐战队的“卷波”号和“长波”号，第15驱逐战队的“黑潮”号、“亲潮”号、“阳炎”号和第4驱逐战队的“野分”号、“岚”号和“夕暮”号组成第二次运输队。13点，运输队从肖特兰出发。为了缩短时间，运输队采取中央航路，朝瓜岛直线航进。不到2小时，1架B-25前来跟踪。18时30分，运输队遭到“仙人掌”航空队猛烈攻击，“卷波”号挨了1枚近失弹。22时15分，运输队抵达塔萨法隆加角，投下1500个铁桶。当晚，瓜岛近海夜黑风高，加上美军鱼雷艇冒着恶劣天候出击，17军派出打捞铁桶的大型机艇群损失很大，约100人阵亡，仅收到300多个铁桶。次日天明，漂流到海岸附近的大部分铁桶被美军飞机击毁。

12月7日13时，第15驱逐战队的“黑潮”号、“亲潮”号、“阳炎”号和“长波”号，第24驱逐战队的“江风”号、“凉风”号，第4驱逐战队的“野分”号、“岚”号，第17驱逐战队“浦风”号、“谷风”号和“有明”号组成第三次运输队，从肖特兰出发，再次沿着中央航路南下。18时40分，运输队遭到16架SBD和P-38的攻击。“野分”号右舷机械室被靠近弹打伤，失去动力。“岚”号轻伤。在田中少将的命令下，“长波”号退出战列并拖着“野分”号；“有明”号也退出战列，护卫着“岚”号，向肖特兰返航。接着，运输队继续前进。23时30分，运输队在萨沃岛西南遭到8艘美军鱼雷艇的拦截，“黑潮”号击沉了1艘，并扫射落水者。战斗过程中，运输队出现混乱，无法依次投下铁桶，被迫中断任务，提前返回了肖特兰。

鉴于驱逐舰不断损失，前进部队抽调第61驱逐战队的“照月”号和第17驱逐战队的“浦风”号予以补充。接着，田中把旗舰换为“照月”号，又准备实施第四次运输。

12月11日3时30分，驱逐舰“长波”号、“照月”号、“亲潮”号、“黑潮”号、“阳炎”号、“谷风”号、“浦风”号、“有明”号、“江风”号、“凉风”号和“岚”号从肖特兰出发，进行第四次运输。这次运输，田中照例选择了中央航路，直切瓜岛。抵达登陆点附近投下铁桶时，突然遭到美军第3鱼雷艇中队偷袭。“照月”号左舷后部中雷沉没，田中等第2水雷战队司令部只得换乘“长波”号。这次运输投下1200多个铁桶，仅有100个被17军拣到。

这是1942年最后一次舰艇运输。12月9日，月明期间再次来临，“老鼠运输”不得不再次中断。

1943年1月2日，第2水雷战队开始了新一轮“老鼠运输”，由田中少将率领10艘驱逐舰来执行。途中，“凉风”号被“仙人掌”航空队炸伤。在运输驱逐舰“电”号护卫下，返回肖特兰。其他8艘于同夜在埃斯佩兰斯角入泊，击退美军第3鱼雷艇中队的进攻后，成功投下540个铁桶和浮袋250个，但在美军鱼雷艇的封锁下，17军已经无力打捞，物资全部被美军摧毁。

10日和14日，第2水雷战队又先后进行了两次运输，除了把矢野大队和井本、佐藤两位参谋送上瓜岛外，投下的物资大部分仍被美军摧毁，“岚”号驱逐舰中雷遭到重创。

鉴于宝贵的驱逐舰在所罗门海域的接二连三的损失，忍无可忍的联合舰队司令长官山本五十六大将决定彻底中断“老鼠运输”。当第8舰队参谋长大西新藏少将把这个消息告诉第8方面军司令官今村均中将时，今村中将气得脸色发白，他气愤地抗议道：“你们海军这么做，岂不是要岛上的3万将士白白地饿死吗？”今村虽然是个方面军司令官，但毕竟是陆军管不到海军。大西固然挨了一顿骂，可这改变不了山本的决定，对瓜岛的老鼠运输已经结束的事实却是谁也无法扭转。

当然，海军也没有做得太绝。从12月26日起，潜艇部队再次展开运输任务，每天出动1艘潜艇，采取新的运输方式：把粮食装在橡皮袋中，尔后将其固定在甲板上，到锚地后由登陆艇将其拖回。但由于橡皮艇容易进水，后又改用密封桶。到1月下旬开始用运输罐，每罐装20吨物资。

“伊1”号潜艇于1月29日在隆加角附近和美军巡逻艇遭遇，被美军炮火摧毁。82名乘员中坂本荣一少佐以下27人战死，55人登上瓜岛，后随同大部队撤出瓜岛。可是，“伊1”号潜艇的沉没地点太浅，密码本被美军打捞，使日军在以后的作战中陷入更为不利的态势。

12月26日到次年1月30日，联合舰队共出动36艘次潜艇实施运输，完全成功17艘次，不完全成功6艘次，不成功3艘次，运送粮弹347吨，损失“伊1”号潜艇。面对一次次的运输失败和美军如铁桶般的海空大封锁，17军已到了危急存亡之秋。相反，美军在夺取了瓜岛周围的制空和制海权后，实力出现了爆发式的增长。

大反攻，成了美军的心声……

■ 日军“伊1”号潜艇的残骸。

第七章 大反攻

帕奇来了！

11月底，美军南太平洋地面部队高层进行重组。陆战1师，作为第一支在第二次世界大战中实施反攻的美国师级部队，光荣地撤离瓜岛，并受到第一个美军集体单位最高荣誉——总统集体嘉奖。

为了获得这个胜利，陆战1师付出了巨大的牺牲。从1942年8月7日到12月10日，陆战1师阵亡、伤死和病死人数超过600人；同一时期，美军陆海军部队在所罗门战场的阵亡人数为691人。

在整个作战行动中，陆战1师总的伤病员人数为10635人，其中只有1472人是作战负伤，5749人患上疟疾。除了伤病困扰外，经月累日的战斗、空袭和舰炮射击，精神长期高度紧张，体重持续下降也对陆战1师官兵的身心带来了巨大的折磨，3个月下来，陆战1师已是一支疲惫之师，战斗力下降到了极度危险的地步。

有鉴于此，南太平洋战区新任司令哈尔西中将于11月3日决定撤出陆战1师，改由陆军撑起瓜岛战局。原驻新喀里多尼亚的“美国”混成步兵师奉命进驻瓜岛，担任地面作战任务，其守备任务由美军第43步兵师接替。11月30日，联合参谋长会议做出决议，派遣第25步兵师（师长乔治·科林斯少将）离开夏威夷，前往瓜岛和陆战1师换防。

同时，进驻瓜岛的“美国”师参谋部为了尽快熟悉情况，也和陆战1师参谋一起共事，准备接替陆战1师。可是，陆战1师撤退后，谁负责瓜岛地面战事又成了哈尔西中将的心病。出于对陆军的尊重，公牛把这个难题抛给了南太平洋陆军司令哈蒙中将。最终，哈蒙选择了“美国”师师长亚历山大·帕奇少将①，负责瓜岛全局的战术指挥。

12月8日，陆战1师开始撤出瓜岛。陆战5团首先乘坐运输船穿越希拉克海峡，朝澳大利亚撤退。月底，陆战1师各部也相继撤退。

现在，瓜岛成了美国陆军的天下，如何消灭已经伤痕累累的17军，就看帕奇的了。

■ “美国”师师长帕奇将军。

① 帕奇少将，出生于1889年，1913年毕业于西点军校，作为观察员驻法国视察一战，回国后先后在弗吉尼亚军校和陆军战争学院学习。1936年到1941年，在本宁堡，任军事教员，随后担任第47步兵团团长。1942年初，升为准将，负责组织新喀里多尼亚的防务，并成为“美国”师师长，瓜岛战役是他在第一次指挥大型战役，为日后在欧洲战场指挥大军横扫南欧和中欧打下了坚实的基础。

不过，帕奇毕竟初临战阵，若没有强大的兵力在手，无论如何也是啃不动日军的。幸运的是，当他抵达瓜岛的时候，美军的兵力和火力已开始超过以前陆战1师时的水平，转入反攻的条件逐渐成熟。

羽翼丰满

鉴于瓜岛周围的制海权和制空权已落入盟军之手，南太平洋战区司令哈尔西中将和陆军司令哈蒙中将判断，日军对新喀里多尼亚的威胁不复存在，决定派遣驻新喀里多尼亚的"美国"师前往瓜岛。于是，进入12月以后，"美国"师（除164步兵团和182步兵团）各部和配属部队依次登上瓜岛：12月8日，第132步兵团战斗群（欠1营和第247野战炮兵营A连）登陆；12日，陆战2师通信连和第18海军工兵营登陆；18日，第182步兵团3营和陆战队第2工兵营C连登陆；19日，步兵师属机动战斗侦察连、第132步兵团1营、第247野战炮兵营A连和第39宪兵连1个分遣队登陆；1943年1月，第221野战炮兵营登陆。除了少量依旧担负守备任务的部队外，美军步兵师主力完全登上了瓜岛。

作为一支独特的陆军部队，"美国"师的成立带有一丝传奇的色彩。1942年1月23日，这支混合了步兵、炮兵和其他勤务兵种的混成部队在帕奇少将的指挥下从美国西海岸出发，经由澳大利亚和新西兰，于3月12日抵达新喀里多尼亚的努美阿，担任岛上的守

■ 光荣的背后，陆战1师也付出了极大牺牲。图为在野战医院里接受治疗的陆战队伤病人员。陆军部队将替下他们担任起防守和反攻的重任。

■ 装备精良的“美国”师正式登陆瓜岛。

备部队。本来，新喀里多尼亚是维希法国的海外属地，但在战争爆发后不久被自由法国夺回。为了支援自由法国，美军“应邀”出兵新喀里多尼亚，扛下了该岛的守备任务。1942年5月，为了统一指挥编制，这支混成部队各部合并，番号为“美国”师，混成部队指挥官帕奇少将顺理成章地成为了该师的首任师长。

“美国”师的兵力构成为第132、第147步兵团（继续留守新喀里多尼亚）、第164和第182步兵团，配属第221、245、246和247等4个野战炮兵营，以及第57战斗工兵营、第101补给团、第101卫生团、第26通信连和机动战斗侦察连。登陆瓜岛前，这些部队分散驻扎于新喀里多尼亚各地，直到登上瓜岛，全师才开始第一次协同。

第一批上岛部队为第164步兵团，先前是北达科他州国民警卫队的一部分。接着是来自马萨诸塞州国民警卫队成员——第182步兵团。这些部队和陆战1师一道，参加了10月和11月的血战，受到了总统集体嘉奖。作为伊利诺伊州国民警卫队成员的第132步兵团是全师最后一支抵达瓜岛的步兵部队。4个师属野战炮兵营都是从老第72和第180野战炮兵团改编而来。全师部队中，最精锐的要属机动战斗侦察连，该连装备吉普车、步枪、机枪、自动步枪、迫击炮、37毫米炮，由亚历山大·乔治中校指挥，是一支装备精良、训练有素、战斗力极强的侦察部队。不过，他们这些精良的装备并不适合瓜岛崎岖的地形。因此，他们在岛上执行任务时，往往弃车步行，实施徒步战斗侦察。

在“美国”师抵达后不久，千里迢迢赶来的第25步兵师也逐次登上了瓜岛。12月17日，第25步兵师所属的第一支部队——第35

步兵团战斗群在红滩上岸。1月1日，第27步兵团战斗群也登上了瓜岛。1月4日，第161步兵团战斗群也成功上岛。整个过程中没有遭到日军拦阻，无血上陆！1月4日，陆战2师师部和加强陆战6团从新西兰出发，实施登陆，使陆战2师几乎全员上陆。到1月7日，瓜岛美军兵力达50000人。“美国”师兵力为16000人，第25步兵师为12629人，陆战2师为14733人。为了适应大兵团作战，帕奇决定以“美国”师司令部为核心，于1月2日组建了第14军，统一指挥“美国”师、陆战2师和第25步兵师的作战。

与此同时，南太平洋战区的航空部队也获得加强。11月，乘着瓜达尔卡纳尔海战的胜利，美国陆军航空兵再度开始向南太平洋增派航空部队，P-38战斗机群开始进驻瓜岛，自7月起就在南太平洋作战的第11轰炸机大队于11月得到了第5轰炸机大队的增援，使在南太平洋作战的B-17“空中堡垒”式重轰炸机的数量猛增到40架。随着B-17数量的增多和海军“卡塔林娜”水上飞机结构脆弱、易遭零式战斗机杀伤的不利因素，南太平洋战区远程侦察任务遂完全由B-17接管。利用瓜岛作为前进基地，从圣埃斯皮里图和埃菲特起飞的B-17，经由瓜岛，深入布因、布甘维尔、肖特兰等地实施侦察和轰炸任务，使驻扎在这些地区的日本陆海军部队和基地无所遁形，给美军日后的作战决策提供了有力的情报保障。

“仙人掌”航空队实力也在稳步增长。11月23日，范德格里夫特报告，“仙人掌”航空队只有84架美国陆航、海军、陆战队和新西兰皇家空军所属战斗机、轰炸机、鱼雷机堪用。11月29日，各式飞机数量更是增加到188架！到12月，陆战队第1航空联队包括陆战队第14航空大队在内，共拥有第12、68、339战斗机中队和第70轰炸机大队（装备B-26)。12月26日，弗朗西斯·穆尔卡希准将率领的陆战队第2航空联队抵达瓜岛，和陆战队第1航空联队成功换防。

另外，亨德森机场的状况也在逐步改善。虽然作战设施依旧简陋，但还能勉强支撑80架飞机作战。原南太平洋航空部队司令麦凯恩少将归国后为了加强亨德森机场的基础和仓储建设，进行了不懈的努力。在他的呼吁下，美军开始着手瓜岛机场基建和仓储的兴建工程。

12月，美军工兵在机场建立起了贮存50万加仑的大型油库。海军工兵营也开始加大对机场跑道的带孔钢板铺设面积，使机场尽快成为全天候机场，到1月10日，亨德森机场共铺设了320750平方米的带孔钢板，实现了全天候作战的目的。

在此期间，实力大不如前的日军拉包尔基地航空部队已无法再对机场进行大规模轰炸。为了保持对美军的压力（与其说是压力，不如说是骚扰)，基地航空部队从10月开始利用月夜，动用一式轰炸机以单机或小机队进行疲劳轰炸，目的是扰乱美军的休息，消耗飞行员的体力。对这些夜间频繁袭扰的不速

■ 经历了3个月的苦战，瓜岛的物资卸载方式依然没有任何改进，人背肩扛还是最重要的搬运方式。

之客，美军称为“恼人的路易斯”或是“修理工查理”。这些轰炸造成的损失微乎其微，但却严重影响了美军官兵的睡眠质量，尤其对航空部队飞行员带来了巨大的困扰。更糟糕的是，“仙人掌”航空队暂时拿日本人毫无办法，只能去适应日军的夜袭了。

在补给方面，瓜岛和南太平洋战区各地的形势依旧是总体尚好。11月瓜岛海战时，为了支援水面舰队，联合舰队曾向瓜岛周围海域派出了大量潜艇，试图截断美军航运，但仅有运输船“奥赫巴”号中雷，使哈尔西手中可供派往瓜岛的运兵船只剩4艘，但并没有对航运构成太大的影响。倒是瓜岛的后方——努美阿港，进港和卸载物资的效率低下，对物资的转运，造成了严重的影响。11月，曾一度有91艘运输船装载着18万吨物资在港外等待进港，其中83艘装载的是新赫布里底和瓜岛守军急需的物资。然而，努美阿方面缺乏足够的卸载人手、装备、仓库和可供船舶停靠的码头。陆军、海军和陆战队各自为政，只顾着卸载自己的物资，人力资源配置浪费现象十分严重。因此，哈尔西建议所有卸载作业全由陆军承担，哈蒙表示同意，卸载效率立即有了显著的提升。11月，在努美阿卸载的物资达34327吨，12月这个数字就猛增到126216吨。而运抵瓜岛的物资由11月的5259吨增加到12月的7271吨。

转运效率提高了，可瓜岛的滩头卸载效率和3个月前相比依然没有大的改善。直到1942年末，瓜岛都还没有建立一个像样的人工码头，运输船只能在近海停靠，然后把物资搬运到前来接货的登陆艇，再由登陆艇运上岸。接着，采用人力搬运的方式从登陆艇卸货，然后装上卡车，运往内陆仓库。由于运输船空间不足，卸载作业中最急需的卡车往往数量不够。同时，后勤部队也很少，因此作战部队和土著劳工经常不得不用人力搬运货物，这真是一项非常耗费体力的作业。为此，帕奇少将就常常在报告中埋怨：“我们的战士都快成了搬运工了！”

相比人力搬运更糟糕的是，瓜岛恶劣的路况。战前，瓜岛只有一条公路——行政大道，这是一条由特瑙鲁河延伸到克鲁斯角的环岛公路。同时，还有一条小路可以延伸到亨德森机场和机场南面阵地。随后，陆战队工兵又修建了一条从隆加环形防线西南面通往奥斯汀山的吉普车小道。这项工程接近完工的时候，陆战1师撤离了瓜岛。随后，陆军第57工兵营完成了这个任务，使美军对奥斯汀山的进攻部队通过这条小道获得了足够的物资补给。同时，美军也修通了克鲁斯角到66高地、71高地和72高地的吉普车小道，为日后的全面进攻做好了补给准备。

虽然如此，可这些小道却无法全天候使用。一遇到雨天，就完全成了泽国，只有在天气干燥的情况下，才能使用，这给美军的补给带来了很大的困难。事实上，在美军登陆前，瓜岛内陆是没有公路存在的。日军在内陆的行动往往都是依靠大刀砍伐开路。美军登陆后，采取一边推进，工兵跟进修路的方针，为了防止日军空袭和炮击，物资采取多囤少摆的方式，使用吉普车或手推车为深入内陆的一线部队运送补给。尽管进行多重努力，但美军于1月期间发动的总攻，仍然无法获得足够的物资保障，更要命的是在战斗的关键期间，美军士兵经常为饮水犯难。疟疾也是困扰作战的一大主因。在整个瓜岛战役期间，疟疾问题都没有得到很好的解决。

■ 在红滩附近堆积如山的军用物资。

■ 瓜岛战役中，疟疾已经超过了日军，成了美军的头号杀手。

疟疾俨然成了南太平洋战区最大的麻烦制造者，疟疾患者的数量远远大于作战伤亡。

根据陆军部的统计，在瓜岛作战的陆军伤患中有65%是病人，25%是作战造成的负伤。疟疾更是成了减员的头号杀手。8月的患病者才14人，10月马上猛增到1664人，11月为1781人、12月为972人、1943年1月为1169人。

尽管遇到这样或那样的困难，但美军经过3个月的苦战以后，不仅在瓜岛站稳了脚跟，而且完全夺取了瓜岛周围的陆海空战场主动权。现在，摆在帕奇面前的，就是如何进攻的问题了，奥斯汀山，成了美军进攻的第一个目标。

一战奥斯汀山

奥斯汀山，是瓜岛主要山脉，位于马坦尼考河与隆加河之间，距亨德森机场约9公里，长约450米，但却是机场四周的制高点。从山顶相望，亨德森机场和隆加环形防线一览无余。因此17军把奥斯汀山作为一个良好的敌情观测点，并构筑了良好的堡垒式防御体系。

作为山脉，奥斯汀山从山脚到南坡（位于马坦尼考河以东）长约3公里。整个山脉密布丛林植被，空中侦察根本无法发现日军确切的防御体系构筑情况。从地形情况来看，从西南坡起，仅27高地（约300米高）完全暴露在美军的视野下。位于27高地以北约700米的31高地是日军主要观测点，可俯瞰隆加角平原。

奥斯汀山以北约1400米，分别是43高地和44高地，以及奥斯汀山的前沿高地群——55高地－54高地－50高地－51高地－52高地－53高地－57高地。由于这些高地低矮，奥斯汀山的日军观察哨可以轻松俯瞰这些高地的行动。为此，帕奇少将如果要派1个师越过这些高地群，向西南迂回日军侧后的话，那么首先就是拿下奥斯汀山，砍断日军的东翼。

在1942年8月7日进行的登陆战中，范德格里夫特曾打过奥斯汀山的主意。可是，他很快就发现，奥斯汀山距机场实在太远（距离机场9公里），中间隔着大片难以通行的原始森林，陆战1师的“菜鸟”们根本没有受过丛林战训练，贸然穿越如此庞大的山地密林区，若遭到日军伏击，后果不堪设想，于是放弃了进攻企图，直到陆战1师撤出瓜岛，范德格里夫特再也没有动过这个念头。可进入12月以后，情况不一样了。美军已经在瓜岛站稳了脚跟，日军对隆加环形防线已构不成实质威胁。在这种情况下，帕奇决定向日军反攻。

根据情报判断，第17军主力集结在马坦尼考河－小河－冲河以西到903高地之间，要消灭他们就必须组织一场大规模、大纵深、持续性的跨河攻击作战。不过，奥斯汀山盘踞的伊东兵团（第228步兵联队2大队和第124步兵联队）却在机场南翼构成潜在威胁。美军担心再次向马坦尼考河－小河－冲河一线全面进攻的时候，会遭到伊东兵团侧击。经过论证，美军决定先行拿下奥斯汀山，然后再以2个师的兵力发动全面进攻：第25步兵师越过奥斯汀山和66高地，迂回17军侧后；陆战2师从66高地到克鲁斯角，沿着海岸发动正面进攻，2个师合力把17军挤压到埃斯佩兰斯角，予以包围歼灭。对此，南太平洋战区陆军司令哈蒙中将甚至还建议出动1支精锐部队乘坐登陆艇绕到埃斯佩兰斯角，实施敌后

■ 从空中俯瞰奥斯汀山全貌。

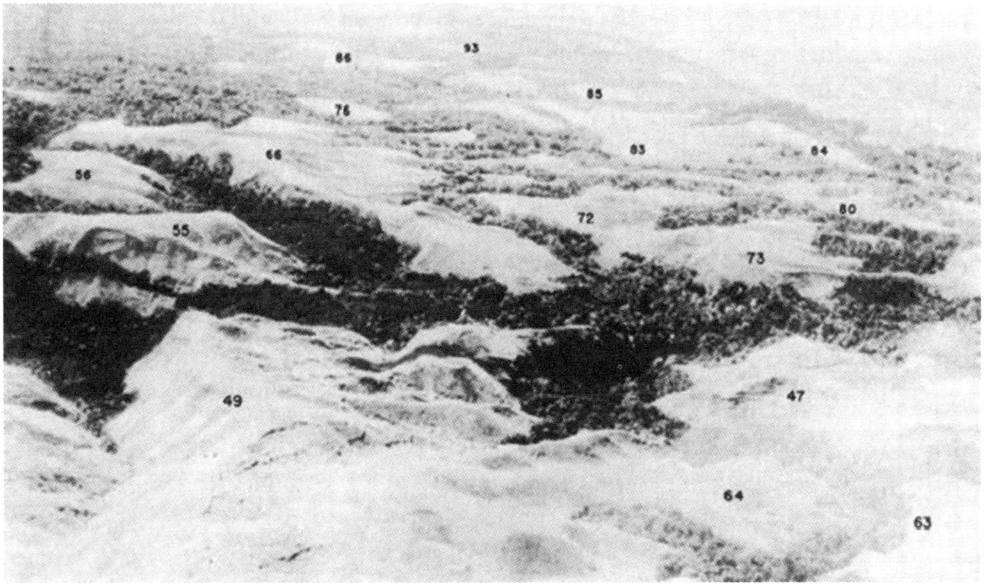

■ 奥斯汀山各高地全貌。

登陆，协同正面进攻部队，在最快的时间内围歼日军。但这个计划却因登陆艇不够而告吹。不过，进攻奥斯汀山的作战决心还是很快就定了下来。

12月初，为了获取奥斯汀山日军部队的情况，担负进攻任务的第132步兵团开始组织侦察。8日，美军首先对南坡侦察，结果发现日军加强了南坡阵地，不易深入。12日，第132步兵团情报员、4名军官、35名士兵和10名土著侦察兵对奥斯汀山北坡进行侦察，向东推进时遭到了大约1个中队日军的阻击，被迫撤退。回程途中，观察员呼叫炮兵对北坡日军阵地进行了猛烈炮击。从这个结果来看，日军已经占领了奥斯汀山。12月15日夜到16日凌晨，巡逻队再次抵达东坡，结果发现日军已经遗弃阵地。

尽管进行了反复侦察，可美军始终无法突入日军防线纵深，自然也就无从得知其防御体系的具体情况。实际上，17军为了确保奥斯汀山这个最后的进攻出发据点，命令第124步兵联队、第228步兵联队2大队在冈明之助大佐指挥下，负责奥斯汀山西北坡的狼台（43高地和44高地）和位于31高地、27高地之间的弯曲形、长达1500米的高地群（岐阜高地）的防务。其中，第124步兵联队本部、1、3大队负责狼台，第228步兵联队2大队和第124步兵联队2大队在第228步兵联队长稻垣武义少佐指挥下负责岐阜高地。对于美军而言，在瓜岛山地作战中的补给和后撤伤兵是最困难的事情，日军情况更甚。他们毫无机械运力，只能依靠人力搬运。而且日军各处兵力吃紧，一旦奥斯汀山遭到攻击，没法指望救援，只能依靠自己的力量死拼或是突围。大部分日军伤兵都没有医治的可能，唯

附图十三　第一次奥斯汀山战斗示意图

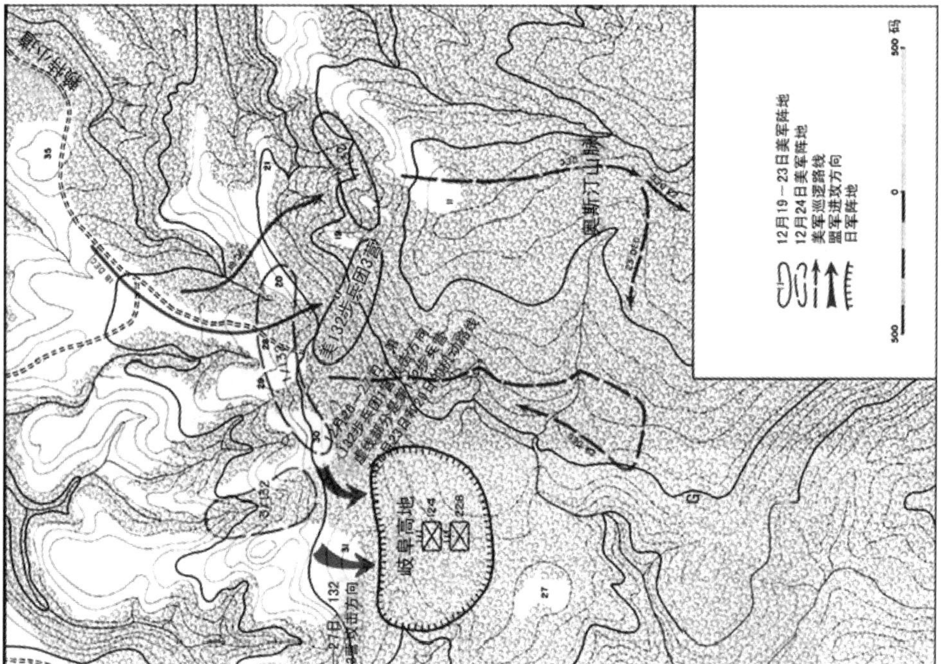

一的选择就是战死或是趴在阵地上等着伤重而死。除了战斗伤亡外，疟疾和饥饿给日军造成的死亡也远大于美军行动造成的伤亡。这些对于美军而言，却是有利的因素。

12月16日，帕奇少将拟订了1月初攻占奥斯汀山的作战计划，这个任务由第132步兵团执行，战术指挥权交给陆战队上校、西部战区司令约翰·亚瑟上校，他直接向帕奇少将负责。第132步兵团（团长纳尔逊上校）于12月8日登上瓜岛，此刻已完成战备。3营由威廉·赖特中校指挥，担任第一梯队；雷普斯塔中校的1营（欠D连）担任第二梯队跟进，2营（乔治·费里中校）担任预备队，留守隆加环形防线。根据亚瑟上校的命令，从12月17日起，各团开始轮番组织大型巡逻队进行战斗侦察，逐步攻克日军外围阵地，对核心阵地形成围困之势，然后再发起总攻。

这次作战的炮火支援由第246野战炮兵营（装备105毫米榴弹炮）和陆战10团2营（装备75毫米榴弹炮）负责。如果需要，其他炮兵营可以随时投入战斗。到12月11日，“美国”师总计有28门75毫米榴弹炮、36门105毫米榴弹炮、12门155毫米榴弹炮和6门155毫米加农炮登上瓜岛。根据帕奇 少将的命令，这些炮群部署在奥斯汀山西北坡的环形防线内。其中，亚历山大·R.塞沃中校的第246野战炮兵营在2号战斗机跑道附近占领阵地，和陆战11团5营换防。在换防期间，2个营交换了射击方面的技巧。尤其是陆战11团5营，精于TOT战术[①]，在陆战11团5营的教授下，第246野战炮兵营获益匪浅，他们很快也成了运用TOT战术的老手。

为了克服撤退伤员和补给的困难，第57野战工兵营完成了先前陆战队第1工兵营未尽的事业，修通了海岸公路到奥斯汀山脚的吉普车小道。12月20日，工兵抵达35高地（位于隆加角西南约8公里），在这里修建了第一个前沿野战仓储中心，为尔后的奥斯汀山作战的良好进展，打下了坚实的基础。

■ 在瓜岛山地丛林作战中，如何从火线撤出伤员是交战双方都头疼的事。

① TOT同时弹着射击，即在同一时刻，以最大的落弹量，密集地轰击同一区域，使敌人规避不及，造成最大限度的杀伤。

先期作战

12月17日拂晓，第132步兵团L连（得到K连约100人的加强）出动一支巡逻队前往奥斯汀山西北坡展开搜索攻击，拉开了第一次奥斯汀山进攻作战的序幕，当天的搜索战斗中，双方没有发生战斗。次日清早，L连再次出动，抵达35高地西南约900米后，左转进入奥斯汀山脉主峰丛林。

9时30分，前哨刚刚深入丛林约450米，就遭到了日军从隐蔽处射出的机枪火力和迫击炮火拦阻，1人负伤，只得暂停前进。11时30分，3营长赖特中校亲自带领连主力和前哨会合。得知进攻受阻的情况后，他立即请求246野战炮兵营对当面之可疑日军火力点实施炮火轰击，炸死3名日军。随后，L连因筋疲力尽，停止搜索，返回了驻地。

当晚，3营长赖特中校向团部乐观地报告，当面之敌毫无斗志，只是坐以待毙而已。只要美军发动强力攻势，荡平奥斯汀山只在弹指间！接到报告，团部开始飘飘然，甚至认为只要动用2个步兵营发动全面进攻，就可以把奥斯汀山的日军全部赶下马坦尼考河喂鱼！在这种乐观情绪的驱使下，团长纳尔逊上校命令3营于19日向奥斯汀山发动全面进攻，力争一举消灭日军。

12月19日7时25分到35分，3架SBD俯冲轰炸机首先对日军据点进行轰炸和低空扫射。接着，第246野战炮兵营和陆战队10团2营对3营前方宽约350米的地带进行5分钟的炮火准备。在此期间，赖特中校亲自带着来自第246野战炮兵营的3名炮兵前进观察员深入前方的灌木丛，侦察日军火力点，为炮群指引目标。9时30分，肩佩中校军衔的赖特位置暴露，被日军机枪火力击中，3名前进观察员立即把他按倒在地进行战地急救，并通过电台求援。不幸的是，打倒赖特后，日军机枪手立即转移目标，以猛烈而准确的火力在赖特中校四周编织了一道密不透风的火网，美军救援队无法接近。下午，赖特中校因失血过多身亡，随行的3名炮兵观察员只得爬回了阵地。

赖特中校阵亡后，营副路易斯·弗兰科中校临危授命。当时他还远在后方没有及时赶到。结果群龙无首的3营陷入了极大的混乱，被1名炮兵观察员形容为“混乱得一塌糊涂”。

弗兰科抵达一线后立即开始整顿3营。下午晚些时候，他派遣1支战斗巡逻队和炮兵观察队，由团情报官带领，深入敌后。在侦察队的火力掩护下，炮兵观测队匍匐前进，抢回了赖特中校的尸体。

12月19日，3营在营长阵亡的情况下，进攻软弱无力，被日军轻松击退。下午，美军进攻完全受挫。接着日军出动巡逻队深入美军后方，伏击了补给分队和在35高地附近工作的工兵分队，给美军后方造成了很大的混乱。17点，日军再次以小股兵力实施反击，其中2名日军甚至冲进3营营部，对指挥所、急救站和弹药库进行扫射。一时间，美军方寸大乱，直到18时30分才恢复秩序。

12月19日到20日夜，奥斯汀山方向依旧枪炮声不断。美军炮兵不断对日军可疑据点进行炮轰，而日军也不断出动敢死队，袭击3营，一时间战线呈胶着状态。

为了打破僵局，团长纳尔逊上校下令1营进驻3营左翼东南地带的19高地南坡，准备迂回日军东翼。

12月20日，1营派出巡逻队试图搜索日军东翼，未获成功。在这期间，日军还是不断出动巡逻队袭扰第132步兵团两翼和后方，给美军补给运输线造成了巨大的压力，物资无法及时送到，各营只能"勒着裤腰带过日子"，始终无法增强进攻力度。为了解决这个问题，塞伯尔准将决定以其人之道还治其人之身，命令第132步兵团1营向奥斯汀山南麓迂回，力争切断传说中的"丸山小道"，彻底断绝奥斯汀山之敌和库库姆博纳之间的交通联系。21日，1营C连奉命向南迂回，沿着山道，美军艰难地行进了1000码，却始终没有发现任何小道，只得沿路返回。

随着进攻战斗的打响，美军的后勤和医疗压力骤然增加。从隆加环形防线通往奥斯汀山脚的赖特小道（以阵亡的3营营长赖特中校命名）十分狭窄。仅能供吉普车通行。一旦遇到热带暴雨，小道完全变成泽国。因此，吉普车只能把补给送到35高地的临时仓库，然后由手推车或是人力搬运方式运往一线。除了受大雨和泥泞困扰外，日军步兵还经常渗透进来，给美军补给线造成了很大的威胁。为此，第132步兵团团长纳尔逊上校曾请求动用2营、机动战斗侦察连保卫补给线。但

■ 从隆加环形防线直通奥斯汀山脚泥泞的赖特小道。

■ 担架兵的活又累又危险，为了给这些人保驾护航，美军除了给他们配备武器以外，还额外抽调兵力组成护卫队，掩护他们的行动。

“美国”师师部经过评估后认为这条补给线并没有纳尔逊说的那么糟糕，拒绝了他的建议。

除了后勤压力外，美军的医疗保障在这场山地作战中也经受了不小的考验。负责对第132步兵团1营、3营进行后勤急救任务的是第101卫生团C连。战斗打响后，医务人员先是协助战斗人员把伤患从一线撤出，然后，由担架兵抬到营一线后方约90米的急救站。经过分类，轻伤员留下，重伤员再次转移到位于35高地、距一线约90米处集中点，由吉普车接回隆加环形防线接受治疗。然而，崎岖的小道和浓密的丛林，使担架员每执行1到2次任务就已筋疲力尽，不得不撤出一线，返回后方休息。而且，渗透进来的日军小分队也往往拿美军救护兵开刀，给101卫生团C连造成了不小的伤亡。为了保护这些“白衣大夫”，132团给每名卫生兵配备武器，并从一线抽调兵力，对每支担架队都派遣2名步兵和1名机枪手保驾护航，这才勉强消除了日军的威胁。

12月23日，美军继续进行侦察攻击。这天，他们终于取得了明显的进展。1营先是照直推进约900米，然后向西和南面各走了450米，走完了整个南坡，结果并没有发现“丸山小道”的蛛丝马迹。据此，团部推测，“丸山小道”很可能不穿越奥斯汀山，而是从北坡穿越，然后抵达隆加河上游地带。在北面，3营巡逻队同样向北推进，绕过30高地外围草原，抵达31高地外围。结果，巡逻队发现了日军的遗弃阵地。接着，美军转向南面，在撤回防线前又向东前进了一段距离。回程中，巡逻队遭到日军步枪火力阻击。交火中，美军击毙1名日军，然后毫发无损地返回己方防线。

在巡逻过程中，美军发现了一条通往31高地的安全通道，从31高地，他们可以直接对岐阜高地发起攻击。得知情况后，纳尔逊上校决定改变作战计划，集中全团兵力对整个岐阜高地发动正式进攻。12月23日20时，他命令3营向西移动，抵达巡逻线，准备从北面对岐阜高地发动进攻。接着，1营在3营背后跟进，准备向西穿越开阔地（20高地、28高地、29高地和30高地），支援3营的同时，保护补给线。

正式进攻

12月24日7时30分，3营以L连为先导、I连和营部连为第2梯队、卫生队、M连和K连依次呈战斗纵队，跃出阵地，向岐阜高地前进。下午，3营抵达31高地，接着继续向南，进入密林。当部队穿越前方草原时，突然遭到日军重机枪火力拦阻。虽然3营伤亡轻微，但营长弗兰科少校还是决定立即停止攻击，在31高地和32高地之间的山谷地带构筑环形防线过夜。

阻击3营的日军机枪火力来自瓜岛上日军最坚固的据点——岐阜高地，守军为第228步兵联队2大队（得到第124步兵联队2大队加强，2个大队总兵力约800人），从左到右的驻军依次为5中队（三井弘中尉）、6中队（鹤田末春中尉）、7中队（堀实中尉）。其中，5中队正对31高地，6中队正对30高地，7中队掩护岐阜高地的右翼，8中队驻防二线的27高地（即丸山高地）。124步兵联队2大队因在战斗中全军覆灭，仅知其在第228步兵联队2大队长稻垣武义少佐指挥下，在岐阜高地作战，具体位置不明。

在岐阜高地，日军充分地利用地形优势，构筑了众多的隐蔽火力点和暗堡。每个据点都由2－3名士兵把守，配备1到2挺重机枪。支援步兵和轻机枪手在据点外围用枯叶和原木建立伪装的预设阵地。部分狙击手甚至爬到树上，用绳子把自己绑在树上，协同据点机枪手形成明暗交错火力，封锁所有进出距离的通道，这些经过良好伪装的据点单凭肉眼难以发觉。

美军通常使用的迫击炮火力对攻克这些日军据点几乎没什么效果。相比之下，105毫米榴弹炮的威力巨大，但只有直接命中才能摧毁据点。为此，美军炮兵奉命在一线步兵背后跟进，依据战场需要，使用触发引信，对暴露的日军据点进行直瞄射击。当时，喷

■ 尽管得到强大的炮火支援，美军的进展却依旧缓慢。

■ 岐阜高地全貌。

火器还没有大规模使用。一开始，美军对日军防御阵地的构成毫不知晓。一进入丛林，迎接美军的是极为密集的机枪火力和炮火拦阻。还没等接近日军据点，部队就完全被密集的交叉火力压制。

日军阵地虽然坚固，也非毫无破绽。兵力和物资不足，使日军无法对这些据点进行支援和补给。更糟糕的是，岐阜高地西侧守备薄弱，几乎完全敞开，给美军留下了潜在的迂回空间。

12月25日，第132步兵团再次恢复进攻。3营的3个步兵连（L连、I连、M连）沿着31高地到30高地正面展开，继续向5中队和6中队发起攻击。9时30分，各连在迫击炮火力支援下，以L连、I连、M连为顺序，依次由开阔地朝岐阜高地前沿丛林地带冲锋。刚进入丛林，昨天的故事继续重演。利用地形掩护，日军以步枪和机枪火力封锁前沿阵地，迫使美军每前进一步都要付出血的代价。13时35分，前进了很短的一段距离后，各连就被来自正面和两翼的密集机枪火力挡住了去路。为了打破僵局，美军暂时后撤，然后派兵搜寻日军两翼，但依旧被日军机枪火力钉死。激战中，3营阵亡3名军官和9名士兵，16名士兵负伤。进攻失败后，团长纳尔逊上校命令各连撤回出发阵地，并请求炮兵轰击岐阜高地。

连续进攻失败，让团长纳尔逊上校心有不甘。当晚，他向3营长弗兰克少校下了死命令，要求3营明天在航空火力和陆炮火力支援下再次倾力攻击，要不惜一切代价，拿下岐阜高地。

26日10时30分，经过猛烈而短促的炮火和航空火力准备后，3营以K连为右翼，I连为左翼，L连为预备队，第3次发动进攻。作战期间，1营负责掩护3营左翼。其中，C连担负29高地到30高地之间防务。然而，3营刚一抵达昨天的进攻终止线，又再度遭到猛烈的机枪火力和迫击炮火的联合拦阻。16时，美军各连被迫沿着31高地南面掘壕固守。当天的攻击又使3营遭受了不小的损失：5人阵亡，12人负伤，21人患病。第124步兵联队2大队在2天的战斗中共阵亡9人。虽然岐阜高地依旧在日军手里，但132步兵团已经控制了27高地和31高地的中间的制高点，使日军失去了观测亨德森机场的观察哨，3营的牺牲总算没有白费。

连续进攻失败，纳尔逊上校十分震怒。在他的命令下，1营向南迂回，寻找日军侧翼，3营继续干正面进攻的苦力。8时，3营再次发动进攻，仍被猛烈的机枪火力挡住了去路。向南迂回的1营运气也好不到哪去，预定沿着29高地和30高地中间地带穿插过去，领头的B连弄错了方向，带着全营进入30高地到31高地之间的山谷，离预定地点向西偏离了约360米，结果一头撞进岐阜高地的日军机枪火力网中，被打了个头破血流，全面进攻以惨败告终。从19日到27日，第132步兵团1营和3营共阵亡34人、负伤129人、失踪19人，131战病，总计伤亡313人。费了这么大的劲，依然没有取得突破性进展，美军士气大为低落。

当晚，斗志全无的纳尔逊上校只得暂停大规模进攻，改以反复出动巡逻队寻找日军防线空隙和两翼。

经过不懈的努力，美军获得了成效。12月29日，1营巡逻队在侦察过程中无意发现一条通往岐阜高地背后——27高地的近路：从29高地出发，向南前进1350米，然后向西前

■ 奥斯汀山战区全貌。图上数字即为高地代号（以下同）。

进180米可直抵27高地，一路上并无日军火力点。这样，进攻部队就可以避开岐阜高地的正面和侧面拦阻火力，通过侧翼迂回绕到岐阜高地的背后，拿下27高地，打乱日军的部署。于是，对27高地的进攻成了美军下一阶段对岐阜进攻作战的要点。

转移目标——27高地

虽然132步兵团屡战屡败，但美军高层却没有放弃。12月29日，帕奇少将主持召开了战地会议，南太平洋战区陆军司令哈蒙中将、刚登上瓜岛不久的第25步兵师长乔治·科林斯少将和塞伯尔准将、各团团长出席。会上，大家认为应尽早夺取奥斯汀山，解除1月总攻的隐患。同时，会议还决定第132步兵团应将3个营的兵力全部展开，以1营、3营从北面正攻，吸引岐阜高地守军主力，掩护2营迂回机动，从背后攻取27高地，然后再掉过头来，配合正攻部队，逐次两面夹击岐阜高地，争取一战克之。

12月30日，第132步兵团长纳尔逊上校下达第1号野战令，着令3营继续从31高地出发，向南正攻岐阜高地；1营由东面发动进攻，为了获得足够的机动空间，改从30高地东部集结区出发，先是向南推进，然后向西南迂回，侧击岐阜高地；主攻手由2营担当，从11高地出发后，先行抵达27高地东南坡，然后转向西北，从27高地南坡（也就是第228步兵联队2大队的背后），出其不意地发起攻击，在1营和3营的配合下，务必尽速夺取27高地；H时（进攻发起时刻）定为1943年1月2日6时30分。

为了确保进攻获胜，美军还给第132步兵团配属了强大的炮兵群——第247野战炮兵营（装备105毫米榴弹炮）、陆战10团3营（装备75毫米榴弹炮）和第90野战炮兵营B连（装备155毫米榴弹炮）担负火力支援。

命令下达后，各营立即开始战前准备。1营和3营继续派出巡逻分队侦察当面日军态势，和日军保持接触。同时，担负主攻重任的2营于12月30日从隆加环形防线出发，沿着赖特小道向11高地前进。1月1日破晓，2营抵达11高地。稍做休息，2营随即出发，又朝着目的地——27高地东南坡出发。

从地图上看，两个高地相距不到2公里，但沿途的不断绕行和四周恶劣的地形使实际行军距离长达5500米之远。2日，2营遇到的地形更加恶劣。175名担架员用了5个小时才沿着这条路把20名伤患撤出。由于27高地主峰几乎全为森林覆盖，因此美军出动1架战斗机不断实施敌前侦察（每次逗留15分钟），为2营提供准确的即时敌情。其间，2营虽遭到日军零星火力狙击，但并没有减缓2营的速度，也没有杀伤哪怕1名士兵，2营的行军简直就是个奇迹。16时，2营完全地抵达了进攻出发阵地——27高地东南坡。

在各营做好准备的同时，团长纳尔逊上校却不幸患上疟疾，离开了一线，把指挥权移交给了亚历山大·乔治上校。尽管临战易帅，但美军依旧信心满满，132团决心为先前死难的弟兄复仇，27高地就是他们最好的祭品。

对于当面美军的部署和准备，驻防奥斯汀山的日军却丝毫没有察觉，其部署依然遵循着12月上旬的方针，第124步兵联队第1、3大队、联队速射炮、通信队驻防44高地和43

高地（日军称为狼台，美军称为海马高地），2大队驻防42高地和驻守岐阜高地的第228步兵联队互为犄角。在具体布防上，第228步兵联队5中队（三井弘中尉）、6中队（鹤田末春中尉）、7中队（堀实中尉）仍然担任岐阜高地左中右翼的防守任务，和美军第132步兵团1营和3营对峙，12月反击作战中伤亡惨重的8中队在27高地西北坡驻防，摆出一副随时北上增援一线的态势。第228步兵联队2大队长稻垣武义少佐判断，美军的下次进攻仍以岐阜高地为主，为了防止一线的3个中队因伤亡太大，失去战斗力，他下令驻防27高地的8中队做好随时增援一线的准备。至于背后的27高地，他压根没去操心。可令他没有想到的是，美军这次主攻目标竟然是他们的预备阵地——27高地，结果被打了个措手不及。

27高地之战

1月2日6时30分，第132步兵团准时对岐阜高地发起新一轮进攻。在猛烈的炮火和航空火力掩护下，3营从31高地出发，首先向5中队展开攻击。激战结果仍和先前一样，在5中队猛烈而密集的火力打击下，3营连续组织了2次冲锋都没有成功，只得在31高地南面丛林就地固守。当天3营阵亡4人、负伤18人，宣称击毙日军15人。

在3营进攻的同时，1营也从29高地和30高地之间的山谷跃出，以C连为先导向西南发起攻击，直插6中队和7中队的结合部。当日军集中火力拦阻C连进攻时，跟进的A连突然展开队形，向东南绕过日军防线，然后转向西南，B连紧随其后，进行相同的战术机动。10时，A连、B连先后抵达岐阜高地东面。随后，C连粉碎了日军阻击，顺利和主力会合。接着，1营在岐阜高地东翼建立新防线，其左翼一直延伸到27高地附近，成功地掩护了2营的展开。当天，1营宣称击毙25名日军，自己仅有2人阵亡、4人负伤。

虽然1营打了个漂亮仗，但起决定性作用的还是2营对27高地的攻击。6时30分，2营从东南坡前沿丛林地带跃出，各连呈一字纵队前进。7时30分，2营展开队形：E连为左翼、F连为右翼，G连和H连为预备队，从东南向高地主峰冲击。虽然攀登过程中，各连都遇到了不小的地形障碍，但幸运的是没有遭到日军的火力拦阻，在西北坡驻防的日军第8中队的注意力完全被北面战事所吸引，他们时刻准备着向北增援，却没想到后院起火了。

9时07分，E连首先登顶。接着，全营于11时30分全部登顶，日本人完全被打了个措手不及！当E连和F连准备构筑阵地时，突然发现在山顶北面约90米有1门山炮！日军炮手也发现了对方，匆忙间日军试图开火，但很快被美军一一击毙。

随后，2营开始在27高地组织防御。日军在美军完成工事和机枪火力点布置前，8中队（36人）在村濑哲夫中尉的带领下，从西北坡展开反击，但很快被击退。接着，日军以掷弹筒、迫击炮、机枪、步枪、山炮实施猛烈

附图十四　27高地之战示意图

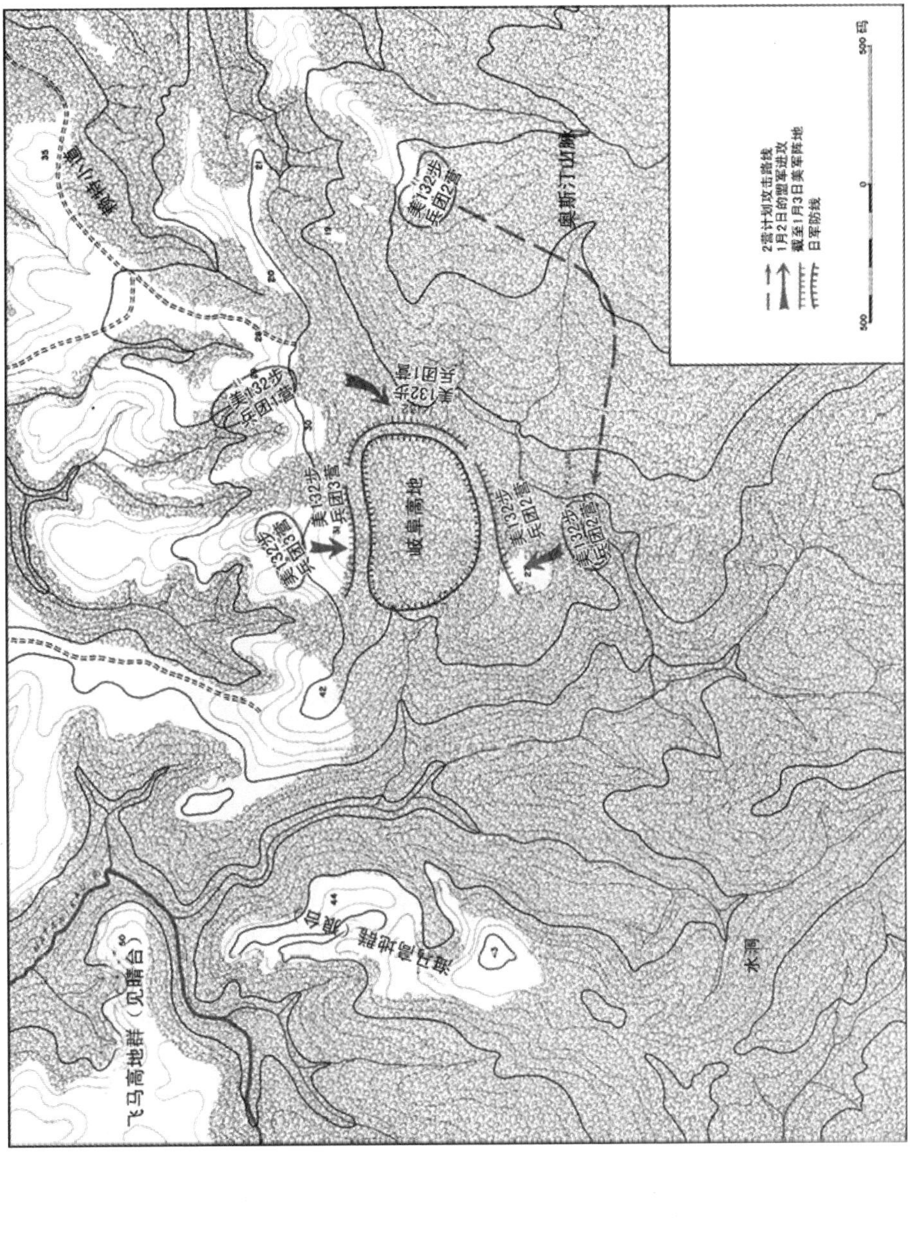

轰击。1名伴随2营突击的炮兵前进观察员这样描述道："刹那间，密集的步、机枪子弹从四面八方朝我们射来。不少狙击手甚至从对面山顶的树上朝我们开火……我们也以加兰德自动步枪还击，战斗全面展开。其间，敌人的膝射式迫击炮（即掷弹筒）不断朝我们防线猛烈开火。我们的60毫米迫击炮也猛烈还击，极大地削弱了敌人的火力。"

尽管日军猛烈的火力打击持续了40分钟，但2营一边还击，一边冒着敌人火力全力构筑工事，终于在日军全面反击前，完成了工事。下午，8中队连续发动了6次反击，全部失败，伤亡近三分之二，完全丧失了战斗力。为了粉碎8中队的反击，2营也付出了阵亡8人，负伤70人的惨重代价。

接到27高地失守的消息，第228步兵联队2大队长稻垣武义少佐命令鹤田末春中尉带6中队实施反击，坚决夺回27高地。

傍晚前，2营撤出主峰，在距主峰约90米的反斜面构筑阵地过夜。2日夜到3日凌晨，6中队利用夜色的掩护，向27高地发动全面反击，一时间几乎造成全面包围2营的态势。接着，田中三郎准尉带领9名士兵组成特攻班（敢死队），从北坡爬上主峰，攻占美军阵地一角，试图用机枪火力覆盖整个2营阵地。

在这危急的时刻，伴随2营行动的炮兵前进观察员立即呼叫陆战10团3营，请求对北坡进行炮火覆盖，支援美军的反冲锋。很快，密集的炮火摧毁了日军1个机枪火力点，给日军构成了巨大的威胁。为了迫使美军停止炮击，支援田中特攻班的苦战，6中队长鹤田末春中尉一面命令全军登顶，一面命令掷弹筒手向战线射击，双方炮弹交织在一起，令人难以分辨。部分美军士兵怕伤到自己人，不断要求炮兵观察员向后方呼叫："停止射击！"但炮兵观察员识破了日本人的企图，依

■ 拿下27高地后，美军又开始筹划新一轮攻势。

旧准确而冷静地不断发出射击指令。战至清晨，奋战不懈，在美军猛烈的炮火轰击下，6中队伤亡过半，不得不撤出战斗，27高地终于保住了。接着，2营把主阵地推进到山顶，H连也把迫击炮等重武器架设到了山顶。1月3日，1营把防线推进到2营左翼。1月4日，1营和3营巡逻队在31高地和30高地之间山谷以南450米处胜利会师，27高地之战终于结束。

1月4日，第132步兵团奉命就地掘壕固守，建立半月形防御阵地。为此，部队在一线挖掘了大量加盖散兵坑并拉置带刺铁丝网。同时，驻守隆加环形防线的D连也接到命令，赶到一线，根据乔治上校的命令，给一线每个步兵连加强了1个机枪班。

与此同时，每个重武器连都派出1个排的81毫米迫击炮群前往29高地反斜面，组成1个临时迫击炮连，负责为1营和3营、2营提供炮火支援。到1月总攻前，奥斯汀山暂时恢复了平静，双方再次转入对峙状态。

在这次与日军、疟疾和山地的交战中，第132步兵团付出了巨大的代价，从12月17日到1月4日的战斗中，第132步兵团共有112人阵亡、268人负伤和3人失踪，估计击毙日军400－500人（实际上，第124步兵联队和第228步兵联队2大队阵亡不到200人）。虽然奥斯汀山的海马高地、42高地、岐阜高地仍在日军手中，但第132步兵团已出色地完成了赋予他们的任务，打掉了日军在奥斯汀山的观测所，动摇了伊东兵团的防御体系。但伤亡惨重的第132步兵团也不得不撤下战场，由第35步兵团2营（隶属于第25步兵师）顶替。很快，新的攻势又要开始了！

山雨欲来风满楼

虽然在12月的苦战中，美军未能完全攻取奥斯汀山，海马高地、42高地和岐阜高地仍在日军之手，但27高地的得手，既使美军完成了对岐阜高地东部的包围，也打开了美军在奥斯汀山西面丘陵地带的机动空间，为1月的全面总攻打下了良好的基础。

除了对奥斯汀山的进攻外，美军在西线自小河战斗结束后暂时停止了积极行动，进入犬牙交错的对峙状态。12月下旬，为了使大军在1月总攻前获得足够的机动空间，“美国”师机动侦察连和陆战2团围绕66高地和马坦尼考河沿岸进行了两次小型战斗，夺取了66高地东南600码的54、55、56高地。不过，55高地和56高地之间没有山岭相连，部队无法构筑连贯防线，只能不断派遣巡逻队保持两高地的联系，防范日军渗透。

交通方面，除了依靠先前修筑的陆战队小道（从环岛公路向南沿着马坦尼考河到49高地）外，第57野战工兵营又把陆战队小道延伸至55高地山脚，并在65高地山脚架设了一座钢架桥，保障了战时物资的转运。

兵力方面，美第14军下辖的3个师——“美国”师、第25步兵师和陆战2师在1月4日全部到位，包括“仙人掌”航空队和常驻海军部队在内，驻瓜岛美军总兵力近5万人，是日17军的2倍，而且日军伤病员众多，能战之兵比例不足总兵力的三分之一，若是算上物资，美军更是处于绝对的优势。更重要的是，17军不仅断绝了来自后方的补给，甚至各部之间也无法进行有效支援，在战斗中只能坐等美军各个击破。因此，无论从战斗力，还是从总体形势来说，瓜岛战局的天平都是完全倒向美军的，剩下的问题，就是美军如何利用自己的兵力和火力优势，逐个吃掉孤立的日军集团。

1943年1月5日，帕奇少将在亨德森机场军司令部召开作战会议，“美国”师师长塞伯尔准将、第25步兵师师长乔治·科林斯少将和陆战2师师长杰克逊上校，以及各团团长都参加了会议。会上，帕奇少将对3个师在1月总攻的责任进行了分工：“美国”师以主力守备隆加环形防线，所属的炮兵群、机动侦察连、第182步兵团和第132步兵团2营参战；第25步兵师负责完全夺取奥斯汀山（包括海马高地、42高地和岐阜高地）和飞马高地（见晴台），陆战2师沿着海岸进攻，先夺取马坦尼考河－小河一线各个高地，然后相继渡过冲河与勇河，向日军老巢——库库姆博纳发起总攻，最后和内陆迂回过来的第25步兵师一起前出至埃斯佩兰斯角和加明博角，全歼17军。

准备

在1月的总攻行动中，第25步兵师承担着夺取奥斯汀山、飞马高地群和海马高地群，摧毁沿瓜岛内陆山脉布防的17军右翼的重任。对于首次担任师长的乔治·科林斯少将而言，肩上的担子确实不轻。

为了打好这一仗，师长科林斯少将、副师长霍奇准将、炮兵指挥官斯坦利·莱因哈特准将、参谋官和各团团长和营长均前往战区观察当面的地形和研究敌情。虽然空中侦照和观察显示这是一片开阔地，但实际上，这一地带峡谷、河谷和山谷纵横交错，森林密布。从地形上看，马坦尼考河上游分岔口将第25步兵师的战区分割成岐阜高地、海马高地群（狼台）和飞马高地群（见晴台）。

1月8日，科林斯少将向全师下达第1号野战命令，着令加强第25步兵师（得到第182步兵团3营、“美国”师侦察连、陆战2团1营加强）于1月10日6时35分发动全面进攻，占领并确保奥斯汀山的岐阜高地、海马高地群和飞马高地群。具体部署为：第35步兵团（团长罗伯特·麦克·科略尔上校，得到“美国”师机动侦察连和第182步兵团3营加强）和第132步兵团换防，担负攻取岐阜高地和海马高地群两项重任；第27步兵团（团长威廉·麦克科洛奇上校）负责荡平飞马高地群；第161步兵团（团长奥恩多夫上校），担任师预备队。

炮火支援方面，第8野战炮兵营（装备105毫米榴弹炮）直接支援第27步兵团，第64野战炮兵营直接支援第35步兵团，第89野战炮兵营（105毫米榴弹炮）和第90野战炮兵营（155毫米榴弹炮）负责全盘作战支援。为了打好南面的山地作战，帕奇还特意将陆战10团2营（装备75毫米榴弹炮）和第221野战炮兵营（155毫米榴弹炮）拨给第25步兵师，使美军在南面山区投入战斗的炮兵营达6个之多。

除了兵力规划和火力支援外，第25步兵师也对物资的储备下了很大的力气。然而，崎岖的山道和茂密的丛林依旧严重制约了步兵部队和炮兵部队的装备、弹药、粮秣的运输与囤积。最初，各个炮兵营计划从特瑙鲁河口附近的弹药库往前线运送2个基数的弹药（105毫米炮弹1个营的基数是135吨，需要54辆2吨半卡车才能运抵一线）。但各个105毫米炮兵营仅拥有5辆2吨半卡车。第90野战炮兵营也只拥有10辆卡车。不过，各营也另行装备了5辆吉普车、2辆3/4吨吉普车和4辆1吨的拖车，加上从“美国”师借来6辆2吨的卡车后，这些车辆不分昼夜地向前线运输弹药和物资。在大家的不懈努力下，1月8日前勉强完成了预定的物资和弹药的储备工作。

一切准备就绪，25师的目光首先汇聚到了飞马高地。

飞马高地群之战

在马坦尼考河上游分岔口、66高地南面，55、54、50、51、52、57、53等7个高地相互连接，形成一个状似腾飞之马的丘陵地带，故而美军称之为飞马高地群，日军则称为见晴台。其中，53高地是马头，距66高地约1350米；50高地是马尾，和53高地相距1800米。缓缓流过的马坦尼考河把飞马高地切成独立的3块，马背和马头（51高地、52高地和53高地）几乎坡陡难攀，对守方有利。50高地和55高地的坡度虽缓，但其攀登的困难度仅次于马背和马头。

■ 美军1月总攻第一阶段的各高地俯瞰图。

本来，美军自11月底的波哈河作战中拿下66高地后，集中兵力拿下奥斯汀山，同时以巡逻扫荡的方式逐一肃清飞马高地群之敌。然而，从12月到1月的小型巡逻战斗过程中，无论是“美国”师还是陆战2师都在这个高地碰了钉子，不仅没有拿下任何一个高地，反而蒙受了将近150人的伤亡。虽然这些小型战斗不甚起眼，美军的伤亡累积也不大，但这些战斗的失败，促使第14军再也不敢轻视飞马高地群，并将之列入1月总攻的目标清单之中。在敌情判断报告中，第14军认为，飞马高地群的守敌由第228步兵联队和第230步兵联队一部组成，兵力约2000人。实际上，美军高估了日军。飞马高地守军只有1个步兵大队，即在香港攻略战中攻下九龙蓄水池、立下头功的第228步兵联队3大队 (大队长西山辽少佐)，具体部署为：第11中队 (中队长深田敬三中尉) 为右翼，驻防第一阵地 (52高地－50高地)；第10中队 (若林东一中尉) 为左翼，驻防第2、3阵地 (分别是57高地－53高地之间山谷和埃克斯顿－希蒙斯山岭)。其中，第11中队阵地在弯曲的马坦尼考河分岔点西部，并在52高地山顶上设立瞭望哨 (由横井与助少尉驻防)，竹岛小在马坦尼考河支流渡口附近执行监视任务，中队主阵地在52高地背后的河谷地带。第10中队本部和主力在53高地和57高地之间的山谷森林集结，中野小队驻防希蒙斯山岭，第3机枪中队2小队 (竹内广一中尉) 驻防57高地，同时在埃克斯顿山岭配置前沿警戒哨。显然，经验丰富的3大队为了阻止美军进攻，在战前就部署了纵深防御体系。

这点，美军通过严密的空中侦察和地面搜索，大致摸清了日军的防御部署。针对日军的阶梯式布防和补给短缺的限制，第27步兵团长麦克科洛奇上校决定把进攻分成两步

■ 飞马高地航拍照。

■ 在奥斯汀山作战中，淡水是最缺乏的，图为沿着山路为美军送水的当地土著运输队。

走：第一阶段以夺取57高地、54高地、50－51高地为目标：

1营（营长简尼中校）为右翼，在陆战8团F连和“美国”师机动侦察连的掩护下，预定从66高地南坡出发，先攻占水洞（11月18日，第182步兵团在波哈河之战中曾在此处遭到伏击），然后由北坡向57高地发起攻击。为了加强补给作业，1营各连奉命抽出25名精壮士兵，在作战期间不断往返66高地和一线，为部队输送粮弹和饮用水。

3营（营长乔治·布什中校）为左翼，进攻前，3营在55高地对面的陆战2团阵地背后集结。进攻发起后，3营沿着马腿向西南推进，夺取54高地，然后继续前进，将马头和马尾拦腰截断。补给方面，3营得到了75名当地土著的支援。为了保护这些土著战友，团属反坦克连全体官兵临时充任步兵，随队护卫。

2营（营长米切尔中校）作为团属预备队在55高地背后集结。第161步兵团1营（营长奥斯顿中校）奉命配属第27步兵团作战。一旦1营和3营达成任务后，上述两营立即向前推进，夺取50高地和51高地。

第一阶段目标达成后，日军主力必然朝马尾龟缩，然后各路大军集中兵力从57高地和马头（50高地）出击，夹击53高地，彻底夺取飞马高地并全歼守敌。

进攻前，美军不断对飞马高地进行间断的炮火轰击，除了消耗守敌兵力外，还严重地扰乱了日军的神经。在毫无增援希望之下，第228步兵联队3大队士气低落，只能坐以待毙。以下是第228步兵联队11中队指挥班长胜野才二准尉在战地日记中描述：“昭和17年（1942年）12月17日：见晴台阵地附近战况急迫，川边曹长阵亡。长谷川少尉负伤。

派往塔萨法隆加角运粮的胜野准尉复归。竹岛小队哨所遭到敌迫击炮间断轰击，上等兵细井深奉命返回中队报告，途中被敌狙击手击毙。12月15日，被敌炮炸伤的渡边繁和内藤正雄伤势复发，治疗无效而死。

随着战况的逼迫，兵力每日都在急剧消耗，加上饥饿和疟疾的肆虐，部队减员很大。

12月31日：(美军) 炮击依旧炽烈，竹岛小队方面听到相当的爆炸声。第2、3阵地硝烟弥漫。爆炸声过后，奥斯汀山的2大队方面双方激烈枪声持续不断。

在今日炮击中，上等兵石田信一和上等兵桥本义一被炸死。竹岛小队遭到美军攻击。激战中，森寿次郎兵长阵亡。日落时，美军再次对我军实施炮击，又造成若干损害。

1月1日：午前8时，步兵团司令部下发配给，干牛肉3人一包，1个中队分5个罐头。

午前9时，全体列队阵前，向北遥望，三呼万岁。

不久，哨所来报，当面敌军逐次增强，前方高地的炮兵观察点始终有人守候监视我方的举动。

粮食运输队的石原兵长战死。

1月3日：午后遭到美军炮击，持续10多分钟。在战壕内躲避的上等兵丹羽荣被弹片打成重伤，日落时死去。本日午后，奥斯汀山方面枪炮声持续不断。

1月6日：18时，我军炮兵突然对美军实施全面炮击，对面阵地山崩地裂。但美军很快进行了更猛烈的炮火还击。不少卫生兵在炮击中被炸身亡……"

1月9日，总攻前一天，第27步兵团各部进入出发阵地，准备发动进攻。虽然美军极力隐蔽自己的企图，但并没有完全逃过日军的法眼。当天，第11中队设在52高地的观察哨向中队长深田敬三大尉报告："今早敌异常活跃，有可能发动总攻!"傍晚前，观察哨又报告："敌大股步兵向前移动，在观察哨对面的高地反斜面集结。"显然，美军的企图已经被日军发现，但留给日军的时间已经不多了。

1943年1月10日5时50分，美国陆军第25步兵师师属炮兵群和加强炮兵群对66高地附近的水洞和57高地实施了为期30分钟的炮火准备。这是瓜岛战役爆发以来，美军实施的最猛烈的炮击，参战的第8、64、89、90野战炮兵营、陆战10团2营和第221野战炮兵营共耗弹5700发。其中105毫米炮弹消耗3308发、155毫米炮弹消耗98发、75毫米炮弹消耗1874发。为了最大限度地杀伤日军，6个美军炮兵营在第25步兵师火控中心的统一指挥下使用TOT (Time-On-Target的缩写，意为同时弹着的集中火力射击) 战术，这是瓜岛战役、同时也是第二次世界大战中美国陆军首次进行师级规模的TOT战术。这个战术首次使用即威力惊人，驻防57高地的第3机枪中队2小队 (小队长竹内广一中尉) 在这次炮击中伤亡过半，仅剩10人。

■ 继中途岛和瓜岛周围海战中获得卓越名声的SBD俯冲轰炸机，在瓜岛对地支援中也表现不俗。

与此同时，“仙人掌”航空队也出动SBD和P-39携带500磅和325磅炸弹，进行航空火力准备。当轰炸机群抵达飞马高地群上空时，56高地突然发生猛烈爆炸（这很可能是美军炮兵发射的1枚榴弹击中了日军弹药库所致），把引导轰炸机吓了一跳，把携带的2枚炸弹扔在了66高地和55高地的陆战队阵地，幸好跟进的机群准确识别出目标位置，才没有酿成大祸。

7时35分，1营B连首先从66高地出发，未遇任何抵抗，即顺利占领了水洞，7时42分，陆战8团F连也从66高地中央出发，与B连合兵一处，共同掩护1营右翼。

8时30分，负责左翼掩护的“美国”师机动侦察连攻占了预定目标——56高地到马前腿之间山谷地带，完成了左翼掩护任务。

10时，在左右两翼获得确保后，第27步兵团1营以A、C、D连为顺序，呈战斗纵队，从66高地出发，向57高地发起攻击。由于炮火准备的卓越，1营在进攻期间仅遇3挺日军机枪阻击，但都被顺利打掉。11时40分，1营全歼了第3机枪中队2小队，完全占领了57高地。接着，1营就地转入防御，在高地主峰架设机枪和迫击炮，支援3营对52高地的攻坚。

相对1营的顺利进展，3营对52高地的攻击却十分艰苦。按计划，3营的任务是首先夺取52高地，然后再向53高地前沿——埃克斯顿山岭和希蒙斯山岭发起攻击，攻克这两个外围据点，最后再向53高地发起总攻。

不过，52高地不仅位置重要，而且坡陡难攀，有一夫当关、万夫莫开之险。这里，配置着第11中队的观察哨，由横井与助少尉带领的9名官兵把守。虽然兵力稀少，但横井少尉依托险要地形进行巧妙的排兵布阵，给美军造成了很大的威胁。

为了拿下52高地，扣开53高地的大门。3营营长乔治·布什中校计划从55高地出发后，首先夺取51高地和50高地，然后再向52高地发起攻击。不过，从陆战8团和“美国”师机动侦察连在12月到1月初对52高地的侦察情况来看，52高地地势险峻、火力点布置巧妙，正面进攻不一定顺手。唯一有效的方式就是两面夹击，同时进攻。为此，布什中校决定以L连为左翼，I连为右翼，K连担任预备队，在54高地的M连（重武器连）迫击炮群支援下，同时发起攻击。

1月10日6时46分，3营在57高地炮火准备阶段跃出阵地，首先向50高地和51高地发起攻击。左翼的L连未遇重大抵抗，轻松占领了51高地。接着连长奥利弗·A.罗霍特上尉在51高地留下2排和3排，并架起机枪和迫击炮，准备动用1排对52高地东南坡发动进攻。7时，在茂密的野草和起伏地形的掩护下，1排顺利抵达东坡半山腰。当官兵们准备向主峰推进时，突然遭到来自正面和左翼的日军机枪火力和掷弹筒火力拦阻，进攻完全受挫。

面对日军的激烈抵抗，罗霍特上尉下令攻上主峰的1排向东后撤90米隐蔽。可是，命令传达失误，到1排长耳朵里却变成了后撤，90米莫名其妙地被传令兵“独吞”了！结果，1排又糊里糊涂地撤回到51高地。随后，L连没有再对52高地发起攻击，但仍不断组织机枪火力和迫击炮火力攻击52高地主峰。

在右翼，I连在连长约翰逊上尉的率领下，于6时35分从54高地出发，沿着飞马高地北面山脊行进。途中，连队遭到日军两面火力夹击，为防止日军进行侧翼渗透，约翰逊上尉不得不抽调兵力掩护右翼。不久，I连顺

■ 在11中队的顽强抵抗下，美军对52高地的攻击也付出了一定的代价。

■ 正是依靠强大的炮火支援，美军在瓜岛才能取得一个又一个胜利。

利占领了50高地，做好了对52高地进攻的准备。9时，I连在迫击炮和37毫米炮的掩护下，I连也向52高地发起攻击，依旧被横井队以猛烈的机枪火力和掷弹筒火力挡在阵前。I连的第一次进攻也以失败告终。

另一方面，横井队虽然两次打退了美军的攻击，但自身也蒙受了巨大的损失，河野敏资兵长、三林留一上等兵战死，包括横井与助少尉在内剩余的7人全部负伤，其中2人重伤。接到52高地遭到攻击的报告后，第11中队长深田敬三大尉立即带中队本部（20人）前往增援。抢在美军发动第3次攻击前，登上了52高地。

9时30分，约翰逊请求兵力和火力支援。为了回应他的请求，布什中校决定出动K连，试图协同I连，从东面和北面合围52高地。在布什上校的命令下，K连向西实施纵深迂回运动，途中屡遭日军步枪和机枪的袭扰。13时，K连好不容易才赶到54高地至52高地北坡之间约800米的指定地点完成集结。当K连沿着丛林边缘推进的同时，来自54高地的重武器和L连的60毫米迫击炮开始对52高地实施猛烈的炮火轰击。

14时，I连又发动第2次进攻。这次进攻得到了1个野战炮兵营、机枪排和迫击炮排的全力支援。激战半小时，美军再次受挫。两次战斗下来，双方都蒙受了巨大的伤亡：I连阵亡7人、负伤30人。增援横井队的11中队本部损失更大，包括深田敬三大尉在内的7名官兵在和I连展开的第2次战斗中阵亡，5人重伤。横井队剩余7人中又阵亡3人。眼下，在52高地能战者（包括重伤员在内）仅21人。

连续进攻失败，让布什中校感到十分懊恼。面对久攻不下的52高地，布什中校决心请求空中支援。

应布什中校的请求，“仙人掌”航空队

对52高地进行了一次成功的轰炸，几乎所有炸弹都准确地击中了52高地反斜面，其中4枚炸弹击中了日军据点。轰炸结束后，4个炮兵营又对52高地实施了为期20分钟的炮击。

炮击一结束，I连和K连就在迫击炮和37毫米无后坐力炮的掩护下，向52高地发动协同进攻。这次筋疲力尽的11中队无力阻挡美军的兵锋。经过1个半小时激战，美军粉碎了11中队抵抗，宣称击毙30名日军，缴获6挺机枪。黄昏前，3营完全占领了52高地。11中队损失巨大，剩余的21人除了5人突围逃走外，其他15人全部战死。入夜后，3营在52高地建立环形防线。

至此，27团第1天对飞马高地群的进攻作战落下帷幕。经过苦战，第27步兵团取得了巨大的战果：1营轻松夺取57高地，3营虽然遇到顽强抵抗，但也前进了1450米，夺取了50、51和52高地，飞马高地半数已落入美军之手。接着，1营巡逻队抵达52高地，和3营取得联系。2营作为团属预备队，奉命进驻50－51高地之间地带，和3营、第182步兵团3营保持防线衔接。一天激战下来，第27步兵团共阵亡12人，其中10人是在攻打52高地时牺牲。

接到11中队丢失52高地的消息，第228步兵联队3大队长西山辽少佐十分震怒，下令长谷川少尉和胜野准尉率11中队幸存官兵和大队部3名勤务兵一道实施反击。同时，西山少佐还命令在马坦尼考河上游支流渡口监视美军的竹岛小队撤回中队主阵地，小队长竹岛利一少尉代理11中队长。

据日军战史记载，胜野队夜间向美军发起反击，夺回了阵地，但兵力稀少，难以持久。故请求出动机枪中队清水少尉以下10人增援，协助胜野队坚守阵地。尽管如此，兵力依旧欠缺，在这种情况下，西山大队长只得在12日下令胜野队和竹岛队撤出现阵地，集中全中队兵力，以大队本部和第38步兵团司令部为中心，准备最后的死战。接到命令，竹岛利一少尉集合全部兵力，共55人(包括3名重伤员)。为了不拖累大部队的转移，3名重伤员在撤出阵地时，用手枪自杀。

随后，11中队(52人)在竹岛少尉带领下，以主力(41人)集结于大队本部周围，并在马坦尼考河分流渡口配置吉田钟八伍长以下5人，在附近山头配置竹口悦雄伍长以下6人，暂时和美军脱离了接触。

这段记录大体和美军战史一致。唯一的疑点是日军宣称胜野队在11日夜发起反击，夺回了52高地。实际上，3营已在52高地构筑了牢固的环形防御阵地，况且次日3营即从52高地出发，向10中队发起攻击。因此，日军所谓的52高地夺回，纯属编造。不过，52高地附近丛林和西南几个山头，美军直到15日才开始清剿，因此日军所谓的夺回，很可能是指这几个山头和丛林地带。

不管怎么说，52高地的夺取，使11中队已经失去了和美军激战的本钱，尽管没有溃灭，但残兵只能龟缩在大队本部附近，等待美军的清剿。马头拿下了，接下来就是马

■ 飞马高地群全貌鸟瞰图。

尾——53高地了。守卫这一地带的是以勇猛著称的10中队，其中队长若林东一中尉更是在攻陷香港后一战成名，有擅打硬仗的美誉。虽然第1天作战结束后，53高地前沿只有埃克斯顿山岭和希蒙斯山岭拱卫，但若林东一中尉并不畏惧。在部署上，他令中野政敬中尉带领2小队，驻防希蒙斯山岭，以偏师（7人）在埃克斯顿山岭警戒，自己亲率主力和中队本部在53高地和57高地之间的山谷丛林驻扎，准备随时增援一线，他决心让进攻53高地的美军有来无回。

美军当然也知道若林东一的威猛，在部署上也是小心翼翼。夺取52高地后，3营长布什中校立即组织参谋着手制订了对53高地的进攻计划：首先是常规的陆炮火力和航空火力准备。炮火准备结束后，左翼的I连，先向西南朝埃克斯顿山岭发动进攻，然后再攻击希蒙斯山岭，达成任务后，K连超越目标，直接向53高地发起总攻。在右翼，L连从52高地出发，朝西北挺进，肃清57高地和53高地之间盘踞之敌，保持防线衔接。为了加强进攻部队支援火力，各连分别得到M连1个机枪班的加强，81毫米迫击炮群设在54高地，继续担任直接火力支援任务。此外，布什中校还派遣11名营部人员和M连人员负责为一线部队运送淡水。

1月11日午前，3营发动了对53高地的进攻。I连和L连沿着预定路线，在左右两翼同时展开攻击。在左翼，I连遇到了意想不到的地形阻碍。进入埃克斯顿山岭和希蒙斯山岭

■ 第228步兵联队10中队长若林东一中尉。

中央山谷地带时，I连首尾脱节，加上地形复杂，I连进退两难。利用这个战机，中野政敬中尉下令2小队集中火力朝山谷倾泻。很快，密集而猛烈的火力就覆盖了I连的队形。在突如其来的火力打击下，I连伤亡惨重。为了压制日军火力，连长约翰逊上尉像发疯似地拼命呼叫炮兵压制两座山岭的日军的火力点。应I连的请求，美军集中火力猛轰埃克斯顿山岭和希蒙斯山岭，可光炮火覆盖，没有确切的日军炮兵位置，根本无法打掉其火力点。于是，战场上出现了这样的奇景：一边是两座山岭在美军猛烈炮击下地动山摇，另一边

却是日军炮火不断准确轰击I连，打得美军叫苦不迭。不久，连长约翰逊上尉被炮火炸伤，I连完全乱了套，猛烈的炮火加上口渴，让美军完全失去了战斗力。不得已之下，I连只得龟缩到山谷一角，构筑环形防线，防范日军的反击。得知I连进攻受挫的消息，营长布什中校立即命令K连顶上，接替I连，发起攻击。结果，K连刚一接近目标就遭到精确的狙击火力拦阻，日军巧妙地利用地形，仅以2挺机枪和几名狙击手就封锁了K连的前进路线。左翼进攻以失败告终。

左翼的I连进攻没有得手，右翼的L连的状况也好不到哪去。他们进攻的目标正是10中队本部。在这里，他们碰上了更顽强的抵抗和更为猛烈的火力。激战1天，若林队没让L连得手。

鉴于左右两翼进攻全部失败，布什中校只得认输。15时，他下令全军撤退。在撤退过程中，美军掩护火力组织不周，各连遭到日军猛烈的迫击炮火力“欢送”，队形大乱，花了近2个小时，才勉强撤出日军防区，返回52高地。入夜后，若林东一中尉率部放弃了57高地和53高地之间山谷地带，集中主力固守希蒙斯山岭，中队本部也转移到53高地附近森林，准备与美军决战。

这次失败，3营丧失了斗志。团长麦克科洛奇上校把3营撤下，用预备队2营顶上，继续攻打埃克斯顿山岭、希蒙斯山岭和53高地。为了确保2营专心作战，麦克科洛奇上校还下令第161步兵团1营接替50－51高地之间防务。

接到命令，2营营长米切尔中校立即草拟了12日进攻53高地的作战计划。米切尔决心以F连为左翼，G连为右翼，E连为预备队，并

■ 希蒙斯山岭上的日军战壕。

肩从52高地出发。F连负责夺取53高地，G连右旋，和57高地的1营取得联系。H连的重机枪和迫击炮群部署在52高地，担负为进攻部队的炮火支援。

1月12日6时30分，经过猛烈的炮火和航空火力准备后，F连和G连并肩从52高地出发，展开新一轮攻击。

在右翼，G连沿着西北方挺进。途中，部分隐蔽在52高地以北丛林的日军狙击手进行袭扰，很快被G连先头排肃清，接着又遭到埋伏在希蒙斯山岭以北丛林的日军机枪火力拦阻，但没有挡住G连的前进步伐。正午时刻，G连排除日军重重抵抗，终于和57高地的1营取得了联系。

在左翼，F连也取得了部分进展。在挺进途中，F连不慎走偏了方位。看到这个情况，日军以为捞到了好处，于是埃克斯顿山岭驻防的日军监视分队（10人），倾巢而出向F连左翼展开反击。激战一番，F连依仗兵力和火力优势，打退了日军的反击，拿下了埃克斯顿山岭。当他们准备继续前进时，却发现前进道路完全被前方希蒙斯山岭的火力封锁了。

与此同时，奉命掩护左翼的E连遭到从埃克斯顿山岭出击的日军和希蒙斯山岭守军两面火力夹击，无法前进一步。眼看进攻再次受挫，米切尔中校决定改变战术，集中E连和F连兵力，先包围希蒙斯山岭，然后再发起攻击。

在他的命令下，F连撤出埃克斯顿山岭，向右迂回，从北面进攻希蒙斯山岭。E连继续维持正面压力，吸引日军火力。接到命令，F连以最快的速度撤出了埃克斯顿山岭，然后做了一个漂亮的右旋机动，避开了日军火力区，迂回到北坡。

接着，F连在没有遭遇任何抵抗下，开始兴高采烈地攀登北坡。正当大伙爬到半山腰，正想着如何把日军撵下高地的时候，突然遭到了日军的反击。

在连续激战中，中野部队也蒙受了巨大的损失，为了守住希蒙斯山岭，若林东一不断派兵增援。这会儿，一部分援兵刚刚登上山岭，就发现了登山的F连，他们来不及报告，就匆忙投入了反击。一时间，F连被打了个措手不及，差点被日军赶下山腰。好在E连部分官兵冲过火力封锁线，避开了希蒙斯山岭的日军火力，从侧面发起反击，击退了日军，拯救了F连。

为了对进攻部队提供更为有效的近距离火力支援，2营H连（重武器连）将迫击炮和重机枪架到埃克斯顿山岭。在希蒙斯山岭，F连在E连支援下，先是粉碎了日军的反击，然后步步推进，逐一攻克日军据点。为了指导部队作战，营副查尔斯·戴维斯上尉、保罗·梅利查普上尉和希蒙斯中尉亲临一线。不幸，希蒙斯中尉中弹阵亡。看到上级军官尚且如此，一线官兵更是奋不顾身地猛烈进攻。不过，山腰附近众多的日军火力点却无法一一肃清。为了摧毁这些火力点，营副查尔斯·戴维斯上尉不顾暴露的危险，不断穿行于火线上，亲自标定日军火力点位置，并用无线电向炮兵指引目标。尽管如此，中野部队仍然一次次地粉碎了美军的进攻。

这下子，营长米切尔也坐不住了！他匆匆离开52高地，冲上希蒙斯高地，亲自率领各连发动进攻！此刻，双方士兵的距离已经近到了可以互相投掷手榴弹！因此，他决定不采取迫击炮轰击，而以直接冲锋的战术展开攻击。在米切尔中校的带领下，E连和F连又发动了新一次进攻，仍被挡在半山腰，天色逐渐变黑，2个连的饮用水也快喝完了。无奈之下，米切尔只得停止进攻，在希蒙斯高地北坡建立环形防线，防范日军的反击。当夜，营长米切尔和团副呆在希蒙斯高地，和部下同甘共苦。不过，尽管中野部队在两天的激战中不断获得增援，但守军伤亡大半，此时已是苟延残喘，无力反击了。

13日太阳刚一出来，英勇的E连和F连又在米切尔中校的亲自指挥下，再次向希蒙斯山岭主峰发起攻击。这一次，美军连续摧毁了日军多个据点，直扑主峰。快要接近主峰时，却被一处核心地堡挡住了去路。为了摧毁这个暗堡，F连组织敢死队爆破，但被日军侧射火力粉碎。接着，美军又在北坡架起60毫米迫击炮朝主峰轰击，试图打掉这个据点。可是打到炮管发红，也没有奏效。关键时刻又是营副戴维斯上尉挺身而出，率领4名敢死队员在己方火力的掩护下，勇敢地爬到距离日军地堡不足10米处，用8枚手榴弹在地堡上炸开了一个缺口。借着爆炸闪光，戴维斯小组成员冲进了地堡，消灭了残敌。在戴维斯上尉的鼓舞下，E连也发动了最后的冲锋。这时，亲临52高地观战的第25步兵师师长乔治·科林斯少将从望远镜中目睹了戴维斯的壮举，赶紧下令52高地迫击炮群全力轰击。因为这次壮举，戴维斯上尉获得了美国最高军事勋章——国会荣誉勋章。

经过1小时激战，美军全歼中野部队。在埃克斯顿山岭，10中队投入了近80人，绝大部分阵亡。中野部队的覆灭，使10中队的元气丧尽，53高地完全暴露在美军面前，而虚弱的10中队已无力再战。

果不其然，美军拿下希蒙斯山岭后，又一鼓作气向53高地总攻，遇到抵抗极其微弱。美军只用了2个小时，就夺取了53高地主峰。14日中午，53高地周围大规模战斗宣告结束。在这次历时3天的激战中，第27步兵团2营攻占了埃克斯顿山岭、希蒙斯山岭、57－53高地之间山谷地带和53高地，摧毁1门70步兵炮、缴获大批步枪、掷弹筒、机枪和一批子弹，估计毙敌170人，自己阵亡2名军官和29名士兵。

14日中午，10中队长若林东一中尉眼见大势已去，率几名卫兵发动自杀冲锋，全数倒在美军炮火下。为了抢回若林中队长遗体，剩余官兵全体出动，强行反击，结果全部被美军炮火击毙。除了11人拼死杀出重围，逃到后方外，第228步兵联队10中队在53高地彻底被歼。

对于这次惨败，第228步兵联队战史悲哀地记载道：“1月13日，中野中尉战死，若林中队长头部负伤。炮火极为猛烈，伤亡不断增加。拂晓，敌人实施更为猛烈的攻击。中队和数以十倍之敌进行死斗，伤亡惨重。中队长头部中弹，血流如注；尽管如此，仍在一线督促部下奋勇死战，守住阵地。不过，激战下来，中野中尉以下70多人战死，兵器损坏很多，弹药几乎耗尽。虽然中队长拼命鼓励，但士气仍很低落。

1月14日：敌对我各据点形成包围，并利用据点间隙向我军后方运动，中队陷入孤立。于是，若林中队长率领几名将士冒着敌炽烈弹幕，进行白刃冲锋，击毙美军数名将校。奋战中，不幸被敌迫击炮火力炸死，时间为15时30分。14日早晨，江井准尉也战死。

得知消息，为了抢回中队长尸体，指挥班长宫崎岛伍长和森田兵长全体行动，强行反击，但在美军炮火中几乎全军覆没。伴随着若林中队长的阵亡，10中队全灭，仅11人逃出重围，撤出瓜岛。"

至此，飞马高地群之战告终，美军第27步兵团完全夺取了所有预定目标。接着，第161步兵团和第27步兵团换防，开始对在飞马高地南部盘踞的第228步兵联队3大队本部和第38步兵团司令部、11中队残部进行清剿战斗。暂时撤出一线的第27步兵团又开始修建工事和公路，准备下一阶段的进攻。

另一方面，在奥斯汀山方面作战的第35步兵团也向海马高地群和岐阜高地发起了总攻。

海马高地群

当美军27步兵团在飞马高地群和日军第228步兵联队3大队苦战的同时，南面的第35步兵团也向奥斯汀山发动第2次进攻。在第一次进攻战斗中，第132步兵团拿下了奥斯汀山主峰，只有43高地、44高地、岐阜高地和42高地还在日军手中。其中，岐阜高地异常坚固，正面进攻难以奏效，沿着马坦尼考河上游延伸的43高地和44高地，是岐阜高地的侧翼，两高地群互为犄角。从空中观察，43高地和44高地相连，状似海马，因此美军战史中称为海马高地群，日军战史则称为狼台。

根据日军战史记载，驻守狼台的部队是第124步兵联队长冈明之助大佐率领的1、3大队、联队炮中队、通信队和速射炮中队，兵力约600人，大部分因饥饿和疟疾已无法行动，每天都只能僵硬地呆在散兵坑里坐等最后时刻的到来。可以说，这支昔日在第3次马坦尼考河之战中大败陆战1师的劲旅已是明日黄花，离覆灭之日不远矣。

从地形上看，海马高地群沿着马坦尼考河延伸，是岐阜高地和海岸补给点连接的枢纽。若美军占领海马高地群，就能将防守岐阜高地的日军一分为二。因此，第35步兵团决定先拿下海马高地，切断岐阜高地和外界的联系，然后再集中兵力夺取岐阜高地。

与飞马高地类似，海马高地间各个小山也被河流与丛林分割，难以统一作战。为

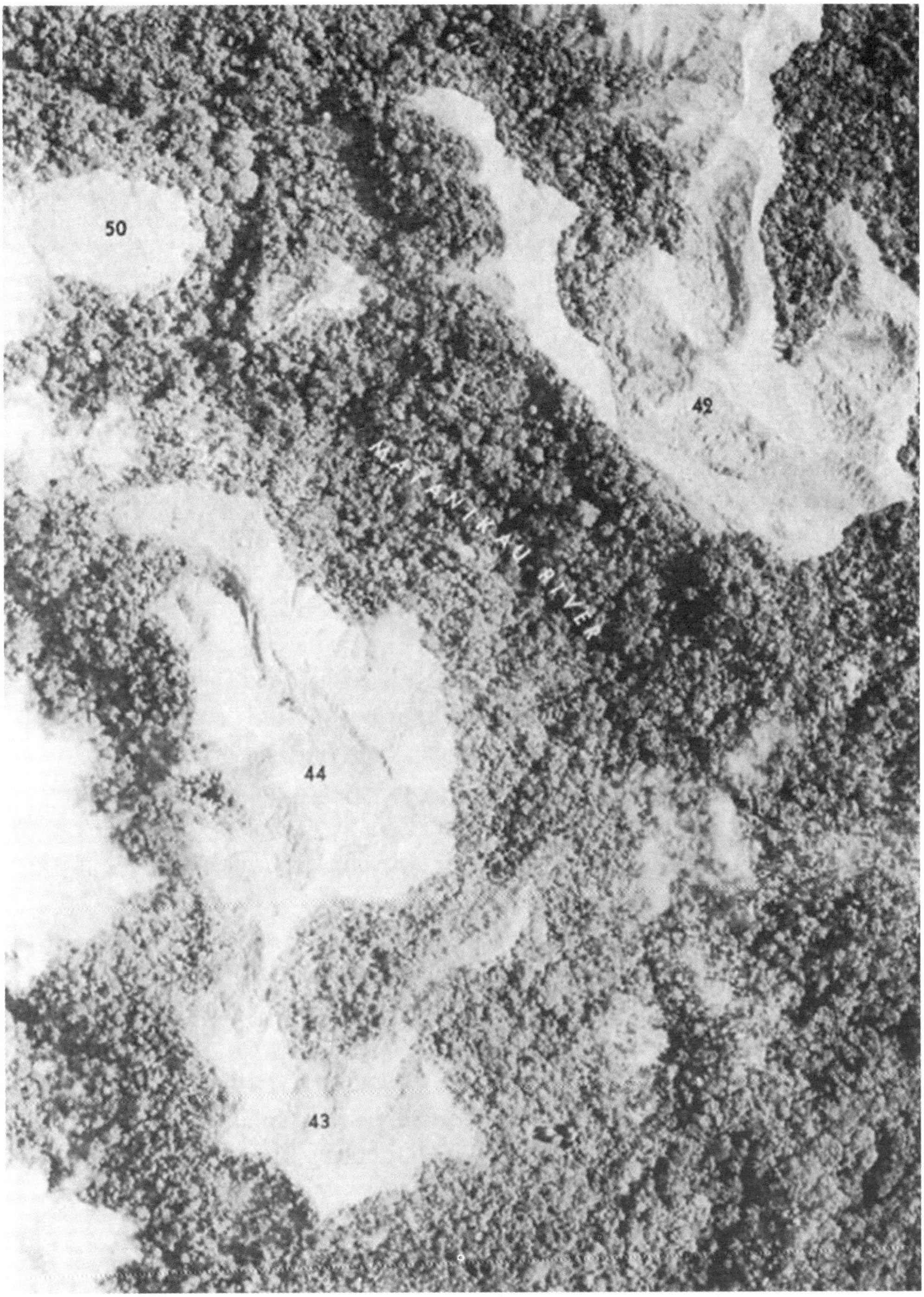

■ 海马高地群航拍照。

此，第35步兵团计划以3营为主力、1营担任作战支援，先翻越奥斯汀山主峰，然后穿越热带雨林，从最南面的43高地开始，展开海马高地群的攻坚战。

1月9日凌晨，总攻击前一天，从隆加防线出发、走了近3天路程的第35步兵团3营和1营好不容易才赶到了进攻出发阵地——27高地西南1450米的1个小圆丘。接着，3营开始投入紧张的战前准备。

通过望远镜观察和空照图的判读，3营长穆伦中校发现距43高地不远处有一个覆盖密林的小山包，而且这座小山包和43高地之间有一条隐蔽的小道。于是，穆伦中校临时决定变更计划，先占领这座山头，然后再向43高地和44高地发起攻击。

1月10日6时35分，当第27步兵团对飞马高地展开总攻的同时，第35步兵团3营也准备实施秘密机动。为了掩护主力的机动，穆伦上校命令I连暂时留在集结区，K连和L连进入丛林隐蔽，等待进攻发起时刻的到来。

8时，3营以K连为先导，全营排成一字纵队，沿马坦尼考河支流附近的低地，向北朝43高地进发。中午时刻，美军抵达43高地东南约600米的一个小山头，准备向西行进。这时，四周复杂的地形却让美军犯糊涂了。在K连和43高地之间横亘着众多的小山包、深谷和马坦尼考河支流，稍不注意，就会迷失方向。为了防止迷路，穆伦中校命令全军暂停前进，派出巡逻队向西和西北搜索，寻找小路。很快，前面的侦察队就找到了一条西向小道。

13时，3营稍做休息，又继续行军。这一次，穆伦中校变换队形，改一字纵队为平行纵队，L连为左翼、K连为右翼，并肩沿着西

■ 3营翻山越岭，艰难地向43高地进发。在瓜岛作战中，山地丛林往往比日军还要可怕。

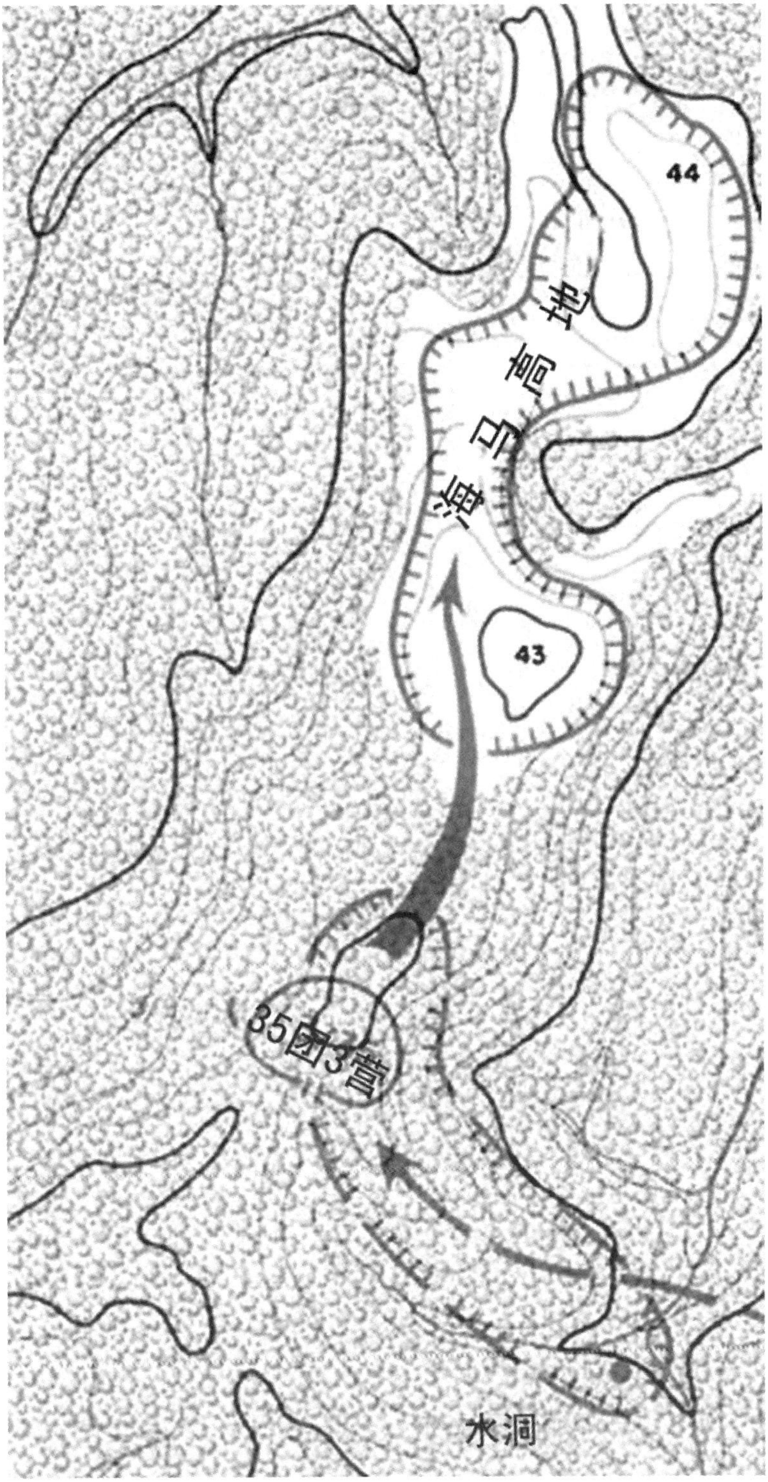

附图十五　海马高地之战示意图

向小道前进。同时，他也命令在集结区担任佯动任务的I连跟进。

不久，3营抵达马坦尼考河上游渡口。为了确保右翼（对敌方向）安全，K连抽调1个排的兵力掩护2个机枪小组抢先渡河，在右侧的1个山头占据阵地。当营主力开始渡河时，一股日军突然从右翼杀了过来，美军措手不及，护卫步兵溃散，第1机枪小组全部阵亡，第2机枪小组机枪手阵亡、装填手负伤。眼看日军就要摧毁K连右翼，威胁营主力的危难关头，来自M连的机枪班长威廉·福涅尔中士和里维斯·霍尔列兵不顾暴露的危险，冲了上来，用第二挺机枪朝日军拼命扫射，硬是把冲上山头的日军死死地压制在阵前，一直坚持到援军的到来。由于这次英勇的表现，两人事后获颁国会荣誉勋章。

接着，3营继续前进。在43高地南面水洞附近，K连再次和日军遭遇。美军先发制人，毙敌7人，击溃了这股日军。17时，经过长达9个小时的山地行军，3营终于赶到了预定目标——43高地南坡400码的无名高地。这时，夜幕已然降临，为了防范日军反击（其实，这些担心都是多余的，第124步兵联队官兵大部分已是活死人，只能一动不动地等死），3营匆忙构筑环形防御阵地。

11日6时，3营正式向海马高地群发起攻击。根据穆伦中校的命令，K连向北，沿着山脊线朝43高地发起正面攻击，L连负责左翼掩护，I连赶到无名高地附近，担任预备队。一开始，美军进攻受挫，在日军2个机枪火力点的阻击下，K连组织的两次冲锋都没得手。激战1小时，美军只前进了100米。

得知战况不顺，第35步兵团长麦克科略尔上校十分焦急。在他的命令下，1营也从27高地出发，沿3营行进路线，朝43高地推进，准备增援3营。下午，K连再次发起攻击。这一次，美军采取了机枪掩护加爆破战术，很快打掉了日军的机枪火力点，于黄昏前拿下43高地。18时31分，K连又向44高地进发，激战半小时，K连完全拿下了44高地。入夜后，1营疲惫不堪地赶到战场时，气愤地发现自己白跑一趟。

第35步兵团仅用1天的时间，就完全拿下了海马高地群。接着，3营和1营A连、B连负责海马高地的守备任务，1营C连继续沿马坦尼考河向西清剿残敌。

1月12日，C连在43高地西南150码的1座无名高地遭到一股日军极为顽强的抵抗。激战3天，美军以阵亡2人、负伤3人的代价，解决了战斗。这是海马高地群的日军进行的唯一一次有组织的抵抗。16日，美军一路挺进到马坦尼考河西南分岔点。至此，海马高地群战斗正式结束。历时5天的战斗中，第35步兵团1营和3营共击毙558名日军（这些日军中的大多数人几乎是奄奄一息地呆在掩体里被美军逐个击毙），俘虏17人，缴获44挺机枪、378支步枪和44把手枪。

根据日军的战史记载，这次战斗对第124步兵联队而言，几乎是毁灭性的打击。由于断粮多日，驻防狼台（43高地和44高地统称）

■ 美军胜利攻克海马高地群。

的第124步兵联队本部、1大队、3大队、联队炮中队和通信队全体官兵都已饿得人不像人鬼不像鬼。除了极少数官兵外，大部分都只能呆在阵地，坐等死亡。在美军第35步兵团的猛烈攻击下，驻守43高地和44高地的3大队和联队炮中队的官兵还没来得及做出有效的抵抗，就在自己的岗位上一动不动地被灵活机动的美军击毙，仅1天工夫，上述两部就全军覆没。

接到狼台失守的报告，联队长冈明之助大佐自知败局已定，只得下令全军突围。经过美军封锁线时，不少官兵体力透支 (饥饿过度)、倒地身亡。除了40人 (1大队25人，联队本部15人) 突围逃出外，1大队、通信队和速射炮队的其他官兵无一幸存。

海马高地群之战的胜利，不仅使美军完成了对岐阜高地的包围，而且马坦尼考河上游地带尽入美军囊中，17军的南翼完全洞开。这样，在第25步兵师对17军侧翼实施大迂回行动前，战区内唯一一个日军集团就只剩下岐阜高地的守军了。

岐阜高地

当第25步兵师各部迅猛歼灭当面之敌，顺利达成作战任务的时候，在岐阜高地接替第132步兵团的第35步兵团2营却在岐阜高地经历一场异常艰苦的血战。

1月9日，第35步兵团2营和师属骑兵侦察连与第132步兵团进行换防，接过31高地到27高地之间宽约1800米的防线，和岐阜守敌对峙。接着，2营长彼得斯中校进行部署：E连和骑兵侦察连1个排驻防27高地，F连和H连主力负责防线中央 (其中，H连迫击炮架在29高地周围)，G连、H连机枪排和侦察连负责31高地，营部连往返于赖特小道之间，负责各连的补给作业。当夜，2营刚刚完成部署，第228步兵联队2大队就以步兵炮和迫击炮对27

高地、29高地进行炮火急袭，把2营的大兵着实吓了一跳。显然，刚撤出战场的132团警告当面之敌斗志旺盛、战斗力强大并非空穴来风。

鉴于岐阜高地方面的守敌顽强，第25步兵师在总攻计划中预定先行攻克海马高地群，截断岐阜高地和库库姆博纳方面的联系，同时对岐阜守敌形成合围态势，然后再实施强攻。

在这个作战方针指导下，当27步兵团和35团主力于1月10日对飞马高地群和海马高地群发动总攻的时候，2营只是出动战斗巡逻队在零星炮火支援下，向岐阜高地发动试探性进攻（与其说是进攻，倒不如说是火力侦察），被228联队2大队轻易击退。通过这次进攻，彼得斯意识到了岐阜高地的防御异常坚固，地堡和掩体纵横交错，没有坦克支援，单靠步兵难以奏效。眼下岛上只有陆战2师才拥有坦克群，而陆战队和陆军向来不和，即使申请了，人家也不一定批准。想到这，彼得斯只好作罢。

1月11日，2营开始发动正式进攻，再次受阻于日军的顽强抵抗，进攻毫无进展。倒是配属35团作战的182步兵团3营进行了一次成功的南向机动，一口气封闭35团、27团和161团之间所有的缺口，这个机动加上第35步兵团主力拿下海马高地群，使岐阜高地的退路被完全切断，美军已形成了岐阜高地的外线包围态势。不过，第228步兵联队2大队却并不知情，仍决心战斗到底。

受到3营轻取海马高地群的鼓舞，1月12日2营又对岐阜高地发动了第2次进攻。先是60和81毫米迫击炮群进行45分钟的炮火准备，接着F连从东面、G连从北面同时展开攻击，结果遭到北面的6中队、东面7中队的顽强抵抗，尤其是6中队，虽然在1月2日反击27高地的战斗中蒙受了巨大的伤亡，但作战依旧勇猛。在2个中队的顽强抵抗下，G连只前进了100米。最糟糕的是F连，从清晨打到黄昏，获得的进展不过区区50米！

第228步兵联队2大队善战的美名果然是名不虚传，先前在岐阜高地大吃苦头的第132步兵团在换防时就曾提醒2营，日军无论是伪装还是交叉火力配置都无懈可击，连排规模冲锋肯定吃不开。2营不听，硬要展开连排集团冲锋，连续吃了两次亏，才意识到这句话的正确。于是，2营改变战术，暂停连排规模冲锋，改以小分队侦察搜索加爆破战术（即小群攻击战术），从外围开始对日军据点进行逐个蚕食。

12日夜，E连出动1支小分队展开小群突击，炸毁日军机枪火力点1个，己方毫发无损。受此鼓舞，F连也在13日故伎重演，又以零伤亡的代价，干掉了2个日军机枪火力点。

正当2营进攻渐获成效的时候，疟疾却开始横扫军营。到1月14日，2营伤病员占总兵力的25%，其中绝大部分是疟疾患者。为了保持2营战斗力，第35步兵团长麦克略尔上校命令团属反坦克连充当步兵投入战斗。1月14日晚，反坦克连进入F连和G连防线结合部的27

高地东南坡。

另一方面，完成南向机动的第182步兵团3营为了协助35团2营，出动1支侦察队试图找寻岐阜高地的侧翼。不幸在42高地附近中了埋伏，营部情报官和1名中士阵亡，侦察队只得匆匆退出日军防线，无功而返。

1月15日，岐阜高地仍然完整地保持在第228步兵联队2大队的手里。眼看海马高地和飞马高地依次得手，而岐阜高地又久攻不下，成了第25步兵师防区内唯一的钉子，彼得斯有些坐不住了。小群攻击战术虽然有效，但时间上划不来。如果再拿不下岐阜高地，他就将成为第25步兵师的罪人。为了名誉，2营必须发起第三次全面进攻！

这次进攻，2营计划以全营迫击炮群对岐阜高地先进行15分钟的炮火准备，然后团属反坦克连、G连和F连同时对岐阜高地发起攻击，各连务必将防线前推450米。接着，在27高地待机的E连突然出奇兵，对F连当面之敌实施迂回运动，力争夺取岐阜高地一角，打乱日军的防御部署，然后再实施向心突击，一举拿下整个岐阜高地。

1月15日6时45分，2营准时进行了猛烈的炮火准备。接着，各连如猛虎下山，向岐阜高地发起第3次猛攻。G连一马当先，首先冲进日军防线。9时40分，G连突入纵深约100米后，被1个日军地堡挡住了去路。为了摧毁这个地堡，G连组织多支爆破队，均未奏效，甚至动用了喷火兵也没有干掉这个地堡。战至黄昏，G连被迫撤回出发阵地。F连的进攻也是无功而返。

最惨的是反坦克连，没有受过任何步兵技战术训练，却被强行拉上战场充当步兵投入战斗。结果，激战1个小时，不仅没有取得

■ 岐阜高地的日军地堡。

附图十六 1月10日总攻发起时岐阜高地的态势图

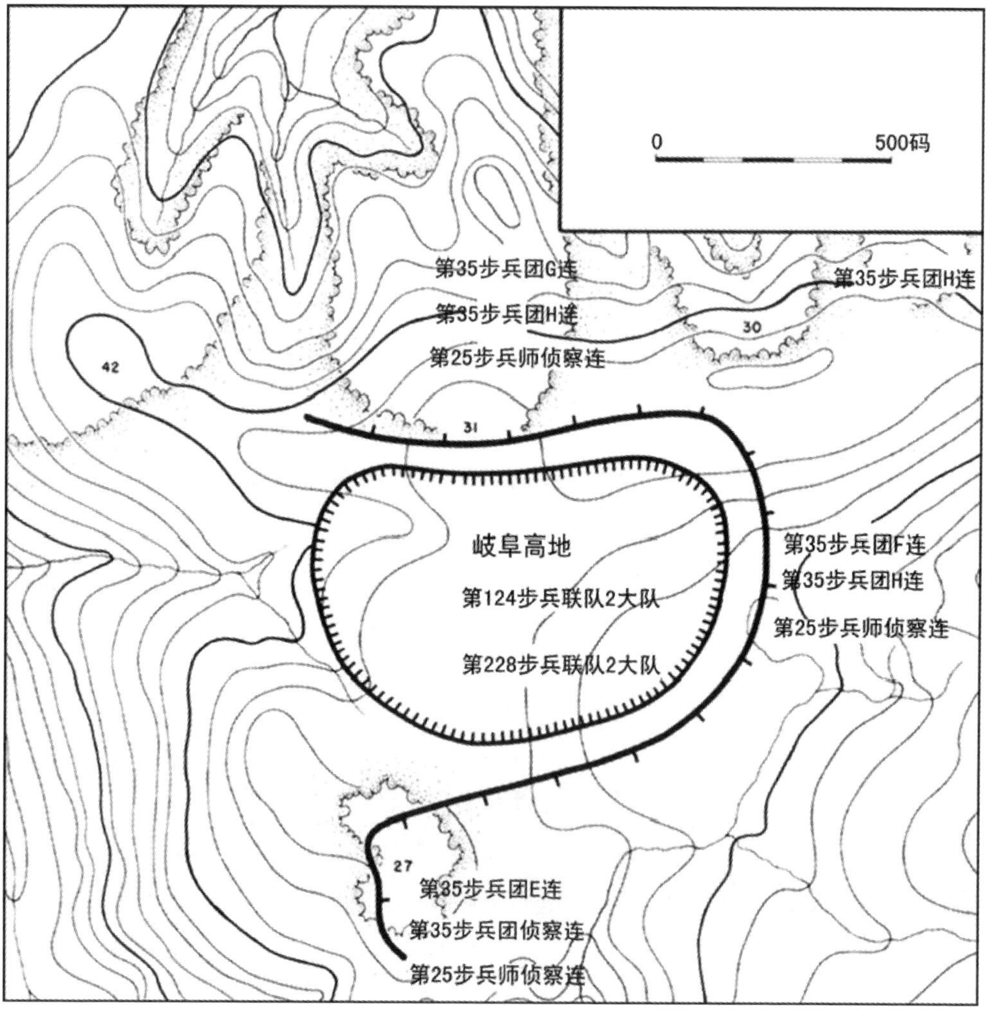

任何战果，反而阵亡5人、负伤10人。更糟糕的是，反坦克连和F连在激战中失去联系，营长彼得斯中校担心日军反击两连结合部，又命令H连（重武器连）抽调12名迫击炮手临时充当步兵，前往反坦克连和F连之间地带警戒，结果误闯敌阵，2死1伤。第三次进攻，还是以2营的惨败告终。

面对2营一再失败和彼得斯中校的瞎指挥，团长麦克科略尔上校忍无可忍，决定撤掉彼得斯，换上斯坦利·拉尔森中校。一上任，拉尔森中校就组织了对岐阜高地的全面侦察。通过侦察和空中侦照，拉尔森意识到第228步兵联队2大队和第124步兵联队2大队已把岐阜高地建成了滴水不漏的铁桶阵。除非日军突围逃走，否则拿下岐阜高地只有强攻、用生命换空间。在他看来，依照日军的习惯、突围逃走的可能性几乎为零，2营唯一要做的就是准备继续牺牲。

另一方面，岐阜守军虽然连战皆捷，但他们已是强弩之末，所剩的存粮最多只能维持到17日。同时，在海马高地的第124步兵联队长冈明之助大佐率部于14日成功突围。临行前，他派传令兵摸进岐阜高地，向第228步兵联队2大队长稻垣武义少佐传达了全军突围，撤往库库姆博纳的命令。但稻垣少佐却本着“武士道”精神拒绝突围，反而鼓动部下和美军在岐阜高地决战。

为了彻底摧毁岐阜高地守敌，麦克科略尔上校决定实施双重合围（即内外双线包围）：2营防线由27高地延伸至42高地，彻底完成对岐阜高地的包围。为此，E连除留部分兵力在27高地外，主力将沿着美军防线向北机动，抵达42高地。17日，2营主力从西北，E连从 27高地同时发起总攻。

为了减少牺牲，美军决定在总攻前采取心理战。1月15日，第14军情报官约翰·M.巴登上尉和第25步兵师情报官一起，在海马高地群的44高地架起一个大喇叭，进行劝降喊话。17时15分，巴登上尉通过喇叭向日军劝降，他首先强调岐阜高地周围已落入美军之手，继续战斗只是徒增伤亡。他呼吁日军派出1名代表前往44高地，洽谈投降事宜，并保证美军优待俘虏。不久，夜幕降临，估计晚上喊话没什么效果，巴登上尉决定明日继续劝降。

■ 架在44高地的喇叭。图中央下蹲喊话者即为第14军情报官巴登上尉。

1月16日6时，巴登开动喇叭，继续向日军喊话。2个小时过去了，仍然没有任何1名日本军官前来谈判。于是，巴登又鼓动普通士兵反战，抛弃军官自行投降，美军定会优待俘虏。这次，5名消瘦的日军士兵作了响应，走出战壕向美军投降。他们供称，大部分士兵都已经饿得快不行了，也无力抵抗，但害怕美军屠杀战俘，所以准备继续战斗。巴登据此知晓了日军心态，于是决定继续深入做日军的心理工作。

■ 在岐阜高地长达近1个月的攻坚战中，美军蒙受了惨重的伤亡。图为从岐阜高地撤下的轻伤员。

另一方面，为了确保总攻获胜，麦克科略尔上校向师部提出了动用强大炮兵群实施炮火准备的请求，科林斯照准所请。在他的命令下，第88野战炮兵营的105毫米榴弹炮群、第8野战炮兵营的1个105毫米榴弹炮连、第90和第221野战炮兵营的155毫米榴弹炮群，以及第64野战炮兵营的105毫米榴弹炮群参战。由于第64野战炮兵营的火控中心可以俯瞰整个岐阜高地，因此师部炮兵指挥官委托其火控中心全权协调各营的炮火准备，所有射击指令全部由第64野战炮兵营火控中心发出，其中，第8、88、90野战炮兵营可以和64营直接连通，对221营的射击指令则由师部火控中心转发。

1月17日，巴登决定再次劝降日军。他向日军提出警告，疾风暴雨般的猛烈炮击马上就要到来，现在时间所剩无几，要么立即投降、要么彻底毁灭。只要在炮击开始前放下武器的人员，美军一律优待。一旦进攻开始，美军将坚决消灭所有顽敌。巴登扯着嗓子喊了一个上午，就是没人投降。根据日军第228步兵联队史记载，2大队1个中队本来决定投降，可全中队能走动的没几人了，与其看着无法行走的弟兄死在美军炮火下，倒不如全中队战斗到底，在阵地上共生死算了。

本来，炮兵预定清晨开始炮击，为了配合巴登上尉的劝降，只得将时间延迟到正午时刻。11时30分，第35步兵团2营后撤约300米，撤到安全区。炮兵前进观察员留在一线，准备随时为炮兵提供修正数据。

12时，广播一结束，第64野战炮兵营火控中心马上开始引导各炮营对岐阜高地试射。其间，一线步兵部队不断要求停止射击，尤其是42高地的守军。他们认为炮火太近，容易误伤。于是，第64野战炮兵营火控中心索性暂时取消了试射的统一指挥，各营火炮自行试射、修正射击诸元。经过2小时的试射，各营完成了修正作业。

14时30分，在第64野战炮兵营火控中心的统一指挥下，49门火炮（25门105毫米榴弹炮和24门155毫米榴弹炮）齐鸣，对岐阜高地进行了90分钟的猛烈炮击，1700发炮弹密密麻麻地砸在这个不到1000平方米的高地上。与此同时，2营的迫击炮群也对暴露的日军据点进行“外科手术”式的打击。这次炮击效果非常惊人，不少原本就已饿得连动都动不了的日军被猛烈的炮击吓呆了。进攻发起后，他们未发一弹就被美军俘获。

炮击结束后，2营重新向一线出发。16时30分，各连回到原防线，却没有马上发动进攻。麦克科略尔上校和拉尔森中校认为天快黑了，贸然发动进攻，对美军不利。结果，这次炮击的突然性，被他们白白浪费。不过，麦克科略尔也不想再次实施大规模炮击。毕竟，炮击前后退300米，万一日军抢占这300米阵地，夺回岂不困难。

■ 大规模炮火准备前，第35步兵团2营撤离一线。

1月18日，美军发起总攻。第182步兵团3营I连和35团E连从42高地出发，向东南推进400米。17时，I连、E连和35团G连（从27高地出发向西北推进）会师。接着，E连左转，从岐阜高地西面发动进攻，1小时内连续摧毁4个机枪火力点，击毙7

■ 为了尽快扫荡残敌，美军动用了M3“斯图亚特”轻型坦克。

作战行动。通过2天的战斗，美军发现除了少量日军还在逐个死守据点外，已经没有多少战斗力。岐阜高地战斗的终结，指日可待。20日夜，第124步兵联队2大队残部乘着大雨展开零星突围，遭到美军猛烈阻击。除了1人逃出重围外，第124步兵联队2大队全军覆灭。现在，只剩第228步兵联队2大队残部还在顽抗了。

为了加快作战进度，陆战2师向岐阜高地派来了3辆M3“斯图亚特”轻型坦克，其中2辆陷在赖特小道泥泞中，只有1辆坦克抵达前线。

名日军。黄昏前，E连攻入日军第二道防线，在猛烈的机枪火力网阻击下，E连暂停攻击，转入防御。

在右翼，G连和I连也开始突入岐阜高地，结果受到2个日军地堡的阻击。在81毫米迫击炮火力支援下，摧毁了1个日军地堡。但第2个地堡却迫使美军暂停了前进的步伐。

19日，美军继续进攻。在右翼，G连引导81毫米迫击炮和跟进的37毫米无后坐力炮摧毁了另1个地堡。根据G连的报告，前方除了12个地堡阻击外，日军已无成建制抵抗。左翼，E连于8时再次发动进攻。战至黄昏，E连击毙14名日军，摧毁7个机枪火力点。

20日暴雨席卷整个瓜岛，限制了美军的

1月22日10时40分，在这辆坦克的伴随支援下，G连重新发动进攻。激战中，坦克发挥了巨大的作用，用37毫米主炮一连摧毁了3座地堡，接着又用车载机枪将地堡内隐藏的日军全部消灭。在坦克的有力支援下，G连仅用2个小时就攻克了岐阜高地东部。接着，坦克转向，支援步兵向北扫荡，又连续摧毁了5个地堡。随后，坦克转向前往E连防区，协助E连将防区内据点一一扫灭。当天的激战，5中队全军覆灭。

眼看败局已定，第228步兵联队2大队长稻垣武义少佐决定实施全军突围。1月22日中午，各中队残部全部到2大队本部集中，进行突围部署。根据幸存者回忆，稻垣武义少佐

附图十七　1月18日发起岐阜高地总攻示意图

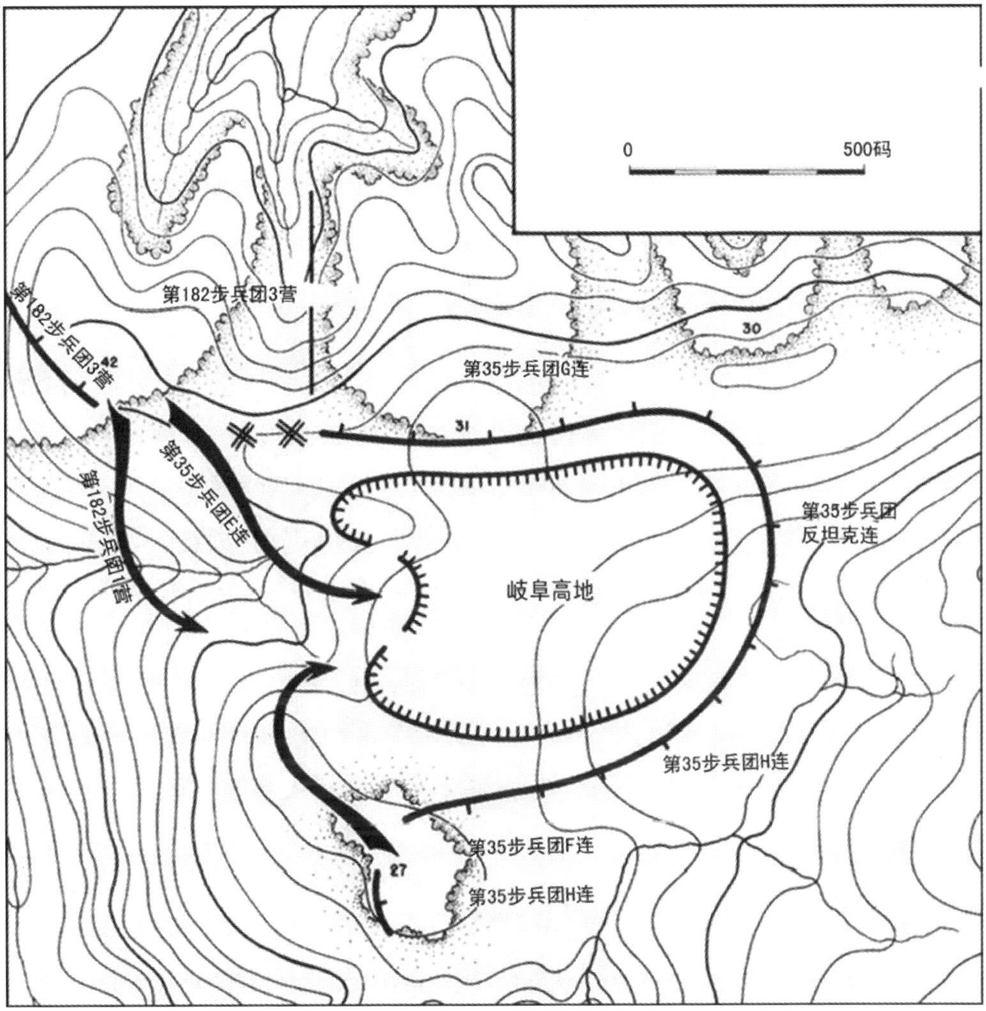

决定以6中队（22人）、7中队（14人）和大队本部（8人）实施突围，8中队（10多人）和伤病患留下来断后。

1月22日夜到23日凌晨，稻垣武义少佐率领44人从F连和反坦克连阵地结合部展开突围。结果，被美军发现，双方展开了一整夜的惨烈激战。除了6中队的川井勿市兵长和7中队的加藤良雄上等兵、高木弘上等兵逃走外，包括稻垣武义少佐在内的突围人员全部战死。

1月25日，8中队残部和伤患共15人又在小泷正明中尉和8中队长村濑哲夫中尉的带领下，分成4组，向见晴台方向突围。虽然，他们乘2营不备，逃出了岐阜高地，却在见晴台附近遭到美军围击，除了贝沼喜代次郎军曹(后在布甘维尔战俘营中病死)、丹羽幼三卫生兵长、大内一男上等兵、三浦幸男上等兵逃出重围、撤离瓜岛外，包括小泷中尉和村濑中尉在内的11人先后阵亡。至此，第228步兵联队2大队全军覆灭，美军终于夺取了岐阜高地。

为了这个来之不易的胜利，美军付出了巨大的代价，第35步兵团2营在历时13天的战斗中共阵亡64人、负伤42人，毙敌518人、缴获40挺机枪、12具掷弹筒、200支步枪和38把武士刀。

现在，马坦尼考河上游的日军据点已经全部扫清。在第25步兵师大获全胜的同时，沿海岸方向发起攻击的陆战2师也传来了捷报。

海岸攻势

在第25步兵师肃清侧翼的时候，担负正面进攻重任的陆战2师也从66高地到克鲁斯角一线向日军发动了猛烈进攻。

根据第14军司令部制订的计划，陆战2师将在师属炮兵群和“美国”师炮兵群、陆战队第2航空联队的支援下，扫荡马坦尼考河至小河一线高地群，打开通往库库姆博纳的大门，为最后的总攻打下坚实的基础。

陆战2师当面之敌是第228步兵联队1大队(大队长早川菊夫少佐)。沿着小河河谷上游，1大队建立了据点式防线：第4中队(加藤长生中尉)、第1机枪中队3小队(坂部创二少尉)、第3中队(小崎正一大尉)为右翼，和陆战2团(进攻发起半天，陆战6团和2团换防)对峙；第12中队3小队(熊崎宽曹长)居中，第1中队(大舛松市中尉)、第1机枪中队2小队(北村盛重中尉)，配属第12中队(川濑代资中尉)为左翼，和陆战8团对峙。

总攻前，陆战2师为了判明日军的防御部署情况，从12月下旬起就不断派出战斗巡逻队深入1大队防区进行武装侦察，双方常常爆发规模不大、但却极为激烈的战斗。尤其是1中队把守的防御地带，常常成为美军重点侦察区域。第2小队长近藤澄雄少尉和3小队长山田信照准尉先后阵亡，加上美军不间断的炮击和饥饿、疾病困扰，1中队在1月10日仅剩22人，由大舛松市中尉和第1小队长夫马友春中尉共同指挥。左翼的第1机枪中队2小队更惨，11月15日共有21人上阵，12月中旬遭到美军巡逻队大规模攻击，小队长北村盛重中尉病倒，18人战死，仅2人幸存。其他各中队在12月的反侦察战斗中也都蒙受了三分之一左右的损失。通过积极的侦察行动，陆战2师做好了总攻准备。

1月13日5时，陆战2师在猛烈的炮火支援下，以陆战8团为左翼、陆战2团为右翼，向第228步兵联队1大队防区发动了猛烈进攻。

左翼，陆战2团首先向4中队发起攻击。

拂晓前，4中队准备动用2小队1分队(9

■ 随着战局的崩溃，被美军抓获的日军战俘逐渐增多。

人）突袭当面美军。正在做最后准备的时候，美军却突然攻了上来。1分队措手不及，4人阵亡。接着，美军直扑4中队主阵地。好在加藤长生中尉反应很快，下令全军龟缩到中队本部，死守山包，总算打退了美军的进攻。第2小队4分队长佐藤喜八郎伍长、3小队4分队长水谷伸三伍长、3小队2分队长平野荣信伍长在战斗中阵亡。早晨派出运水的藤田正树伍长等4人在回程途中和美军遭遇，全部战死。第一次进攻失利后，陆战2团又以1个营的兵力发动了第2次进攻，4中队无力抵抗，两翼和后方全部失守，陷入孤立。

入夜后，中队长加藤中尉决定把剩余的60人编成战斗队，准备突围：第1小队长庄野龙雄少尉指挥主力组成第一梯队，患者组成第二梯队，加藤中尉指挥13人组成第三梯队，第2小队长浅井正昭少尉以下12人负责断后。

在夜幕的掩护下，4中队开始悄悄转移。凌晨，3个梯队依次撤出阵地。3小时后，浅井少尉带着12名断后人员扛着1挺机枪最后撤离。尽管历尽艰辛，4中队长加藤中尉竟成功地带着60人虎口脱险，而且还全数参加了最后的瓜岛总撤退，这不能不说是一个奇迹。

13日中午，陆战6团刚刚接过陆战2团的防务，就对3中队发动进攻，3中队奋战2天，以阵亡13人的代价保住了中队本部，但四周阵地全部沦陷，1月15日，3中队长小崎正一中尉一面派2小队长横地博孝伍长突出重围，向大队本部汇报情况、请求指示，一面做好最坏的打算，准备玉碎突击。下午，横地伍长返回，他带来了早川少佐“转移阵地”（即突围）的指示。17日晚，3中队以伤患、指挥班、1小队、2小队和3小队为序列，共30人突围。17日拂晓，3中队和4中队在1大队本部会合。

至此，陆战2团和换防的陆战6团仅付出

6人阵亡、61人负伤的微小代价，就轻松摧毁了第228步兵联队1大队右翼防区。

右翼，陆战8团也在13日发动了猛烈进攻。13日当天，8团先用2小时拿下了83高地和84高地之间山谷地带，1中队除了1名士兵逃出重围外，大舛松市中尉和夫马友春中尉以下21人全部阵亡。接着，8团又用了不到1个小时歼灭了第12中队3小队（熊崎宽曹长）。

随后，陆战8团乘胜，向83高地展开总攻，遭到12中队的坚决抵抗。在川濑中尉和小林辰男中尉的指挥下，12中队苦战2天，连续打退美军4次大规模进攻，陆战8团寸步难行。15日清晨，美军投入3辆M3“斯图亚特”轻型坦克，试图以步坦协同拿下高地。为了击破美军的步坦协同，12中队连续组织了5次肉弹爆破，炸毁2辆坦克，粉碎了美军的进攻。下午，美军出动喷火兵，配合步兵强攻，仍然被12中队死死地挡在阵前。不过，12中队经过3天的苦战，到15日夜只剩7人健全，川濑中尉只得忍痛放弃了83高地，率12中队残部突围，撤回1大队本部。

■ 美海军陆战队6团的团徽。

第228步兵联队1大队防线的全面崩溃，给驻防海岸到库库姆博纳之间地带的第2师团造成了巨大的威胁。15日，在左翼提前结束战斗的陆战6团以坦克为先导，先后渡过小河与冲河，在第4步兵联队1大队和第16步兵联队3大队防区结合部达成突破，直接朝第4步兵联队本部和第16步兵联队本部杀了过来！为了顶住美军猛攻，第4步兵联队1大队长佐藤种雄少佐和第16步兵联队第3机枪中队长龟冈隆雄中尉决心动用全部兵力拼死反击，夺回阵地：“各队生存者明早3点集合，大队长以下必须抱着必死的决心击退当面之敌，夺回阵地并死守之！”

16日，第4步兵联队1大队和第16步兵联队第3机枪中队展开了决死反击。激烈的战斗持续了一整天。虽然没有夺回阵地，但日军通过苦战，迫使美军转入了防御。为此，第3机枪中队付出了阵亡14人、第1大队付出了伤亡近百人的惨重代价。次日，陆战2师达成了所有预定任务，双方又重新转入了对峙状态。

在5天的战斗中，陆战2师总计推进约1500米，宣称击毙日军643人，缴获41具掷弹筒、57挺轻机枪和14挺重机枪、3门75毫米野战炮，以及大批步枪、地雷和炮弹。

在海岸和内陆两面遭到惨败的同时，日第17军司令部也开始慌乱了。1月11日，设在903高地西侧的军司令部遭到美军炮击，后勤参谋越次一雄少佐和海军联络参谋轰万作中佐被炸死！同一天，军司令部接到报告，见晴台、狼台、奥斯汀山、小河上游全线遭到美军攻击，阵地逐次崩溃！一时间，17军司令部失去了理智，决心集中全军残存兵力沿着海岸实施决死冲锋，哪怕是全军覆灭，也要打到对方心脏地带。好在军参谋长宫崎周一少将头脑清醒，在做出决定前向第8方面军司令部请示。结果，提议被方面军司令官今村均中将否决。今村中将转而命令17军撤出一线，向塔萨法隆加角转移。

一开始，百武晴吉还不愿意撤退，他还幻想着一线兵团凭武士道精神挡住美军进攻，然后再转入反击。可现实很快击碎了他的美梦。13日，第38步兵团长伊东武夫少将报告："奥斯汀山失守，将兵大部分阵亡，伊东残兵仍在现位置死守，最多能撑到15日。"

一线的全面崩溃，促使军司令部放弃了决战幻想，决心向后方转移，防止残兵覆没。

1月14日7时30分，军司令部向全军下达撤退命令：

1.敌人于奥斯汀山附近，经由见晴台南部，向小河的攻击仍在继续，期盼军后续部队登陆瓜岛。

2.本军需确保903高地西南方到小河一线，阻止美军的推进。

3.第2师团继续执行原任务，特别是占领冲河一线附近的预备阵地，独立山炮兵第20大队由第38师团长指挥。

接着，军司令部撤离903高地，向塔萨法隆加角转移。

然而，第38师团一线各部和师团司令部、军司令部失去了联系。眼看着自己就要成为光杆司令，第38师团长佐野忠义中将怒火中烧，他不顾幕僚的请求，准备和部下一起死在瓜岛！好在第228步兵联队本部、1大队本部、3大队本部和第38步兵团司令部很快和师团司令部取得了联系，准备突围，这才避免了第38师团的全军覆没。

尽管如此，佐野还是决定接应各部突围后，一定要在塔萨法隆加角一线组织最后的防御，和美军决一死战。与此同时，在海岸方面损兵折将的第4步兵联队长铃木大佐和第16步兵联队长堺吉嗣大佐也准备率全联队进行"玉碎"！

就在这时，传来了撤退的大命……

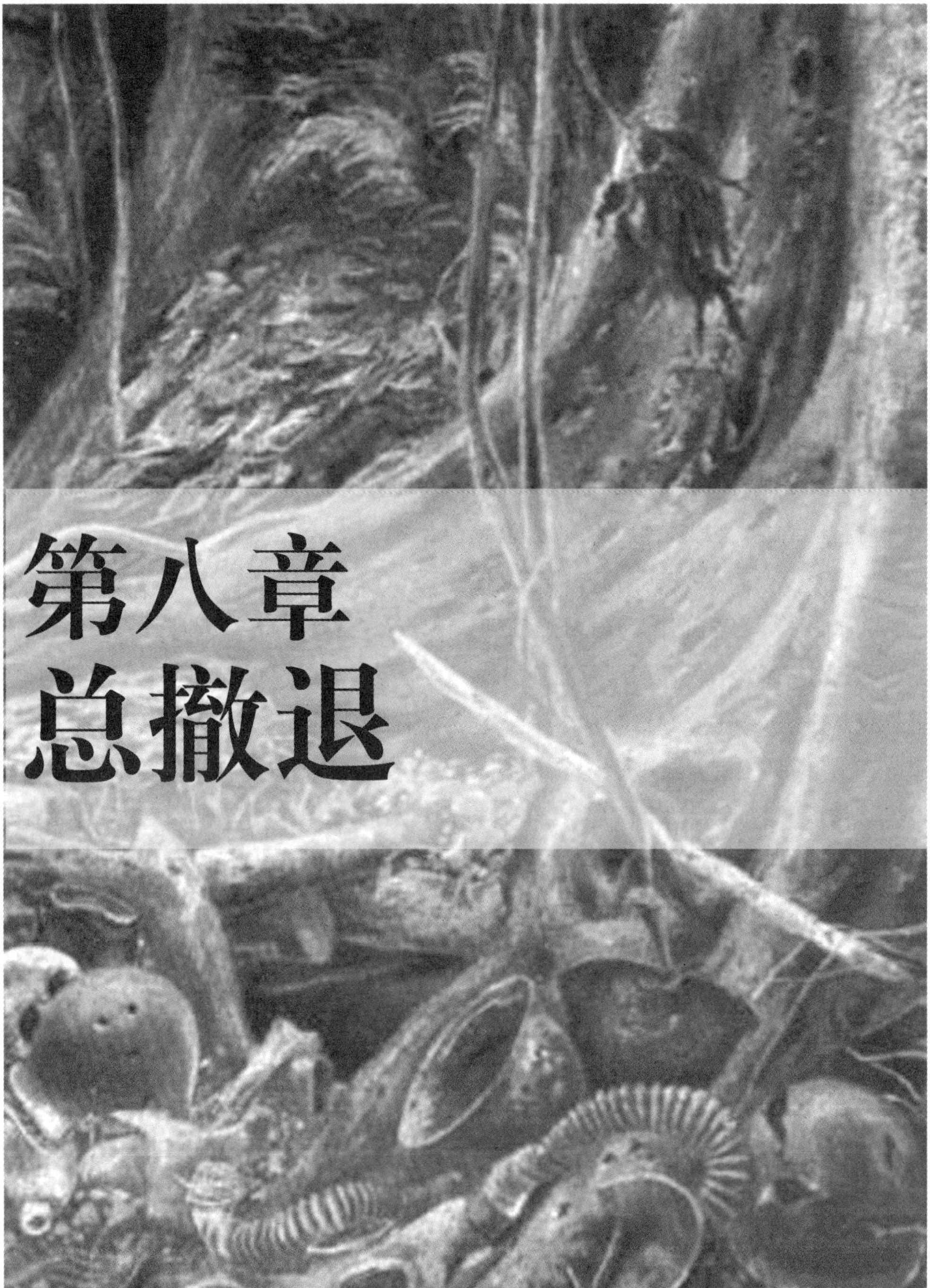

第八章 总撤退

八嘎事件

前一章讲到17军在美军发动的1月总攻第一阶段惨败，地面战事陷入了绝境。与此同时，船舶运力也陷入了绝境，变得一发不可收拾。

本来，在太平洋战争开战之初，陆海军当局就征用了大量民用船舶投入战事。按当时的规定，开战一年以后，这些船舶必须归还国家，保证作为国家生产和民用最低船舶运力（300万吨）。可是，仗打了一年，不仅没有消停的迹象，反而规模越打越大，伴随着战争规模的扩大，船舶运力的损失也在急剧增加。结果陆海两军在1942年末不但没有交还1艘船只，陆军部作战部长田中新一少将甚至还向陆军省提出了一个再征用16.5万吨船舶的方案！最初，负责调配船舶的陆军省军务局长佐藤贤了少将不批。结果，田中天天跑来闹事，大讲东南方面战事的紧要，而且还不时把致使瓜岛数万将士饥饿的帽子给佐藤扣上。虽然东南方面战事紧急，可是一旦再动征船念头，国内生产和民用需求就会处于危险境地。权衡再三，佐藤少将决定作出部分让步。

12月5日，在内阁会议上，部分通过了田中新一少将的提案，批准陆军再征用8万吨船舶。才8万吨？田中不满了，当场向佐藤贤了发出一连串的质问，要陆军省无论如何都得批下这16.5万吨船舶！佐藤贤了也强硬地表示，能给的船舶就这么多了，再多国内就撑不下去了！早已憋了一肚子火的田中实在气不过，挥拳猛揍佐藤。佐藤也不甘示弱地还击，两人立刻就扭打起来。站在旁边的参谋次长田边盛武赶紧拉架。可是两个人都牛得很，打得不分胜负，力气弱小的田边盛武不但没有拉开，反而莫名其妙地被两人乱拳给揍了一顿，参谋绶带也不知道什么时候被扯到了地上。好在参谋本部第15课长甲谷悦雄

■ 被美军击沉的日本运输船。随着战争的进行，日本运输船的损失越来越大。为了补充前线的船舶损失，军部不得不一再征用商船，致使国内连维持基本生计所需的船舶运量都无法满足。

■ 瓜岛战役爆发后，像这样大摇大摆进行远洋航行的日本商船队已经越来越少了……

中佐赶了过来，帮助田边盛武硬是拉开了两人。佐藤少将离去后，田边盛武对田中新一的冲动很不满：“你也太冲动了，知道佐藤君是什么人吗？(佐藤贤了少将是东条英机的心腹) 你怎么敢动起手来了？”田中新一也破罐子破摔了：“管他是什么人，没船，这仗没法打!”

晚上，参谋次长田边带着作战部长田中新一，陆军省次官木村兵太郎中将、人事局长富永恭次少将、军务局长佐藤贤了少将，一起到首相官邸，和首相东条英机就船舶运力的调配进行讨论。双方争执不下，一直到6日凌晨。为了缓和双方气氛，东条英机对田中说：“已经给了你们8万吨，现在到处都有战事，并不只是东南方面艰难，欠的船可以慢点还，但绝不能再征了，你们应该想想办法，看看怎么样用现有资源解决困难才是正道……”话还没说完，已经气不打一处来的田中新一竟然对东条吼了起来：“你不是声称自己是大日本帝国政府的人吗？怎么忍心看着瓜岛几万将士挨饿呢！你这么做，简直就是八嘎野郎 (王八蛋)！”听到有人居然敢这么放肆地骂自己，一向喜怒不形于色的东条英机一下子从座位上跳了起来，但很快就控制住情绪坐了回去，半天才咬着牙挤出几个字：“你说什么!”一旁的田边盛武赶紧打圆场，但已经没用了。

第二天，田中少将就向总参谋长杉山元大将递交了辞呈，当天就被赶出参谋本部，被发配到驻缅甸胡康谷地的第18师团，和缅甸的美军及中国远征军交战去了。

御前会议

八嘎事件画上了句号，可结局只是把田中新一从作战部长的位置上赶了下去，瓜岛问题压根就没解决。这次事件给东条英机敲了个警钟，瓜岛已经打不下去了。第17军不要说战斗，连存活都成问题，是到了该放弃作战的时候了。不然，不要说陆军还会继续上演八嘎事件，连海军内部都会发生内讧。

当时，无论是陆军还是海军，大家都看出来瓜岛没戏了，除了撤退，已经没得选择。但谁也不敢把这话说出来。要知道，如果放弃作战，那可是陆海军同时在一个战场彻底认输，而且不打算，也不可能再打回去了，并非战斗失利、再组织进攻这种后撤那么简单，而是彻底认输！这可是1895年日清战争以来的第一遭。所以，不管瓜岛战事如何危机，死要面子的陆海军双方始终没有人敢提出撤退二字。

■ 和石原莞尔、辻政信并称“昭和三参谋”之一的濑岛龙三少佐，都以自行其是闻名。

但问题总要解决。既然军方不敢出面，只能依靠东条英机（同时还顶着陆军大臣的头衔）了。不过，作为首相的东条英机，虽然兼任着陆相，却不能明说。因为根据“天皇领军，统帅权独立”的原则，身为政府要员无权插手作战行动，即使首相也不能例外。不过，老谋深算的东条英机最终还是通过他的亲信施加影响，成功地终止了瓜岛作战。

在端掉田中新一的同时，作战课长服部卓四郎大佐也同时下台。为了补缺，东条把他的亲信真田穰一郎大佐安插到了作战课长的位置。12月14日，真田穰一郎带着部员濑岛龙三少佐前往拉包尔“考察”。他此行的任务是考察现地军情，为“体面”结束瓜岛作战提供依据。

听到真田要来，东南方面的陆海军高层无不雀跃欢呼，在他来之前，东南方面的陆海军部队为着瓜岛的补给问题和宝贵的驱逐舰不断损失都快反目成仇了。谁都知道他可是东条的大心腹。大家都指望他能说上一句：“咱都不干了！”因为他的话就是能代表东条的意思。

可真田只看不说，让大伙急得都快跳起来，不少人问真田，参谋本部对所罗门战局有什么看法，真田永远都以一句预先准备的话来搪塞：“参谋本部形同白纸，一切视现场情况和意见而定。”（据说，这句话是东条临行前特地嘱咐他的）不仅如此，真田还亲临特鲁克环礁，前往联合舰队司令部拜会了山本五十六大将，并和参谋长宇垣缠少将就一举向瓜岛增援3个师团的可行性进行讨论，给人的错觉是东京方面决心继续打下来，根本就没有撤退的意思。

直到回东京前一天（12月24日），真田才在寝室里向濑岛龙三少佐透露了自己的心声："只有放弃瓜岛，否则东南战事无望。"12月25日，真田和濑岛乘水上飞机先抵达横滨，然后才转乘飞机往东京赶路。一下飞机，真田就直接坐车去了总参谋长官邸。在那里，总参谋长杉山元大将、参谋次长田边盛武中将和作战部长绫部橘树少将早已恭候多时。见到杉山，真田直截了当地报告："找不到放弃瓜岛以外的其他办法。"听到他的报告，大家都松了口气，这才明白东条英机早已作出了放弃瓜岛的决定。

■ 昭和裕仁天皇戎装照，按日本战前宪法规定，他是海陆军"大元帅"，武装部队最高统帅。

12月26日，大本营举行陆海军统帅部课长以上的干部会议军令部航空参谋佐薙毅中佐、源田实中佐和参谋本部的辻政信中佐特许参加。在会上，大部分人同意放弃瓜岛，结束这场噩梦。但还有少部分军令部成员不愿意就这么认输，毕竟是自日清战争以来第一次如此彻底的失败，建议举全力再进行一次攻击。这时，海军大本营航空参谋源田实中佐呼地一下子从座位上跳起，大声说道："基地航空部队消耗巨大，完全失去了争夺瓜岛制空权的能力！"这才压制住了反对声音，会议一致通过了从瓜岛撤退的决定。

12月31日10时，天皇亲临宫中大客厅，召开大本营会议。会上，总参谋长杉山元大将和海军军令部总长永野修身大将报告了统帅部会议决定：

关于今后对南太平洋方面的作战预测和

以后的方针等业已进行研究。根据研究得出的结论，认为南太平洋今后作战应作如下改变：中止在所罗门方面夺回瓜岛的作战，大体于1月下旬至2月上旬期间，陆海军用尽一切手段，撤出瓜岛部队。

之后，确保新乔治亚岛和伊沙贝尔岛以北的北所罗门群岛，并迅速加强各要地的防卫，保持攻势防御态势，以海军航空部队对瓜岛方面继续进行航空战，结合潜艇作战以图削弱敌在瓜岛的战斗力。

在新几内亚方面，尽速加强莱城、萨拉莫阿、马丹、威瓦克等作战根据地，大致占领并确保斯坦利山脉以北的新几内亚东北部要域，以后主要准备对莫尔兹比港方面的进攻作战。

关于布纳方面的部队处置，虽已令其撤往吉尔瓦方面，但根据情况也可适当撤至萨拉莫阿方面，使之确保必要地点。

关于以上作战方针的变更，谨请裁决。此外，关于大命的发令，一俟完成准备立即奏请裁决。因作战准备事出紧迫，拟先派遣两位第一部长指导前线部队。

南太平洋方面作战，由于当初预测错误，事已至此，不胜惶恐。今后誓以陆海紧密协同，排除万难，打开战局，以慰圣恩。

听完他们的报告，裕仁天皇做出裁决：“已经完全明白，望陆海军协同。据此方针，竭尽全力妥善为之。”随后，大本营以天皇名义发布大命，下令陆军在海军的协助下，撤出瓜岛全部残存兵力。

至此，日军统帅们正式决定放弃瓜岛作战。

为了传达这道史无前例的大命，大本营特派海军部第一部长福留繁少将和陆军部第一部长绫部橘树少将亲临东南方面，向联合舰队司令长官山本五十六大将和第8方面军司令官今村均中将传达大命，并促成两军协同，组织实施好这次撤退作战。

■ 为了确保撤退的顺利进行，大本营同时向东南方面派去了海陆两军的第一作战部长。图为时任海军部第一部长的福留繁少将。

决心撤退

看到两位第一部长到来，山本五十六大将和今村均中将都松了口气。瓜岛这个“烂摊子”总算要收拾了。在福留第一部长的参与下，联合舰队司令部于1月4日制订出了瓜岛撤退计划：

1.联合舰队主队在特鲁克进行全盘作战指导。

2.支援部队于特鲁克待机，相机支援瓜岛北方作战。

3.东南方面部队：

（1）基地航空部队于1月15日以后强化航空歼灭战，同时还要重视驱逐舰上空的直卫任务。

（2）外南洋部队继续对瓜岛进行常规补给，返回时收容病患人员，同时新增1个步兵大队登陆，暂时占领鲁塞尔岛，集中22艘驱逐舰实施撤收。

（3）潜艇部队继续对瓜岛实施常规补给，归途收容患者。在瓜岛东南海域侦察敌情并阻止敌增援，对坎顿岛实施牵制性炮击。

本次行动代号“开”号作战。

虽然在长达半年之久的争夺战中，联合舰队损失了大量的驱逐舰，再参加“开”号作战，很可能会蒙受更大的损失。在这种情况下，联合舰队内部传来很多反对“开”号作战的声音。但联合舰队司令长官山本五十六大将压制了这些反对意见，果断决定投入大部分驱逐舰，保障了“开”号作战的进行。

1月10日，经过几天讨论，东南方面舰队和第8方面军签订了关于“开”号作战的前线陆海军协定：

1.以2月10日前后完成撤退作战为目标，陆海军精诚团结完成任务。

2.1月15日以1个步兵大队（矢野大队）在瓜岛登陆，构筑收容阵地。

3.至1月15日前向瓜岛运送23天用的粮食。

4.陆军预定集结线如下，集结开始后的第4天内在加明沃的第4线阵地集结：

（1）马坦尼考河线；

（2）波哈河线；

（3）塔萨法隆加角线；

（4）埃斯佩兰斯角。

5.航空作战要领和收容计划：

（1）从1月15日开始，最初实施连续一周的夜间航空攻击，与本次攻击相关的地面部队向后方集结。

陆海协同对瓜岛实施航空总攻击：

第一次，1月25日，由海军实施。

第二次，1月27日，由陆军实施。

第三次，1月30日，由海军实施。

（2）2月1日、5日、10日分三次以驱逐舰收容地面部队，如有残余部队，用潜艇全部收容。

(3) 2月1日或前一日全力实施航空总攻击，诱敌小型机出击后实施歼灭作战，其后注意直接掩护撤退部队的上空，避免过度消耗。

(4) 陆军以全部航空兵力担当瓜岛撤退作战。本次作战使用航空兵力为海军212架、陆军约100架。

(5) 驱逐舰使用兵力为22艘、收容人员各为700人。

(6) 根据陆军加强所罗门后方要线的方针，以第6师团一部进入中部所罗门、列入海军指挥下，撤退作战结束后，预定和海军陆战队换防，并在下列地域增派陆军：

雷卡塔：2个步兵大队；

新乔治亚：2个步兵大队；

蒙达：2个步兵大队；

威克哈姆：1个步兵大队。

（预定1月14日以后，由驱逐舰4艘在8天内运完。）

拟订计划的第二天，即1月11日，第8方面军以电报形式向第17军司令部下达了撤退令：

1.第17军司令官和海军协同，将瓜岛部队撤回北所罗门要地，尔后确保北所罗门方面，确立巩固的战略态势。

2.预定在布甘维尔将第6师团列入其指挥下。

3.下达命令的同时，还就特别事项作出指示：

■ 为了撤兵，日本人竟然又要动用机艇“大发”，重复去年冈部队从肖特兰到瓜岛的故事。图为日军大型机艇靠岸。

4.第17军司令部于1月25日、26日下令一线兵团开始后退机动，前往瓜岛西端附近整理态势。占领鲁塞尔岛后，速以1个大队的新锐兵力上陆，占领收容阵地，掩护主力转移。

5.海军舰艇（舟艇）依左项要领将部队收容到肖特兰。

以运输驱逐舰8艘自埃斯佩兰斯角，另4艘自加明博角实施输送，输送日为2月1日、4日和7日。尽量在第一回、第二回用驱逐舰完成输送。在万不得已的情况下，用舟艇实施第三回运输（可惜的是，电报没有传到）。

在拍发电报的同时，为了保证命令的准确传达，第8方面军还特地派遣井本熊男中佐和佐藤忠彦中佐前往瓜岛，亲自向第17军司令部传达。

1月14日夜，井本熊男中佐和佐藤忠彦中佐搭乘驱逐舰登上了瓜岛。为了掩护17军撤退，由第38师团补充兵编组成的矢野大队（大队长矢野桂二大佐）也随同井本参谋一起抵达瓜岛。

一上陆，井本和佐藤顾不上休息，连夜赶到903高地，向17军司令部宣读了大命和方面军命令。听完井本中佐的讲话，17军参谋长宫崎周一少将代表军司令部全体参谋当场抗命："中国有句古训，叫做将在外君命有所不受，我们在这个岛已经阵亡了1万多人，现在剩下这1万多残兵已经没有力气撤退了，而且抛弃伤病员撤退，作为一名武将，我做不到这点，我们早就做好死的准备，没有打算苟活。所以这道命令，17军不能接受。"井本又搬出了今村中将的补充命令："17军不论在任何情况下都要绝对执行这道命令"，但还是说服不了宫崎少将。最后，将球踢给军司令官，让百武中将做个裁决。

经过深思熟虑，百武军司令官在15日清晨答应执行命令："考虑各方面的现况，撤退极为困难。然而，遵照大命的方面军命令，必须坚决执行。但能否完全执行难以预测。"这样，17军总算是同意了撤退。为了保密，17军决定对内除了极个别高级将官知晓外，全部以转移攻势的口号命令各部转移。根据17军的命令，陷入敌后苦战的第38师团各部，以库库姆博纳为中心，分路展开了突围行动。

突围在见晴台（飞马高地）南部，第38步兵团司令部和第228步兵联队3大队本部、11中队和联队步兵炮中队龟缩在高地群南部的山谷里。虽然躲过了美军的围剿，但第228步兵联队3大队长西山辽少佐不愿部下白白送命。到了1月19日，见晴台日军完全断粮，除了突围外，已经别无选择。

于是，西山辽少佐向第38步兵团长伊东武夫少将提出突围请求，却遭到伊东的训斥。伊东少将认为，没有师团司令部的命令，擅自撤退就要军法从事。可是，见晴台和外界的联络已全部中断，即使师团下达了撤退令，也无法传达。西山辽少佐抓住这个漏洞，转而请求派出传令兵和师团司令部联

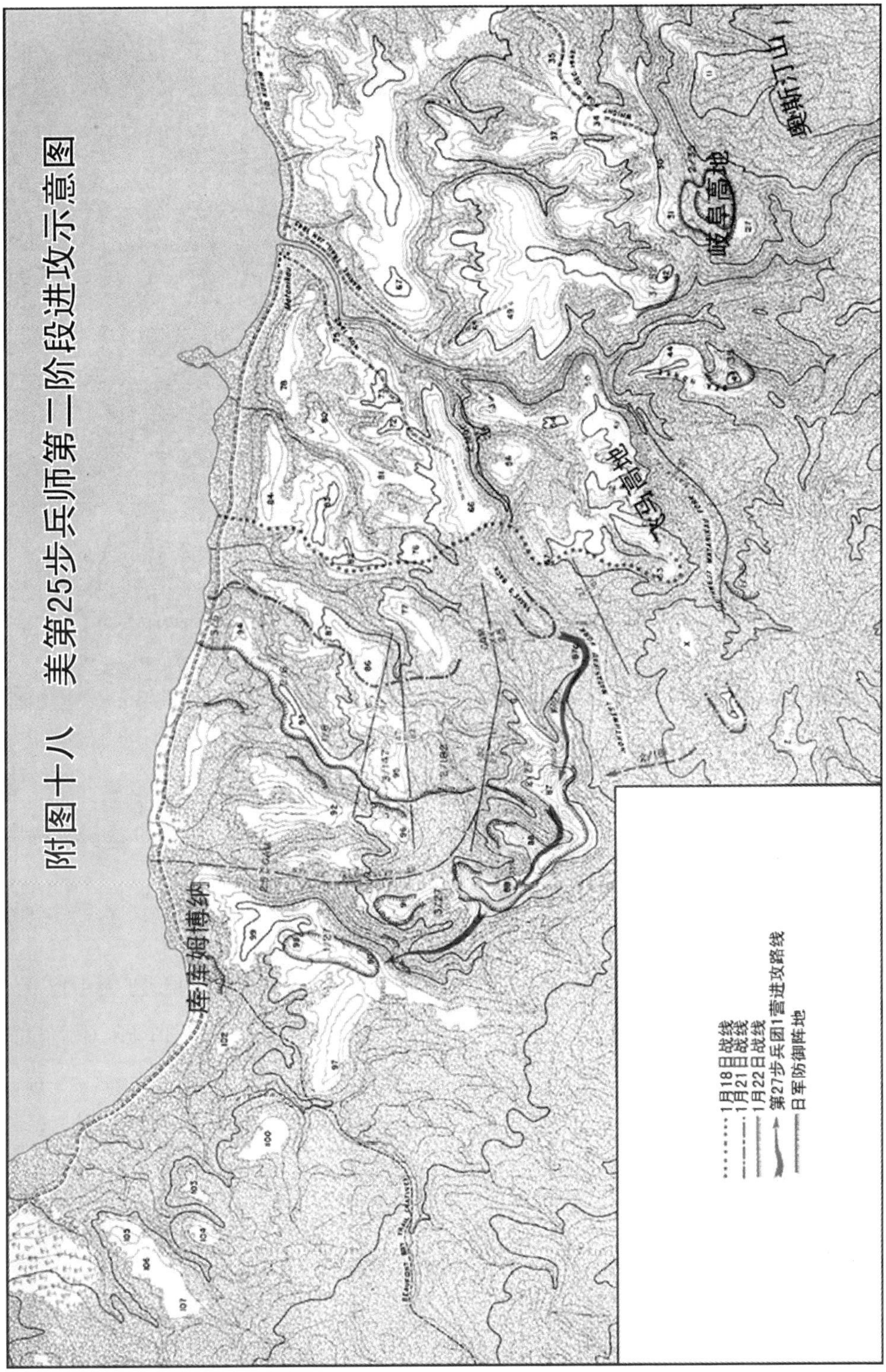

附图十八　美第25步兵师第二阶段进攻示意图

■ 描述日军第228步兵联队9中队在海岸奋战的油画。正是9中队的激烈抵抗，掩护了第228步兵联队本部和1大队主力的安全撤退。

系，听候指示，伊东应允。在西山少佐的命令下，大队本部的可知利男军曹和传令兵伊藤治市上等兵只身突围。傍晚两人带着师团司令部下达的“转移阵地、以图后策、理由不明”的命令返回大队本部。看到命令，西山少佐如释重负。19时，西山辽少佐向全军下达了突围转移令：

1.大队乘夜在兵团长指挥下断然突出敌阵。各队必须轻装行动，于21时在兵团司令部前集合。

2.第11中队的土本曹长以下13人组成殿后队，负责断后。第230步兵联队1个分队由冈岛中尉指挥，担任突击尖兵。

3.各队负伤者和患病人员，若无法随队同行，则出发前于阵地自决。

突围前，4名重伤员和病患用手榴弹自决。晚上21时30分，日军以冈岛队（冈岛中尉以下5人）、第38步兵团司令部、3大队本部、联队步兵炮中队和11中队、土本队依次从兵团司令部出发，摸黑突围。不久，他们遇到了美军封锁线。在第一次突袭过程中，冈岛队位置暴露，遭到美军集中火力射击，全部战死。为了尽快突破，伊东少将和西山少佐决定孤注一掷，命令土本队由后队变前队，断然冲锋，以阵亡2人的代价强行击退美军，生生地从美军防线上撕开一道口子。接着，土本部队步兵团司令部、3大队本部安全通过缺口。正当步兵炮中队和11中队准备依次通过缺口时，却遭到了美军的猛烈炮轰，奥村重次郎、服部政义、野村满、长谷川淳当场阵亡。尽管如此，11中队和步兵炮中队还是冲过了封锁线，和大队人马一起，于1月21日8时抵达库库姆博纳。

在海岸的第228步兵联队1大队的突围行动却相对顺利。1月17日，3中队、4中队和12中队残部撤出一线，和第228步兵联队本部（联队长：陶村政一大佐）、1大队本部（大队长：早川菊夫少佐）会合。为了防范陆战2师直扑联队和大队本部，第228步兵联队长陶村政一大佐一面组织全军经由勇河向库库姆博纳转移，一面下令9中队（军旗中队，中队长：春日井由太郎大尉）断后，掩护全军撤退。在1月21日到24日的后卫战斗中，为了顶住美军混成陆战师的进攻（后述），9中队付出了伤亡60人的惨重代价，成功地完成了阻击任务。在9中队的掩护下，第228步兵联队本部和1大队主力未遇重大阻击，即在1月22日安全转移到库库姆博纳。

最艰难的是第124步兵联队本部和第230步兵联队的转移。第230步兵联队在美军发起1月总攻后，被迫带着第67兵站医院、第76兵站医院和第1野战医院从隆加河上游河谷出发，历尽艰难，付出了饿死、病死近100人的代价，才勉强于1月20日左右抵达库库姆博纳附近，曾经在攻打香港与荷属东印度群岛作战中无限风光的第230步兵联队，此刻的兵力仅550人！其中，1大队仅剩80人！随后，17军司令部以第230步兵联队残部为核心，编成第2海岸警备队。

第124步兵联队更惨，除了在外围的1大队约100名官兵（由1大队长石堂少佐率领，称为石堂部队）外，几乎全部被美军包围在狼台（海马高地群）和丸山台地（岐阜高地）。1月15日接到军司令部下达的突围令后，联队长冈明之助大佐亲率40多人突围。虽然他们顺利地逃出了海马高地，可沿途的美军阻击加上饥饿疲劳，这些人纷纷倒下，最终只有联队本部的小尾靖夫少尉1人活着参加了最后的总撤退。

撤退计划

就在第38师团一线各部展开突围行动的同时，第17军司令部也开始着手为撤退做准备。

1月18日，第17军司令官百武晴吉中将和第1船舶团长伊藤忍少将就部队乘船的技术细节进行了商讨。经过研究，第17军司令官百武晴吉中将向伊藤忍少将下达了撤退准备令：

1.根据下述指示对埃斯佩兰斯角和加明博角进行侦察，确认乘船计划的可行性。

（1）在埃斯佩兰斯角和加明博角各选择

■ 在美军不间断的打击和饥饿、疟疾的横扫下，17军除了撤退以外，已经没有别的出路。图为向内陆进军的美军第25步兵师。

一个可供8艘和4艘驱逐舰停靠的岸点。埃斯佩兰斯角状况较为妥当。但加明博角的状况可能难以容纳4艘驱逐舰同时停靠，故应在马拉沃沃附近再寻找1个合适的停靠点。

（2）集结人员预定在埃斯佩兰斯角8000人、加明博角约4000人，在选定集结地的同时，必须着重考虑舰对空防御。

2. 1月28日8点以后，第1船舶团长负责塔萨法隆加河以西区域的集合任务，以东地区的补给任务全部解除。

3.本次行动必须严加保密。

各部乘船顺序为：

第一次，2月1日，第38师团、军直属部队一部、海军部队和大部分患者。

第二次，2月4日，第2师团、军直属部队大部。

第三次，残余部队。

接到命令，伊藤忍少将立即率第1船舶团前往埃斯佩兰斯角和加明博角考察，只用了1天时间就确认了两地的适泊性，为乘船撤退做好了技术准备。得知消息，百武中将的心终于放了下来。

1月20日12时，百武晴吉中将在塔萨法隆加角的一处密林（临时军司令部战斗指挥所）召开战地会议，第2师团长丸山政男中将、首席参谋松本博大佐（从17军调任），第38师团长佐野忠义中将、首席参谋黑岛贞明大佐与会。在会上，军参谋长宫崎周一少将代表军司令官百武晴吉向各部下达正式撤退命令（传达给所部时称为转进命令)：

1.敌人主力仍然进行新的总攻准备。

2.本军向埃斯佩兰斯角机动以图后策。

3.第38师团主力于22日日落后秘密撤出一线阵地，朝埃斯佩兰斯角转移。

在两师团结合部附近的守备队（第228步兵联队残部和第229步兵联队1个大队），于23日日落在右翼第2师团的掩护下，开始撤退。

矢野大队主力于23日2点在第2师团长指挥下，进驻塔萨法隆加河口。

4.第2师团主力于23日日落后秘密撤出一线阵地，朝塔萨法隆加河一线转移。

矢野大队主力于23日2点、军炮兵队于23日日落先后归第2师团长节制。

5.军炮兵队长于23日日落后受第2师团长节制。

6.辎重兵第2联队仍然继续现行任务，待第2师团长通过库库姆博纳再归建。

7.海军瓜岛守备队在塔萨法隆加角附近占据阵地，准备收容机动部队，并阻止敌在陆海两面的进攻。当第2师团长抵达博内吉河后，归第2师团长指挥。

8.第1海岸警备队在塔萨法隆加河附近占领阵地，收容机动部队并阻止敌陆海两面攻势。在第2师团长抵达塔萨法隆加河后，归第2师团长指挥。

9.第1船舶团继续执行现任务。

10.军通信队除了继续现行任务外，还必须为转移到埃斯佩兰斯角的军司令部与第38师团、第2师团、海军瓜岛守备队、第1海岸警备队、第1船舶团、军第1联络所、塔萨法隆加旧船舶司令部之间的通信联系。

11.行动必须严格保密。

12.各部需从22日日落由现阵地出发，朝埃斯佩兰斯角前进。

各部具体行动计划如下：

1.第38师团

22日，除留一部在一线坚守外，主力向库库姆博纳附近集结。

23日，日落后开始行动，同夜向塔萨法隆加角以西区域集结。

24日，向博内吉河左岸地区出发，同夜抵达塔萨法隆加河左岸集结。

25日，日落后从塔萨法隆加河左岸出发，朝埃斯佩兰斯角进发。

26日，在阿罗利格附近占领阵地。

27日，进入埃斯佩兰斯角。

2.第2师团

22日，和第38师团残留部队共同在现阵地固守。

23日，日落后开始行动，以一部残留一线，主力向库库姆博纳集结。

24日，日落后，从库库姆博纳出发、在塔萨法隆加角集结。矢野部队前出，阻止敌追击。

25日，日落后，从塔萨法隆加角出发，日落后抵达塔萨法隆加河左岸集结，并确保该河。

26日，依然担任塔萨法隆加河的守备任

务，掩护在埃斯佩兰斯角附近集结的部队。

27日，任务同上。

3.海军瓜岛守备队

22日，强化塔萨法隆加角现阵地。

23日，固守塔萨法隆加角阵地，收容撤退部队。

24日，继续担任收容撤退部队的任务。第2师团长抵达后归第2师团长指挥，随第2师团共同行动。

4.第1海岸警备队（注8：第1海岸警备队由旧一木支队先遣队残部和熊大队构成，由第28步兵联队2大队长北尾淳二郎少佐率领，兵力约300人。1月20日夜，松田教宽大佐登上瓜岛，就任第28步兵联队长，同时接过第1海岸警备队指挥权。）

22日，强化塔萨法隆加河一线阵地。

23日，任务同上。

24日，固守塔萨法隆加河一线阵地，收容撤退部队。

25日，继续收容撤退部队。第2师团长抵达后，归第2师团长节制，以后随第2师团共同行动。

5.第1船舶团

22日到27日，在埃斯佩兰斯角所在地进行登陆（实为乘船）准备，并担任地域的海岸防御任务。

■ 描述瓜岛之战的油画。经过激烈的战斗，留给日军的只有饥饿和死亡。

6.军通信队

22日到27日和军司令部同行，负责军司令部和各部的联络。

下达命令后，宫崎少将又特别指示，全军需克服万难，完成这次撤退，无法行动者应就地自决，以免被俘！接着，宫崎少将询问两位师团长的看法。第38师团长没有发表意见，倒是第2师团长丸山政男中将提出抗议，认为第38师团主力正在突围、生死难料，而第2师团在接连不断的战斗中伤亡惨重，急需休整，要求军司令部调整撤退顺序，改以第38师团为次，掩护第2师团先行撤退，被宫崎少将一口否决。时任第2师团首席参谋的松本博大佐在战后接受采访时就指责第17军司令部存有私心，为了38师团和军司令部的安全撤退，不惜拿第2师团做垫背，为尔后的第2师团和17军司令部的严重对立埋下了祸根。

虽然心有不满，但丸山师团长回到师团司令部，还是命令第16步兵联队1大队（代理大队长原1中队长川胜正夫大尉，兵力53人）、第4步兵联队集成部队（30人）和第29步兵联队集成部队（约50人）编成临时守备队，在第2步兵团长磐井虎四郎少将的指挥下，继续把守海岸防线，准备按计划掩护第38师团撤退。然而，日军还没准备好，美军又杀了过来。

第二阶段总攻

1月13日，飞马高地群和海马高地群相继得手、岐阜高地守敌陷入绝境，首次参战的美第25步兵师只用了3天时间就基本完成第一阶段总攻重任，师长乔治·科林斯少将在他的第一次实战考试中交出了一份满意的答卷。不过，在进行第二阶段总攻前，美军还是不得不停下了前进的脚步。为什么呢？还是老问题——补给瓶颈限制了作战规模。尽管师长科林斯一百个不愿意，但还是命令所部暂停进攻。

1月13日，美军工兵又从66高地开始继续将公路向前延伸，为了抢在下一阶段进攻发起日——1月22日前囤积足够的物资和保障战时物资转运顺畅，美军工兵几乎是不眠不休地干了整整10天，终于抢在进攻发动前，把公路全部延伸到第25步兵师防线前沿地带，做好了物资转运准备。看到第一阶段总攻战果丰厚，第14军司令帕奇少将感到很兴奋，决定尽快发起对库库姆博纳的总攻，捕捉歼

■ 为了修通山道，美军工兵不休不眠苦干了10天。图为在山间原始森林中开辟道路的美军工兵。

■ 补给问题仍然是限制美军作战规模的最大因素。

灭盘踞在此的17军司令部（实际上，百武已经逃脱)。从地图上看，库库姆博纳向东只有两条路，一条是从库库姆博纳到埃斯佩兰斯角之间的东北平原地带，这条路控制在日军手中，也是美军第2阶段总攻要夺取的目标。另一条是从库库姆博纳出发，向西南翻山越岭通往波弗特湾、长达20英里的羊肠小道，这条小道无人把守，帕奇很不放心，担心17军沿小道偷偷溜走。

为了防范万一，帕奇少将早在第一阶段总攻发起前就秘密组织了一支远征队，准备出其不意攻占库库姆博纳西南通往波弗特湾的咽喉要地——乌莱村。在他的命令下，第147步兵团I连、M连1个排、反坦克连1个排、工兵分队、医疗分队和通信分队组成远征队，在查尔斯·比奇上尉指挥下，开始远征。

1月7日，远征队乘坐2艘坦克登陆艇(LCT)从库库姆出发，经由埃斯佩兰斯角，于9日中午13时15分在克雷克部落靠岸。比奇率司令部先行上岸，I连1个排、反坦克排、重武器排和工兵排依次登陆，建立了环形防线。

2天后，第27步兵团展开夺取飞马高地攻势的同时，远征队余部开始翻山越岭，于1月14日抵达乌莱村，封锁了库库姆博纳向西南的退路。随后，该部在小村建立营地、防御阵地和前沿观察哨。接着，美军前出到努埃哈河上游（在希拉克海峡以南6英里)，并派出侦察分队，但仍然没有发现日军的撤退迹象。

敌人是没发现，可远征队自己却快断粮了。为了支援远征队，当地土著头顶肩扛、翻山越岭为远征队运送补给。不过，山路崎岖，只有很少的食物能送到I连。为了解决补给问题，比奇一再向帕奇请求派飞机空投。

但帕奇担心日军知晓美军的行动，出于保密起见，他拒绝了比奇的请求，硬是让远征队在食不果腹的情况下了苦撑了近一个月。

然而，日本人从来就没想过从波弗特湾突围。帕奇的这个“奇招”除了浪费兵力、让比奇做了一回现代鲁滨孙外，完全是白费力气。

在封锁库库姆博纳西南退路的同时，第14军司令部也已经拟订好了第二阶段总攻计划。1月16日，第14军司令部下达第1号野战令，着令第25步兵师、“美国”师、陆战2师进入克鲁斯角西面约2400米 (小河河口)－飞马高地群以西约2700米一线，向西发动第二阶段总攻。

由于在12月和1月的各次战斗中，陆战2师和“美国”师消耗很大，因此军司令部决定抽调陆战2师师部、陆战6团、陆战2团和“美国”师所属的第182步兵团、第147步兵团、师属炮兵群临时组建混成陆战师(Composite Army-Marine Division，简称CAM Division)。混成陆战师的任务是沿着海岸，渡过冲河，朝库库姆博纳继续推进。另一方面，在内陆完成山地作战的第25步兵师奉命向西南迂回日军侧翼，夹击库库姆博纳。拿下库库姆博纳后，两路大军合兵一处，共同朝西北，向埃斯佩兰斯角发动最后的攻势。

炮火支援方案仍和1月10日一致。陆战队第2航空联队奉命提供近距离空中支援。美国海军驱逐舰群，在火控小组的引导下，参加对预定目标的炮击。进攻发起后，“美国”师 (欠第182步兵团)、陆战2团和陆战8团担任隆加环形防线的守备任务。

进攻地带的兵要地志和1月上旬攻势遇到的地形差不多。在海岸，是南北走向的岩石

■ 沿着海岸进军的陆战6团。

山脊，沟壑密布，混成陆战师的对手依旧是第2师团。在西南战区，第25步兵师依旧处于山地作战态势，若要穿越山地，拿下库库姆博纳，第25步兵师就必须控制俯瞰库库姆博纳的87－88－89高地群，而这些高地对库库姆博纳的重要性并不亚于奥斯汀山对隆加机场的重要性。因此，第25步兵师的进攻就首先从87－88－89高地群做文章。

先期作战

1943年1月20日，为了执行第14军长帕奇少将下达的进攻命令，第25步兵师乔治·科林斯少将命令所部于1月22日开始从飞马高地出动，向西发起攻击。其中，在飞马高地作战中蒙受较大伤亡的第27步兵团负责佯攻，先行夺取87高地；然后担负主攻重任的第161步兵团超越27团，经由87高地，再向88高地和89高地发起攻击。第35步兵团完成扫荡岐阜高地的重任后，担任军预备队。

在161步兵团战区，53高地西南到87高地之间耸立着3座小高地，分别是X、Y、Z等3个高地。161团运送补给的卡车先是开到山脚下，然后再由当地土著头顶肩扛运往一线。第161步兵团的集结区是飞马高地南部。1月20日、21日两天，2营未遇抵抗，轻松占领了X、Y、Z等3个小高地，做好了向87－88－89高地一线总攻的准备。

在师北部战区，第27步兵团继续为佯攻做好准备。从马坦尼考河分岔口西北附近的66高地到87高地东部有一条漫长的山岭。从空中观察，山岭状似蛇形，故称蛇岭。通过这条山岭，27团可以沿着山脊直扑87高地。为了支援第27步兵团的进攻，第57和第65工兵营于1月22日把公路从66高地延伸至蛇岭背后。进攻发起后，工兵又在步兵背后跟进，

■ 在猛烈的炮火支援下，第25步兵师展开了第二阶段总攻。

边打边修路，最终修通了从66高地到87高地的简易山道。

1月17日，打先锋的第27步兵团1营在简尼中校率领下，进驻蛇岭头部，做好了进军准备。1月20日，A连出动1支侦察小分队（步兵和迫击炮各1个班）向西翻越蛇岭，朝87高地推进。当小分队逼近87高地C山头时，突然遭到日军机枪和迫击炮火力急袭，迫使小分队暂停前进。电信员立即向营部求援，同时随行的炮兵观察员也向炮兵发出准确的射击指令。在猛烈的炮火轰击下，日军停止射击。接着，1个排援军赶到，掩护小分队撤出了高地。

同一天，1营的另一支侦察小分队却安全登上了87高地G山。通过G山，1营可以直扑87高地主峰。因此，1营长简尼中校决定22日发起攻击，目标——库库姆博纳！

1月22日6点30分，第25步兵师正式发起第二阶段总攻。虽然师部下达的命令中没有指明需要强大的炮火准备，但根据各团长的请求，师炮兵群还是对161团主攻目标——88高地和89高地发射了12.5吨炮弹，同时对87高地也发射了55.5吨炮弹。当天，共有4个炮兵营对87高地进行炮火准备。其中，第8野战炮兵营在炮火准备阶段展现出极高的射速，平均每门火炮每分钟发射炮弹达到了惊人的41.5枚之多！

在炮火准备的同时，各营也进入预定阵位，第161步兵团1营迅速展开，掩护师主力左翼；主攻手——2营从Y高地出发进入一片密林，准备向87高地进发，然后再由87高地向88和89两个高地发起攻击。

■ 87－89高地以及蛇岭俯瞰图。

在161团展开迂回运动的同时，第27步兵团也展开了佯攻。6时30分，1营以C连为先导、各连排成一路纵队沿着蛇岭前进。7点，当各个炮兵营停止射击的时候、在蛇岭的美军迫击炮群和37毫米无后坐力炮立即向87高地猛烈开火。C连首先向87高地F山攀登，遭到87高地主峰的日军机枪火力拦阻，暂停进攻。接着，美军迫击炮群和37毫米炮群在炮兵前进观察员的引导下，以精确的炮火摧毁了日军火力点。7时45分，美军恢复进攻。拿下F山后，1营又以A连为右翼、B连居中、C连为左翼，向87高地主峰攻击。结果，日军作鸟兽散。9时10分，1营未遇抵抗，即顺利占领了当天的目标——87高地。

只用了一个早上，负责佯攻的27团就完成了当天的任务。这时，主攻手——第161步兵团2营却还在林子里打转转。第27步兵团1营长简尼中校决定不等161团，直接对88高地和89高地发起攻击！在他的命令下，A连负责87高地的守备，B连向88高地（距87高地500码）、C连向89高地（距87高地1000码）。11点，B连、C连未遇抵抗，顺利完成了第25步兵师所有的预定任务！

从49高地的师观察所，科林斯少将对87－89高地发生的一切清楚地看在眼里。89高地刚一拿下，他就飞也似地离开观察所，赶往89高地，进行新的作战部署。途经66高地，他遇到了军参谋长罗伯特·斯普拉格准将。于是，两人一起赶往一线，督促25师开始向库库姆博纳的大进军。27团的神速进展，也使25师和混成陆战师的作战分界线又有了新的变化，前方的91高地、98高地、99高地和库库姆博纳全部划入第25步兵师战区。库库姆博纳以北到海岸之间地带则是混成陆战师的战区。

赶到89高地，科林斯少将顾不上休息，就把第27步兵团长麦克科洛奇上校召来，要求他马不停蹄地继续追击日军，用最快的速度夺取前方的各个高地和库库姆博纳的南大门——97高地，同时撤消拖拖拉拉、还在丛林打转的161团2营的主攻任务，让他们留在后面清剿87－89高地之间的残敌。直到下午，161团2营才慢吞吞地抵达87高地，开始清剿战斗。看到科林斯少将大为不满，识趣的161步兵团长把掩护侧翼的1营和3营撤了下来，令他们返回飞马高地驻防。

这时，拿到主攻重任的麦克科洛奇上校却意气风发地开始就下一阶段的作战调整兵力部署。在他的命令下，3营在1营背后跟进，沿着蛇岭抵达87高地和88高地。其中，负责右翼掩护的I连和混成陆战师的182团取得了联系。同时，2营以E连为先导，迅速离开飞马高地，沿着蛇岭推进，他们的任务是警戒蛇岭和确保补给线畅通。

经过短暂休整，1营于14点恢复进攻，A连、C连并肩、B连殿后，朝北挺进。其间，第8野战炮兵营和设在89高地的D连迫击炮群继续为1营提供强有力的炮火支援。17点，1营在几乎未遇抵抗的情况下，于山地间行进约1800米，不仅迅速占领了97高地，连90和

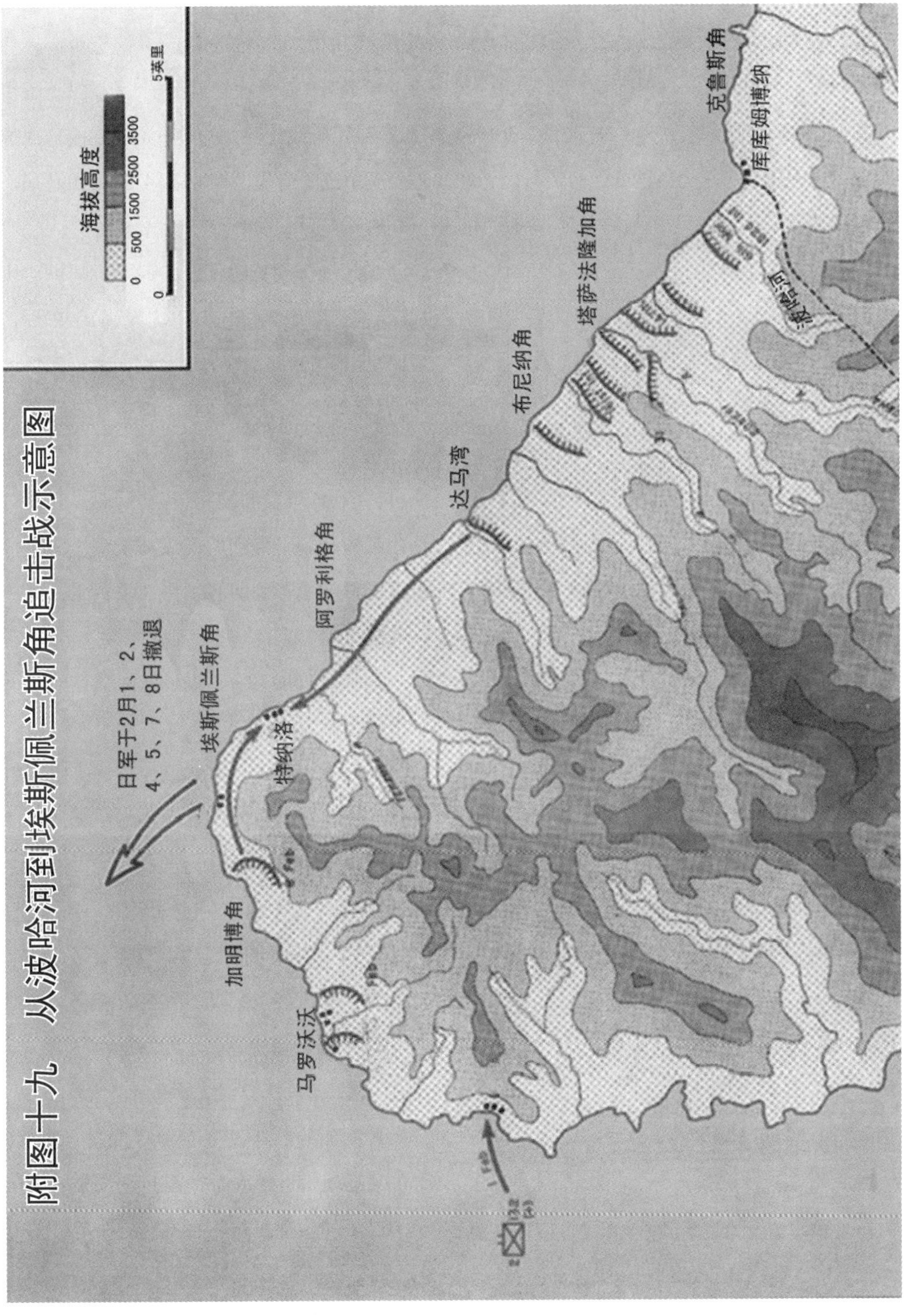

附图十九 从波哈河到埃斯佩兰斯角追击战示意图

98高地也一个不落地全部拿下。

1月22日，第27步兵团1营在一天之内于山地间行进4000米，一口气夺取了87高地、88高地、89高地、90高地、97高地、98高地，完全叩开了库库姆博纳的大门。当晚，2营和3营也赶了上来。在师长科林斯少将和团长麦克科洛奇上校的指挥下，第27步兵团完成了进攻准备。1月23日早晨，得到E连和K连1个排增援的1营从东、南两面冲进了库库姆博纳。15时，1营未遇抵抗，顺利占领了整个村庄。

2营和3营则分别担任左右两翼警戒任务。3营往北，准备切断混成陆战师战区内的日军退路；2营往西，占领100高地，掩护左翼。在97高地和100高地之间，2营和小股日军遭遇，毙敌30人，己方1人负伤。中午，2营顺利拿下100高地。

当夜，一股从内陆突围逃生的日军（约200人）拖着1门37毫米炮沿海岸公路穿过27团防线时，被I连逮个正着。一场激战，I连毙敌50多人，击溃了这股日军。

至此，第25步兵师以迅雷不及掩耳之势就已完成了第二阶段总攻任务的一半。现在就看北面混成陆战师的了。

混成陆战师的进攻

在海岸方面，混成陆战师从1月17日开始调整部署，陆战2团和第182步兵团换防。1月19日，混成陆战师以182步兵团为左翼、陆战6团为右翼，并肩发起试探性进攻。当天，混成陆战师顺利向前推进900米，逼近勇河。虽然没有遭遇日军的大规模抵抗，但陆战6团和182步兵团防线间存在的缺口迫使混成陆战师暂停了前进的步伐，等待第147步兵团赶来，填补缺口。

当天下午晚些时候，“美国”师机动侦察连接替科利角守备的147团。换防结束后，第147步兵团立即沿着海岸公路向克鲁斯角进发。1月20日，第147步兵团3营首先赶到战场，封闭了陆战6团和第182步兵团防线间的缺口。不过，1营和2营还落在后面，直到21日才赶到战场，保守的混成陆战师为了保持防线连贯竟也等到21日，白白浪费了一天的宝贵时间。

1月22日6时30分，混成陆战师在陆炮火力和舰炮火力支援下，正式发动第二阶段总攻：陆战6团为右翼、沿着海岸实施突击；第147步兵团居中，第182步兵团为左翼、保持与第25步兵师的防线衔接。

在第一天作战中，左翼和中央进展顺利。下午，第182步兵团和第27步兵团在88高地北面取得联系，保持了防线的衔接。在中央，第147步兵团也占领了95高地，与第27步兵团一道，对库库姆博纳形成包围态势。

最激烈的战斗发生在海岸方向，陆战6团在94高地附近遭到第29步兵联队集成部队（约50人）的顽强抵抗。激烈的战斗持续了一天，战至黄昏，第29步兵联队集成部队（约50人）伤亡过半，被迫撤出94高地，退至92高

■ 为混成陆战师提供舰炮火力支援的美军巡洋舰。

地继续抵抗。在第29步兵联队集成部队的掩护下，第2师团主力提前撤出一线，向后方转移。(后述)

1月23日清晨，混成陆战师继续进攻。182步兵团轻取91高地。在92高地，美军再次遭到第29步兵联队集成部队的顽强抵抗。在第147步兵团的全力支援下，陆战6团又花了1天的工夫才彻底歼灭了第29步兵联队集成部队，攻克92高地，摧毁步兵炮3门、轻型坦克1辆、2门37毫米炮和2挺机枪，日军约50人全部战死。

1月24日，混成陆战师继续向前推进。第147步兵团占领98高地，毙敌18人，和第27步兵团胜利会师。同时，陆战6团也占领了99高地、毙敌200人。波哈河东岸已完全归美军所有，下一步的作战目标就是波哈河！

跨河作战

拿下库库姆博纳后，第27步兵团又开始了新一轮进攻。这次，麦克科洛奇换下了1营，让米切尔的2营(得到3营K连的加强)担当主攻。他们的目标是“美国”师在11月18日到20日想做而没有做到的——渡过波哈河(距100高地2000米，距库库姆博纳2300米)！

虽然连续作战，27团物资消耗巨大，陆路补给遇到很大困难。但库库姆博纳海岸的夺取，却给登陆艇沿海机动，运送补给品带来了便利。中午，期待已久的补给运抵库库姆博纳。经过短暂的补充，2营跃出库库姆博纳，发动进攻。在H连迫击炮和机枪火力的支援下，右翼的K连和E连于13时向102高地发起攻击，遭到日军顽强抵抗，进攻受挫。

左翼，G连在营部连反坦克排和H连6挺机枪的支援下，从97高地出发，向西北朝103高地 (距100高地约200米) 发起攻击。结果，他们遭到102高地和103高地的火力夹击。为了避免蒙受重大伤亡，米切尔中校下令G连放弃正面进攻，改从100高地南坡走远路、抄103高地的后路。黄昏，G连避开了日军火力、爬上了103高地。经过短促激战，拿下了103高地。

1月25日，第27步兵团长麦克科洛奇上校为了加大进攻力度，下令刚刚和陆战6团完成换防的3营为右翼，沿海岸向西展开攻击。左翼的2营计划拿下俯瞰波哈河的105高地和106高地。同时，配属2营作战的K连奉命肃清102高地和103高地之间盘踞的日军。

中午，3营离开98高地和99高地，以L连、I连、营部连和M连为顺序，呈战斗纵队穿过库库姆博纳，进入前方丛林。16时，营长布什中校决定收缩队形，加快速度，争取在入夜前抵达波哈河。于是，I连加速，超越L连，向西北沿着海岸公路前进。其间，日军零星散兵试图阻击，均被3营粉碎，毙敌35人。

黄昏前，布什中校率部渡过了波哈河。不过，地图显示不清，地形复杂，难以辨认。为了确认所渡之河为波哈河，他请求炮兵对地图上的波哈河口试射1弹。结果，炮弹准确在他前方的河口爆炸。毫无疑问，他们冲到了波哈河！于是，布什率部在河西构筑环形防线，等待2营跟进。

当天，2营在几乎未遇抵抗的情况下，顺利占领105和106高地，封锁了库库姆博纳东南部残敌北撤通道。入夜后，2营和一股突围的日军遭遇，击毙日军50多人。仗打到这个分上，日军完全丧失斗志，只顾着逃命，根本无法对美军构成威胁。

■ 波哈河一线日军遗弃的工事。

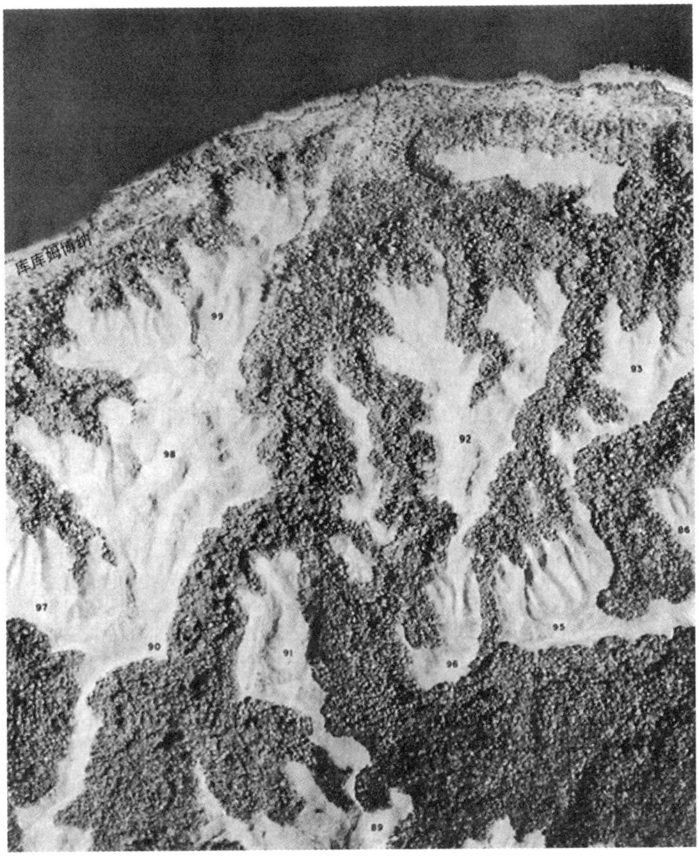

■ 库库姆博纳周围高地全貌。由于美军第25步兵师迅猛进展，很快便占领了库库姆博纳，第2师团后方受到巨大威胁，师团长丸山政男中将被迫违反军令，率部提前撤出阵地。

1月26日7时，2营和3营取得联系，L连1个排沿波哈河向南巡逻时和F连胜利会师。为了防止日军狗急跳墙、趁虚采取海上机动偷袭亨德森机场，帕奇少将下令第25步兵师返回隆加环形防线，同时第182步兵团和陆战6团接替27团，继续追敌。

在1月总攻行动中，第27步兵团表现卓越，先后取得了飞马高地群和库库姆博纳－波哈河进攻作战的胜利，他们为此付出的仅仅是7名军官和67名士兵阵亡、226人负伤的微小代价。

不过，美军虽然进展神速，可17军早有准备，在周密的组织下，第17军残部几乎全部逃脱了美军的追击，安全地撤到了埃斯佩兰斯角－加明博角一线。

撤退风波

1月22日，美军展开总攻的当头，日军第38师团各部也开始从一线撤退。按计划，海岸方面的第2师团为了掩护第38师团的撤退，将撤退的时间推迟1天。然而，混成陆战师的猛烈进攻将第29步兵联队集成部队逼入绝境，第2步兵团各部也陷入苦战。以第2步兵团当时的战斗力，如果混成陆战师也像第25步兵师那样大胆穿插、猛烈攻击的话，不出1天就会全军覆灭。面对美军强大的进攻重压，第2师团长丸山政男中将于1月23日5时断然违反军司令部拟订的撤退计划，下令第2师团各部立即从一线阵地撤退，向后方转移：

1.约200名敌人于22日9时出现在903高地附近，另外约200名敌人进入勇河左岸高地附近，压迫第38师团正面。

第38师团主力从现阵地撤退，矢野大队向后方转移，师团友邻部队也朝博内吉河撤退。

2.师团即刻从现阵地撤退。

3.第2步兵团即刻从现阵地撤退，然后在波哈河附近集结。

同时，丸山政男中将还派出传令兵把命令副本分别转交给军司令部和第38师团司令部。接着，第2师团以师团司令部、第2步兵团司令部、第4步兵联队集成部队、第29步兵联队伤患队和残部、第16步兵联队集成部队、第16步兵联队1大队为撤退顺序，依次和美军脱离接触，沿着波哈河－塔萨法隆加角－埃斯佩兰斯角轴线，拼命撤退。

对第2师团提前撤退的做法，第38师团震怒不已。第228步兵联队本部、1大队残部和3大队残部刚刚从敌阵突围而出，正马不停蹄地朝埃斯佩兰斯角撤退。第2师团这个时候撤退，万一被沿着海岸推进的混成陆战师追上他们，后果不堪设想（当然，这并没有发生）。为此，第38师团司令部派遣高级参谋亲泊朝省中佐前往第17军司令部，向军参谋长宫崎周一提出强烈抗议。虽然军司令部对第2师团无视计划和命令，擅自行动的决定也感到很生气，但丸山中将资历深，加上第2师团是日本陆军中有名的王牌师团，耍惯了大牌，军参谋长宫崎周一以下只能生闷气、无可奈何。对军司令部和第38师团的不满，第2师团根本不以为然。战后，第2师团高级参谋田口和夫就此问题接受防卫厅战史室编纂官咨询时，就直言17军要求第2师团断后本来是一道极不合理、且置第2师团于死地的命令，在美军猛烈的炮击、轰炸和进攻面前，多呆一天，那结局就是全军覆灭。为了师团的利益着想，第2师团只能提前撤退。首席参谋松本博说得更露骨：“鉴于美军第27步兵团已在军右翼连续突破了87－89高地，打到库库姆博纳外围，而且第38师团已经撤离防区，只有我们还处在美军攻势区内。如果按照军司令部下达的撤退指令，第2师团肯定全军覆灭。以牺牲第2师团，换取第38师团和军司令部的撤退，这究竟是何居心？”

不管第2师团的提前撤退正确与否，一线的战况确实到了危急存亡之秋。处在第2师团最左翼的第29步兵联队集成部队为了掩护师团主力撤退，在94－92高地一线死守2天，全军覆灭。居中的第16步兵联队在迎击第147步兵团进攻的战斗中也蒙受了巨大的损失。对此，第16步兵联队副官野田孝次回忆道：“当时，各大队乃至各中队都损失巨大，到最后不得不解散联队编成。以中队为例，不少中队的将校全部战死，士兵损失大半，不得已之下，只得用几个中队的残部合并，才勉强凑成半个中队的战斗力。不少人认为我们违反军司令部的掩护命令，过早地撤出了一线，致使第38师团在撤退途中又增添了部分危险。但这些批评者可能忘了，我们的阵地是全军最突前的，自冲河撤退，必须经过勇河、水无河（波哈河）、博内吉河、塔萨法隆加河、阿罗利格角等才能完成撤退。如果不是丸山师团长当机立断，恐怕顶在全军最前面的第16步兵联队不是可能，而是百分之一百二十的完蛋了！”

1月22日15时，第17军司令官百武晴吉中将率军司令部成员约20人从塔萨法隆加角出发，朝埃斯佩兰斯角前进。为了和撤退下来的第2师团和第38师团联络，小沼治夫大佐和杉之尾三夫少佐留在塔萨法隆加角。

23日拂晓，第17军司令部一行人抵达埃斯佩兰斯角。24日清晨，第2师团先行赶到塔萨法隆加角，和小沼治夫大佐、杉之尾三夫少佐取得联络。在那里，小沼参谋传达了军司令官留下的命令，要求第2师团在博内吉河一线组织防御，务必掩护第38师团和军司令部成员安全登船。尽管如此，第2师团不予理会，丸山师团长反而下令继续朝塔萨法隆加河撤退。

面对如此抗命的第2师团，军司令部一时也没了辙。不过，此时离第一次撤退时间越来越近。所以，无人再理会第2师团的抗命行为，都开始着手拟订第一次撤退方案。1月27日，为了掩护第38师团和军司令部部分成员的撤退，军司令部第3次向第2师团下达命令（与其是命令，倒不如说是请求），以委婉的口气要求第2师团在海岸附近组织防线。为了稳住第2师团，让他们当好后卫掩护，军司令官百武晴吉甚至大方地表示不参加第一次撤退，留在瓜岛陪同第2师团一起撤退。军参谋长宫崎周一也亲自向第2师团参谋长玉置温和大佐打电话，以近乎恳求般的口气把好话说尽，才勉强说服丸山放弃第一次撤退，承担起掩护第38师团和军司令部成员的撤退重任。

这时，第38师团主力也好不容易摆脱美军在波哈河一线的追击，于1月27日抵达塔萨法隆加河一线。

1月27日晚，第17军司令官百武晴吉中将向第38师团长佐野忠义中将下达了第一次撤退

■ 埃斯佩兰斯角，日军将在这里上船撤离瓜岛。

令："28日夜从现地出发、29日清晨抵达阿罗利格角右岸地区，一部分向加明博角集结。"

1月28日，第38师团完成了埃斯佩兰斯角和加明博角的撤退部队编组。在埃斯佩兰斯角，撤退部队由师团长佐野忠义中将亲自指挥。在加明博角，撤退部队由第38步兵团长伊东武夫少将指挥。

按计划，海军于1月31日夜到2月1日凌晨实施第一次撤退。1月31日17时，正在埃斯佩兰斯角等待的第38师团长佐野忠义中将突然接到17军转发的第8方面军紧急通知，决定第一次撤退行动推迟1天。这又是怎么回事呢？

"开号"作战

为了确保"开号"作战的顺利进行，联合舰队从1月10日开始进行总动员，对美军在所罗门群岛和中部太平洋各要地展开一连串的牵制攻击和欺敌行动。

从1月14日起，基地航空部队加强夜间空袭，动用5－14架飞机，连续对瓜岛亨德森机场进行持续12天的夜间空袭，极大地扰乱了美军的生物钟。

1月23日，东方牵制部队（第8战队和第4、6通信队）在原忠一少将率领下，从沃特杰环礁出击，途中不断以第3舰队的名义拍发伪电报，摆出一副要在中部太平洋大举进攻的势头。另外，"伊8"号潜艇（艇长内野信二中佐）对坎顿岛机场进行炮击，袭扰美军。1月20日和21日，第14航空队的二式大型水上飞机更是对圣埃斯皮里图进行2次成功的超远程攻击。

日军第38师团的撤退序列

埃斯佩兰斯角方面：

师团司令部（100人）、第228步兵联队（460人）、第229步兵联队（290人）、第230步兵联队（400人）、独立山炮第10联队（10人）、独立山炮第20大队（50人）、野战高射炮第47大队（50人）、第2海岸防备队所属的第230步兵联队伤患队（140人）、第2工兵联队伤患队（400人）、第76兵站医院伤患队（300人）、船舶工兵第1联队一部（人数不明）、船舶工兵第2联队（250人）、第1登陆队一部（不明）、第2登陆队（60人）、临时第1登陆队（100人）、船舶炮兵第1联队（100人）、船舶通信队（30人）、海军瓜岛守备队（460人）。

加明博角方面：

第38步兵团司令部（40人）、第38工兵联队（150人）、第38辎重兵联队（150人）、运输船船员（不明）、第2海岸防备队所属的第2师团伤患队（400人）、第38师团伤患队（200人）、第124步兵联队伤患队（100人）、第67兵站医院伤患队（40人）、海军第11、13设营队（主要是朝鲜劳工）、舞鹤镇守府第4特别陆战队（600人）。

■ 原忠一少将（居中者）。

次航空歼灭战。当天，基地航空部队出动58架零式战斗机和18架一式轰炸机轰炸瓜岛亨得森机场。由于美军雷达预警得当，“仙人掌”航空队主力成功退避至外海，日军轰炸机只轰炸了一个空空如也的机场。在空中，陆战队的F4F和陆航的P-38和零式战斗机机群展开激烈缠斗，4架F4F和4架零式战斗机化为风中残花。返航途中，零式战斗机队遭遇恶劣天候，6架零式战斗机迷航坠海。第一次航空歼灭战以日军失败告终。

1月27日，第2次航空歼灭战由陆军担当。当天，日本陆航先出动百式司令部侦察机搜索瓜岛敌情。接着，74架一式战斗机和9架九九式双发轻轰炸机在巴拉尔上空集合，然后在司令部侦察机的引导下，突入瓜岛，和美军战斗机爆发激烈战斗。一式战斗机出手不凡，以损失6架的代价，一举击落7架美军战斗机（其中2架P-40，2架P-38，1架F4F），掩护轰炸机完成了轰炸亨德森机场的重任。

两次航空歼灭战并没有收到预想的战果，反倒损失了大量飞机，交换比对日军极

连续的欺瞒加上袭扰，使美军信以为真，认为联合舰队进行的总动员是为了再次向瓜岛发动海陆空总攻。为了摧毁日军的这一子虚乌有的“企图”，美军展开反击。1月23日夜到24日凌晨，第67特混舰队在安斯乌斯少将率领下，沿着漕海北上，深入日军内线，炮击维拉岛上的蒙达机场。不过，这次行动对日军近乎骚扰，对“开号”作战的实施没有丝毫影响。

1月25日，日军发起“开号”作战的第1

为不利。尽管如此，联合舰队司令长官山本五十六大将仍然决定继续进行“开号”作战。

1月28日夜，第38师团补充员和2个海军高射击枪队乘坐第3水雷战队的6艘驱逐舰在鲁塞尔岛西北角登陆，旋即占领全岛。

得知日军连续大举空袭瓜岛和占领鲁塞尔岛的消息，太平洋舰队总司令尼米兹上将和南太平洋战区司令哈尔西中将都担心这些行动很可能是日军大规模进攻的前奏。为了防范日军发动新一轮进攻，哈尔西中将决定出动第18特混编队（司令基芬少将），于1月27日掩护4艘装载着兵员的运输船前往瓜岛，替下疲惫不堪的陆战2师。

1月29日清晨，基地航空部队出动14架一式轰炸机，对东南扇区进行拉网式的远程空中侦察。9点37分，负责搜索B3线的1架一式轰炸机（长机鬼冢光男少尉）报告在圣克里斯托巴尔南方，靠近伦内尔岛一带发现4艘战列舰、3艘巡洋舰、10多艘驱逐舰的美军舰队掩护着4艘大型运输船航行。毫无疑问，鬼冢少尉发现的正是第67特混舰队！

接到报告，第26航空战队立即下令出击。在飞行队长中村友男少佐率领下，起飞32架一式轰炸机（含6架照明机）。18时50分，日军机群发现了第18特混舰队，并断然实施鱼雷攻击。在中村友男少佐的带领下，各机依次跟进，在近距离发射鱼雷，但无一命中。虽然没有遭到战斗机的拦截，但美军猛烈的对空炮火也给日军飞机造成了很大的威胁，今村文三郎一等飞曹的一式轰炸机中弹坠海，另有3架带伤返航。

■ 日本陆军一式战斗机。绰号“隼”式，美军称之为“奥斯卡”，首次参加瓜岛空战就表现出了强悍的战斗力。

■ 在伦内尔岛海战中阵亡的701航空队飞行队长桧贝襄治少佐。

19时33分，第二批日机又发动了更为猛烈的攻势。由于照明队准确地飞到目标上空投下伞降照明弹，照亮了战场，引导攻击队准确地发现美军舰队。飞行队长桧贝襄治少佐首先冲进敌阵，发射鱼雷，可惜鱼雷从重巡洋舰“芝加哥”号舰首划过。眼看投下的鱼雷没能命中，座机又受创，桧贝襄治少佐横下一条心，断然驾驶飞机朝“芝加哥”号撞了上去，好在“芝加哥”号急转规避，飞机在“沃勒”号舰尾爆炸坠海（出击前，桧贝襄治少佐就发下毒誓，此行非得击沉敌舰，否则决不返航）。接着，村上胜夫上等飞曹驾驶的九六式轰炸机于投雷后也被炮火击落。这一次，村上胜夫却顽强地驾驶飞机在“芝加哥”号前方落海，熊熊燃烧的火光照亮了“芝加哥”号，于是其余的九六式便以“芝加哥”号为目标，从各个方向发射鱼雷，共有2雷命中。20时15分，海战结束，日军以损失2架九六式（包括桧贝襄治少佐在内阵亡14人）、1架一式轰炸机（机组人员战死8人）的代价，重创了“芝加哥”号。

30日清晨，751航空队飞行队长西冈一夫少佐率11架一式轰炸机追击了撤退的“芝加哥”号。冒着猛烈的防空火力拦阻和战斗机的拦截，以损失7架轰炸机的代价，命中“芝加哥”号4雷，击沉了“芝加哥”号，为伦内尔岛冲海战的胜利画上了句号。

■ 在伦内尔岛海战中不幸被日军击沉的“芝加哥”号重巡洋舰。

伦内尔岛海战的胜利，给“开号”作战带来了一丝光明。不过，为了报复伦内尔岛海战的失利，美军在1月31日夜对拉包尔进行猛烈空袭，造成基地航空部队毁伤50多架战机的惨重损失。这次轰炸，给日军造成了很大的心理影响。不少人开始怀疑“开号”作战的可行性，但联合舰队司令长官山本五十六大将以坚强的决心再次压制了所有反对意见，断然下令第一次撤退作战按计划于2月1日进行！

第一次撤退

2月1日12时，日军第一次运输队从肖特兰出发，沿着中央航线开赴瓜岛，进行第一次撤退作战。

14时，1架一式轰炸机在隆加角附近海域发现2艘巡洋舰和3艘驱逐舰！接到轰炸机的报告，东南方面舰队大惊失色，此刻召回舰队已不可能。为了确保第一次运输队的安全，基地航空部队果断出动12架九九式轰炸机在40架零式战斗机的掩护下，对美军舰队实施空袭。在美军猛烈的对空炮火拦阻下，日军以损失5架九九式和4架零式的代价，炸沉了1艘驱逐舰。

遭到攻击的美军自然也不甘示弱。下午，1架B-17在布甘维尔附近发现了沿着漕海朝东南急速航行的第一次运输队。于是，“仙人掌”航空队出动17架轰炸机、7架鱼雷机和17架战斗机前往截击。18点20分，美机在科隆班加拉北方海域发现日军运输队。在桥本少将的指挥下，第一次运输队进行卓越的防空机动，避开了绝大部分炸弹，只有旗舰“卷云”号中了1枚近失弹，丧失动力，由“文月”号拖带返回了肖特兰。

20点，第一次运输队抵达瓜岛北部海域，然后分别朝埃斯佩兰斯角和加明博角驶去。

为了拦截日军驱逐舰群，驻图拉吉的美

日军第一次撤退运输队编成序列

埃斯佩兰斯角方面：

指挥官：第3水雷战队司令官桥本信太郎少将

运输队：“风云”、“卷云”、“夕云”、“秋云”、“谷风”、“浦风”、“滨风”、“矶风”号8艘驱逐舰（指挥官第10战队司令官木村进少将）

警戒队：“舞风”、“江风”、“黑潮”、“白雪”号4艘驱逐舰（指挥官桥本信太郎少将）

加明博角方面：

指挥官：第16驱逐队司令庄司喜一郎大佐

运输队：“时津风”、“雪风”、“大潮”、“荒潮”、“皋月”、“长月”号6艘驱逐舰

“卷云”号驱逐舰，这是日军在“开号”作战中唯一一艘沉没的驱逐舰。

军第3鱼雷艇中队奋勇出击，双方展开了激烈战斗。22时45分，在萨沃岛西南2海里巡逻的美军鱼雷艇“PT-111”和“PT-48”号首先发现了日军驱逐舰。虽然2艘鱼雷艇进行了英勇攻击，发射鱼雷8条，但无一命中，反而遭到“江风”号猛烈的炮火反击，“PT-111”号中弹起火，“PT-48”号中弹负伤后在萨沃岛搁浅。接着，当日军驱逐舰群抵达埃斯佩兰斯角北部时，又遭到了“PT-115号”、“PT-37”号和“PT-47”号3艘美军鱼雷艇的攻击，运输队的“风云”号离队，以猛烈的炮火粉碎了美军的突击，造成“PT-115”号因伤搁浅、“PT-37”号油箱被击毁，只有“PT-47”号完整无损地逃出战场。最后展开攻击的是“PT-124”号和“PT-123”号，结果“PT-123”号被日军飞机炸毁。经过一整夜的激战，美军第3鱼雷艇中队损失惨重，战斗力几乎丧失了一半。不过，美军的努力也并不是毫无成效。“卷云”号在规避鱼雷时就不慎触雷，失去动力，只得由“夕云”号发射鱼雷将其击沉。在“江风”号和“风云”号的炮火掩护下，第38师团乘坐大发、小发、折叠舟逐次向各艘运输驱逐舰撤退。凌晨2时，第38师团各部全部登舰。随后，驱逐舰群撤离了埃斯佩兰斯角。

加明博角方面，日军驱逐舰群顺利靠岸，第38步兵团各部只用了1个半小时就全部登上了驱逐舰，然后迅速撤离。

返航途中，“仙人掌”航空队进行不懈追击，可惜投下的炸弹无一命中。2日正午12时，驱逐舰在布甘维尔卸下兵员，计陆军5164人、海军250人。第一次撤退顺利结束。

后卫战斗

在第38师团顺利地撤出瓜岛的同时，负

责为全军断后的矢野大队和第1海岸警备队，也在博内吉河一线进行了艰苦的后卫战斗。

1月25日，在第27步兵团追抵波哈河沿岸的同时，第14军司令部下达第二号野战令，命令混成陆战师接替第25步兵师所有防区，于27日6点30分越过波哈河战线，继续向西追击。

接到命令，陆战2师师长立即进行追击部署：182步兵团为左翼沿内陆进击，陆战6团为右翼沿海岸公路追击，第147步兵团在背后跟进，担任预备队。“美国”师属炮兵群和陆战2师炮兵群、陆战队第2航空联队继续提供火力支援。

1月26日夜，混成陆战师和第27步兵团完成换防。

1月27日6时30分，混成陆战师准时发起攻击。虽然日军抵抗极其微弱，但谨慎的陆战6团和182团仅仅向前推进了900米。次日，混成陆战师又推进了1800米，前出至努埃哈河一线。在这里，他们终于遭到了日军比较有组织的抵抗，但力度不大。

眼看日军抵抗微弱，而陆战2师却仍畏畏缩缩，完全没有第25步兵师那种气吞万里的气势，帕奇少将忍无可忍，解除了陆战2师所有的任务，命令第147步兵团在陆战10团2营(装备75毫米榴弹炮)和第87野战炮兵营A连的支援下，由德·卡莱准将统一指挥，进行追击。陆战6团停止前进，警戒后方；第182步兵团干脆撤回隆加防线。

1月29日夜，殿后的第147步兵团匆匆赶到努埃哈河。1月30日7点才正式发起攻击。在帕奇的严厉督促下，右翼的1营仅用半天时间就向前推进1800米，打到了博内吉河口，接着1营试图继续向纵深推进时却遭到矢野大队的反击，被迫暂停进攻，撤回东岸。在左翼，内陆推进的3营遭到了第1海岸警备队顽强的抵抗，于博内吉河东岸约1000米处受阻。

1月31日，在猛烈的陆炮火力和舰炮火力支援下，沿博内吉河一线又发动新一轮进攻。左翼，3营以迅猛的攻势，打垮了第1海岸警备队，夺取了河西岸高地群，距塔萨法隆加角不到2300米！右翼，1营继续遭到矢野大队的拼死反击。在舰炮火力和陆炮火力全力支援下，1营勉强守住了河口。

2月1日，塞伯尔准将接替德卡雷准将，指挥147团继续追敌。1营继续沿河口猛攻，尽管陆炮火力和舰炮火力一再对西岸炮轰，但矢野大队再次以顽强抵抗挡住了1营的去路。由于1营始终没有进展，惟恐侧翼暴露的3营只得停止进攻。147步兵团战术动作太过僵硬，如果是科林斯，必然会下令3营掉过头来，协同1营两面夹击矢野大队，很快就能解决战斗。

2月2日，矢野大队和第1海岸警备队撤出博内吉河一线。随着矢野大队的撤退，1营终于渡过了博内吉河。17时10分，1营和3营在塔萨法隆加河南岸1000米处会师。对147步兵团的缓慢进展，帕奇同样深感不满。为了加快进军速度，他决定换上第25步兵师所属

■ 瓜岛西北角全景图。

的161步兵团（可惜的是，这个团也是进展迟缓）。在等待161团赶来期间，第147步兵团于2月3日到5日暂停追击，沿着塔萨法隆加河一线休整。

在历时4天的博内吉河战斗中，147团仅阵亡2人、负伤67人。为了挡住美军，矢野大队却付出了极为惨重的代价，仅第3机枪中队就阵亡机枪小队长以下30人，战斗力被削弱了三分之一。尽管如此，他们仍然出色地完成了阻击任务，保障了第38师团的安全撤退。而第147步兵团的表现可以说糟糕透顶，仅仅这么点伤亡就止步不前，也难怪帕奇会如此倚仗乔治·科林斯少将。如果换成是第25步兵师，不仅矢野大队早被吃掉，说不定17军也难逃一劫。

第二次撤退

2月1日午前，第17军司令官百武晴吉中将又下达了第二次乘船撤退令，着令第2师团和军司令部于2月4日进行第二次撤退。

2月2日凌晨，第17军司令官百武晴吉中将亲自向第2师团长丸山政男中将挂电话，告诉他第一次撤退作战圆满完成，同时下令在2月2日日落后第2师团自塔萨法隆加河、矢野大队和第1海岸警备队自博内吉河左岸撤退，前往埃斯佩兰斯角和加明博角集结。

根据军司令官下达的新命令，丸山师团长也下令第2师团主力从2月2日19点从现地撤退，松田部队（第1海岸警备队）归军司令部直辖。

当天，美军正处在换防时间，停止了追击行动。利用这个大好的良机，第2师团主力安全撤出塔萨法隆加河一线，于3日清晨转移到埃斯佩兰斯角和加明博角。2月3日清晨6时，第2师团长丸山政男中将抵达埃斯佩兰斯角，11时下达部队乘船令。与此同时，第17军司令官百武晴吉中将也抓紧做后卫部署。

在他的命令下，矢野大队（此时已撤到博内吉河左岸约1公里地带）、北尾部队（原一木支队的残部，代理支队长北尾淳二郎少佐）、石堂部队（第124步兵联队1大队，由第124步兵联队突围的残兵和轻伤员组成，由第124步兵联队1大队长石堂惠二少佐指挥）、野战重

埃斯佩兰斯角和加明博角的日军撤退部队序列

埃斯佩兰斯角：

第17军司令部、第2师团司令部、第2步兵团司令部、第4步兵联队、第16步兵联队、第29步兵联队、师团通信队、卫生队、野炮兵第2联队一部、第2工兵联队、第2辎重兵联队一部、独立战车第1中队、独立速射炮第2大队、独立速射炮第6大队、迫击炮第3大队、野战高射炮第47大队、第1船舶团司令部、第1海岸防备队一部（第28步兵联队伤患队）、第2海岸防备队一部（第230步兵联队、第76兵站医院和第2工兵联队伤患队余部）、军通信队主力。

加明博角：

野炮兵第2联队主力、野战重炮兵第4联队主力、野战重炮兵第21大队2中队、野战重炮兵第7联队2中队、野战高射炮第38大队、第2辎重兵联队主力、第2师团兵器勤务队、第3野战运输司令部、军补给厂一部、第4工兵司令部先遣队。

■ 美军“海伦娜”号轻巡洋舰。

炮1个小队、高射炮第45大队一部组成殿后部队，由第28步兵联队长松田教宽大佐指挥，于2月2日19时以后归军司令部直辖，任务是阻止美军，确保第2师团主力和军司令部安全撤退。

3日15时，军参谋山本筑郎少佐（1月7日登上瓜岛）来到第28步兵联队本部，担任军司令部驻松田部队联络官。在交谈中，山本筑郎少佐向松田教宽大佐出示了《舟艇机动实施计划》，告之海军方面计划第二次撤退作战结束后将于6日动用15艘大发从肖特兰出发，于6日黄昏前往加明博角附近，接应后卫部队，进行第3次撤退。为此，第3船舶工兵联队长松山作二少佐于2月1日登上瓜岛，准备这次行动。看到这份计划，松田教宽差点没晕过去！

另一方面，海军继续进行第2次撤退准备，瓜岛周围的海空激战仍持续不断。

2月2日正午，基地航空部队1架侦察机在圣伊沙贝尔岛附近发现了第16特混舰队。于是，日军出动14架一式轰炸机，在飞行长三原元一少佐指挥下，试图对“企业”号进行鱼雷攻击。飞临伊沙贝尔岛附近时，却收到了第16特混舰队撤退的消息，日机只得悻悻返航。途中，他们遇到恶劣天气，各机分散返航。结果，大约10架轰炸机和外围巡航的“海伦娜”号轻巡洋舰狭路相逢。

看到日机临空，“海伦娜”号立即仰起炮口，进行对空拦阻射击。一开始，日本人并没有把“海伦娜”号放在眼里。可令日本人傻眼的是，攻击队长三原元一少佐的长机不知为什么居然坠入了大海，接着山本昌杰上等飞曹、云野武明上等飞曹、篠崎信一中尉、道内永中尉等4架一式轰炸机又先后起火坠落。当时，日本飞行员慌乱中只顾着逃命，根本就没有去想法弄清这究竟是怎么回事。连吃亏的705航空队在它的战史《705海军航空队史》对这次巨大的损失都很隐晦，

■ 向来以生存率低著称的日海军一式轰炸机在近炸引信面前完全成了一点即燃的“打火机”！

只列出了损失的飞机数目和机组成员名单，对为何造成如此损失却不深究。

实际上，美军单舰对空战斗之所以行之有效，是因为“海伦娜”号使用了秘密武器——近炸引信 (VT)。随着这款秘密武器的登场，美军又多了一项对抗日军航空兵的法宝。同时也开启了近炸引信使用的新纪元。

2月4日，日军又开始组织第二次撤退。3日清晨，第二次运输队在肖特兰升火待发。

出发前，基地航空部队照例派出14架一式轰炸机进行远程侦察。清晨，1架一式轰炸机在图拉吉东南390海里发现1艘航空母舰、2艘战列舰、2艘轻巡洋舰和9艘驱逐舰。为了摧毁这支美军舰队，基地航空部队司令长官草鹿任一中将亲自命令驻布卡岛的751航空队出击。11时30分，751航空队9架一式轰炸机(挂载鱼雷) 在零式战斗机17架掩护下出动，准备实施白昼强袭。13时，攻击队接到报告，美军舰队转向北上，被迫中断攻击，掉头返航。

尽管强大的美军舰队就在瓜岛附近，但第2次运输队还是于11时30分从肖特兰出发。临行前，第3水雷战队司令官桥本信太郎少将和第10战队司令官木村进少将都预感此行危机重重，为了完成任务，两人都抱定了必死的决心。

果不其然，从16时到19时，第二次运输队共遭到“仙人掌”航空队31架战斗机和33架轰炸机、鱼雷机的猛烈攻击。最初，驱逐舰群只能靠自己的力量规避轰炸，“舞风”号挨了1枚靠近弹、丧失动力，在“文月”号的拖带下安全返回肖特兰。17时30分，17架

第二次撤退运输队编成序列

埃斯佩兰斯角：

警戒队：指挥官第3水雷战队司令官桥本信太郎少将

1号队（“白雪”号、“黑潮”号）、2号队（“朝云”号、“五月雨”号）、3号队（“舞风”号、“江风”号）

运输队：指挥官第10战队司令官木村进少将

第10驱逐队（“夕云”号、“风云”号、“秋云”号）、第17驱逐队（“谷风”号、“浦风”号、“浜风”号、“矶风”号）

加明博角：

警戒队：指挥官第16驱逐队司令庄司喜一郎大佐

“皋月”号、“长月”号和“文月”号

运输队：第16驱逐队（“时津风”号和“雪风”号）、第8驱逐队（“大潮”号和“荒潮”号）

零式战斗机赶到战场。双方爆发激烈空战，零式战斗机以损失1架、重伤1架的代价，击落10架美机，击退了“仙人掌”航空队的攻击。

粉碎了美军的空袭后，第二次运输队顺利入泊。由于美军鱼雷艇没有出动骚扰，第二次撤退竟然比第一次还要顺利，军司令部和第2师团主力只用了2小时就全部撤上军舰。5日12时50分，军司令部和第2师团在布干维尔登陆，第二次撤退作战出乎意料地胜利完成。共计撤出陆军4458人、海军519人。

第三次撤退

第二次撤退结束后，瓜岛地区剩下部队只有松田教宽大佐指挥的总殿后部队。好在美军一直没有开始大规模追击行动，松田教宽大佐得以专心收容各部，准备撤退。现在唯一的焦点只剩下究竟是用驱逐舰还是用机艇撤出松田部队。经过陆军方面不懈交涉和联合舰队司令长官山本五十六大将的坚强决心，第8舰队最终还是决定动用驱逐舰进行第三次撤退。

2月6日，增援部队指挥官、第3水雷战队司令官桥本信太郎少将下达了第三次撤退作战的兵力部署：

1.第1联队（指挥官桥本信太郎少将）：1号队（“白雪”号、“黑潮”号）、2号队（“朝云”号、“五月雨”号），3号队（“时津风”号、“雪风”号、“皋月”号、“文月”号），任务是前往加明博角进行撤退作战。

2.第2联队（指挥官第10战队司令官木村进少将）：驱逐舰“风云”号、“夕云”号、“秋月”号、“长月”号、“谷风”号、“浦风”号、“浜风”号、“矶风”号，任务是前往鲁塞尔岛，撤出守军。

2月6日中午，殿后部队总指挥第28步兵联队长松田教宽大佐命令全体殿后部队共1972人从塔萨法隆加河一线撤退，向加明博角集中。入夜后，第8方面军司令官今村均中将直接向松田部队长下达了次日乘船电令：

驱逐舰于7日21时（当地时间为23时）抵达。瓜岛全军兵力携大小机艇、折叠舟待机。若7日夜无法实施，则行动顺延1天。瓜岛海军通信队在登陆前（由潜艇）撤退。

与此同时，美军也展开了最后的追击。2月6日凌晨，第161步兵团（团长詹姆斯·达尔顿二世上校）和第147步兵团换防完毕。10点，161步兵团开始追击。20时20分，161团前出至乌马萨尼河，沿途只遇到小股日军抵抗，毙敌7人。7日晚，161团渡过乌马萨尼河，继续朝塔姆巴勒格河推进，距埃斯佩兰斯角－加明博角一线还有3公里。他们并没有意识到当面的日军已经快撤完了。按照达尔顿二世上校拟订的计划，161步兵团将于9日逼近埃斯佩兰斯角，稍做休整，再进行最后的总攻击。他预计在那里将有一场血战，因此他并不急于推进。结果，他的谨慎却放跑了松田部队。

2月7日11时45分，第三次运输队从肖特兰出发。临行前，第8舰队参谋长大西新藏

■ 描述第2师团从埃斯佩兰斯角撤退的油画。

■ 美军占领埃斯佩兰斯角后缴获的日军重武器。

少将对运输队训话："虽然前两次行动非常顺利，但绝不能因此断定第三次行动也会顺利。如遇敌拦阻，战斗为上！"负责和第8舰队联络的17军参谋小沼治夫大佐着急了，这不是遇敌拦阻，放弃任务的表示吗？愤怒不已的小沼治夫当场对大西参谋长提出严正抗议，但大西没理他。为了确保松田部队能安全撤退，小沼亲自登上第3水雷战队旗舰，向桥本信太郎少将恳求："请您务必倾全力救出我们的残留部队，拜托您了！"桥本少将起身回答："虽然这半年的补给运输我们做得不够周到，但我保证我们会尽力救出每一个人！"听到这话，小沼大佐感动得快要落泪。

途中，第三次运输队照例遭到"仙人掌"航空队的猛烈攻击，"矶风"号损伤返航。

23时20分，第三次运输队准时赶到加明博角，只用了1个半小时就将松田部队收容完毕。临行前，桥本少将手持喇叭，站在旗舰"浜风"号上，向空无一人的加明博角连喊三次："还有没有人？"看到没有回应，这才指挥运输队撤离了瓜岛。同时，木村进少将的运输队也完成了撤出鲁塞尔岛守军的任务。

途中，松田教宽大佐和海军世川涛平中佐联名，向第17军司令官百武晴吉中将、第8方面军司令官今村均中将、联合舰队司令长官山本五十六大将、东南方面舰队司令长官兼基地航空部队司令长官草鹿任一中将发电："2月7日22时 (当地时间24点)，在2万英灵的庇护下，残留瓜岛总兵力计1972人收容完毕，特此报告。对这次协助收容的陆海军各部深表感激。"

至此，"开号"作战正式结束。同一时间，南海支队也在新几内亚的布纳彻底覆灭。

2月9日，日本陆海军大本营就瓜岛和布纳的撤退作战首次发表战报：

1.南太平洋方面帝国陆海军部队自去年夏以来，以有力之一部远远挺进，并不断牵制和摧毁敌之坚韧反攻，在其掩护下，在新几内亚岛和所罗门群岛各要域之战略根据地大体设置完毕。至此，奠定了进行新作战的基础。

2.挺进到新几内亚、布纳附近的掩护部队，以少数兵力不断击退敌之顽强反击，完成任务后，于1月下旬撤离阵地，向其他方面转进。

■ 日本陆军省军务局长佐藤贤了少将。

在所罗门群岛的瓜达尔卡纳尔岛作战中的部队，也作为掩护部队于去年8月以后，连续压制优势的登陆敌军于该岛的一角，经奋勇激战不断摧毁敌军战力。完成任务后于2月上旬撤离该岛，向其他方面转进。

我始终以强压使敌人慑服，因而两掩护部队之转进极为准确整齐。

3.现判明战果及损失，除已发表者外如下：

敌军损失：人员22000多，击落、击毁敌机230多架、破坏火炮30门、破坏坦克25辆以上。

我方损失：战死及病死16734人。

飞机：自爆及未返航者139架。

战报一出，举国哗然，尤其是国会议院更是向军部讨个说法。原来从未听过什么瓜达尔卡纳尔、布纳这些名词，现在怎么全冒出来了，而且还是转进，既然打赢了，为什么还要转进？为了解释，“八嘎”事件的主角——陆军军务局长佐藤贤了少将代表大本营就“瓜岛和布纳方面撤退的战术意义”进行了说明：“我军在比岛（菲律宾）、马来初战中获得巨大胜利，随即转入总追击，一直追到新几内亚、所罗门群岛一线。其最前面的追击部队为瓜岛及布纳方面部队，我方追击与敌之反击发生了大遭遇战，从而追击部队担当了前卫任务。由于前卫的独立攻击，为加强大东亚外围的战略展开赢得了时间，因而瓜岛的撤退是根据后退展开的原则，使

■ 瓜岛战役既标志着美军转入全面反攻，也象征着日本帝国开始走下坡路。图为遗弃在瓜岛的日军尸体。

前卫变后队的。至于撤退的理由，则举以下三点：与敌相比我展开速度不利，航空基地远不能取得制空权，瓜岛在战略上对我没有太大意义。”

不仅大本营厚脸皮，作为现地部队——17军司令官百武晴吉中将在撤出瓜岛的那一刻，仍然不认输：“作战至此已成败残之军，未能完成任务实感惭愧。但逐次予敌舰以打击，致使美军不得充分整顿装备，未能实现对日强大攻势，实乃军存在于瓜岛之结果。对此多少有所贡献，作为军司令官也可安身立命，军虽进行了正式战斗，但从方面军全局来看，实属前卫战。”

倒是大本营派遣参谋井本熊男说了句大实话，戳穿了所有人的谎言：“这是把拉包尔的决战提前在瓜岛进行。把围绕拉包尔攻防的决战，在瓜岛那样不利的地点进行，因而导致日军兵力、物资的极大消耗。作战的本质并不是前卫战，而是决战，是由攻势转向守势的战略转变阶段作战上的决战。因此，未能取得加强后方所需要的时间和战力。”

不管怎么说，从2月8日凌晨起，瓜岛已经永远从日本帝国的版图里消失了。虽然此刻的美军还蒙在鼓里。

2月8日清晨，一觉醒来的美军这才发现当面的日军已经完全没影了。于是，第132步兵团从南面、第161步兵团从北面开始大胆朝加明博角和埃斯佩兰斯角挺进。9日拂晓，2个团分别抵达目的地，除了遗留在海岸附近大量的大小机艇以外，已经空无一人，美军这才意识到17军已经安全逃走。2月9日17时，第161步兵团和第132步兵团会师，瓜岛战役胜利结束。

回顾

在这场历时半年之久的瓜岛争夺战中，日美双方无论在物资上，还是在人员上都蒙受了惨重的损失。根据第17军的战斗记录，自一木先遣队登陆以来，第17军登陆官兵31400人，“开号”作战前，共有740人乘坐舰艇撤离。“开号”作战中，共撤出陆军兵员约9800人，纯作战损失（战死、病死、饥饿致死和失踪）约20800人，损失率为66%，推测纯战死5000－6000人（第8方面军参谋长报告)，另15000人因战病毙命。死因为营养失调、热带疟疾、痢疾和脚气等，根本原因是补给跟不上，体力消耗巨大所致。在武器方面，计损失步枪12000支、轻重机枪650挺、各式火炮250门、各式机艇170艘、折叠舟400艘。

日本海军蒙受的损失更大。在舰艇方面，从1942年8月1日到1943年2月8日，联合舰队共有1艘航空母舰、2艘战列舰、3艘重巡洋舰、2艘轻巡洋舰、14艘驱逐舰、9艘潜艇沉没，2艘航空母舰、6艘重巡洋舰、5艘轻巡洋舰、63艘驱逐舰和1艘潜艇损伤。其中共有5艘驱逐舰和2艘潜艇因参加瓜岛运输而沉没。另外，商船队参加瓜岛运输23艘次，沉没16艘，是所有参战舰种中损失率最大的。

航空部队方面，从1942年8月1日到1943年2月8日，舰载航空兵被击落和未返航共237架(零式战斗机86架、九九式轰炸机92架、九七式轰炸机59架)，随舰沉没或重伤报废共11架(零式战斗机6架、九九式轰炸机2架、九七式轰炸机2架)。水上机作战损失(被击落、未能返航、迫降、在地面被炸毁)51架，战列舰和巡洋舰搭载的水上侦察机损失约24架。基地航空部队损失更大，岸基轰炸机损失(被击落、未返航和空袭炸毁)191架、零式战斗机276架、九九式轰炸机43架、大型水上飞机(九七式和二式)损失40架。

美军方面，陆海空三军共阵亡1692人、负伤4245人。其中，陆战1师阵亡774人、负伤1962人，陆战2师阵亡268人、负伤932人，“美国”师阵亡332人、负伤850人，第25步兵师伤亡最小，仅阵亡216人、负伤439人。物资损失计航空母舰2艘、巡洋舰9艘、驱逐舰14艘和潜艇1艘。

无论是从战略意义还是单纯的数字统计来讲，美军都是理所当然的赢家。美军的胜利并不仅仅是他们战略和战术应用大体合理，最大的因素是美国的国力和工业底子能够轻松支撑这场大战，甚至可以说即使打10个瓜岛战役也不会对美国的国力造成重负。到战役结束时，美军的战斗力不仅没有丝毫的削弱，反而在强大的国力支持下，越战越强。

而日军就不同了，在国力本来就远不如美国的情况下，硬是以全国之力，在瓜岛和美军展开了持续半年之久的消耗战。最终结果使本国的船舶运力达到危险状态，开战时一度强大的联合舰队变成了疲惫之师，完全丧失了全面进攻能力。虽然陆军依旧拥有强大的兵力，可在制海权和制空权决定胜负的太平洋战争中，丧失了海上进攻能力，其结果不言自明。如果说中途岛战役是太平洋战争的转折点，终结了日本自太平洋战争第一阶段以来横扫千军的局面的话，那么瓜岛战役就是太平洋战争攻守彻底易位的分水岭，从此美军展开了波澜壮阔的大反攻，直到战争结束再也没有将战场主动权让人。可以说，通往东京道路的起点就是瓜达尔卡纳尔。相反对日本而言，瓜达尔卡纳尔却是毁灭的开始！

参考书目

中文：

1.服部卓四郎著，张玉祥译：《大东亚战争全史》(全四册)，商务印书馆1984年版。

2.E.B.波特著，蒋恺、施家鼐、伍文雄合译：《尼米兹》，解放军出版社1987年版。

3.E.B.波特、C.W.尼米兹著，赵振愚等译：《大海战——第二次世界大战海战史》，海洋出版社1987年版。

英文：

1.Joseph Mueller，Guadalcanal 1942: The Marines Strike Back，Osprey Publishing，1992.

2.John, Jr. Miller，Guadalcanal：The first Offensive，University Press of the Pacific，2005.

3.Eric Hammel，Guadalcanal：The U.S. Marines in World War II：a Pictorial Tribute，Zenith Press，2007.

日文：

1.日本防卫厅防卫研修所战史室著：《战史丛书·南太平洋陆军作战1、2》，朝云新闻社1968－1969年版。

2.外山三郎著：《日清 日俄 大东亚海战史》，原书房1979年版。

3.五味川纯平著：《瓜达尔卡纳尔》，文春文库1983年版。

4.龟井宏著：《瓜达尔卡纳尔战记》(全三卷)，光人社NF文库1994年版。

5.井本熊男著：《大东亚战争作战日志》，芙蓉书房1998年版。

6.半藤一利著：《遥远的岛——瓜达尔卡纳尔》，PHP研究所，2005年版。

7.太平洋战争研究会著：《图说太平洋战争16大决战》，河出书房新社2005年版。

8.爱德温·P.霍伊特著，井原裕司译：《瓜达尔卡纳尔之战——美方所见的太平洋战争转折点》，元就出版社2005年版。

9.森本忠夫著：《瓜达尔卡纳尔——胜者与败者的研究》，光人社NF文库2008年版。